Frank Hofmann · Thomas Froitzheim

# Radfernwege in Deutschland

5., überarbeitete Auflage 2001


Titelfoto: Touristik-Arbeitsgemeinschaft
Romantische Straße, Dinkelsbühl
Druck: Klingenberg Buchkunst Leipzig
ISBN 3-87073-100-1

# *Inhaltsverzeichnis*

## *Vorwort zur 5. Auflage:*

Beinahe zehn Jahre sind nun seit der Erstausgabe dieses Buches vergangen. Der Fahrradtourismus hat sich in dieser relativ kurzen Zeit dynamisch entwickelt. Die Auflagen unseres Buches 1992, 1996 und nun heute 2001 spiegeln dies deutlich wieder.

Radfernwege sind in Ihrer Anzahl inzwischen kaum mehr überschaubar. Kein Prospekt einer Ferienregion kommt mehr ohne das Thema Fahrrad aus. Fast alle Bundesländer haben inzwischen Konzeptionen für Radfernwegenetze erstellt. Auch die grenzüberschreitenden Projekte nehmen zu, wie aktuell das deutsch-tschechische Projekt "Euregio Egrensis" zeigt. Im Mai 2001 ist mit dem Nordseeküstenradweg (der Northsea-Cycleroute) sogar die erste europäische Route des europäischen Radfernwegenetzes "Eurovelo" - und mit 6.000 Kilometern zugleich der längste Radfernweg - feierlich eröffnet worden.

Bund und Länder sind sich, so die Ergebnisse der vom ADFC und Deutschen Tourismusverband (DTV) getragenen Koordinierungskonferenzen, grundsätzlich einig, das es einer bundesweiten Koordinierung und insbesondere Qualitätskontrolle der Routen bedarf. Qualitätskriterien für Radfernwege wurden festgelegt und sind jetzt das gemeinsame Ziel aller am Fahrradtourismus Interessierten. Dazu führt die enorme Zahl an Routen immer häufiger zu Definitionsproblemen. Was ist ein Radfernweg - was nicht. Für eine bundesweite und sogar internationale Vermarktung wurde vom ADFC und den Autoren dieses Buches die Idee eines deutschlandweiten Routennetzes "geboren". Auf zwölf Routen soll Deutschland erfahrbar gemacht werden. Der Titel war Programm und entwickelte sich als Marketinginstrument in Form einer Broschüre zu einem echten Hit. Beinahe eine Million Exemplare der Broschüre, die inzwischen in der dritten Auflage erschienen ist, wurden gedruckt. Sie hilft, die Vision eines Radfernwegenetzes für Deutschland mit einheitlicher Beschilderung und hoher Servicequalität voranzutreiben.

Aber leider ist immer noch nicht alles Gold, was glänzt. Einige Radfernwege haben wir aus dieser Sammlung wieder gestrichen, weil sie den ADFC-Anforderungen nicht gerecht werden. Radfernwege als kurzfristige Verwertungsmassnahme öffentlicher Zuschüsse sind langfristig zum Scheitern verurteilt, weil meist die Unterhaltsmittel fehlen. Wer pflegt den Weg, bessert die Beschilderung aus? Inzwischen sind schon die ersten Radfernwege zu Wegweisungsruinen verkommen, teilweise zugewachsen. Damit diese schwarzen Schafe keinen übermäßigen Grauschleier über die weiße Radfernweg-Weste ziehen, sind wir auf Ihre Mithilfe angewiesen. Schreiben Sie uns Ihre Erfahrungen oder wenden Sie sich direkt an die zuständigen Institutionen, die wir bei den jeweiligen Radfernwegen aufgeführt haben.

Für Ihre persönliche Radtour hält der ADFC noch viele weitere Tipps bereit. Die Adresse des ADFC-Bundesverbandes und eine kurze Liste der wichtigsten Serviceleistungen finden Sie im Anhang. Bitte denken Sie auch daran, im Sinne einer umweltfreundlichen Anreise möglichst auf das Auto als Fahrradtransportmittel zu verzichten und öffentliche Verkehrsmittel zu benutzen. In den einzelnen Kapiteln finden Sie hierzu einige Hinweise. Auch die ADFC Zeitschrift "Radwelt" berichtet regelmäßig über Fahrrad und Bahn.

Neu an dieser Ausgabe ist, neben einem verbesserten Schriftsatz und Layout insbesondere die Recherche der aktuellen Internetadressen für Radfernwege. Die beigefügte Deutschland-Übersichtskarte konnten wir als attraktives Poster gestalten, welches zukünftig hoffentlich einige Wände schmücken wird. Sie war das am häufigsten genannte Lob bei der letzten Auflage. Wir hoffen, Ihre Routen- und Urlaubsplanung bei der Kombination verschiedener Radfernwege noch angenehmer zu gestalten.

Ein herzliches Dankeschön gilt auch diesmal wieder allen, die uns bei diesem Buch unterstützt haben, insbesondere Christine Schmiege für umfangreiche Recherchen, Ulrike Göbel für unermüdliche Kartographie- und Satzarbeiten und Hella Michael für intensives Korrekturlesen.

Last but not least gebührt der Dank den Akteuren im Tourismus, die sich intensiv um Schaffung und Unterhalt der Radfernwege bemühen und zu diesem Buch etliche Informationen beigesteuert haben.

Donauradweg, münsterländische 100 Schlösser Route und Bodensee-Rundweg sind längst zu Radfernweg-Klassikern geworden. Wer einmal Radurlaub-Luft geschnuppert hat, wird nicht selten süchtig. Dann stellt sich die Frage nach weiteren Radfernwegen. Wir hoffen, dass Ihnen dieser ADFC-Ratgeber eine kleine, aber gute, Hilfestellung ist.

Bielefeld und Konstanz, im Mai 2001

Viel Spaß auf fernen Wegen wünschen Ihnen

Frank Hofmann und Thomas Froitzheim

## *Einleitung: Von Radfernwegen, Wegweisung und Karten*

Wenn Sie, liebe Leser, dieses Buch zur Hand nehmen, werden Sie sich vielleicht fragen, was eigentlich Radfernwege sind. Sie kennen Radwege, Sie hören von Radwanderwegen, aber was sind Radfernwege? Oder Fernradwege? Oder auch Radfernwanderwege?

Unter einem ***"Radfernweg"*** verstehen wir überregionale, beschilderte Radrouten, die sich für eine Mehrtagestour eignen. Es ist nicht immer einfach zu entscheiden, ab wann sich ein Weg "überregional" und "Fernweg" nennen kann. Die Überschreitung der Landkreisgrenze reicht als Kriterium für einen überregionalen Weg nicht mehr aus, und somit haben wir einige Routen aus der letzten Buchausgabe gestrichen. Die neuen Kriterien, wie sie auch inzwischen von deutschen Touristikern allgemein anerkannt werden, haben wir im Anhang ausführlicher dargestellt.

Unter ***"Radwanderwegen"*** verstehen wir ausgeschilderte Verbindungen, die sich innerhalb eines Landkreises oder einer Region ähnlicher Bedeutung befinden und vorwiegend für den Tagesausflug konzipiert sind.

Ein ***"Radweg"*** wiederum ist in unserer Straßenverkehrsordnung genau definiert und strenggenommen nur der Weg, der durch das bekannte blaue Schild mit dem Fahrrad ausgewiesen wird.

Nun tragen die Bezeichnungen und Namen unserer Radfernwege nicht gerade zur Klarheit bei. Der Donauradweg zum Beispiel besteht nicht immer aus separaten Radwegen - hier fährt man größtenteils auf Wirtschaftswegen und öffentlichen Straßen, und so sieht es mit fast allen Radfernwegen aus. Die Bezeichnung "Fernradweg", die hin und wieder verwendet wird, ist sprachlich unkorrekt, denn hierbei müsste es sich um einen reinen Radweg handeln, der über größere Distanz läuft, eben einen Fern-Radweg. Der Begriff "Radfernweg" hingegen ist treffender: Fernwege (diese können aus verschiedenen Wegeelementen wie Straßen oder Feldwege bestehen) über größere Distanz für das Fahrrad.

### *Radfernwege - für wen?*

Anforderungen an eine Fahrradtour können sehr unterschiedlich sein. Für den Familienausflug sucht man sich landschaftlich schöne, möglichst steigungsfreie Strecken, die vor allem autofrei sein sollen. Der sportliche Vater benötigt für seine schnellen Rennrad-Touren asphaltierte Verbindungen, wogegen der Sohn mit seinem Mountainbike gerade die unbefestigten Wege liebt. Der bepackte Reiseradler schließlich braucht wetterfeste Wege mit guter Oberfläche und ist dankbar für eine geradlinige, unkomplizierte Wegeführung. All dieses unter einen Hut zu bekommen, ist natürlich unmöglich.

Die meisten der hier beschriebenen Radfernwege sind für Familien konzipiert worden und eher zum gemächlichen Radwandern gedacht. Möglichst viele touristische Ziele werden miteinander verbunden, und auch durch den Anspruch an möglichst autofreie Wege entstehen schließlich Routen, die manchen Schlenker beinhalten. Dennoch eignen sich viele Radfernwege zumindest auf Teilabschnitten auch zum schnellen Vorwärtskommen. Wo es möglich ist, haben wir dies in unserem Buch kommentiert. Sie sollten sich aber zusätzlich ihre geplante Route auf einer speziellen Radfahrerkarte (zum Beispiel auf der ADFC-Radtourenkarte 1:150.000) ansehen, um sich über den genauen Verlauf, die Wegeoberfläche, die Verkehrsbelastung, Steigungen und über mögliche Alternativen zu informieren.
Jetzt werden Sie auch schon ahnen, dass Radfernwege keine gleichartigen Produkte sind. Bereits in der Planung ist man unterschiedlicher Meinung, ob man einen Radfernweg möglichst autofrei anlegen soll (dies bedingt dann häufig eine umwegige Führung mit vielen Schlenkern und Steigungen) oder möglichst direkt, wobei die topographischen Ideallinien leider meist mit stark befahrenen Autostraßen besetzt sind. Bei der Wahl der Oberfläche entscheiden sich verschiedene Straßenbaubehörden aus Umweltverträglichkeitsgründen für wassergebundene Decken (festgewalzte und eingeschlämmte Decken aus Grob- und Feinschotter), andere wählen Asphaltdecken - wegen ihrer Haltbarkeit und dem geringeren Wartungsaufwand. Inzwischen können auch aus Umweltverträglichkeitsgründen nicht alle Radfernwegprojekte durchgeführt werden. So ist in den Neuen Bundesländern das Interesse an Radwanderwegen zwar sehr groß, doch auch der Einspruch von Naturschützern wächst und versucht, der manchmal bedenkenlosen Vermarktung des Fahrradtourismus entgegenzuwirken. Dies mag zwar zunächst paradox klingen, schließlich gilt gerade Fahrradtourismus als Paradebeispiel für den vielzitierten "Sanften Tourismus". Doch inzwischen reisen viele Fahrradtouristen mit dem Auto an. Statt Parkplätze zu bauen, sollte man aber besser für eine Erschließung mit öffentlichen Verkehrsmitteln sorgen. Und dass der Wald in letzter Zeit zusätzlich mit Joggern und Radfahrern belastet wird, bekommen insbesondere die Tiere zu spüren, denen es an Rückzugsräumen fehlt. Auf verschiedenen Tagungen mit Naturschützern und dem ADFC konnten aber auch hierfür Lösungsansätze gefunden werden. So will man sich dafür einsetzen, die Zahl der jetzt schon vorhandenen Wege (die vorwiegend durch die Forstwirtschaft entstanden sind) im Wald nicht weiter zu erhöhen, Rückzugsräume für Tier- und Pflanzenwelt zu schaffen, aber auch (Rad-)Wanderern durch ausgewählte Wege und Informationsmöglichkeiten verschiedenster Art die Möglichkeit zu intensivem Naturerlebnis geben.

Viele Radfernwege sind gleichzeitig auch Fußwanderwege. Bitte nehmen Sie Rücksicht auf Wanderer, lassen Sie ihnen den Vortritt und machen Sie sich bemerkbar. Gerade im Zeichen der von der Presse aufgebauschten Mountainbike-Problematik sollten sich Radfahrer und Fußwanderer um ein freundliches Miteinander bemühen.

***Wegweisung***

Alle Radfernwege, die wir in diesem Buch beschrieben haben, sind für Radfahrer ausgeschildert. Die Art und Weise der Beschilderung ist jedoch derart unterschiedlich, dass noch einige kommentierende Bemerkungen notwendig erscheinen.

Kaum eine Beschilderung ist wirklich durchgängig vorhanden. Gerade Radwanderweg-Schilder erfreuen sich einer wachsenden Beliebtheit. 20 % Schilderschwund pro Jahr sind keine Seltenheit. Wenn man dazu noch bedenkt, dass Träger von Beschilderungsmaßnahmen wie Landkreise zwar eine Erstbeschilderung bezuschusst bekommen, die Wartung aber selbst finanzieren und durchführen müssen, so ist es nicht verwunderlich, dass in manchen Kreisen die Beschilderung von Jahr zu Jahr ausdünnt. Denn in den wenigsten Fällen gibt es Institutionen wie einen "Kreiswegemeister", der sich regelmäßig um die Pflege der Radwanderwegbeschilderung kümmert. So fordert der ADFC, dass Radwanderwege und Radfernwege nur dann eingerichtet werden dürfen, wenn ihre Wartung personell und finanziell gesichert ist. Im Vergleich zur Radwanderwegweisung ist die Wanderwegweisung traditionell besser und einheitlicher organisiert. Hier kümmern sich die lokalen Wandervereine um die Wartung, im Auftrag des jeweiligen Regierungspräsidenten.

Viele Radwanderer fragen sich, warum es noch keine bundeseinheitliche Fahrradwegweisung ähnlich der Autowegweisung gibt. Der Grund ist, dass Fahrradwegweisung zu nichtamtlicher, touristischer Wegweisung zählt, nicht in der Straßenverkehrsordnung festgeschrieben ist und somit grundsätzlich beliebig gestaltet werden kann. Dennoch gibt es ausführliche Empfehlungen, wie eine Fahrradwegweisung sinnvoll und kostengünstig gestaltet werden kann. Die "Forschungsgesellschaft für das Straßen- und Verkehrswesen" hat in Zusammenarbeit mit dem ADFC hierzu ein "Merkblatt zur wegweisenden Beschilderung für den Radverkehr" entwickelt, das inzwischen zur Grundlage für viele Bundesländer geworden ist und auch Hinweise zur Mountainbike-Wegweisung enthält.

In der Regel wird die Beschilderung von den einzelnen Landkreisen oder den Gemeinden durchgeführt. Auch bei kreisübergreifenden Radfernwegen hat man aus Kosten- und Zuständigkeitsgründen die Wegweisung den einzelnen Kommunen übertragen. So begegnet der Radfahrer nicht selten auf ein- und demselben Radfernweg mehreren Schildertypen in verschiedenen Größen, Farben und Materialien.

Noch immer begegnet man verschiedenen Formen der "Sparwegweisung". Viele Radfern- und Radwanderwege haben keine Namen, sondern nur sogenannte Leitzeichen wie "R 33". Woher soll der Radfahrer wissen, von wo dieser Weg kommt und wohin er führt, wenn er nicht gerade die aktuelle Radwanderkarte des jeweiligen Kreises dabei hat (die es übrigens nicht immer gibt)? Hinzu kommt, dass es diese "R-Wege" nicht nur als überregionale Radfernwege gibt, sondern die einzelnen Landkreise zusätzlich ihr eigenes, kreisbezogenes R-Wege-Netz ausgewiesen haben. So steht der Radfahrer nicht selten vor dem Problem, ob er nun den überregionalen Radfernweg R 12 oder den lokalen Radwanderweg R 12 vor sich hat.
Grundsätzlich sollte die Radwanderbeschilderung selbsterklärend sein. Dies bedeutet, dass auf den Hauptwegweisern folgende Angaben enthalten sein sollen: Haupt- und Nebenziel, Entfernungsangabe, Richtungsangabe sowie eindeutige Identifizierung als Fahrradwegweiser (Fahrradpiktogramm), eventuell Routensignet (z.B. ein Schloss für die Schlösser-Route oder der Name des Radfernweges). Als Leitfarbe hat sich Grün auf Weiß durchgesetzt. Nur Nordrhein-Westfalen hat Rot auf Weiß gewählt.
Hier noch einmal unsere Bitte: Verzichten Sie auf ein Schild als Souvenir für ihren Partykeller! Niemand weiß, wann es ersetzt werden kann, und schon der nächste Radfahrer ärgert sich über den verursachten Umweg.
All dies sollten Sie bedenken, wenn Sie sich einmal über merkwürdigen Verlauf, schlechte Wegstrecken oder mangelnde Beschilderung eines Radfernweges ärgern. Am besten melden Sie die Unzulänglichkeiten den zuständigen Institutionen - aus diesem Grund haben wir sie in diesem Buch aufgeführt. Denn ein Radfernweg ist nur so gut wie seine regelmäßige Wartung und Unterhaltung.

### *Unterkunft*

Auf einer Radtour ist zuweilen nichts so spannend wie die Frage, wo man am Abend landen wird. Insbesondere bei Radfahrten weiß man häufig nicht, wie weit man kommt. Wetter, Kondition und Laune lassen sehr verschiedene Tagesetappen entstehen, und so buchen die wenigsten Radler ihre Quartiere im voraus. Dies wiederum kann bei stark frequentierten Radfernwegen wie dem Donau- oder dem Bodensee-Radweg besonders in der Hauptsaison schon einmal zu Engpässen führen. Insbesondere die Jugendherbergen sind häufig ausgebucht. Andererseits wachsen mit der Beliebtheit von Radfernwegen auch die Übernachtungsmöglichkeiten. Die Gastwirte sind mehr und mehr auf Einmal-Übernachtungen eingestellt. Am Donauradweg braucht niemand mehr Bedenken zu haben, dass er als "armer Radler" im Hotel abgewiesen wird, denn schließlich leben die Gastwirte dort nach eigenen Aussagen inzwischen schon zur Hälfte nur von den Radlern.

Unser Tipp: schauen Sie im ADFC-Übernachtungsverzeichnis "Bett & Bike" (siehe Anhang) nach, ob es einen fahrradfreundlichen Betrieb an Ihrer Route gibt. Im bundesweiten Verzeichnis sind mehr als 3000 Betriebe aufgeführt. Reservieren Sie Ihr Quartier gegen Mittag des Tages. Häufig sind die Adressen der Tourismusämter in Radwanderführern oder Karten abgedruckt.

***Welcher Radfernweg ist der schönste?***

Immer wieder stellt sich die Frage, welche Radfernwege man besonders empfehlen möchte. Schon am Anfang wurde erwähnt, dass es den Einheits-Radfahrer nicht gibt. Der eine möchte lieber Landschaft pur, der andere will die Kulturschätze einer Region entdecken - mit relativ kurzen Radetappen (z.B. Flussrouten). Für Einsteiger und Familien eignen sich besonders die klassischen Radfernwege: Donau, Altmühl, Bodensee, Taubertal, der westfälische R 1, die münsterländische 100 Schlösser Route oder der Weser-Radweg. Diese Routen sind weitgehend flach, nahezu autofrei und bieten abwechslungsreiche Landschaften und Kultur. Sie sind gut ausgeschildert und leicht zu finden; es existieren detaillierte Karten und Radwanderführer. Hier hat sich inzwischen eine Infrastruktur entwickelt, die an anderen Stellen noch wachsen muss. Dies fängt bei den Gastwirten an, die "fahrradfreundliche" Unterkünfte anpreisen und auf Einmal-Übernachtungen eingestellt sind. Rastplätze und Informationstafeln finden sich am Wegesrand, und der Radfahrer wird meistens weit häufiger zur Rast gebeten, als seiner Figur lieb ist. Aber auch die anderen hier beschriebenen Radfernwege entwickeln sich weiter. Gerade die unbekannten Radfernwege bergen den Reiz des Neuen, eröffnen unbekannte Landschaften und unerwartete Kulturschätze. Probieren Sie also einmal die Oder-Neiße-Route, den Froschradweg oder auch die BahnRadRoute Teuto-Senne, auch wenn noch nicht alles hundertprozentig durchentwickelt ist. Bevor Sie sich für einen Radfernweg entscheiden, können Sie sich in diesem Buch informieren, was Sie erwartet, und bei den genannten Institutionen Material anfordern.

Noch ein Wort zur ADFC-Radtourenkarte 1:150.000. Warum Sie in diesem Buch so häufig auf dieses Kartenwerk stoßen, hat zunächst sehr einfache Gründe: auf der ADFC-Radtourenkarte finden Sie die hier beschriebenen Radfernwege wieder - sofern sie inzwischen ausgeschildert sind bzw. soweit der Redaktionsstand es ermöglichte. Zudem bietet die ADFC-Radtourenkarte die Unterscheidung nach Oberflächenqualität und Verkehrsbelastung; hier wird also deutlich, um welche Art von Radfernweg es sich handelt, ob er für schnelles Fahren tauglich ist, wieviele Steigungen er aufweist usw. Nicht zuletzt sei auf die Größe des Kartenausschnittes hingewiesen: während man zum Beispiel für den Fulda-Radweg acht topographische Karten im Maßstab 1:50.000 benötigt, reicht ein Blatt der ADFC-Radtourenkarte aus.

## *Zum Gebrauch dieses Buches*

Sämtliche hier aufgeführten Radfernwege haben wir nach einer einheitlichen Systematik behandelt, die wir Ihnen im folgenden kurz erläutern wollen.

***Wegweisung:*** Hier beschreiben wir die Art der Markierung und ihre Kontinuität. Das Logo der jeweiligen Route finden Sie am Anfang des Kapitels.

***Länge:*** Gesamtlänge der Strecke, eventuelle Ergänzungen.

***Charakteristik:*** Kurzinformationen zu Oberflächenbeschaffenheit, Verkehrsbelastung, Steigungsverhältnissen der Route sowie ihre Tauglichkeit für Familien.

***Informationen:*** Von den hier aufgeführten Institutionen erhalten Sie Informationsmaterial über den betreffenden Radfernweg und meist auch über die Region (Übernachtungsverzeichnisse, Sehenswürdigkeiten etc.).

***Karten und Literatur:*** Hier haben wir eine Auswahl an Karten und Radwanderführern getroffen, die diesen Weg beschreiben. Grundsätzlich sind diese Materialien im Buchhandel erhältlich. Die Adressen von Verlagen und Institutionen, die in diesem Zusammenhang häufiger auftreten (z. B. Landesvermessungsämter und auf Fahrradtourismus spezialisierte Verlage), haben wir im Anhang abgedruckt.

***Verlauf:*** Dieser Abschnitt zeigt Ihnen nicht nur den Verlauf, sondern weist auch auf einige ausgewählte Sehenswürdigkeiten des jeweiligen Radfernweges hin.

***Bemerkungen:*** Weil Radfernwege keinesfalls einheitlich sind, sondern jeder sein eigenes Gesicht hat, Vorzüge, aber auch Schwächen aufweist, wollen wir Ihnen die entsprechende Route ein wenig erläutern. Dazu haben wir Erfahrungen von Radlerinnen und Radlern zusammengetragen, die wir hier wiedergeben.

Für die Richtigkeit der Informationen in diesem Buch kann trotz sorgfältiger Recherchen keine Gewähr erfolgen. Dankbar sind wir für jegliche Hinweise, Informationen und Verbesserungsvorschläge.

ADFC Kennwort "Radfernwege"
z.H. Frank Hofmann und Thomas Froitzheim
Postfach 107747
28077Bremen
e-mail: info@radfernwege.com
Internet: www.adfc.de

# 100 Schlösser Route
## (Münsterland)

***Wegweisung:*** Die Route ist durchgängig mit einem stilisierten grünen Burgtor beschildert.

***Länge:*** etwa 1400 km

***Charakteristik:*** Die 100 Schlösser Route windet sich als Rundkurs durch das Münsterland. Der Routenverlauf weist keine wesentlichen Steigungen auf und führt zu 90 % auf asphaltierten Wirtschaftswegen und separaten Fahrradrouten. Die Route ist für Familien mit mitradelnden Kindern sehr gut geeignet.

***Informationen:***

- Münsterland Touristik Zentrale, Hohe Schule 13, 48565 Steinfurt, Tel.: 02551/939291, Fax: 02551/939293, e-mail: touristik@muensterland.com, Internet: www.muensterland.com.
- Tipp: kostenlose Radler-Hotline: 0800/9392919 (Information, Zimmerreservierung, Service).

***Karten und Literatur:***

- Radelpark Münsterland, kostenlose Planungskarte, grobe Übersicht über den Routenverlauf, Sehenswürdigkeiten, Besichtigungstermine etc., kostenloser Bezug bei der Münsterland Touristik Zentrale.
- Radel-Magazin
- 100 Schlösser Route, Radwanderkarte 1:75.000 mit Spiralbindung, Beschreibung der Sehenswürdigkeiten, Bielefelder Verlagsanstalt.
- ADFC-Radtourenkarte 1:150.000, Blatt 10 und11, Bielefelder Verlagsanstalt.
- ADFC-Regionalkarte Münsterland 1:75.000 (in Überarbeitung).
- Radelpark Münsterland 1:50.000, vier Blätter (Borken, Coesfeld, Steinfurt, Warendorf), Bielefelder Verlagsanstalt.

***Verlauf:*** Bocholt (historisches Backstein-Rathaus) - Isselburg (Wasserschloss Anholt) - Südlohn - Borken (Wasserburg Gemen) - Gescher (Glockengießerei, Museum mit Glockenmuseum) - Vreden (Burg Vreden) - Ahaus (Schloss Ahaus mit Schlosspark) - Coesfeld (St. Lamberti, Walkenbrückentor) - Horstmar - Nordwalde - Greven - Emsdetten - Steinfurt-Burgsteinfurt (Wasserschloss Steinfurt) - Gronau - Bad Bentheim (Burg Bentheim) - Ochtrup ("Holländer Mühle") - Rheine (historischer Marktplatz, Kloster Bentlage) - Hörstel (Kloster Gravenhorst,

Schloss Surenburg bei Riesenbeck) - Recke - Westerkappeln (Wassermühle, Wasserschloss Haus Cappeln) - Ibbenbüren - Lengerich (Haus Vortlage) - Lienen - Ladbergen (Fachwerkhäuser) - Ostbevern (Schloss Loburg) - Warendorf - Sassenberg (Schloss Harkotten-Ketteler) - Harsewinkel - Beelen - Warendorf - Ennigerloh - Oelde (Hohenburg Stromberg) - Wadersloh - Lippetal - Beckum (Windmühle) - Ahlen (Haus Vorhelm) - Drensteinfurt (mehrere Wasserschlösser, Synagoge) - Sendenhorst - Everswinkel - Telgte - Münster (Prinzipalmarkt, ehemaliges Residenzschloss, Dom, Rüschhaus) - Havixbeck (drei Wasserburgen: Haus Havixbeck, Haus Stapel, Burg Hülshoff) - Billerbeck (Ludgerusdom) - Nottuln - Dülmen (Wildpferde im Meerfelder Bruch) - Senden (Wasserschloss Senden, Venner Moor) - Ascheberg - Lüdinghausen (Burg Vischering, Burg Lüdinghausen) - Werne - Olfen - Haltern - Reken - Raesfeld - Bocholt.

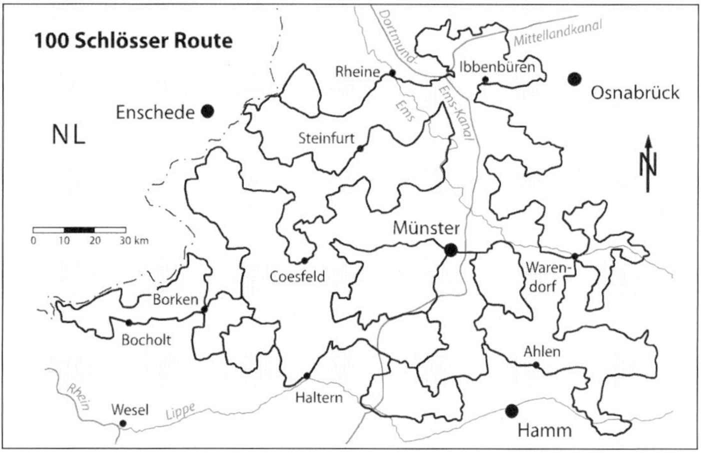


**Kommentar:** Die 100 Schlösser Route (die sich wirklich ohne Bindstriche schreibt und urheberrechtlich geschützt ist) ist die klassische Fahrradroute des Münsterlandes. Im Jahr 2000 wurde sie im Zuge der Ausweisung des Radelparks Münsterland, einem wabenartig vernetzten System von etwa 200 Rundkursen, neu konzipiert. Jede einzelne Wabe ist für einen Tagesausflug geplant und mit einer eigenen Nummer versehen, die sich auf den Wegweisern wiederfindet. Weiterhin verfügen die Schilder über eine Ziel- und Kilometerangabe. Das Zurechtfinden auf den Radwegen ist somit auch weitgehend ohne Karte möglich.

Auf dem Wabensystem des Radelparks verlaufen weitere, etwas längere thematische Routen, die von den verschiedenen Feriengebieten im Münsterland geschaffen worden sind: Aa-Vechte-Tour, Ems-Heide-

Weide-Tour, Sagenroute, Radwander Route Westmünsterland, Naturpark Hohe Mark Route, Sandsteinroute, Burg- und Schloss-Tour, Kulturparcours und die Fahrradroute Skulpt(o)ur ermöglichen somit die Entdeckung der einzelnen münsterländischen Regionen. Informationen hierzu hält die Münsterland-Touristik bereit (s.o).

Kaum jemand wird die längste Themenroute des Münsterlandes, die 100 Schlösser Route, in seinem Urlaub vollständig abradeln. Doch die vielen Schleifen in ihrem Verlauf und die zusätzlichen Verbindungswege ermöglichen individuelle Ein- und Mehrtagestouren in fast beliebiger Länge. Als thematische Fahrradroute orientiert sie sich an der Vielzahl von Wasserschlössern und Herrensitzen des weiträumigen Münsterlandes. Einige Museen (wie das Schifffahrtsmuseum in Senden), Badestellen und Freizeitmöglichkeiten sorgen für Abwechslung beim Radeln. Im Tecklenburger Land berührt die Route die Haltepunkte der historischen Dampflokbahn. Einhundertfünfzig Wasserschlösser, Burgen, Herrensitze und Gräftenhöfe sind durch den Radfernweg verbunden worden, darunter viele Anlagen, die auch von innen besichtigt werden können. Besondere Sehenswürdigkeiten sind Schloss Nordkirchen, als größtes Wasserschloss in Westfalen auch das "westfälische Versailles" genannt, Burg Vischering in ihrer malerischen Ringform, Burg Hülshoff und Haus Rüschhaus, die Geburts- bzw. Wirkungsstätte von Annette von Droste-Hülshoff. Neben vielen Hotels und Pensionen stehen auch einige Schlosshotels zur Verfügung.

Ausführliches Informationsmaterial kann bei der Münsterland Touristik Zentrale angefordert werden. Über die speziell eingerichtete Radler-Hotline können u.a. auch Zimmerreservierungen vorgenommen werden.

Mit der Bahn eignen sich vor allem die Fernverkehrs-Bahnhöfe von Münster, Hamm, Rheine und Osnabrück als Ausgangspunkte für eine Tour. Viele Nahverkehrslinien und die Schnellbahnsysteme des Verkehrsverbundes Rhein-Ruhr (VRR) ermöglichen eine bequeme An- und Abreise.

# 2 Länder Route/ 2 Landen Route

**(Aachen - Nijmegen)**

***Wegweisung:*** Durchgängige Ausweisung mit Aufklebern auf der vorhandenen Wegweisung. Die Schilder zeigen einen blauen Kreis mit zwei gelben, fünfzackigen Sternen und der gelben Aufschrift "2LR".

***Länge:*** ca. 275 km

***Charakteristik:*** Vorwiegend autofreie und verkehrsarme Routen. Nur in einigen Waldstücken nicht asphaltierte Oberflächen. Mit Ausnahme des Aachener Umlandes keine nennenswerten Steigungen. Familienfreundlich.

***Informationen:***

- Wirtschaftsförderungsgesellschaft für den Kreis Viersen mbH, Tourismus GmbH Mittlerer Niederrhein, Große Bruchstraße 28 - 30, 41747 Viersen, Tel.: 02162/930424, Fax: 02162/930425, e-mail: info@WFG-Kreis-Viersen.de.

***Karten und Literatur:***

- ADFC-Radtourenkarte 1:150.000, Blatt 10 und 15, Bielefelder Verlagsanstalt.

***Verlauf:*** Aachen (Dom, Rathaus) - Kerkrade (ehemalige Augustinerabtei Rolduc, Bergbaumuseum) - Übach-Palenberg (Bergbaustadt) - Gangelt (historisches Ortsbild mit gotischer Backsteinbasilika) - Waldfeucht (noch betriebene Windmühlen, Besichtigung nach Absprache) - Roermond (alte Hansestadt, romanische Münsterkirche) - Niederkrüchten (Wassermühlen an der Schwalm, Wacholderheide Elmpter Bruch) - Brüggen (Burg, historischer Ortskern) - Nettetal-Lobberich (Schloss Krickenbeck) - Naturschutzgebiet Krickenbecker Seen (Biologische Station, Lehrpfade) - Venlo (Hansestadt, Renaissance-Rathaus) - Geldern-Walbeck (Spargelanbau und -gastronomie) - Geldern (Abstecher zum Wallfahrtsort Kevelaer) - Xanten (Archäologischer Park, Dom) - Kalkar (Stadtbild) - Kleve (Schwanenburg) - Kranenburg (Kreuzwallfahrtskirche St. Peter und Paul, Flussmarsch-Naturschutzgebiet "Die Düffelt") - Nijmegen (Domherrenhäuser, Groote Markt, Rathaus, Nationales Fahrradmuseum Velorama).

***Kommentar:*** Als europäisches Projekt setzt sich die 2 Länder Route zum Ziel, die landschaftliche und kulturelle Vielfalt des deutsch-niederländischen Grenzraumes zu erschließen. Für den, der in dieser Region nur flaches Land vermutet, birgt diese Radroute mannigfaltige Überraschungen. Steigungen lässt man mit der Aachener Region, die nicht nur kultur-, sondern auch industriehistorisch sehr interessant ist, hinter sich. Darauf folgt ein landschaftliches Potpourri aus flachwelligen Bördenlandschaften, weitläufigen Flussauen, Trockentälern und ehemaligen Sumpfgebieten mit Torfabbau, die sich inzwischen in eine Seenlandschaft verwandelt haben. Eiszeitliche Dünenketten werden heute für den Spargelanbau genutzt. Hügelige Endmoränen sorgen für eine kleinräumige, abwechslungsreiche Landschaft und ein überraschendes Auf und Ab, wovon auch die Namen künden ("Sonsbecker Schweiz").

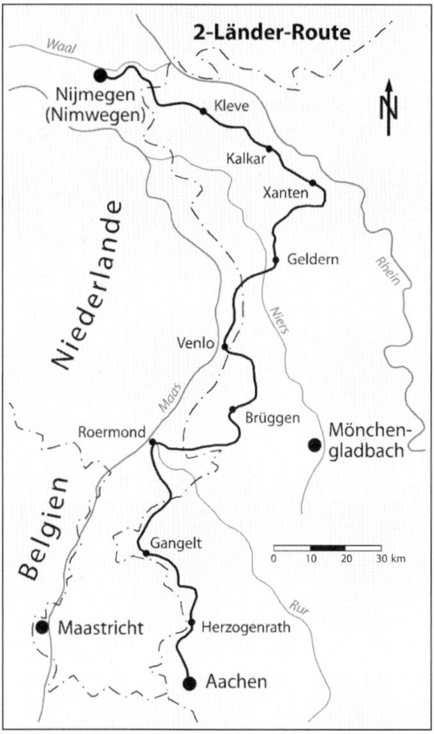


Die Süßigkeitenindustrie des Aachener Raumes sorgt für einprägsame Genüsse. Nach ausführlicher Printenprobe ist als Pflichtprogramm ein Besuch im Aachener Dom zu absolvieren. Der landschaftsprägende Steinkohlebergbau wird anschaulich in Herzogenrath und im Kerkrader Bergbaumuseum präsentiert. Neben der Naturvielfalt zeigen auch die Kulturschätze ein ungewöhnlich breites Spektrum, von Römer-Relikten in Xanten über das bewegte Mittelalter in vielen Ortskernen bis hin zur geschichtsträchtigen Neuzeit am Beispiel des Krickenbecker Schlosses.

Museumsfreunde werden am Ziel der Reise in Nijmegen besondere Angebote vorfinden. Ein wahres Eldo-rad-o ist das "Nationale Fahrradmuseum Velorama". Das sollte sich kein wahrer Pedalritter entgehen lassen!

Die An- und Rückreise per Bahn ermöglichen Aachen und Nijmegen als Start- bzw. Zielort. Die Anschlüsse sind durch die Nah- und Regionalverkehrsnetze im Rheinland und im Ruhrgebiet sehr gut.

# Ahr-Radwanderweg/ Freizeitroute Ahr-Rhein-Eifel

***Wegweisung:*** Der Ahr-Radwanderweg wird 2001 vollständig und beispielhaft in beide Richtungen neu beschildert sein. Teilweise existieren aber zusätzlich auch Schilder mit einem symbolisierten A mit grünem Radler auf weißem Schild. Die Freizeitroute ist mit einem blauen stilisierten Fahrrad markiert.

***Länge:*** ca. 70 und 225 Kilometer

***Charakteristik:*** Auf Wirtschafts- und Weinbergwegen, die teilweise nicht befestigt sind, genauso wie auf Radwegen entlang von Bundesstraße führen beide Routen durch die herrliche Ahr-Eifel-Landschaft. Etwa die Hälfte der Route ist asphaltiert. Wenn die Flusstäler verlassen werden, muss mit Steigungen gerechnet werden. Daher ist insbesondere die Fahrradfreizeitroute eher ein Angebot für ambitionierte Radler, während sich der Ahr-Radwanderweg auch für Familien eignet.

***Informationen:***

- Touristik-Service Ahr-Rhein-Eifel, Felix-Rütten-Str. 2, 53474 Bad Neuenahr-Ahrweiler, Tel.: 02641/9773000, Fax: 02641/977373, e-mail: info@tour-i-center.de, Internet: www.wohlsein365.de.

***Karten und Literatur:***

- Radwander- und Freizeitkarte Ahr-Rhein-Eifel, Radwanderkarte auf Grundlage der topographischen Karte 1:50.000 mit Tourenvorschlägen und Hinweisen, Pietruska Verlag.
- ADFC-Radtourenkarte 1:150.000, Blatt 15, Bielefelder Verlagsanstalt.

***Verlauf:***

Ahrtalradwanderweg:
Sinzig - Heimersheim (St. Mauritius-Kirche)- Bad Neuenahr (kurpfälzische Rentmeisterei, Spielbank, Burg Landskron) - Ahrweiler (Stadtmauer) - Dernau (Freizeitzentrum auf dem Krausberg) - Mayschloss (Ruine, Pfarrkirche) - Altenahr (Burgruine) - Hönningen - Dümpelfeld - Schuld - Müsch.

Fahrradfreizeitroute Ahr-Rhein-Eifel:
Remagen (Friedensmuseum) - Kripp - Sinzig (Schloss, Pfarrkirche St. Peter) - Kalenborn - Kirchsahr - Altenahr - Dümpelfeld - Adenau (Nürburgring) - Langenfeld - Weibern - Kempenich - Maria Laach (Benediktinerabtei) - entweder über Niederzissen oder über Burgbrohl nach Bad Breisig (Puppenmuseum, Römerthermen) - Remagen.

**Kommentar:** Die Region Ahr ist besonders als Rotweinparadies Deutschlands bekannt. Orte wie Ahrweiler, Bad Neuenahr oder Mayschloss verfügen über berühmte Weinlagen. Vor allem Portugieser, aber auch Spätburgunder, Müller-Thurgau und Riesling werden im Ahrtal angebaut. Besonders das Schiefergestein gibt dem Wein des relativ kleinen Anbaugebietes (500 ha) der Ahr seine hohe Qualität. Das 1000-jährige Weinanbaugebiet ist jedoch nicht nur wegen seiner rubinroten Tropfen ein beliebtes Ausflugs- und Feriengebiet: Wein, Wasser und Wald bilden einen harmonischen Dreiklang. Daneben prägen kleine Örtchen mit althistorischen Bauten und bizarre Felsformationen lebendige Kontraste zur Ruhe der Eifelwälder.

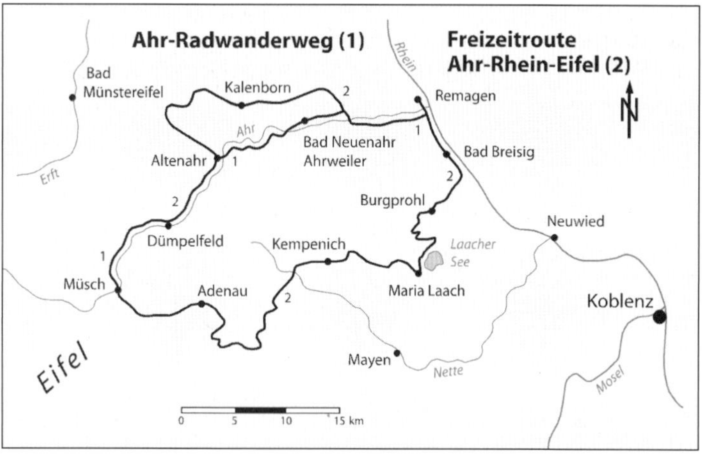


Während der Ahrtalradwanderweg immerhin versucht, direkt im Ahrtal zu bleiben, ist die Freizeitroute nichts für Untrainierte. In ständigem auf und ab wird die landschaftlich erlebnisreiche Region "erfahren". Die seit 1994/95 bestehende Route könnte auch Kreisrandweg heißen. Nur der Tatsache, dass die Route an einigen Stellen kurz den Kreis Ahrweiler verlässt, ist ihre Erwähnung in diesem Buch zu verdanken. Die Freizeitroute Ahr-Rhein-Eifel ist nebenbei wohl immer noch der einzige Radfernweg in Deutschland, der von einem namenhaften Fahrradhersteller gefördert wird. Das Gelände der Firma Velo Schauff wird auf der Route in Remagen direkt durchfahren. Wir meinen, ein Beispiel, das Schule machen könnte.

Ein Anschluss stellt in Sinzig die Rheintal-Route dar, die zwischen Köln und Koblenz gut beschildert ist. Das Ahrtal ist durch die Regionalbahn von Remagen bis Ahrbrück im Stundentakt erschlossen. Ab Remagen besteht Anschluss an den Fernverkehr zum Rhein.

# Aischtal-Radweg
## (Rothenburg ob der Tauber - Bamberg)

***Wegweisung:*** Einheitlich mit dem in blau und grün stilisierten Buchstaben A (für Aisch) und der Bezeichnung Aischtal-Radweg.

***Länge:*** 137 km

***Charakteristik:*** Die Route verläuft größtenteils auf separaten asphaltierten Radwegen und befestigten Waldwegen. Nur vereinzelt werden verkehrsarme Ortsverbindungs- und Kreisstraßen in die Routenführung integriert. Nur die Steigung von Rothenburg o.d. Tauber auf die Frankenhöhe (Europäische Wasserscheide!) ist erwähnenswert. Ab Bad Windsheim folgt die Route talwärts dem Lauf der Aisch.

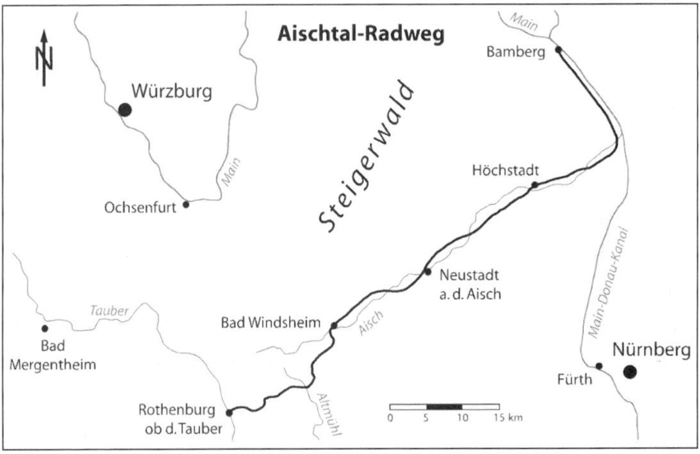


***Informationen:***

- Touristinformation Steigerwald, Hauptstraße 1, 91443 Scheinfeld, Tel.: 09162/12424, Fax: 09162/12433, e-mail: tourismus@steigerwald.btl.de.
- Tourismusverband Franken e.V., Wilhelminenstr. 6, 90461 Nürnberg, Tel.: 0911/941-510, Fax: 0911/9415110, e-mail: info@frankentourismus.de, Internet: www.frankentourismus.de.
- Weitere Informationen zur Route im Internet: www.bayerninfo.de.

***Karten und Literatur:***

- Aischtal-Radweg (von Rothenburg o.T. bis Bamberg), Prospekt mit Routenskizze und Beschreibung der Sehenswürdigkeiten, Bezug bei der Touristinformation Steigerwald.

- ADFC-Radtourenkarte 1:150.000, Blatt 21, Bielefelder Verlagsanstalt.

***Verlauf:*** Rothenburg o.d. Tauber (mittelalterliches Stadtbild) - Burgbernheim (Fachwerkhäuser) - Bad Windsheim (Fränkisches Freilandmuseum) - Ipsheim - Altheim - Neustadt a.d. Aisch (Stadtmauer, markgräfliches Wasserschloss) - Dachsbach (Wasserburg) - Höchstadt a.d. Aisch (Stadtturm, Schloss) - Adelsdorf - alternativ über Forchheim (Pfalzmuseum) oder über Hallerndorf nach Altendorf - Bamberg (Kaiserdom, Neue Residenz, Rathaus).

***Kommentar:*** Seit 1991 verbindet die Route die ehemalige Reichsstadt Rothenburg o.d. Tauber über die Kurstadt Bad Windsheim, die Aischstädte Neustadt und Höchstadt mit der Regnitzstadt Forchheim und von dort entlang des Main-Donau-Kanals mit der Domstadt Bamberg.

Ruhe und ländliche Beschaulichkeit innerhalb dieser alten Kulturlandschaft, welches durch zahlreiche markante Bauwerke und interessante Museen belegt wird, machen den Reiz dieser Route aus. Besonders für Bamberg und Rothenburg o.d. Tauber sollten sie sich etwas Zeit nehmen, um einen Eindruck von den an Sehenswürdigkeiten reichen Städten zu gewinnen.

Fränkische Spezialitäten wie die deftige fränkische Brotzeit oder Aischgründer Karpfen lassen auch die Genießer unter den Radlern an der Route nicht zu kurz kommen. Die Wahl des Getränkes am Abend lässt ebenfalls kaum Wünsche offen: Die Region hat die höchste Brauereidichte Deutschlands und auch die Weintradition, die durch die "Bocksbeutelstraße" belegt ist, steht dem wenig nach.

Ein Abstecher von der Route empfiehlt sich zur Aischquelle hinter Burgbernheim oder zur Burg Hoheneck bei Ipsheim. Alternativen der Routenwahl hat man zwischen Altheim und Neustadt a.d. Aisch sowie zwischen Höchstadt und Altendorf. Dort kann man sich jeweils zwischen einem schnelleren Radweg entlang der Bundesstraße oder einer beschaulicheren, etwas längeren Route durchs Land (beide beschildert) entscheiden.

So gut die Route ins überregionale Radfernwegenetz eingebunden ist, so umständlich ist leider die An- bzw. Rückreise mit der Bahn. Wer nicht die Anbindung an die Radfernwege Main-Radweg, Romantische Straße, Burgenstraße o.a. nutzen, sondern wieder zum Ausgangspunkt der Tour zurückfahren möchte, dem bleibt nur die Reise über Nürnberg oder Würzburg, welche von Rothenburg o.d. Tauber bzw. Bamberg aus mit Nahverkehrszügen erreichbar sind.

# Alb-Neckar-Weg
## (Eberbach - Ludwigsburg - Ulm)

***Wegweisung:*** Einheitliche Beschilderung mit einem weißen Fahrrad auf grünem Grund, abschnittsweise ist der Weg jedoch sehr lückenhaft beschildert. Auf einigen Teilstücken ist bereits eine neue Beschilderung (grünes Fahrrad mit rotem Speichenrad) auf etwas größeren Schildern angebracht. Die Beschilderung und Routenführung wird derzeit überarbeitet.

***Länge:*** 270 km

***Charakteristik:*** Viele, teilweise starke Anstiege auf gemischter Oberfläche von Wald- und Wirtschaftswegen sowie Radwege an teilweise stark befahrenen Straßen. Dafür landschaftlich besonders reizvoll.

***Informationen:***
- Im Internet: www.rail-and-relax.de/rw/alb/index.html.
- Tourismus-Service GmbH, Yorckstr. 23, 79110 Freiburg, Tel.: 0761/89797979, Fax: 0761/89797969, e-mail: info@tourismus-baden-wuerttemberg.de, Internet: www.tourismus-baden-wuerttemberg.de.

***Karten und Literatur:***
- Alb-Neckar-Weg, Routenbroschüre der Tourismus Marketing GmbH Baden-Württemberg, Bezug gegen geringe Gebühr beim: Info- und Prospektservice Baden-Württemberg, Yorckstr. 23, 79110 Freiburg, Tel.: 0761/89797979, Fax: 0761/89797989.
- Radwanderkarte 1:100.000 mit Radwegegrundnetz, Blätter 55, 56 und 58, Landesvermessungsamt Baden-Württemberg.
- ADFC-Radtourenkarte 1:150.000, Blatt 20 und 25, Bielefelder Verlagsanstalt.

***Verlauf:*** Eberbach (historisches Ortsbild) - Zwingenberg (Schloss Zwingenberg) - Neckargerach (Burgruine Minneburg) - Binau (ehemaliges Schloss) - Obrigheim (Schloss Neuburg) - Haßmersheim - Neckarmühlbach (Burg Guttenberg, Burgfalknerei) - Gundelsheim - Bad Wimpfen (mittelalterliches Ortsbild) - Neckarsulm (Deutschordensschloss mit Zweiradmuseum) - Heilbronn (Kilianskirche, Rathaus) - Talheim (Burg) - Ilsfeld - Beilstein (Fachwerkhäuser, Burgfalknerei) - Oberstenfeld - Großbottwar (Stadtbefestigung) - Steinheim/Murr (Marktplatz) - Marbach a. Neckar (Schiller-Nationalmuseum) - Ludwigsburg (Residenzschloss) - Remseck a. Neckar - Schwaikheim - Korb - Waiblingen (Michaelskirche) - Weinstadt - Stetten - Baltmannsweiler - Reichenbach a.d. Fils - Hochdorf - Kirchheim/T. - Bissingen - Neidlingen - Donnstetten - Laichingen - Blaubeuren (Blautopf) - Ulm (Münster).

**Kommentar:** Für Radelanfänger oder Familien, dies sei vorausgeschickt, ist diese an Sehenswürdigkeiten, Steigungen und Abfahrten gleichermaßen reiche Strecke wenig geeignet.

Von Eberbach aus verläuft die Route, seit 1985 beschildert, zunächst entlang des Neckars, vorbei an mittelalterlich geprägten Städten und sagenumwobenen Burgen. Bei Sontheim hinter Heilbronn verlässt die Route das Neckartal, um der Schozach und der Murr für Abstecher nach Beilstein und Großbottwar zu folgen. Ab Marbach, der Geburtsstadt Schillers, begleitet der Radweg nochmals den Fluss bis Remseck, wo die Route endgültig das Tal verlässt, um den Großraum Stuttgart zu meiden. Von nun an sind enorme Steigungen zu bewältigen, zunächst durch das wellige Albvorland mit seinen weinreichen Tälern und bunten Streuobstwiesen. Spannendes zur Erdgeschichte kann bei einem Abstecher zum Holzmadener Urweltmuseum erfahren werden.

Bei Baltmannsweiler teilt sich die Route, um in zwei abwechslungsreichen Varianten den Anstieg auf die Albhochfläche zu überwinden. Bei Bissingen vereinigen sich die Teilstrecken wieder, um über die weite Hochfläche der Alb Blaubeuren und seinen sehenswerten Blautopf zu erreichen. Bei Blaubeuren endet die Überquerung der landschaftlich reizvollen Schwäbischen Alb mit dem Erreichen der Blau, die bei Ulm in die Donau mündet.

Ulm und Heidelberg sind sehr gut mit der Bahn erreichbar. Die Strecke selber wird insbesondere im Neckartal von der Bahn begleitet.

# Alte Salzstraße
## (Lüneburg - Lübeck)

***Wegweisung:*** Die Beschilderung der Route ist einheitlich und durchgängig, allerdings an einigen Knotenpunkten recht lückenhaft. Die großen weißen Schilder tragen ein grünes Fahrradpiktogramm und die Aufschrift "Radfernweg". Daneben befindet sich das Logo der "Alten Salzstraße" (Schriftzug geziert von grüner, blauer und roter Linie). Ferner wird das nächste Etappenziel mit Entfernungsangabe auf den Schildern angegeben.

***Länge:*** 95 km (Variante durch den Naturpark Lauenburgische Seen: 109 km)

***Charakteristik:*** Die Hauptroute verläuft ohne Steigungen fast ausschließlich auf Wirtschaftswegen oder verkehrsarmen Straßen. Neben befestigten und wassergebundenen Wegeoberflächen finden sich auch Feldwege von schlechter Oberflächenqualität sowie Sand- oder Sandsplitstrecken. Die Variante durch den Naturpark Lauenburgische Seen führt über Nebenstraßen oder asphaltierte Feldwege. Auch diese Streckenführung verläuft weitgehend autofrei, von der Wegequalität und der landschaftlichen Vielfalt her gilt sie als die schönere Variante. Leichte Steigungen sind insbesondere zwischen Ratzeburg und Krummesse zu überwinden, die Höhenunterschiede betragen allerdings maximal 70 m.

***Informationen:***
- Tourismusverband Schleswig-Holstein e.V., Postfach 4240, 24041 Kiel, Info- und Buchungshotline täglich von 8 - 20 Uhr unter 0185/5600100, Fax: 0431/5600140, e-mail: sht@sht.de.
- Tourismusverband Alte Salzstraße e.V., Am Markt 10, 23909 Ratzeburg, Tel.: 04541/2006, Fax: 04541/84553.

***Karten und Literatur:***
- Radwanderkarte Niedersachsen 1:75.000, Blatt 7 (Lüneburg), LGN Landesvermessung + Geobasisinformationen Niedersachsen.
- Naturpark Lauenburgische Seen 1:45.000, Landesvermessungsamt Schleswig-Holstein.
- ADFC-Radtourenkarte 1:150.000, Blatt 2, Bielefelder Verlagsanstalt.

***Verlauf:*** Die Hauptroute orientiert sich vorwiegend an den Treidelpfaden des Elbe-Seiten-Kanals und des Elbe-Lübeck-Kanals: Lüneburg (Rathaus, Deutsches Salzmuseum Altstadt) - Scharnebeck (Schiffshebewerk) - Lauenburg (Stadtbild, Elbschifffahrtsmuseum) - Büchen - Güster - Mölln (Altstadt, Till-Eulenspiegel-Museum) - Berkenthin - Krummesse - Lübeck (Altstadt, Holstentor, Burgkloster, Marzipanmuseum). Die Variante durch den Naturpark Lauenburgische Seen führt von Büchen aus über Gudow - Salem - Ratzeburg (Dom, Stadtbild) nach Krummesse.

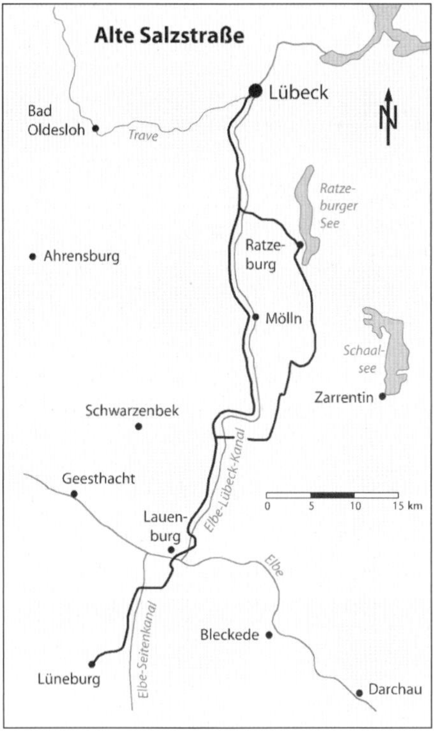


**Kommentar:** Der Radfernweg Alte Salzstraße ist sowohl aus landschaftlichen wie auch aus kulturellen Gesichtspunkten ausgesprochen reizvoll. Auf kleinem Raum erfährt der Radler den Wechsel sehr unterschiedlicher Landschaften. Nach dem Start in Lüneburg quert der Weg zunächst die saftigen Flussmarsch-Wiesen des Elbe-Urstromtals. Über die Elbe geht es weiter nach Schleswig-Holstein. Ein steiler Anstieg auf das "Hohe Elbufer" wird mit Ausblicken über die Elbe und weit hinein in die mecklenburgische und niedersächsische Elbniederung belohnt. Weiter nordwärts erhebt sich sanft die gewellte Altmoränenlandschaft der Geest. Zwischen Mölln und Lübeck bringen die Hügel im Naturpark Lauenburgische Seen Bewegung in das Landschaftsbild. Mit Lübeck in der Lübecker Bucht ist schließlich schon fast die Ostsee erreicht.
Die Hauptroute führt durch die Niederung entlang des heutigen Elbe-Lübeck-Kanals, gänzlich ohne Anstiege und störenden Autoverkehr. Bei der 14 km längeren Variante durch den Naturpark "Lauenburgische Seen" geht es etwas auf und ab, da die Route die natürlichen Rinnensysteme der letzten Eiszeit quert, in denen einst das Schmelzwasser abfloss und tiefe Gräben in Nord-Süd-Richtung formte.

Der kulturhistorische Reiz des Radfernweges Alte Salzstraße liegt in der Begegnung mit den bedeutenden Hansestädten Lüneburg und Lübeck und den beschaulichen Altstädten von Lauenburg, Mölln und Ratzeburg. Der Handel mit dem einst kostbaren Salz hat die Region und Stadtbilder geprägt. Die Lüneburger Saline, die Möllner Altstadt, die Lübecker Salzspeicher und der Elbe-Lübeck-Kanal sind die wichtigsten Zeugen einer über 1000jährigen Geschichte des Salzes. Doch auch die moderne Technik vermag zu beeindrucken. Am Schiffshebewerk Scharnebeck ist man hautnah dabei, wenn große Pötte in einer riesigen Badewanne geliftet werden. Süßes Ende der salzigen Straße bildet die Marzipanstadt Lübeck ...

Sowohl Lübeck als auch Lüneburg sind mit der Bahn gut zu erreichen, weiterhin begleitet eine Nahverkehrslinie die Alte Salzstraße auf der gesamten Strecke.

## Altmark-Rundkurs
### (Stendal - Salzwedel - Havelberg - Stendal)

***Wegweisung:*** Der Rundkurs ist durchgängig mit grünem Fahrradpiktogramm, Altmark-Logo und der Beschriftung "Altmark-Radwander-Rundkurs" auf gelben Schildern gekennzeichnet.

***Länge:*** 520 km

***Charakteristik:*** Der Altmark-Rundkurs verläuft weitgehend auf ruhigen Straßen und Wegen. Etwa ein Viertel der Strecke ist nicht asphaltiert, sondern mit wassergebundenen Decken befestigt. Der Rundkurs beinhaltet keine nennenswerten Steigungen.

***Informationen:***

- Fremdenverkehrsverband Altmark, Marktstr. 13, 39590 Tangermünde, Tel.: 039322/3460, Fax: 039322/43233, e-mail: FVV_Altmark@tasa.de, Internet: www.altmarkweb.de/Urlaub/altmarkrundkurs.htm.
- Landesmarketing Sachsen-Anhalt GmbH, Am Alten Theater 6, 39104 Magdeburg, Tel.: 0391/5677080, Fax: 0391/5677081, e-mail: lmg@lmg-sachsen-anhalt.de, Internet: www.sachsen-anhalt.de, Info-Hotline: 0180/5372000.

***Karten und Literatur:***

- Radwandern in der Region Altmark, Radwanderkarte 1:75.000 mit 20 Tourenvorschlägen, Bielefelder Verlagsanstalt.
- ADFC-Radtourenkarte 1:150.000, Blatt 7 und 8, Bielefelder Verlagsanstalt.

***Verlauf:*** Stendal (Dom, Marienkirche) - Tangerhütte - Uchtspringe - Gardelegen (Stadttor) - Klötze - Diesdorf - Salzwedel (Stadtkern, Marienkirche) - Arendsee - Schnackenburg - Wahrenberg (Storchendorf, Abstecher nach Wittenberge) - Seehausen - Osterburg - Werben (Ortsbild) - Havelberg (Mariendom) - Klietz - Genthin (Hallenkirche) - Parey - Jerichow (Klosterkirche) - Tangermünde (Altstadt) - Arneburg - Stendal.

***Kommentar:*** Als eines der ersten großen Radwanderprojekte in den neuen Bundesländern ist der Altmark-Rundkurs im März 1991 begonnen und mit großem Engagement Stück für Stück in die Tat umgesetzt worden. Insbesondere fehlten in der Region asphaltierte Wirtschaftswege, auf denen die Route geführt werden konnte. Es mangelte an Know-how und vor allem an Geld. Umso bemerkenswerter ist das Resultat. War den Radtouristen aus dem Westen die Lüneburger Heide weit über ihre Grenzen hinaus bekannt und beliebt, so erschien die benachbarte Altmark als unbeschriebenes Blatt. Dabei sind ihre Naturschönheiten und Kulturschätze mindestens ebenso attraktiv.

Angenehm eben bis sanftwellig - so radelt es sich in der Altmark. Stellenweise formen auch bis zu 160 m hohe "Berge" die Landschaft. Viele Waldflächen bringen dem Auge Abwechslung. Große Heidegebiete wie die Colbitz-Letzlinger Heide erfreuen durch ihre vielfältig wechselnden Ansichten. Zwischen April und September kann man den Störchen auf die Spur kommen, deren Nester auf vielen Gebäuden thronen. Feuchte Niederungen und Moore sind zu entdecken, wobei sich besonders schöne Blicke von den Elbdeichen aus ergeben.

Die Altmark ist das Land der mehr als 4500 Jahre alten Großsteingräber und der Backstein-Bauten. In allen Variationen, vom Stendaler Dom bis zur Tangermünder Stadtmauer, begleiten den Radler die ziegelroten Bauwerke. Auch die meist kleineren, romanischen Feldstein-Kirchen aus der Zeit der Askanier sind ein typisches Merkmal der Altmark. Kunstvolle Schnitzwerke an reich verzierten Fachwerkhäusern laden zum Entziffern ein.

Wer über Stendal oder Salzwedel anreist, sollte sich genügend Zeit für einen Altstadtbummel reservieren. Mittelalterliches Flair empfängt den Radler in der alten Kaiserstadt Tangermünde mit ihrer sehr gut erhaltenen Stadtbefestigung und der vollständig unter Denkmalschutz stehenden innenstadt. Jenseits der Elbe, im Havelland des alten Herrn Ribbeck van Ribbeck, zieht besonders Havelberg mit dem weithin sichtbaren Dom und der Altstadt-Insel die Besucher in ihren Bann. Die Klosterkirche von Jerichow gilt als prägender Bau für die romanische Backstein-Architektur.

Wer ein wenig von Kultur und Radeln ausspannen möchte, kann dies mit einem Badeurlaub am 550 Hektar großen Arendsee verbinden. Nicht weit davon liegt das malerische Dorf Werben, inmitten einer Landschaft, die für ihre traditionellen Apfelweinprodukte berühmt ist.

Zur Bahnanreise eignet sich insbesondere die Stadt Stendal, die durch die Strecke Hannover - Berlin gut angebunden ist. Aber auch Salzwedel, Gardelegen, Tangermünde, Genthin, Osterburg und Seehausen sind an das DB-Netz angeschlossen.

## Altmühltal-Radweg
### (Rothenburg ob der Tauber - Kelheim)

Der Radwanderweg entlang der Altmühl gliedert sich in zwei Teilrouten, zum einen in den Altmühlweg von Rothenburg o. d. T. bis zum Altmühlsee (Gunzenhausen) und zum anderen in den Altmühltal-Radweg von Gunzenhausen bis Kelheim. Beide Routenabschnitte haben eigene Signets. Da der Altmühltal-Radwanderweg durchgängig befahrbar ist, werden die beiden Teilabschnitte gemeinsam vorgestellt.

***Wegweisung:*** Altmühlweg: einheitlich in beiden Richtungen mit grünem Fahrrad und dem Schriftzug "Altmühlweg" auf weißem Schild. Altmühltal-Radweg: einheitlich weiße Schrift auf braunen Schildern, mit Richtungshinweisen und Entfernungsangaben des Naturparks.

***Länge:*** 241 km (davon Altmühlweg 64 km + 20 km Nebenrouten, Altmühltal-Radweg 157 km)

***Charakteristik:*** Mit nur einer nennenswerten, aber ohne Probleme zu bewältigenden Steigung über die Frankenhöhe führt die Route weitgehend autofrei über befestigte Wirtschaftswege, separate Radwege oder kleine verkehrsarme Nebenstraßen. Die Tour ist auch für Familien hervorragend geeignet. Sehr interessant sind die vielfältigen Varianten und Anschlussmöglichkeiten in die Nebentäler entlang der Altmühl.

***Informationen:***

- Abschnitt Altmühlweg: Tourist Information Romantisches Franken, Am Kirchberg 4, Frankenhöhe, 91598 Colmberg, Tel.: 09803/94141, Fax: 09803/94144, e-mail: info@romantisches-franken.de, Internet: www.romantisches-franken.de.
- Abschnitt Altmühltal-Radweg: Informationszentrum Naturpark Altmühltal, Notre Dame 1, 85072 Eichstätt, Tel.: 08421/98760, Fax: 08421/987654, e-mail: tourismus@naturpark-altmuehltal.de, Internet: www.naturpark-altmuehltal.de., www.altmuehltalradweg.de oder unter www.bayerninfo.de.

***Karten und Literatur:***

- Altmühlweg, Radtour von Rothenburg zum Altmühlsee, kostenloser Prospekt mit Übersichtskarte 1:200.000, Angaben zur Streckenführung, Fahrradvermietung, fahrradfreundlichen Gastbetrieben und Sehenswürdigkeiten, Info-Paket Radfahren bei der Tourist Information Romantisches Franken.
- Radwandern Naturpark Altmühl, kostenloser Prospekt mit Kartenausschnitt 1:250.000 und übersichtlichen Informationen beim Informationszentrum Naturpark Altmühltal.
- Radwanderführer Altmühltal-Radweg (Von Rothenburg nach Regensburg), ausführliche Wegbeschreibung mit Kilometrierung, Tipps zu Kunst, Kultur und Küche, Radwanderkarte 1:225.000, wichtige Innenstadtpläne, Bielefelder Verlagsanstalt.
- Altmühl-Radweg (Von Rothenburg nach Kelheim a.d.D.), bikeline-Radtourenbuch und Karten 1:50.000 mit Beschreibung, Ortsplänen und Übernachtungsverzeichnis, Verlag Esterbauer.
- Radwanderführer "Radeln im Altmühltal", 8 Tourenbeschreibungen, mit Sehenswürdigkeiten, Adressen, Übersichtskarte und 50 Detailkarten 1:50.000, Galli-Verlag.
- Regionalradgeber Neue fränkische Seen und Altmühltal (RRG 5), Rieck/Schäfer, Verlag Wolfgang Kettler.
- Rad-Wanderführer Altmühltal/Südl. Frankenalb, Deutscher Wanderverlag Dr. Mair & Schnabel.
- Das Radwanderbuch Altmühltal und fränkisches Seenland mit Kartenausschnitten, Stöppel Verlag.

***Verlauf:*** Rothenburg o.d.T. (mittelalterliches Stadtbild) - Neusitz - Wachsenberg - Karrachsee - Gunzendorf - Geslau - Dornhausen - Colmberg (mittelalterliche Burg) - Frommetsfelden - Leutershausen (mittelalterliches Stadtbild, Altmühlflussbad) - Görchsheim - Hilsbach - Herrieden (Storchenturm) - Thann - Großenried (Goethehaus) - Mörlach - Obermühl - Ornbau (mittelalterliche Befestigungsanlage) - Altmühlsee - Gunzenhausen (historisches Ortsbild) - Aha (markgräfliche Saalkirche) - Windsfeld (Zisterzienserkloster) - Meinheim - Markt-Berolzheim (St. Michaelskirche) - Bubenheim - Graben (Fossa Carolina) - Treuchtlingen (Stadtschloss, Volkskundemuseum, Altmühltherme) - Pappenheim (Burg, Augustinerkloster) - Solnhofen (Solabasilika) - Mörnsheim (Museum auf dem Maxberg) - Dollnstein (Befestigungsanlagen) - Marienstein (ehemaliges Augustinerkoster) - Eichstätt (Residenz, Dom) - Pfünz (Römerkastell) - Walting - Kipfenberg (geographischer Mittelpunkt Bayerns) - Kinding (Wehrkirche) - Beilngries (alte Stadtbefestigung mit 8 Türmen, Schloss Hirschberg) - Dietfurt (mittelalterliches Stadtbild) - Mühlbach - Riedenburg - Prunn (Schloss Prunn) - Essing (Burg Randeck) - Kelheim (Befreiungshalle).

Alternativ kann die Tour auch an der Altmühlquelle beim Hornauer Weiher begonnen werden. Von dort aus geht es über Burghausen und Oberhegenau nach Colmberg.

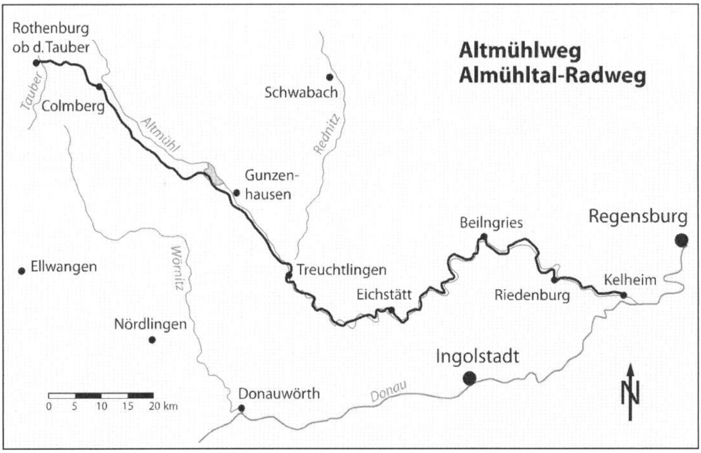


***Kommentar:*** Der Altmühltal-Radweg ist ohne Zweifel einer der schönsten und bekanntesten Radrouten in Deutschland und wurde nicht ohne Grund bei einer Befragung des ADFC zum zweitbeliebtesten Radfernweg (hinter dem Weserradweg) gewählt.

Aufgrund seines nahezu autofreien Streckenverlaufs, der guten Beschilderung und des guten Ausbauzustands gilt der Altmühl-Radweg als ausgesprochen familienfreundlich. Wer sein Fahrrad nicht selber mitbringen möchte, findet im Altmühltal ein reichhaltiges Angebot an Mieträdern. Eine Liste hierzu wird vom Informationszentrum Naturpark Altmühltal verschickt. Zahlreiche Übernachtungsmöglichkeiten aller Kategorien und ein vielfältiges gastronomisches Angebot ergänzen die landschaftlich reizvolle Route. Jedoch ist das frühzeitige Buchen der Quartiere besonders in der Saison ähnlich wie beim Donau-Radweg dringend anzuraten.
Von Rothenburg o. d. T. führt der Radweg durch den Naturpark Frankenhöhe nach Colmberg und begleitet von dort aus die wachsende Altmühl durch die sanfte Hügellandschaft. Beschauliche, gemütliche Städtchen, urige Biergärten und Gasthäuser verwöhnen die Radlerinnen und Radler mit den zahlreichen fränkischen Spezialitäten. Am Altmühlsee liegt Gunzenhausen, ein ehemaliges römisches Kastell zur Sicherung des Limes. In einem weiten Tal fließt die begradigte Altmühl Treuchtlingen zu. Am nördlichen Ortsausgang von Graben liegt der 'Karlsgraben', ein Versuch Karls des Großen, 793 die Flüsse Rhein und Donau (über Rezat und Altmühl) durch einen Kanal zu verbinden. Ein Projekt, das erst durch die Vollendung des umstrittenen Rhein-Main-Donau-Kanals verwirklicht wurde. Hinter Treuchtlingen durchbricht die Altmühl den Jura der Fränkischen Alb, um sich fortan in einem wildromantischen Flusstal dahinzuschlängeln. Bis zu ihrer Mündung in die Donau reißt die Kette sehenswerter Landschaftsformen und romantischer Schlösser und Burgen nicht mehr ab. Sei es die Felsengruppe "Die zwölf Apostel" bei Solnhofen oder die Burg Kipfenberg. Einen Aufenthalt ist in jedem Fall auch die barocke Bischofs- und Universitätsstadt Eichstätt wert. Krönender Abschluss der Tour durch das Altmühltal könnte ein Schiffsausflug von Kelheim durch den Donaudurchbruch mit seinen bis zu 130 Meter hohen Felswänden zum Kloster Weltenburg sein.

Auf der ganzen Tour bietet sich immer wieder Gelegenheit für Abstecher in reizvolle kleine Seitentäler der Altmühl, z.B. in das Schuttertal Richtung Ingolstadt oder das Schwarzachtal Richtung Nürnberg.

Wer mit der Bahn ins Altmühltal reist, erreicht Rothenburg o. d. T. oder Gunzenhausen im Nahverkehr von Ansbach aus. Eine direkte Verbindung zwischen den Städten gibt es nicht. Von Gunzenhausen bis Eichstätt verläuft die Route parallel zur Bahn. Treuchtlingen als Ausgangspunkt der Tour ist Schnittpunkt der Bahnlinien München - Würzburg und Augsburg - Nürnberg. In Kelheim bzw. Saal/Donau besteht über Regensburg Anschluss an den Fernverkehr.

## Berlin-Kopenhagen

***Wegweisung:*** Stilisierte Windrose mit dem Schriftzug "Berlin-Kopenhagen".

***Länge:*** ca. 630 km

***Charakteristik:*** Weitgehend flach mit nur kurzen Anstiegen. Bis zur Fertigstellung des Gesamtausbaus muss zuweilen mit schlechteren Wegstrecken gerechnet werden. Bis dahin für geübte Radler durchaus zu empfehlen.

***Informationen:***

- TMB Tourismus-Marketing Brandenburg GmbH, Am Neuen Markt 1, 14467 Potsdam, Tel.: 0331/2004747, Fax: 0331/29873-28, e-mail: hotline@reiseland-brandenburg.de, Internet: www.reiseland-brandenburg.de.
- Tourismusverband Mecklenburg-Vorpommern e.V., Platz der Freundschaft 1, 18059 Rostock, Tel.: 0180/5000223, Fax: 0381/4030555, e-mail: info@tmv.de, Internet: www.auf-nach-mv.de und www.bike-berlin-copenhagen.com.

***Karten und Literatur:***

- Prospekt "Radweg Berlin-Kopenhagen" mit Kartenskizzen und Beschreibungen, zu beziehen bei TMB Brandenburg und Tourismusverband Mecklenburg-Vorpommern (s.o.).

***Verlauf:*** Berlin - Oranienburg (Schloss Oranienburg, Gedenkstätte Sachsenhausen) - Zehdenick (Hist. Stadtkern, Kloster) - Dannenwalde - Neuglobsow (Stechlinsee) - Neustrelitz (Schlosskirche und -garten) - Waren/Müritz (Aquarium) - Krakow am See (Museen, Synagoge) - Güstrow (Barlach-Museum)- Schwaan - Rostock (hist. Stadtbild) - (Fähre) - Gedser - Nykobing F. (Stadtkern) - Stege/Mon (Marktplatz) - Rodvig/Stevns (Schiffsmotorenmuseum) - Koge (hist. Marktplatz) - Kopenhagen.

***Kommentar:*** Die deutsche und die dänische Hauptstadt per Rad zu verbinden - dieser Gedanke wäre vor einigen Jahren zumindest für die Berliner noch weit weg gewesen. Gerade um Berlin ist die Fortführung des europäischen R 1 lange ins Stocken geraten. Auch der Havelradweg träumt noch den Dornröschenschlaf. Und nun widmet man sich mit großem PR-Aufwand der Verbindung nach Kopenhagen, auch über die Ostsee hinweg. Für den ADFC kam die Einweihung im April 2001 etwas zu früh, denn noch waren Weg und Wegweisung nicht in dem Standard eines vorzeigbaren Radfernweges. Aber - und hierzu sollte man sich das gesonderte Kapitel über die Entwicklungen in Brandenburg anschauen - Brandenburg ist auf dem besten Wege, in den kommenden Jahren sehr attraktive Radrouten mit hoher Qualität zu präsentieren. Doch zurück zu Berlin-Kopenhagen. Zwei Metropolen, dazwischen weite, einsame Landstriche. Größer kann der Kontrast eigentlich nicht sein als zwischen Berlin und den mecklenburgischen Weiten. Aber gerade diese Abwechslung ist der Reiz der Route, denn auch Radler wollen nicht immer nur Grün sehen. Wer also die ersten Tage in Berlin hinter sich hat, wird Gefallen finden an den alleengesäumten Landstrichen Brandenburgs, taucht ein in die saftigen Wiesen und weiten Felder, die sich wie bunte Teppiche vor Radlers Horizont ausbreiten. Im "Land der tausend Seen" findet sich immer wieder ein Gewässer, das Radlers Körper und Gemüt erfreut. Bei der Durchquerung der Mecklenburgischen Seenplatte erreichen die Seen schier unendliche Ausmaße und geben schon maritimen Geschmack auf die Ostsee-Querung. In der alten Residenzstadt Neustrelitz wird Geschichte lebendig, in Güstrow folgt die Begegnung mit Barlach, und Rostock präsentiert sich mit Hansestadt- Ambiente.Nach der Fährfahrt folgt die Entdeckung Dänemarks, das sich mit einer variationsreichen Landschaft präsentiert. Weiße Strände, glitzernde Gewässer und die anmutig gestalteten Gärten der Herrenhäuser lassen die Reise nicht lang werden, bis schließlich Kopenhagen erreicht wird - Eintauchen in eine quirlige, sympathische Großstadt mit Herz.

Bahnanbindung existiert als IC-Verbindung zwischen Berlin - Hamburg - Kopenhagen. Auskunft: 01805/996633 in Deutschland und 54160055 in Dänemark.

## Bodensee-Königssee-Radweg
**(Lindau - Bad Tölz - Königssee)**

***Wegweisung:*** Die Schilder zeigen ein grünes Fahrrad vor einer stilisierten Gebirgslandschaft (blaue Linie) auf weißem Grund, mit Richtungspfeilen.

***Länge:*** 410 km

***Charakteristik:*** Quer durch das hügelige Voralpenland verläuft die Route auf Radwegen entlang schwach befahrener Straßen sowie auf befestigten Feldwegen. Abschnittsweise sind größere Steigungen und Abfahrten zu bewältigen.

***Informationen:***
- Arbeitsgemeinschaft Deutsche Alpenstraße, Nördliche Hauptstr. 7, 83700 Rottach-Egern.
- Tourismusverband Allgäu/Bayerisch-Schwaben e.V., Postfach 102529, 86015 Augsburg, Tel.: 0821/33335, Fax: 0821/38331, e-mail: tourismus@allgaeu-bayerisch-schwaben.btl.de, Internet: www.btl.de/allgaeu-bayerisch-schwaben.
- Tourismusverband München-Oberbayern e.V., Postfach 60 03 20, 81203 München, Tel.: 089/829218-0, Fax: 089/829218-28, e-mail: tourismus@oberbayern.btl.de, Internet: www.btl.de/oberbayern und www.bayerninfo.de.

***Karten und Literatur:***
- Bodensee-Königssee-Radweg, detaillierte Etappenbeschreibungen, Kilometer- und Höhenangaben, Sehenswürdigkeiten, Übernachtungsmöglichkeiten, Informationsadressen, 30 Detailkarten 1:50.000, Galli-Verlag.
- ADFC-Radtourenkarte 1:150.000, Blatt 26 (abschnittsweise), Bielefelder Verlagsanstalt.

***Verlauf:*** Lindau (Altstadt, spätbarocke Stadtpfarrkirche) - Oberstaufen (Schroth-Heilbad) - Immenstadt i. Allgäu - Rottach-Stausee - Nesselwang (Brauereimuseum) - Füssen (Benediktinerkloster St. Mang, Schloss, mittelalterliches Stadtbild) - Bad Kohlgrub (Moorheilbad) - Eschenlohe - Ohlstadt - Kochel am See (Franz-Marc-Museum) - Benediktbeuern (Klosteranlage) - Bad Heilbrunn - Bad Tölz (Altstadt) - Gmund a. Tegernsee (Pfarrkirche St. Ägidius) - Schliersee - Fischbachau (Münster, Wallfahrtskirche Birkenstein) - Bad Feilnbach (Moorheilbad) - Raubling - Aschau i. Chiemgau (Schloss Hohenchiemgau) - Bernau a. Chiemsee - Grassau (spätgotische Kirche) - Siegsdorf (Naturkunde-

und Mammutmuseum) - Traunstein (historisches Stadtbild) - Anger (Augustiner-Stiftskirche) - Piding - Bad Reichenhall (Saline, historische Altstadt) - Bischofswiesen - Berchtesgaden (Nationalparkmuseum, Salzbergwerk, Kehlstein-Haus) - Königssee (Wallfahrtskirche St. Bartholomä).

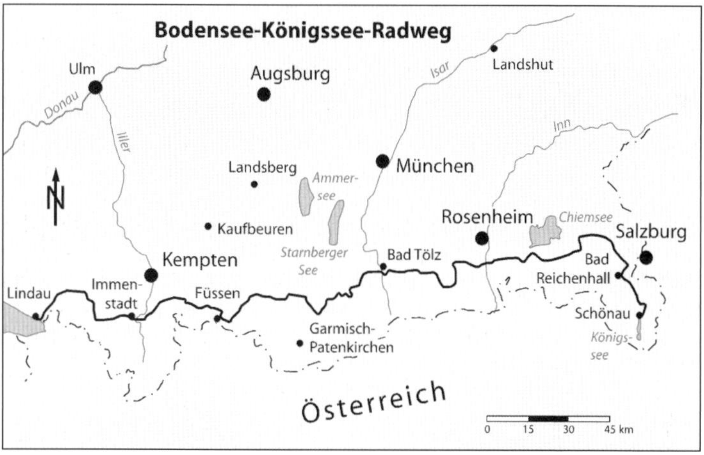


**Kommentar:** Die junge Route des Bodensee-Königssee-Radweges verbindet seit 1999 den größten See Deutschlands mit dem saubersten See und bietet ständig neue beeindruckende Blicke auf das Alpen-Panorama. Von Lindau am Bodensee führt die Route hinauf in das seen- und waldreiche Allgäuer Alpenvorland. Die Kondition wird gefordert, wenn sich der Weg am Großen Alpsee und Rottachsee vorbei bis zum höchsten Punkt der Route bei Memersch (1000 m ü. NN) hinaufzieht. Von Füssen bis Halblech läuft die Route parallel zur Romantischen Straße, folgt dann aber weiter auf dem "Königsweg" am Fuße des Ammergebirges. Romantiker dürfen einen Abstecher zu den Königsschlössern Hohenschwangau und Neuschwanstein nicht versäumen. Ohne größere Steigungen geht's durch das Murnauer Moos, wo die Moorheilbäder zu einer Erholungspause einladen. Ausgeruht kann sich der Radler ins Auf und Ab des Mangfallgebirges stürzen, wo nochmals größere Steigungen zu bewältigen sind. Vorbei an Tegernsee und Schliersee führt der Weg direkt am schroffen Wendelsteinmassiv entlang. Hinter Fischbachau rollt es dann abwärts in die Mangfallebene und das Inntal, um anschließend erneut gemächlich ins Chiemgau aufzusteigen. Mit Traunstein erreicht man die erste der vom Salzhandel geprägten Städte und folgt fortan auch dem Salinenweg, der über Bad Reichenhall nach Berchtesgaden auf der gleichen Strecke verläuft. Zwischen Kehlstein und

Watzmann-Massiv befindet man sich dann schon auf der "Zielgeraden" entlang der Berchtesgadener Ache bis zum Königssee. Eine entspannende Fahrt über den kristallklaren Königssee oder aber eine Seilbahnfahrt auf den Jenner bei herrlicher Fernsicht sind sicher der krönende Abschluss dieser Tour.

Der Bodensee-Königssee-Radweg verfügt über eine große Anzahl von weiterführenden Routen: von den Radwegen rund um den Bodensee bis hin zum vielfältigen Radroutennetz im Chiemgau bieten sich attraktive Verknüpfungen an.

Start- und Zielpunkt der Route sind für Anreisende mit der Bahn gut erreichbar. Sowohl Lindau am Bodensee als auch Berchtesgaden sind ins Nah- und Fernverkehrsnetz der Bahn eingebunden. Zudem bietet sich abschnittsweise immer wieder die Möglichkeit, auf den Zug umzusteigen, z.B. zwischen Lindau und Füssen oder Bernau und Berchtesgaden. In Zügen des Nahverkehrs ist die Fahrradmitnahme zwischen der österreichischen Grenze bis zu einer Linie Neu-Ulm - Augsburg - Ammersee - Starnberger See - Rosenheim - Mühldorf (Oberbayern) - Simbach kostenlos.

## Bodensee-Radweg

**(Konstanz - Lindau - Stein am Rhein - Konstanz)**

***Wegweisung:*** Grenzüberschreitend einheitlich durch ein Radfahrersymbol mit blau ausgefülltem Hinterrad auf weißem Schild ausgewiesen.

***Länge:*** rund 260 km

***Charakteristik:*** Rundkurs um den Bodensee, weitestgehend autofrei und ohne nennenswe Steigungen.

***Informationen:***

- Internationale Bodensee-Tourismus GmbH, Insel Mainau, 78465 Konstanz, Tel.: 07531/9094-0, Fax: 07531/9094-94, e-mail: info@bodensee-tourismus.com, Internet: www.bodensee-tourismus.com.

***Karten und Literatur:***

- Bodensee-Radweg, Routenbroschüre der Tourismus Marketing GmbH Baden-Württemberg, Bezug gegen geringe Gebühr beim: Info- und Prospektservice Baden-Württemberg, Yorckstr. 23, 79110 Freiburg, Tel.: 0761/89797979, Fax: 0761/89797989.

- Radwanderführer Bodensee-Radweg (durch drei Länder rund um den See), ausführliche Wegbeschreibung mit Kilometerangaben, Tipps zu Kunst, Kultur und Küche, Radwanderkarte 1:40.000, wichtige Ortspläne, Bielefelder Verlagsanstalt.
- Bodensee-Radweg (Rund um den Bodensee, Überlinger See und Untersee), bikeline-Radtourenbuch und Karten 1:50.000 mit Beschreibung, Ortsplänen und Übernachtungsverzeichnissen, Verlag Esterbauer.
- Radwanderweg Bodensee, Radwanderführer mit Kartenausschnitten 1:50.000, Routenbeschreibung, Sehenswürdigkeiten, Tipps zu Unterkünften, Informationsstellen etc. Spiralbindung, Verlag Fink-Kümmerly & Frey.
- Radwanderkarte 1:100.000 mit Radwegegrundnetz, Blatt 52 (Bodensee), Landesvermessungsamt Baden-Württemberg.
- Wanderkarten 1:50.000 mit Radwanderwegen, Blatt 10 Hegau-Bodensee und Blatt 24 Bodensee Ost, Landesvermessungsamt Baden-Württemberg.
- ADFC-Radtourenkarte 1:150.000, Blatt 25, Bielefelder Verlagsanstalt.
- Radwanderbuch Bodensee, Radwanderführer mit Informationen und Kartenausschnitten, Stöppel-Verlag.

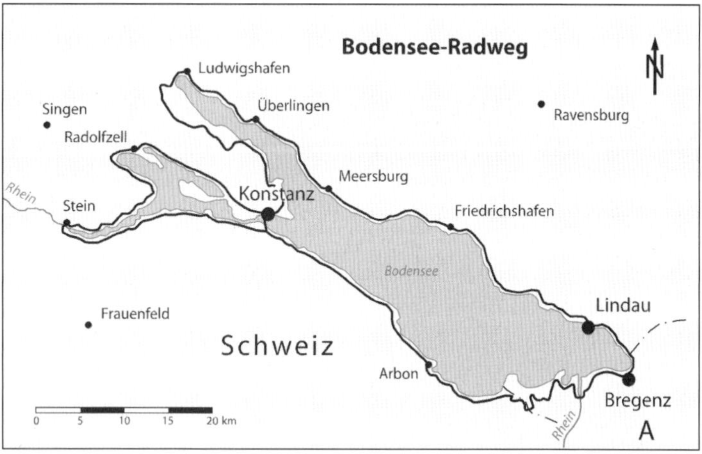


***Verlauf:*** Rund um den Bodensee mit Anschluss an den Rhein-Radweg bei Stein a. Rhein.

Konstanz (Münster) - Blumeninsel Mainau - Bodman - Ludwigshafen - Überlingen (Franziskanerkirche) - Uhldingen (Pfahlbauten) - Meersburg (Burg, Schloss) - Immenstaad (Schwörerhaus) - Friedrichshafen (Zeppelinmuseum) - Langenargen (Hängebrücke, Schloss Montfort) -

Kressbronn - Lindau (Pulverturm, Hafen) - Bregenz (Martinsturm) - Hard (Rheindelta) - Rheineck (Rathaus) - Rorschach - Arbon (siebenstöckiger Schlossturm) - Romanshorn - Uttwil (Fachwerkhäuser) - Kreuzlingen (Schlosspark) - Konstanz - Steckborn (Turmhof) - Stein a. Rhein - (Altstadt, Bürgerhäuser, Puppenmuseum) - Gaienhofen - Radolfzell (Gotisches Münster) - Allensbach - Konstanz.

***Kommentar:*** Rund um das "Schwäbische Meer" führt der Radweg seit 1989 durch die Schweiz, Österreich und Deutschland. Sein Reichtum an landschaftlichen und kulturhistorischen Sehenswürdigkeiten sowie geschichtlichen Ereignissen macht ihn für Radler jeder Altersstufe abwechslungsreich und interessant. Die malerischen Altstädte von Meersburg, Lindau und Bregenz, das Zeppelinmuseum in Friedrichshafen und die weltbekannte Blumeninsel Mainau (auf der im übrigen das Fahrradfahren nicht erlaubt ist) laden ihre Gäste zum Verweilen ein. Fast jede Gemeinde bietet dem Radler inzwischen ein eigenes Programm. Die Tour um den drittgrößten See Mitteleuropas kann vielerorts durch Abstecher (z.B. von Uhldingen zum Affenberg bei Salem) verlängert oder durch eine Fahrt mit der "Weißen Flotte" auf dem Bodensee verkürzt werden. Sofern genügend Platz an Bord ist, nehmen die Bodenseeschiffe Fahrräder gegen ein geringes Entgelt mit. Zahlreiche Pauschalangebote von Reiseveranstaltern dokumentieren die Beliebtheit dieser Radlerregion. Wer nicht mit dem eigenen Fahrrad reisen möchte, hat rund um den Bodensee Gelegenheit, ein Qualitätsrad zu mieten.
Für das Radfahren durch drei Länder ist aufgrund der EU Außengrenze Schweiz die Mitnahme von Personalausweis oder Reisepass erforderlich.
Als Abstecher zu empfehlen ist die deutsch-schweizerische Route zum Rheinfall nach Schaffhausen. Weitere Informationen dazu siehe Kapitel zum Radfernweg "Hochrhein-Hotzenwald" als Teil der Rhein-Route.

Das Radwandern in der Bodenseeregion ist vor allem im Frühjahr zur Obstblüte sowie im Spätsommer und Herbst zur Obstreife und Laubfärbung empfehlenswert. Aufgrund des milden Klimas sind diese Jahreszeiten auch für das Radeln besonders angenehm. Der Sommer ist nicht nur die heißeste und zugleich regenreichste, sondern auch die besucherreichste Zeit. Die frühzeitige Buchung der Übernachtungsquartiere ist allerdings in jedem Fall dringend anzuraten, da die Route nicht nur in den Ferienzeiten stark befahren wird.

Die Hauptorte am Bodensee (Radolfzell, Konstanz, Lindau und Friedrichshafen) sind mit der Bahn im Fernverkehr gut erreichbar. Zudem führen Regionalbahnlinien (auch in Österreich und der Schweiz) nahezu komplett um den Bodensee herum.

# Brückenradweg
## (Osnabrück - Bremen)

***Wegweisung:*** Die Beschilderung ist nicht einheitlich, z.T. werden quadratische Schilder mit grünem Fahrradsignet und dem Schriftzug "Radfernweg OS - HB" verwendet, zum anderen finden sich Wegepilze mit Orts- und Kilometerangaben. Zudem ist die Ausschilderung unvollständig, so dass eine gute Karte anzuraten ist.

***Länge:*** Ostroute 141 km, Westroute 159 km

***Charakteristik:*** Mit Steigungen ist auf der landschaftlich sehr abwechslungsreichen Strecke nur im ersten Abschnitt nördlich von Osnabrück zu rechnen, nördlich des Wiehengebirges geht es schnell in die norddeutsche Tiefebene über. Die Route verläuft auf größtenteils verkehrsarmen Straßen und Wirtschaftswegen und ist relativ geradlinig. Auch auf den wenigen nichtasphaltierten Abschnitten ist sie auch mit schmalen Reifen befahrbar. Der Brückenradweg ist familienfreundlich.

***Informationen:***
- Tourismusverband Osnabrücker Land e.V., Am Schölerberg 6, 49082 Osnabrück, Tel.: 0541/95111-95, Fax: 0541/95111-20, e-mail: TV@Osnabruecker-Land.de, Internet: www.osnabruecker-land.de.
- Osnabrück - Marketing und Tourismus GmbH, Tourist-Information, Krahnstr. 58, 49074 Osnabrück, Tel.: 0541/323-2202, Fax: 0541/323-2709, e-mail: touristinfo@osnabrueck.de, Internet: www.osnabrueck.de.
- Bremer Touristik-Zentrale GmbH, Findorffstr. 105, 28215 Bremen, Tel.: 01805/101030, Fax: 0421/30800-30, e-mail: btz@bremen-tourism.de, Internet: www.bremen-tourism.de.

***Karten und Literatur:***
- Brückenradweg Osnabrück - Bremen, Radwanderkarte 1: 50.000, mit Beschreibung der Sehenswürdigkeiten, Informationsadressen, Bielefelder Verlagsanstalt.
- ADFC-Radtourenkarte 1:150.000, Blatt 6 und 11, Bielefelder Verlagsanstalt.

***Verlauf:*** Ostroute: Osnabrück (Altstadt, Dom, Rathaus) - Ostercappeln (Lambertikirche) - Hunteburg - Lembruch (Dümmer, Dümmer-Museum) - Diepholz (Wasserschloss) - Mariendrebber (Stiftskirche) - Barnstorf (Ortsbild) - Heiligenloh - Abbenhausen - Bassum (Stift) - Gräfinghausen - Heiligenrode (Mühlenanlage) - Stuhr - Bremen (Rat-

haus, Markt, Schnoorviertel, Böttcherstraße, Museen).
Westroute: Osnabrück - Engter - Damme (Mordkuhlenberg mit Aussichtsturm) - Dümmerlohhausen (Dümmer) - Steinfeld/Oldbg. - Lohne (Industriemuseum, Burg Hopen) - Vechta (Zitadelle, Hallenkirche St. Georg) - Goldenstedt - Dünsen - Gräfinghausen - streckengleich mit der Ostroute nach Bremen.

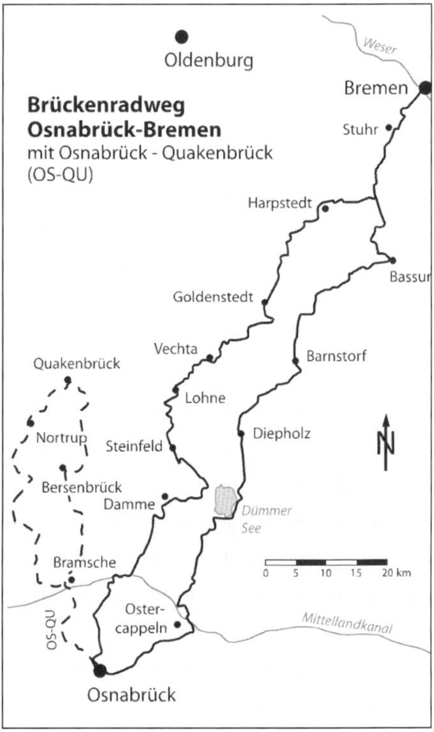


**Kommentar:** Abwechslungsreiches Norddeutschland - das bietet der Brückenradweg. Durch seine beiden parallel verlaufenden Arme wird auch eine Hin- und Rückreise nicht langweilig. Zwischen den beiden hanseatischen Magneten Bremen und Osnabrück steht das Erlebnis von Marsch, Moor und Geest bevor - den drei prägenden Landschaftsformen des norddeutschen Raumes.
Ursprünglich erstreckten sich zwischen Osnabrück und Bremen ausgedehnte Moorgebiete, die zu ihrer Durchquerung mit Brücken versehen werden mussten. Daher rührt der Name des auch heute noch über unzählige Brücken führenden Weges.
Vor dem Start verdient Osnabrück einen intensiven Aufenthalt - das Fahrrad kann man in der bewachten Fahrradstation am Osnabrücker Hauptbahnhof unterstellen. Stadtauswärts sollte man dann schon eine gute Karte parat haben, denn der Weg ist hier leider nicht beschildert. Zunächst führen die Routen über das hügelig- bewaldete Wiehengebirge mit seinen lieblichen Bauernhof-Szenarien. Die Ostroute führt weiter durch die eiszeitliche Moor- und Marschlandschaft des Dümmers, während die Westroute die Endmoräne der Dammer Berge kreuzt. In dieser frühbesiedelten Region tauchen immer wieder Reste von Ringwällen und Steingräbern auf, denen man im Laufe der

Zeit bizarre Namen wie "Teufels Backofen" und "Teufels Backtrog" gegeben hat. Wer sich für prähistorische Relikte interessiert, sollte einen Besuch des Dümmermuseums in Lembruch oder des archäologischen Lehrpfades in Barnstorf (beide Ostroute) einplanen. Im Naturpark Dümmer wurden viele Anstrengungen getroffen, um die ursprüngliche Tier- und Pflanzenwelt wiederherzustellen. Mit etwas Glück lassen sich Graureiher, Störche, Sumpfhühner oder Rohrdommeln beobachten. Die Westroute durchstreift die Vechtaer Mark, bevor beide Trassen in die Wildeshauser Geest eintreten. Beim Durchqueren der Geest, bieten sich immer wieder herrliche Rastmöglichkeiten an malerischen Orten. Auf die Kornfelder der Geest, im Frühjahr immer wieder durch blühende Rapsfelder gelb getupft, folgt schließlich die grüne Marschlandschaft mit ihren fetten Wiesen, in der sich die beiden Routen vor den Toren der Hansestadt wieder vereinen. Für die quicklebendige Wesermetropole mit ihren vielfältigen Sehenswürdigkeiten sollte man sich schon ein paar Tage reservieren. Übrigens lässt sich Bremen am besten mit dem Rad erkunden.

Zur Anreise kann man beim Brückenradweg sehr gut auf die Bahn zurückgreifen. Bremen und Osnabrück sind bestens eingebunden im Netz der deutschen Bahn. Auch in Lemförde, Diepholz und Bassum sowie in Lohne und Vechta gibt es Bahnanschlüsse.

## Burgenstraße und Kraichgau-Burgen-Weg

***(Mannheim - Heilbronn - Rothenburg o. d. Tauber - Nürnberg - Prag)***

***Wegweisung:*** In Baden-Württemberg mit weißem Fahrrad auf grünem Grund, leider nicht immer lückenlos. In Bayern mit den Beschilderungen der entsprechenden Radfernwege (z.B. Nürnberg-Rothsee-Altmühltal). Die Wegweisung wird in Baden-Württemberg derzeit überarbeitet.

***Länge:*** 975 km (Radroute Burgenstraße), davon 155 km Kraichgau-Burgen-Weg

***Charakteristik:*** Im ersten Teilstück weitestgehend autofrei, im zweiten teilweise mit etwas Verkehr oder auf Radwegen führt die Route mit vielen Steigungen durch eine abwechslungsreiche Kulturlandschaft auf wechselnden, meist asphaltierten Oberflächen. Insbesondere im mittleren Teil ist die Route nicht geeignet für völlig ungeübte Radler. Jedoch ist gerade dieser Teil landschaftlich besonders reizvoll.

***Informationen:***

- Arbeitsgemeinschaft "Die Burgenstraße", Rathaus, 74072 Heilbronn, Tel.: 07131/56-2283 oder 07131/56-2271, Fax: 07131/56-3140, Internet: www.burgenstrasse.de.
- Tourismus-Service GmbH, Yorckstr. 23, 79110 Freiburg, Tel.: 0761/89797979, Fax: 0761/89797989, e-mail: info@tourismus-baden-wuerttemberg.de, Internet: www.tourismus-baden-wuerttemberg.de. und www.railandrelax.de/rw/kraichgau/index.html.

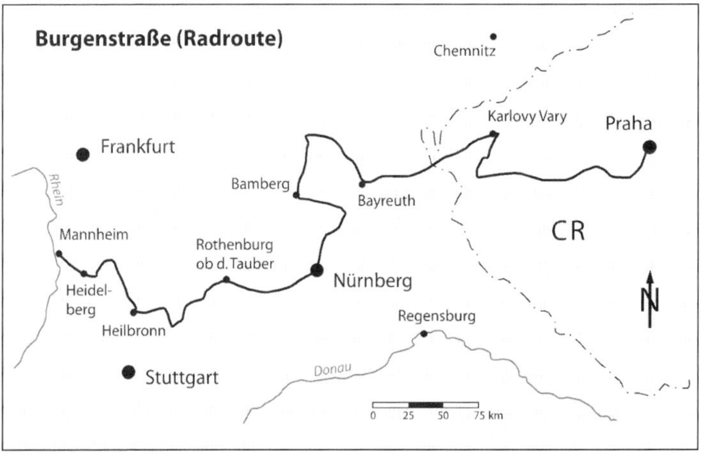


***Karten und Literatur:***

- Kraichgau-Burgen-Weg, Routenbroschüre der Tourismus Marketing GmbH Baden-Württemberg, Bezug gegen geringe Gebühr bei der Tourismus-Service GmbH Baden-Württemberg.
- Burgenstraßen-Radwanderführer (Mannheim - Nürnberg), Streckenkarten 1:50.000, mit Informationen zu Sehenswürdigkeiten, Übernachtungsmöglichkeiten, Adressen der Tourismusämter etc., Hrsg.: Touristikarbeitsgemeinschaft "Die Burgenstraße".
- Burgenstraßen-Radwanderführer Teil II (Nürnberg - Prag), Streckenkarten 1:50.000, Radwanderführer mit Routenbeschreibung, Sehenswürdigkeiten, Übernachtungsverzeichnissen, Touristeninformationen etc., Hrsg.: Touristikarbeitsgemeinschaft "Die Burgenstraße".
- Radwanderkarte 1:100.000 mit Radwegegrundnetz, Blatt 57 (Tauber-Hohenlohe) und 58 (Rhein-Neckar), Landesvermessungsamt Baden-Württemberg (Kraichgau-Burgen-Weg).
- ADFC-Radtourenkarte 1:150.000, Blatt 20, 21, 22, 23. Bielefelder Verlagsanstalt.

***Verlauf:*** Mannheim (kurfürstliches Residenzschloss, Friedrichsplatzanlage) - Heidelberg (Schloss, älteste Universität Deutschlands) - Neckarsteinach (Vier-Burgen-Stadt) - Eberbach (mittelalterliche Altstadt) - Mosbach (Gutleutanlage) - Gundelsheim - Neckarsulm (Deutsches Zweirad-Museum) - Heilbronn - Neuenstein (ehemaliges Wasserschloss) - Schwäbisch Hall (malerische Altstadt, gotische Stadtkirche St. Michael, ehemaliges Benediktinerkloster Comburg) - Schrozberg (Schloss mit Berlichinger Turm) - Rothenburg ob der Tauber (mittelalterliches Stadtbild mit Befestigungsanlagen) - Colmberg (Burg) - Ansbach (markgräfliche Residenz) - Lichtenau ("Klein-Nürnberg") - Abenberg (1000-jährige Burg) - Roth - Nürnberg (Germanisches Nationalmuseum, Kaiserburg, Stadtmauer, Dürer-Haus) - Forchheim - Pottenstein (Burg) - Heiligenstadt (Burg Greifenstein) - Bamberg (Unesco-Weltkulturstadt) - Coburg (Veste Coburg) - Kronach (Festung Rosenberg) - Kulmbach (Hohenzollernresidenz Plassenburg, deutsches Zinnfigurenmuseum) - Bayreuth (markgräfliche Residenzstadt, Festspiel- und Universitätsstadt) - Arzberg (Porzellanstadt) - Cheb (Eger) (älteste Stadt Böhmens, romanische Burganlage) - Karlovy Vary (Karlsbad) (weltbekanntes Kurbad, historisches Stadtbild und Kuranlagen, 12 Thermalquellen) - Mariánské Láznê (Marienbad) - Konstantinovy Láznê (Konstantinbad) - Karlπtejn (Karlstein) (Burg) - Praha (Prag) ("Goldene Stadt", Karlsbrücke, Prager Burg, Altstadt, Kafka-Museum).
Alternativ dazu beginnt der Kraichgau-Burgen-Weg in Bad Schönborn (Schloss Kislau), weiter über Östringen (Stift Odenheim) - Angelbachtal (ehemalige Wasserschlösser in Michelfeld und Echtersheim) - Eichelberg - Eppingen (Fachwerkhäuser) - Gemmingen (Schloss) - Schwaigern (Rokokoschloss des Grafen von Neippberg) - Leingarten-Großgartach (Weinbau) - Böckingen - bis nach Heilbronn, wo er auf die Burgenstraße (Radroute) stößt und dann mit dieser streckengleich bis nach Rothenburg o.d.T. führt.

***Kommentar:*** Seit 1994 bestehen die Routen des Kraichgau-Burgen-Weges und der Burgenstraße (Radroute).
Von Mannheim aus führt Europas romantische Burg enstraße bis nach Prag, vorbei an 71 Burgen, Schlössern und Residenzen. Die Radroute verläuft zunächst ohne große Steigungen entlang des Neckartals nach Heilbronn, wo sie mit dem Kraichgau-Burgen-Weg zusammentrifft. Dieser hat hier aus dem Rheintal kommend durch das hügelige Kraichgau bereits einige "Bergwertungen" hinter sich. Von Heilbronn aus geht es gemeinsam weiter durch Hohenlohe an die Tauber mit ihrem mittelalterlich malerischen Zentrum Rothenburg.

Die Route der Arbeitsgemeinschaft Burgenstraße führt weiter hinein nach Franken. Viele kleine, gemütliche Orte begleiten die Route, die auch in diesem Abschnitt ihrem Namen alle Ehre macht - von Burg zu Burg. Hinter der mittelalterlichen Stadt Roth mit dem Markgrafenschloss Ratibor ist es vorbei mit den Geländevarianten: der Weg führt ohne große Schnörkel entlang des Rhein-Main-Donau-Kanals in die fränkische Metropole Nürnberg. Hier schwenkt die Route nach Norden, um im mäßigen auf und ab Bamberg, Coburg und Kulmbach mit ihren sehenswerten Altstädten zu erfahren. Von Bayreuth aus durchquert die Route das Fichtelgebirge und überschreitet bei Cheb (Eger) die Landesgrenze. In der Tschechischen Republik reihen sich nun neben den Burgen auch Kurbäder mit reizvoller Architektur aneinander. 30 Kilometer vor Erreichen des Zieles Prag taucht aus dem Wald einer der Höhepunkte der Tour auf: die mächtige Burg Karlstein zieht mit ihrem märchenhaften Aussehen alle Besucher in ihren Bann. Ein würdiger Vorbote für den krönenden Abschluss: die "Goldene Stadt" an der Moldau mit ihren tausend Türmen, großen Bürgerhäusern, verwinkelten Gässchen und der herrschaftlichen Burganlage ist zu jeder Jahreszeit einen Aufenthalt wert. Vorbuchung empfiehlt sich zu Ostern und während der Hauptferienzeit. Prag verfügt über mehrere Campingplätze, die sich in den Außenbezirken befinden.

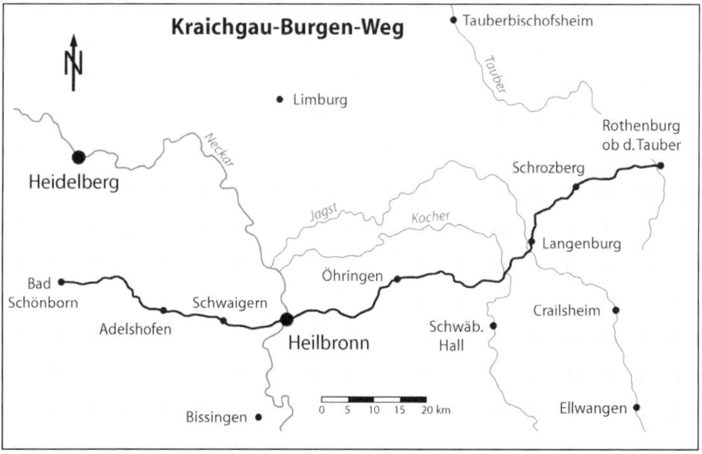


Die Bahnverbindungen zu Start- und Zielpunkten des Kraichgau-Burgen-Weges und der Burgenstraße sind in alle größeren Städte sehr gut. Durch das Neckartal und von Heilbronn bis Waldenburg verläuft die Bahn mit Nahverkehrszügen streckenparallel, so dass vielerorts zu- und ausgestiegen werden kann. Zwischen Gundelsheim und Heilbronn ist auch ein Transport per Neckarschifffahrt möglich. In Oberfranken, dem Fichtelgebirge und in Tschechien führt die Route durch nur wenige Städte mit Bahnanschluss.

# Diemel-Radweg
## (Diemelquelle bei Willingen-Usseln - Bad Karlshafen /Weser)

***Wegweisung:*** Grünes Ammonitensymbol mit Fahrrad auf weißem Untergrund.

***Länge:*** 110 km

***Charakteristik:*** Weitestgehend auf asphaltierten Wegen begleitet der typische Flussradwanderweg ohne nennenswerte Steigungen den Fluss und führt verkehrsarm von der Quelle im Sauerland bis zur Mündung in die Weser.

***Informationen:***

- Arbeitsgemeinschaft Diemel-Radweg, Kasinoweg 22, 34369 Hofgeismar.

***Karten und Literatur:***

- Diemelradweg, Radwanderkarte 1:50.000 in Spiralheftung mit Übernachtungsverzeichnis und Beschreibung der Sehenswürdigkeiten, Bielefelder Verlagsanstalt.

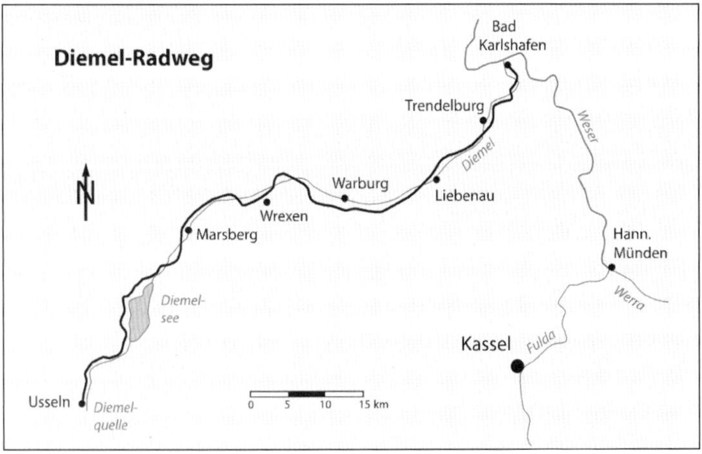


***Verlauf:*** Willingen-Usseln (Diemelquelle) - Diemelsee (Naturpark mit Diemelsee) - Marsberg (Historische Altstadt) - Warburg (Historische Altstadt mit Stadtmauer) - Trendelburg (Fachwerkrathaus) - Bad Karlshafen (Barockes Stadtbild, Hugenottenmuseum).

***Kommentar:*** Der Diemelradweg begleitet die Diemel über rund 110 km durch Hessen und den Süden Nordrhein

Westfalens. Seit 1998 begleitet die Route den idyllischen, im Oberlauf tief eingeschnittenen Flusslauf der Diemel durch wunderschöne waldreiche Regionen, vorbei an historischen Städten und Fachwerkdörfern. Von der Quelle bei Willingen führt der Radfernweg durch eine sehenswerte Mittelgebirgslandschaft. Die gut ausgebaute Strecke führt ohne nennenswerte Steigungen überwiegend in unmittelbarer Nähe der Diemel entlang und durchquert den südlichsten Teil des Corveyer Landes, den Altkreis Warburg, mit der über 1000 Jahre alten ehemaligen Hansestadt Warburg.
Unbedingt einen Abstecher wert ist gleich zu Beginn das Wintersportörtchen Willingen im Sauerland, denn die Route führt nicht direkt durch den Ort, sondern beginnt bei der Quelle auf 660 m Höhe im Vorort Usseln. Bereits nach 20 Kilometer Wegstrecke, an der Grenze von Nordrhein-Westfalen zu Hessen treffen Sie auf den Diemelstausee, der mit 20 Mio Kubikmetern Inhalt und 165 ha Wasserfläche zum Segeln, Paddeln und Angeln einlädt.
Marsberg, das nächste Ziel, war sächsische Grenzfestung und wurde erst 772 durch Karl den Großen erobert, was man dem gepflegten Städtchen heute glücklicherweise nicht mehr ansieht ... Auch die ehemalige Reichs- und Hansestadt Warburg oder der Luftkurort Trendelburg mit seiner sehenswerten Burganlage ist einen Besuch wert. In Bad Karlshafen, der "Barockstadt im Grünen" besteht die attraktive Anbindung an den Weserradweg.

Der Startpunkt Willingen-Usseln ist nur im Regionalverkehr mit der Bahn zu erreichen. Eine Direktverbindung nach Bad Karlshafen besteht nur mit einem beträchtlichen Umweg über Kassel und Göttingen.

## Dollard Route

**(Leer - Delfzijl - Leer)**

***Wegweisung:*** Weiße Schrift auf blauem Grund mit deutscher und niederländischer Flagge, Ortshinweisen und dem Logo der Route.

***Länge:*** 180 Kilometer

***Charakteristik:*** Ohne Steigungen verläuft die Route zumeist auf asphaltierten Wirtschafts- und Radwegen nahezu autofrei durch die niederländische und deutsche Polderlandschaft.

***Informationen:***

- Info Büro Dollard Route, Friesenstr. 34/36, 26789 Leer, Tel.: 0491/5696, Fax: 0491/2860, e-mail: info@dollard-route.de. Die Route im Internet: www.dollard-route.de.

***Karten und Literatur:***

- Internationale Dollardroute, Spiralgebundenes Radtourenbuch mit Karten 1:50.000, Beschreibung der Sehenswürdigkeiten und Übernachtungsverzeichnis.

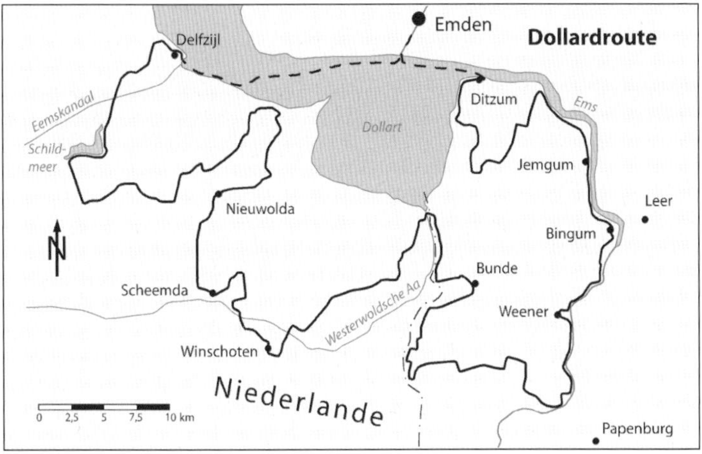


***Verlauf:*** Emden - Ditzum - Jemgum - Bingum / Leer - Weener - Bunde - Winschoten - Scheemda - Nieuwolda - Delfzijl. Zwischen den beiden Hafenstädtchen Ditzum und Delfzijl verkehrt eine kleine Fähre, die die Radwanderer von Mai bis September in rund zweieinhalb Stunden über den Dollart setzt, so das die Route so zum Rundkurs wird.

***Kommentar:*** Quer durch das Rheiderland und die angrenzende Provinz Groningen führt die 180 Kilometer lange "Internationale Dollard Route": Die Route durchquert verträumte kleine Ortschaften wie das Hafenstädtchen Ditzum. Einem Leuchtturm gleich ragt hier der backsteinerne Kirchturm mit der weiß-grünen Spitze in den blauen Himmel. Nicht weit davon entfernt drehen sich die Flügel einer stolzen Gallerieholländer-Windmühle. In den winkligen Gassen des Dorfes locken Schilder mit der Aufschrift "Heute frischer Aal" oder "Granat (Nordseekrabben)" zu Gaumenfreuden. Auf niederländischer Seite lohnt der alte Festungsort Nieuweschans ebenso einen Besuch wie die eigenwillige Architektur der hängenden Küchen von Appingedam oder die Nordseehafenstadt Delfzijl, in der der Schriftsteller Georges Simenon einst seinen berühmten Romanhelden, Kommissar Maigret, den ersten Fall lösen ließ.

Emden und Leer als Start / Endpunkte sind auch im Fernverkehr bei Anreise per Fahrrad und Bahn gut erreichbar.

# Donau-Bodensee-Weg
## (Ulm - Bad Waldsee - Kressbronn)

***Wegweisung:*** Durchgängig und in beiden Richtungen mit weißem Fahrrad auf blauem Grund beschildert.

***Länge:*** 160 km (Westroute) mit Ostvariante (170 km)

***Charakteristik:*** Überwiegend asphaltierte Straßen und Wege, mit nicht wenigen Steigungen, in Ausnahmefällen geschottert. Autofreie, aber nicht geradlinige Führung, streckenweiser Verlauf auf verkehrsarmen Straßen. Für Familien mit Kindern nur bedingt geeignet.

***Informationen:***

- Gebietsgemeinschaft Allgäu-Bodensee-Oberschwaben, Ravens burger Str. 1, 88339 Bad Waldsee, Tel.: 07524/941343, Fax: 07524/941345, e-mail: info@bad-waldsee.de.
- Tourismus-Service GmbH, Yorckstr. 23, 79110 Freiburg, Tel.: 0761/89797979, Fax: 0761/89797989, e-mail: info@tourismus-baden-wuerttemberg.de, Internet: www.tourismus-baden-wuerttemberg.de.

***Karten und Literatur:***

- Donau-Bodensee-Weg, Routenbroschüre der Tourismus Marketing GmbH Baden-Württemberg, Bezug gegen geringe Gebühr beim Info- und Prospektservice Baden-Württemberg, Yorckstr. 23, 79110 Freiburg, Tel.: 0761/89797979, Fax: 0761/89797989.
- Radwanderweg Donau-Bodensee, jährlich aktualisierte Broschüre mit Unterkunftsempfehlungen, kostenlos bei der Gebietsgemeinschaft Allgäu-Bodensee-Oberschwaben.
- Radwanderweg Bodensee, Radwanderführer mit Kartenausschnitten 1:50.000, Routenbeschreibung, Sehenswürdigkeiten, Tipps zu Unterkünften, Informationsstellen etc., Spiralbindung, Verlag Fink-Kümmerly & Frey.
- ADFC-Radtourenkarte 1:150.000, Blatt 25, Bielefelder Verlagsanstalt.
- Radwanderkarte 1:100.000 mit Radwegegrundnetz, Blatt 54 (Oberschwaben), Landesvermessungsamt Baden-Württemberg.

***Verlauf:*** Hauptroute: Ulm (Münster) - Laupheim (Schloss) - Ochsenhausen (ehemalige Benediktiner-Reichsabtei) - Unterschwarzach - Bad Waldsee (Wasserschloss) - Bergatreute (Wallfahrtskirche) - Wolfegg (Loretto-Kapelle) - Kißlegg (Schloss) - Wangen/Allgäu (besterhaltene Reichsstadt) - Neukirch (Badeseen) - Kressbronn (St. Elgius Kapelle). Ostvariante: ab Laupheim über Ochsenhausen - Unterschwarzach - Bad

Wurzach (Barockschloss) - Leutkirch im Allgäu (Martinskirche) - Isny/Allgäu (mittelalterliches Stadtbild, Pfarrkirche St. Georg) - Argenbühl - Wangen - Neukirch - Kressbronn.
Westroute: Ulm - Laupheim - Bad Buchau (Federsee) - Saulgau (Klosterkirche Sießen) - Bad Schussenried (barocke Pfarrkirche) - Altshausen - Wilhelmsdorf - Markdorf (mittelalterl. Stadtbild) - Immenstaad - Friedrichshafen (Zeppelinmuseum) - Langenargen - Kressbronn.

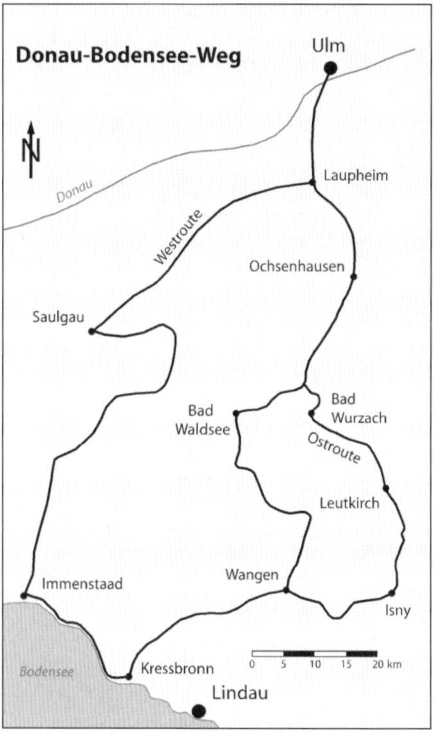


***Kommentar:*** Der Donau-Bodensee-Weg verbindet die beliebten Radlerregionen von Donau und Bodensee miteinander. Aufgrund der Aufspaltung in eine Haupt- und zwei Nebenrouten sowie einer Vielzahl von Verbindungen kann die Streckenwahl sehr variabel gestaltet werden.
Doch die oberschwäbische Landschaft verlangt dem Reiseradler einiges ab: rund 700 m bergauf und eben so viele bergab stehen auf der Hauptroute bevor. Wer jedoch die Steigungen bewältigt, wird durch herrliche Landschaft und großartige Sehenswürdigkeiten belohnt: das Ulmer Münster, das Kloster in Ochsenhausen, das Wurzacher Ried als größtes zusammenhängendes und noch intaktes Hochmoor Mitteleuropas, das Renaissance-Schloss in Wolfegg, das Schloss und das Instrumentenmuseum in Kißlegg, die älteste Kabelhängebrücke Deutschlands in Kressbronn und schließlich die Geburtsstadt des Zeppelins Friedrichshafen. Für Ungeübte oder Familien mit kleinen Kindern ist die Gesamtroute eher nicht geeignet.

Ulm ist als Ausgangspunkt der Tour sehr gut mit der Bahn erreichbar, ebenfalls die Orte am Bodensee. Durch den routenparallelen Verlauf können zwischen Ulm und Laupheim sowie Bad Waldsee und Lindau Streckenabschnitte mit der Bahn abgefahren werden.

DEUTSCHE DONAU

# Donau-Radweg
## (Donaueschingen - Ulm - Passau)

***Wegweisung:*** Aufgrund seiner Länge und der Zuständigkeit verschiedener (Bundes-)Länder ist die Beschilderung des Donau-Radweges uneinheitlich. Im deutschen Teil zunächst weisen die Schilder ein grünes Fahrrad auf weißem Grund (Alb-Donau-Weg) bzw. einen grünen Schriftzug auf gelbem Grund auf. Nicht zu verfehlen ist die meist parallele Ausschilderung der Arbeitsgemeinschaft Deutsche Donau. Teilweise sind beide Ufer beschildert.

***Länge:*** 603 km (Deutschland) + 387 km (Österreich) + 129 km (Slowakische Republik) + 140 km (Ungarn)

***Charakteristik:*** Eine einheitliche Charakterisierung ist aufgrund der Streckenlänge kaum möglich. Der Donauradweg führt weitgehend autofrei über wassergebundene Wege und Asphalt, sowie streckenweise über Feinschotter und Kies. Einige wenige, kurze Steigungen sind in der Schwäbischen Alb zwischen Donaueschingen und Ulm zu überwinden. Wegen seiner Nähe zum Fluss treten im weiteren Verlauf jedoch kaum noch nennenswerte Steigungen auf.

***Informationen:***

- Arbeitsgemeinschaft Deutsche Donau, Landratsamt Neuburg a. d. Donau, Postfach 1540, 86620 Neuburg a. d. Donau, Tel.: 08431/57237, Fax: 08431/57308, e-mail: info@deutsche-donau.de, Internet: www.deutsche-donau.de.
- Tourismus-Service GmbH, Yorckstr. 23, 79110 Freiburg, Tel.: 0761/89797979, Fax: 0761/89797989, e-mail: info@tourismus-baden-wuerttemberg.de, Internet: www.tourismus-baden-wuerttemberg.de.
- Tourismusverband Ostbayern e.V., Luitpoldstr. 20, 93047 Regensburg, Tel.: 0941/585390, Fax: 0941/5853939, e-mail: tourismus@ostbayern.btl.de, Internet: www.ostbayern-tourismus.de.

***Karten und Literatur:***

- Alb-Donau-Weg: Routenbroschüre der Tourismus Marketing GmbH Baden-Württemberg, Bezug gegen geringe Gebühr beim: Info- und Prospektservice Baden-Württemberg, Yorckstr. 23, 79110 Freiburg, Tel.: 0761/89797979, Fax: 0761/89797989.
- Donau-Radweg, Teil 1: Donaueschingen bis Passau, bikeline-Radtourenbuch und Karten 1:50.000 mit Routenbeschreibung, Sehenswürdigkeiten, Ortsplänen, wichtigen Adressen, Übernachtungsverzeichnis, Verlag Esterbauer.

- Donau-Radweg (Von Passau bis Wien), Radwanderführer mit Übersichtskarten, Kilometerangaben, Streckenbeschreibung, Ortsplänen, Sehenswürdigkeiten, Bielefelder Verlagsanstalt.
- Radwandern von Donaueschingen bis Passau, Donauradwanderführer mit Karten 1:50.000, Radwegbeschreibung, Kilometerangaben, Sehenswürdigkeiten, Informations-, Übernachtungs- und Fahrradverleihadressen, Arbeitsgemeinschaft Deutsche Donau.
- Radfernweg Donau, Radfernwegführer mit Streckenkarten 1:75.000, Sehenswürdigkeiten, Informationsadressen, Fahrradverleihmöglichkeiten, Übernachtungsmöglichkeiten, Haupka-Verlag.
- Radwanderweg Donau, Radwanderführer mit Kartenausschnitten 1:50.000, Routenbeschreibung, Sehenswürdigkeiten, Übernachtungstipps etc., Spiralbindung, Verlag Fink-Kümmerly & Frey.
- Der Donauradweg von Donaueschingen bis Passau (In 6 Etappen), Radwanderführer mit Übersichtskarte, Verlag Niederösterreichisches Pressehaus.
- Das Donau-Radwanderbuch (1260 km von Donaueschingen bis Budapest), Rudolf Geser, BLV-Verlagsgesellschaft.
- Genussradeln auf dem Donauradweg zwischen Donaueschingen und Passau, Steiger-Verlag Augsburg.

***Verlauf:*** Donaueschingen (Barockschloss/Bibliothek) - Geisingen - Immendingen - Tuttlingen (Donauversickerung, Ruine Honburg) - Beuron (Benediktinerabtei) - Sigmaringen (Hohenzollernschloss) - Munderkingen - Ulm (Münster) - Günzburg - Gundelfingen - Dillingen (Schloss) - Höchstädt (Schloss) - Donauwörth ("Reichsstraße") - Neuburg (Renaissanceschloss) - Ingolstadt (Rokokokirche Maria de Victoria) - Kelheim - Regensburg (mittelalterliches Stadtbild) - Wörth - Bogen - Metten - Deggendorf (Altstadt und Stadtmauer) - Vilshofen - Passau (Drei-Flüsse-Stadt mit Dom St. Stephan, Bischöflicher Residenz) - Obernzell - Jochenstein - österreichische Grenze und weiter Richtung Wien und Budapest.

***Kommentar:*** Der Donau-Radweg führt in seinem gesamten Verlauf immer entlang der Donau. Zwischen Donaueschingen und Ulm ist er weitestgehend mit dem ehemaligen Alb-Donau-Weg identisch (wesentlicher Unterschied zum Donau-Radweg ist die Routenvariante, die sich ab Ehingen vom Donau-Radweg trennt, der Alb-Donau-Weg verläuft dann über Blaubeuren bis Ulm). Heute ist der Alb-Donau-Weg in den einige Jahre jüngeren Donau-Radweg integriert, der besser ausgeschildert wurde und nun von der Quelle bis Budapest (oder auch weiter bis zur Mündung ins Schwarze Meer) befahren werden kann.



Der Donau-Radweg ist nicht nur der bekannteste Radwanderweg überhaupt, sondern auch in allen Beziehungen der Gigant unter den

Radfernwegen. Der zweitlängste Strom Europas bietet vielfältige Möglichkeiten für einen Radelurlaub. Die familienfreundliche Fernroute ist besonders in Deutschland und Österreich touristisch beispiellos erschlossen. Dort reisen jährlich über 150.000 Radler mit den Fluten stromabwärts.

Eine mittlerweile kaum mehr überschaubare Anzahl von Pauschalveranstaltern bemüht sich um die Fahrradreisenden an der Donau. Ein enormes Angebot an Beherbergungsbetrieben und Gaststätten aller Art erwartet die Radlerinnen und Radler. Trotzdem empfiehlt es sich dringend, zu Ostern und in den Sommermonaten die Übernachtungen im voraus zu buchen. Im österreichischen Teil gibt es zu diesem Zweck extra "Radfahrerstationen" (Zimmervermittlungen) direkt an der Strecke.

Alle touristischen Sehenswürdigkeiten der mehr als tausend Kilometer langen Strecke von Donaueschingen bis Hainburg (oder gar weiter bis zum Schwarzen Meer) aufzuzählen, würde zu weit führen. Es gibt jedoch über den Donau-Radweg ein großes Informationsangebot in allen Buchhandlungen (siehe auch Abschnitt Karten und Literatur).

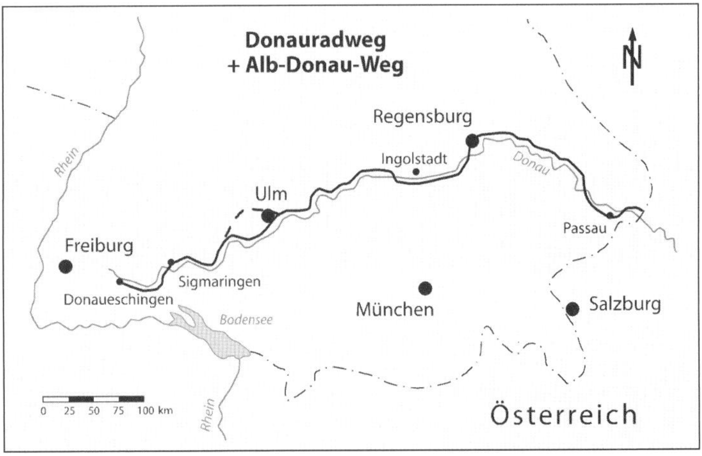


Der deutsche Streckenabschnitt des Donau-Radweges wird wesentlich weniger frequentiert als der Abschnitt von Passau bis Wien, ist auch nicht weniger reizvoll. In Donaueschingen losgeradelt, führt der Weg autofrei mal links, mal rechts der jungen Donau durch das breite Tal, bevor ihr Wasser zwischen Immendingen und Möhringen von der Erde verschluckt wird. Wer sich jedoch von der Donauversickerung nicht verunsichern lässt und weiter der Beschilderung folgt, der kann bald das canyonähnliche Tal bestaunen, welches die Donau mit vielen Windungen tief in das Kalkgestein der Schwäbischen Alb geschnitten hat. Schroffe Felswände ragen aus den bewaldeten Talhängen. Kulturhistorische Sehenswürdigkeiten wie die Benediktinerabtei bei Beuron oder das prächtige Hohenzollernschloss in Sigmaringen stehen dem einmaligen Landschaftserlebnis keineswegs nach. Unterhalb des Donaudurchbruchs weitet sich das Donautal immer mehr. Nach etwa 200 km erreicht man Ulm mit seinem Münster und dem höchsten Kirchturm der Welt. Wie Perlen an der Kette reihen sich hinter Ulm die (ehemaligen) Residenzen aneinander: Renaissance und Barock wohin das Auge blickt (Günzburg, Dillingen, Neuburg und Höchstädt). Auch Gotik ist zu finden - in Leipheim oder Ingolstadt. Von Donauwörth, der 2000-jährigen Reichsstadt aus lohnt sich ein Abstecher nach Nördlingen, dem mauerumgürteten Zentrum des Rieser Meteoritenkraters, dessen geologische Formationen nicht nur Fachleute begeistert. Bei Kloster Weltenburg schließlich bricht sich die Donau ihren Weg durch das Juragestein der Fränkischen Alb und erreicht Kelheim, wo sie sich zusammen mit der Altmühl in den nun schiffbaren Strom ergießt. Nun steht auch der Donauschifffahrt für den Transport der Radler nichts mehr im Wege. Neben der ruhig dahingleitenden Donau erreicht man einen weiteren Höhepunkt der Route: Regensburg. Das "mittelalterliche Wunder", wie die original erhaltene einstige bayerische Hauptstadt auch genannt wird, bietet für jeden Geschmack etwas. In Passau, der "Drei-Flüsse-Stadt" befindet sich die größte Kirchenorgel der Welt. An den Altstadthäusern zeigen Hochwassermarken, wie unberechenbar die Donau sein kann.

Ein Hinweis: An der Strecke sind nur wenig Campingplätze vorhanden, Pensionen und Privatzimmer aber zahlreich. Eine Vorbuchung der Unterkünfte ist in jedem Fall empfehlenswert. Weiterhin empfiehlt es sich, die Donau aufwärts statt wie üblich flussabwärts zu fahren, die Steigung ist über die gesamte Strecke kaum merklich.

Die Donau wird beinahe über die gesamte Strecke von der Bahn begleitet, so dass das Überbrücken eines Teilstücks kein Problem ist. In der Radelsaison fährt auf dem österreichischen Teilstück der 'Radtramper', ein Zug speziell für Radler. Die wichtigen Ausgangs-, Zwischen- und Endstationen des Donauradweges sind aus ganz Deutschland gut per Bahn erreichbar. Ein Grund mehr also, das Auto zuhause zu lassen.

Fahrrad und Schiff: Mal etwas ganz anderes ist die An- oder Rückreise, beziehungsweise Bewältigung einer Teilstrecke mit dem Schiff. Alle Donauschifffahrtsgesellschaften nehmen Radler gern mit. Ab Regensburg verkehren in der Saison sowohl Linien-, als auch Ausflugsschiffe Richtung Passau und weiter nach Wien und Budapest. Informationen über die Schifffahrtslinien erhalten sie bei der Arbeitsgemeinschaft Deutsche Donau.

# Radroute Dortmund-Ems-Kanal

## (Dortmund - Münster - Meppen - Norddeich)

***Wegweisung:*** Sechseckige Schilder mit Logo und Schriftzug "Rad-Route Dortmund-Ems-Kanal". Aufgrund von Ausbaumaßnahmen müssen in nächsten Jahren immer wieder Umleitungen in Kauf genommen werden, insbesondere im Bereich des Münsterlandes.

***Länge:*** ca. 350 km

***Charakteristik:*** Verbindung zwischen Dortmund und der Nordsee bei Norddeich. Keine nennenswerten Steigungen. Einige nichtasphaltierte Wege. Die Route verläuft zum großen Teil auf den Betriebswegen der Wasserschifffahrtsverbände, mit entsprechenden Behinderungen muss gerechnet werden. Teilweise schlechte Oberfläche (diese Abschnitte sind im Spiralo gekennzeichnet), also nicht zu schmale Reifen fahren. Nach Beendigung der Baumaßnahmen familienfreundlich.

***Informationen:***

- Emsland Touristik GmbH, Ordeniederung 1, 49716 Meppen, Tel.: 05931/44335, Fax: 05931/44344, e-mail: info@emsland-touristik.de, Internet: www.emsland-touristik.de.

***Karten und Literatur:***

- Spiralo "RadRoute Dortmund-Ems-Kanal" 1:50.000, Radwanderkarte mit Informationen zu Sehenswürdigkeiten, Ortsbeschreibungen, Einkehrmöglichkeiten, Bielefelder Verlagsanstalt.

***Verlauf:*** Dortmund (Museen) - Waltrop (Schiffshebewerk Henrichenburg) - Olfen (Burgen und Mühlen) - Senden (Schloss, Schiffs- und Marinemuseum) - Münster (Prinzipalmarkt, Altstadt) - Ladbergen - Ibbenbüren - Hörstel - Spelle - Lingen (Historische Innenstadt) - Geeste - Meppen (Altstadt) - Haren (Schloss, Schifffahrtsmuseum) - Lathen (Transrapid-Zentrum) - Dörpen - Rhede (Alte Gedächtniskirche) - Weener (Organeum) - Leer (hist. Innenstadt) - Jemgum - Emden (Kesselschleuse, Kunsthalle) - Marienhafe - Hage - Norden - Norddeich.

***Kommentar:*** Auf diese Idee hat man insbesondere im Ruhrgebiet lange gewartet: die Verbindung vom Pott zur Nordsee, und das immer am Wasser entlang, ohne Steigungen. Zu Zeiten, als die Versorgung der Schwerindustrie noch stärker über die Kanalwege lief und auch die Industriebetriebe dort noch aktiver waren, wäre so manche Passage vermutlich weniger angenehm gewesen. Heute muss die Route nur noch selten Industriearealen weichen, und auch die Wahrnehmung - zumindest der alten Industriebauten - hat sich ver-

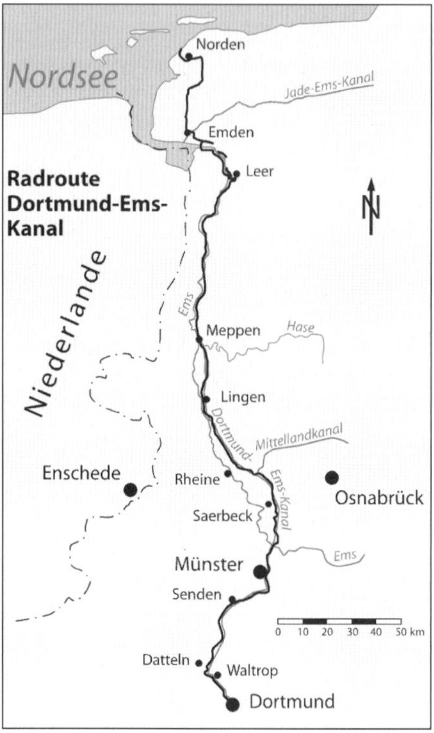


ändert. Historische Kanalbauten (zum Beispiel das Schiffshebewerk Henrichenburg oder die Schachtschleuse in Emden) sind inzwischen technische Denkmäler. Aber auch modernste Technik säumt die Route in Gestalt der Magnetschwebebahn-Teststrecke im Emsland bei Lathen oder der Meyer-Werft in Papenburg.

Zuweilen entfernt sich die Route etwas vom Kanal und durchquert die grünen Landstriche des Münster- und des Emslandes.

Auf jeden Fall sollte man genügend Zeit für Abstecher einplanen. Nicht weit ist es zur Burg Vischering in Lüdinghausen, einer der schönsten Burgen des Münsterlandes, zum Wasserschloss Surenburg bei Bevergern oder auch zu den friesischen Schlössern. Und mancher wird auch froh sein, ab und zu dem "langen Jammer" der zuweilen endlos geraden Kanalstrecke einmal entkommen zu dürfen. Aber diese Abschnitte halten sich in Grenzen, denn meist bewegt sich die Route um den Kanal herum, mal enger dran, mal weiter weg vom Wasserlauf. Wer noch nicht genug vom Wasser hat, kann ab und zu auch in begleitende Fluten tauchen, so am Geester See oder im Erlebnisbad in Lingen. Ab und zu sollte man den Fahrradsattel einmal verlassen und sich einen Spaziergang durch die historischen Ortskerne gönnen, in Meppen, Lingen, Leer und vielen, fast zu vielen anderen sehenswerten Ortschaften, die zum Verweilen einladen. Wer es maritim mag, ist auf dieser Route richtig.

Mit der Bahn sind verschiedene Ein- und Zustiegspunkte zu erreichen, die gut angebunden sind. Fast durchgängig führen Bahnlinien parallel zur Route.

# Dreiland-Radweg
## (Lörrach - Aesch - Mulhouse - Lörrach)

***Wegweisung:*** Klebeschilder auf vorhandenen Beschilderungen weisen per Schriftzug auf die Route hin.

***Länge:*** ca. 250 km.

***Charakteristik:*** Zumeist auf ausgewiesenen Radwegen, verkehrsarmen Straßen und Wirtschaftswegen führt der Radfernweg überwiegend autofrei durch eine abwechslungsreiche Landschaft und die drei Staaten Frankreich, Schweiz und Deutschland. Wenn das Rheintal verlassen wird, sind einige leichte Steigungen allerdings unvermeidlich.

***Informationen:***

- Verkehrsamt Lörrach, Bahnhofsplatz 6, 79539 Lörrach, Tel.: 07621/415-0 (und die Verkehrsämter in Basel und Mulhouse).

***Karten und Literatur:***

- Dreiländerradweg, Radwanderkarte 1:60.000 mit Beschreibung und touristischen Hinweisen, Seeger Verlag.
- ADFC Radtourenkarte 1:150.000, Blatt 24 Schwarzwald/Oberrhein, Bielefelder Verlagsanstalt.

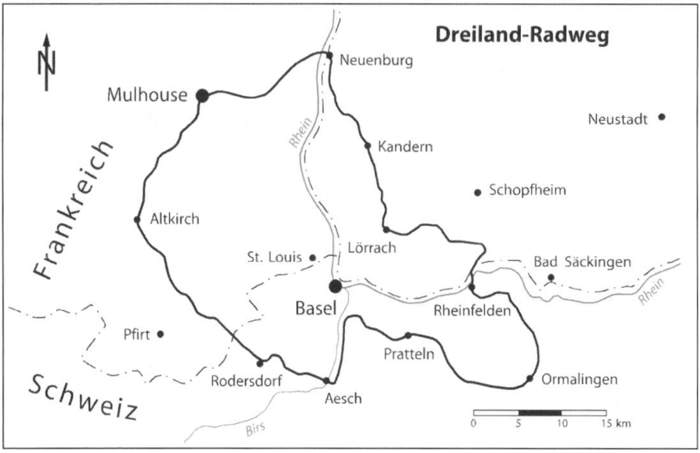


***Verlauf:*** Lörrach - Rheinfelden - Gelterkinden - Pratteln - Aesch - Altkirch - Mulhouse - Ottmarsheim - Neuenburg - Schliengen - Kandern - Lörrach.

**Kommentar:** Seit Ende der achtziger Jahre existierte die Idee, die drei Staaten der Region Basel - Mulhouse - Lörrach durch einen Radfernweg zu verbinden. Anfang 1995 wurde die Idee insbesondere durch das Engagement der beteiligten Radlerverbände konkret.

Kulturell gehört die Region bereits seit langer Zeit zusammen. Auch politisch begannen in der Region bereits sehr früh Gedanken einer europäischen Zusammenarbeit zu wachsen. Die Route, zu der sich die Organisatoren auch Zuschüsse aus den Töpfen der Europäischen Union erhoffen, bringt diese Verbindung zum Ausdruck.

Anschluss besteht für die Route nach Norden durch den Rhein-Weg Richtung Freiburg und Offenburg, nach Osten durch den Hochrhein-Hotzenwald-Weg Richtung Bodensee und für Trainierte über den Schwarzwald durch den gleichnamigen Weg.

Basel und Lörrach sind per Regionalverkehr an Offenburg als Fernverkehrsbahnhof angeschlossen. Die ab Basel stündlich verkehrenden Fernverkehrszüge verfügen leider nicht immer über eine Fahrradmitnahmemöglichkeit.

# Ederauen-Radweg
## (Lützel - Guxhagen / Fulda)

**Wegweisung:** Auf westfälischer Seite ist die Route neben dem Logo (stilisierter Fluss) mit dem grünen Schriftzug "Eder", im hessischen Teil ab Hatzfeld bis zur Mündung in die Fulda bei Guxhagen mit "Ederauenradweg" und dem Hessischen Löwen in rot gekennzeichnet. Hier verläuft die Route zusammen mit dem hessischen Radfernweg HR 8 bis Frankenberg parallel.

**Länge:** 180 km

**Charakteristik:** Als typischer Flussradweg präsentiert sich der Ederradweg: Weitgehend ohne starke Steigungen führt die Route auf überwiegend asphaltierten Rad- und Wirtschaftswegen immer nahe der Eder vom Rothaargebirge bis zu ins kurhessische Bergland.

**Informationen:**

- Arbeitsgemeinschaft Ederauenradweg, Touristikzentrale Waldeck-Ederbergland, Südring 2, 34497 Korbach, Tel.: 05631/954359, Fax: 05631/954378, e-mail: Waldecker-Land@t-online.de.

***Karten und Literatur:***

- Ederauen-Radweg, spiralgebundene Radwanderkarte mit topographischen Karten 1:50.000 und Übernachtungsverzeichnis, sowie Beschreibungen der Sehenswürdigkeiten, Bielefelder Verlagsanstalt.

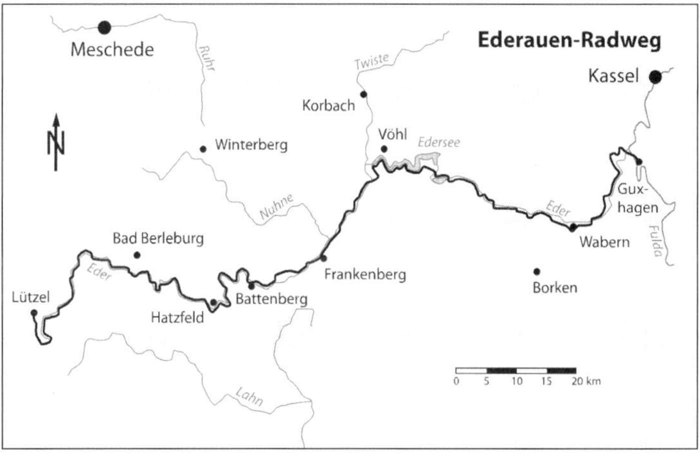


***Verlauf:*** Lützel (Ederquelle) - Erndtebrück - Bad Berleburg (Schloss, Park)- Hatzfeld (Ruine Burg Hatzfeld) - Battenberg (Besucherbergwerk) - Allendorf - Frankenberg (historisches Stadtbild) - Edersee - Fritzlar (Marktplatz mit Fachwerkensemble, Dom) - Wabern - Felsberg (Bienenkundezentrum) - Guxhagen.

***Kommentar:*** Genießen Sie die Natur und reine Luft: Der Ederauenradweg beginnt an der Ederquelle im Rothaargebirge, dem größten zusammenhängenden Waldgebiet Deutschland und führt durch Täler der Mittelgebirgslandschaft ins Waldecker Land zum Edersee, an dessen Ufer das stolze Schloss Waldeck thront. Von hier geht es weiter durch das Kurhessische Bergland zur alten Dom- und Kaiserstadt Fritzlar. In Guxhagen endet die Route an der Mündung der Eder in die Fulda. Wer noch nicht genug geradelt ist, kann die Reise entlang der Fulda zur Weser fortsetzen.

Der Ederauenradweg ist eine vielfältige Route, die insbesondere durch eine waldreiche Landschaft begeistert und immer angenehm nahe am Fluss bleibt. Aber auch kulturelle Sehenswürdigkeiten werden geboten: Das barocke Schloss Berleburg, die historischen Altstadtkerne von Frankenberg und Fritzlar, sowie gemütliche Fachwerkdörfer im Wittgensteiner und Ederbergland bieten Abwechslung.

Ein Highlight der Route ist sicher der Edersee. Er ist fast überall frei zugänglich und bietet eine Vielzahl von Wassersportmöglichkeiten. Der

1908 bis 1914 erbaute Stausee ist 27 Kilometer lang, maximal 1 km breit und bis zu 42 m tief. Der Stausee reguliert die Wasserführung der Oberweser, dient aber mit seinem Stauvolumen von 202 Mio. Kubikmetern auch der Energiegewinnung und dem Hochwasserschutz. Die Schiffe auf dem Edersee nehmen auch Fahrräder mit.

Wir empfehlen die Route aufgrund der Topographie und Windverhältnisse von der Quelle zur Mündung zu befahren. Von der Quelle bei 660 m bis zur Mündung auf 146 m über dem Meeresspiegel werden insgesamt gut 700 Höhenmeter überwiegend hinabgefahren.

Der Startort Lützel ist nur per Regionalbahn von Siegen oder Hagen mit Umsteigen in Kreuztal erreichbar. Die Route wird überwiegend nicht von der Bahn begleitet. Der Zielort Guxhagen liegt nicht weit von Kassel und ist gut per Bahn angebunden.

## Ehemalige Deutsch-Deutsche Grenze

**(Priwall - Lauenburg)**

***Wegweisung:*** Die Hinweisschilder sollten mit dem mecklenburgischen Landeswappen und dem Namen des Radfernweges versehen sein, leider fehlt die Beschilderung des Radfernweges fast vollständig.

***Länge:*** 136 km

***Charakteristik:*** Gut befahrbare Streckenabschnitte werden immer wieder von sandigen Wegen abgelöst, so dass der Grenzweg immer wieder an seine Grenzen der Befahrbarkeit stößt. Zwischen Menzenberg und Schönberg verläuft die Route zudem auf stark befahrener Straße. Die landschaftlich ausgesprochen reizvolle Strecke ist hügelig, wie es für eiszeitlich geprägtes Moränenland typisch ist.

***Informationen:***

- Tourismusverband Mecklenburg-Vorpommern e.V., Platz der Freundschaft 1, 18059 Rostock, Tel.: 0381/4030500, Fax: 0381/4030555, e-mail: info@tmv.de.

***Karten und Literatur:***

- Urlaub mit dem Fahrrad, Fernradwege in Mecklenburg-Vorpommern, Broschüre mit Routenskizzen aller Radfernwege in Mecklenburg-Vorpommern sowie Kurzbeschreibungen, Sehenswürdigkeiten und Infoadressen, Bezug: Touristik-Marketing-Service GmbH, Koppelweg 2, 18107 Rostock, Tel.: 0381/7689880, Fax: 0381/7689881, e-mail: T.M.S.Rostock@t-online.de.

- ADFC-Radtourenkarte 1:150.000, Blatt 2 Bielefelder Verlagsanstalt.
- Radfernwege in Mecklenburg-Vorpommern 2, Radwanderkarten 1:100.000 mit touristischen Hinweisen, Informationsadressen, Bielefelder Verlagsanstalt.

***Verlauf:*** Priwall - Dassow - Kirch Mummendorf - Schönberg (Museum, norddeutsche Backsteinbauten) - Lüdersdorf - Herrnburg - Schattin - Utecht -Thandorf (Bauernhaus mit Dekorgiebel) - Schlagsdorf (Bauernhaus) - Schlagbrügge - Groß Molzahn - Dechow - Demern (Bauernhaus) - Breesen - Roggendorf (Gutshaus mit Park) - Kneese - Lassahn - Techin - Zarrentin (Fachwerkhäuser) - Lüttow - Valluhn - Langenlehsten - Leisterförde - Schwanheide - Zweedorf - Nostorf - Lauenburg (historische Altstadt, Schlossturm, Elbschiffahrtsmuseum).

***Kommentar:*** Wohl an keinem anderen Abschnitt Deutschlands wird man die ehemalige Grenze so lange per Rad begleiten können wie an diesem Radfernweg. Der an sich wenig radlerfreundliche ehemalige Kolonnenweg mit seinen berüchtigten Lochsteinplatten ist vielerorts ausgebaut und verbessert worden. Geblieben sind allerdings lange sandige Streckenabschnitte. Wer sich zudem von der fehlenden Beschilderung der Route nicht abhalten lässt, den erwartet ein Natur- und Landschaftsgenuss sondergleichen. Der Radfernweg verbindet Ostsee und Elbe, mit kulturellen Höhepunkten wie Lübeck und Ratzeburg (etwas abseits der Route), Zarrentin und Lauenburg. Kennzeichnend für den Weg bleibt aber die Natur, die sich aufgrund der isolierten Lage auch in der Kulturlandschaft einen hohen Stellenwert erhalten konnte. Als Überbleibsel aus der Eiszeit erstrecken sich der Ratzeburger See und der Schaalsee im Naturraum zwischen Wäldern, Mooren und Feuchtgebieten. Zahlreiche Naturschutzgebiete und die Ausweisung eines Europäischen Vogelschutzgebietes in der Mecklenburgischen Schaalseelandschaft spiegeln die Bedeutung der Region wider. Durch die langandauernde Grenzlage ist die touristische Versorgung noch wenig erschlossen. Der Erholungswert für Reisende, die Abstand von der Zivilisation suchen, ist um so größer.

Bedingt durch die ehemalige deutsch-deutsche Grenze ist die Bahnanbindung der Region sehr dünn. Auf Schleswig-Holsteiner Seite führt die Nahverkehrsstrecke Lübeck - Ratzeburg - Lauenburg an den Radfernweg. Über den Bahnhof Lübeck-Travemünde Strand und die Priwallfähre sowie die Bahnhöfe Herrnburg und Schönberg (Strecke Lübeck - Bad Kleinen) ist auch der Norden der Route erreichbar. Von Mecklenburger Seite her ist Zarrentin im Regionalverkehr an die Fernverkehrsbahnhöfe Hagenower Land bzw. Ludwigslust anschlossen.

***Karte auf Seite 153***

# Elbe - Ostsee
## (Dömitz - Wismar)

***Wegweisung:*** Die Hinweisschilder sind mit dem mecklenburgischen Landeswappen und dem Namen des Radfernweges versehen.

***Länge:*** 134 km

***Charakteristik:*** Der Radfernweg Elbe - Ostsee verläuft auf asphaltierten Wegen und Straßen. Abschnittsweise (bei Ludwigslust und Wismar) begleitet er Bundesstraßen mit hohem Verkehrsaufkommen. Aufgrund des nur leicht hügeligen Reliefs stellt die Route keine hohen Ansprüche an die Kondition.

***Informationen:***
- Tourismusverband Mecklenburg-Vorpommern e.V., Platz der Freundschaft 1, 18059 Rostock, Tel.: 0381/4030500, Fax: 0381/4030555, e-mail: info@tmv.de.

***Karten und Literatur:***
- Urlaub mit dem Fahrrad, Fernradwege in Mecklenburg-Vorpommern, Broschüre mit Routenskizzen aller Radfernwege in Mecklenburg-Vorpommern sowie Kurzbeschreibungen, Sehenswürdigkeiten und Infoadressen, Bezug: Touristik-Marketing-Service GmbH, Koppelweg 2, 18107 Rostock, Tel.: 0381/7689880, Fax: 0381/7689881, e-mail: T.M.S.Rostock@t-online.de.
- ADFC-Radtourenkarte 1:150.000, Blatt 3, Bielefelder Verlagsanstalt.
- Radfernwege in Mecklenburg-Vorpommern 2, Radwanderkarten 1:100.000 mit touristischen Hinweisen, Informationsadressen, Bielefelder Verlagsanstalt.

***Verlauf:*** Dömitz (Festung) - Alt Kaliß - Neu Göhren - Kamerun - Conow - Bresegard - Glaisin - Techentin - Ludwigslust (Schloss, Fontanehaus) - Groß Laasch - Neustadt-Glewe - Friedrichsmoor (Burg, Fachwerkschloß) - Goldenstädt - Plate - Mueß - Schwerin (Schloß, Dom) - Wickendorf - Bad Kleinen - Hohen Viecheln - Moltow - Dorf Mecklenburg - Wismar (historische Altstadt, Kirchen, Speicher).

***Kommentar:*** Ausgangsort des Radfernweges Elbe - Ostsee ist die alte Festungsstadt Dömitz, deren zerstörte Elbbrücke lange Zeit ein Wahrzeichen der deutsch-deutschen Teilung war (inzwischen ist sie neu entstanden). Die Wanderdüne bei Klein Schmölen lässt die See schon ganz nah vermuten. Von hier aus führt die Route jedoch erst einmal aus der Elbtalaue heraus in Richtung Norden in die "Griese Gegend". Kutschfahrten durch diese Heidelandschaft laden zum Erkunden ein. Ihr Reichtum an Wiesen- und Wasservögeln ist bemerkenswert. Ludwigslust mit seinen umfangreichen Barockbauwerken ist das nächste beschauliche kulturelle Etappenziel. Über die B 191 ist Groß Laasch schnell erreicht, bis Neustadt-Glewe sind es nur ein paar Kilometer. Von hier aus begleitet der Radfernweg die Elde bzw. ihre Seitenkanäle bis Friedrichsmoor. Das von vielen Gräben durchzogene Landschaftsschutzgebiet der Lewitz erstreckt sich weiter gen Norden, bis in Mueß die Ufer des Schweriner Sees erreicht werden. Am Schweriner See selbst geht es lebendig zu, wenngleich der Landeshauptstadt eine gewisse Ruhe nachgesagt wird. An touristischen Sehenswürdigkeiten besteht kein Mangel, angefangen beim Schweriner Schloss direkt am See, welches aufwendig restauriert wurde, über die historische Altstadt bis hin zum gotischen Backsteindom. Attraktiv ist auch eine Seenrundfahrt um Schwerin mit der "Weißen Flotte". In Schwerin muss man sich noch nicht vom Wasser verabschieden, denn der Radweg folgt den Ufern des Sees weiter gen Norden. Erst in Hohen Viecheln verläßt die Route den See und führt über das Dorf Mecklenburg nach Wismar. Von der alten Fürstenburg "Michelenburg", von der nur noch der Burgwall im Dorf Mecklenburg zu erkennen ist, rührt der Landesname. Die alte Hansestadt Wismar weiß ihre Besucher mit Kulturdenkmalen in der malerischen Altstadt und frischer Ostseeluft zu verwöhnen.

Der gesamte Radfernweg wird mehr oder weniger nah von Bahnlinien begleitet, so dass zwischen Dömitz, Ludwigslust, Schwerin, Bad Kleinen und Wismar jede Menge Einstiegsmöglichkeiten in die Route gegeben sind. Im Fernverkehr sind Ludwigslust, Schwerin und Bad Kleinen gut erreichbar, im Nahverkehr werden viele kleinere Ortschaften bedient.

***Karte auf Seite 153***

# Elberadweg mit WendlandNaTour

***Wegweisung:*** Unterschiedlich, noch nicht vollständig. Logo: Blaues "e" auf weißem Grund (Sachsen, Sachsen-Anhalt) sowie Schilder "Elberadweg", grüne Schrift auf weißem Grund. Zum Teil gibt es noch die niedersächsischen Wegepilze, Relikte der Lions-Club-Wegweisung zwischen Hamburg und Cuxhaven und andere Relikte.

***Länge:*** Insgesamt etwa 850 km

Länge einzelner Teilstrecken:
Cuxhaven - Schnackenburg (Niedersachsen): ca. 342 km
Schnackenburg - Dessau (Sachsen-Anhalt): ca. 253 km
Dessau - Bad Schandau (Sachsen-Anhalt/Sachsen): 260 km
Durch die vielen Abschnitte beiderseits der Elbe sowie stetige Ausbaumaßnahmen ist es kaum möglich, eine genaue Länge des Elberadweges anzugeben.

***Charakteristik:***

In Niedersachsen überwiegend asphaltierte Oberfläche, nur relativ kurze Stücke auf unbefestigten Wegen. Meist wenig bis mäßig befahrene Straßen.
Bei Redaktionsschluss insbesondere in Sachsen-Anhalt noch etliche Stücke mit schlechter Oberfläche oder auf stärker befahrenen Straßen. Auch in Sachsen immer wieder kurze Ortsdurchfahrten auf Kopfsteinpflaster.
Kleinere Steigungen in der Wingst und in den Harburger Bergen, etwas anstrengender in den Endmoränenlandschaften des Drawehn um Hitzacker, dann überwiegend flach mit stellenweise kurzen Anstiegen bis zur Grenze nach Tschechien. Insgesamt kann die Route als familienfreundlich bezeichnet werden. Wer es genauer wissen möchte, sollte sich im Internet unter www.elberadweg.de nach den einzelnen Abschnitten erkundigen. Aber auch dort gehen die Meinungen über die Befahrbarkeit und Familienfreundlichkeit auseinander. Das derzeit am besten ausgebaute Stück befindet sich zwischen Dessau und Bad Schandau.

***Informationen:***

- AG Elberadweg-Infrastruktur Niedersachsen und Schleswig-Holstein, Tourismusverband Alte Salzstraße e.V., Am Markt 10, 23909 Ratzeburg, Tel.: 04541/2006, Fax: 04541/84553.
- Koordinierungsstelle ElbeRadweg für Sachsen-Anhalt: Magdeburger Tourismusverband Elbe-Börde-Heide e.V., Gerhart-Hauptmann-Str. 34, 39108 Magdeburg, Tel./Fax: 0391/738790 (Faltblätter mit wichtigen Informationen zur Route, unter anderem zur Oberflächenbeschaffenheit)
- Dresden-Werbung und Tourismus GmbH, Ostra-Allee 11, 01067 Dresden, Tel.: 0351/49192-0, Fax: 0351/49192-116, e-mail: info@dresden-tourist.de.
- Tourismusverband Sächsisches Elbland e.V., Niederauer Str. 26-28, 01662 Meißen, Tel.: 03521/7635-0, Fax: 03521/7635-40, e-mail: sae-elbland@t-online.de.
- Tourismusverband Sächsische Schweiz e.V., Am Bahnhof 6, 01814 Bad Schandau, Tel.: 035022/495-0, Fax: 035022/495-33, e-mail: sae-schweiz@imedia.de.

Die Internet-Seite www.elberadweg.de bietet sehr interessante Hinweise für das Teilstück Bad Schandau - Dessau. Im Forum diskutieren Radlerinnen und Radler ihre Erlebnisse mit dem Elberadweg - unbedingt reinschauen.
Unter www.altmarkweb.de/elberadweg findet man zahlreiche Informationen zum weiteren Teil des Elberadweges von Dessau bis Cuxhaven, allerdings ganz anders präsentiert. Sehr interessant: Tourenbeschreibungen in Tagesetappen mit Sehenswürdigkeiten, Adressen, Übernachtungsmöglichkeiten etc.

***Karten und Literatur:***

- Bikeline-Radwanderbücher Elbe, Teil 1: Von Prag nach Magdeburg, Teil 2: Von Magdeburg nach Cuxhaven. Mit Übernachtungsmöglichkeiten, Sehenswürdigkeiten etc., Esterbauer-Verlag.
- Faltblatt des ADFC Dresden, drei Teile, Hinweise auf den Zustand der Route, Gaststätten, Übernachtungsmöglichkeiten, Fährzeiten und Zugverbindungen.
  Erhältlich beim ADFC Dresden, Schützengasse 16, 01067 Dresden, Tel.: 0351/4943321, Internet: www.adfc.rad-dresden.de.
- Zusätzlich empfehlen wir das Faltblatt der Koordinierungsstelle ElbeRadweg in Sachsen-Anhalt (Adresse siehe oben) sowie für detailliertere Informationen die Radwanderkarten der Lan desvermessungsämter (Niedersachsen 1:75.000, Sachsen 1:50.000).
- ADFC-Radtourenkarte 1:150.000, Blatt 1,2, 6, 7, 8, 14, Bielefelder Verlagsanstalt.

***Verlauf:*** (Auf Grund der von uns empfohlenen Fahrtrichtung beschreiben wir den Verlauf von der Mündung entgegen der Stromrichtung bis zur Grenze nach Tschechien.)

a) Niedersachsen
Cuxhaven (Kugelbake, Alte Liebe, Schloss Ritzebüttel) - Otterndorf (Stadtbild, Museum) - Cadenberge - Wingst (Deutscher Olymp) - Hemmoor - Himmelpforten - Stade (Stadtbild) - Mittelnkirchen (Kirche mit Arp-Schnitger-Orgel) - Jork (Kirche) - Moorburg - Hamburg - Harburg - Lauenburg - Boizenburg - Hitzacker - Damnatz - Langendorf - Gorleben - Höhbeck - Schnackenburg (Ortsbild).

b) Sachsen-Anhalt bis Dessau
Schnackenburg - Wahrenberg (Storchenbeobachtung) - Havelberg (Ortskern) - Arneburg - Tangermünde (Stadtmauer, historischer Ortskern) - Rogätz - Magdeburg - Elbenau - Pretzien - Dornburg - Gödnitz - Tochheim - Steutz (Storchenstation) - Aken - Dessau (Schlösser, Parks, Bauhaus).

c) Von Dessau bis zur Tschechischen Grenze
Dessau - Wörlitz (Schlosspark) - Coswig (Stadtkern) - Lutherstadt Wittenberg (Luthergedenkstätten) - Elster (Windmühle) - Pretzsch - Torgau (Renaissancebauten) - Belgern (Roland) - Riesa (Klosterkirche) - Meißen (Dom, Albrechtsburg, Porzellanmanufaktur) - Radebeul (Karl-May-Museum) - Dresden (Altstadt, Zwinger, Museen) - Abstecher nach Pillnitz (rechtselbisch, Schloss) - Heidenau (Barockgarten Groß-sedlitz) - Pirna - Wehlen - Rathen (rechts der Elbe Aussichtspunkt Bastei, Felsenbühne) - Königstein (Festung) - Bad Schandau (Abstecher zum Kirnitzschtal mit historischer Kirnitzschtalbahn) - Schöna.

***Kommentar:*** Ein deutsches Highlight, bei dem die östliche Seite die Standards setzt. Noch ein Tipp: Wegen der Windrichtung empfiehlt sich die Befahrung des Radfernweges elbaufwärts, also von Cuxhaven nach Hamburg.

Bereits in den zwanziger Jahren entstand ein erstes, ursprüngliches Stück des Elberadweges, zwischen Dresden und Schöna. In DDR-Zeiten verkam er durch mangelnde Pflege zum grasüberwucherten Fossil, doch inzwischen hat die sächsische Regierung den Elberadweg zum Prioritätsprojekt erklärt. Viele Neu- und Ausbaumaßnahmen machen gerade dieses Stück zum derzeit empfehlenswerten Abschnitt.

Auf dem ersten Abschnitt des Radfernweges, der früher einmal "Unterelbe" hieß, ist die Elbe nur selten zu sehen, denn der Weg verläuft weitgehend landeinwärts. Dennoch begleitet viel Wasser und wahrscheinlich noch mehr Wind den Radler auf seiner Route. Beim Start in Cuxhaven sollte man sich genug Zeit nehmen, um einmal die "Alte Liebe" zu besuchen und die vorbeiziehenden Schiffe auf der Elbe zu erleben, denen man von nun an entgegenfährt.
Nach dem schönen Otterndorf durchfährt man traditionelle Bauernlandschaften wie das Land Hadeln und das Land Wursten, die zeitweise eine gewisse Selbständigkeit und Reichtum erlangten, wovon heute noch die prachtvollen Bauernkirchen zeugen (zum Beispiel St. Jacobus in Lüdingworth).
Wer die norddeutsche Tiefebene einmal von oben betrachten will, hat dazu Gelegenheit vom Aussichtsturm auf dem "Deutschen Olymp", immerhin siebzig Meter über dem Flachland. Der historischen Hansestadt Stade sollte man ebenfalls genug Zeit für eine ausgiebige Besichtigung widmen. Interessant ist die Schwebefähre auf der Oste, inzwischen ein technisches Denkmal.
Im unterelbischen Gebiet werden dem Radfahrer dann ganz andere Sehenswürdigkeiten präsentiert. Das fruchtbare Marschland, das "Alte Land", ist das größte Obstanbaugebiet Europas. Ein Besuch empfiehlt sich besonders zur Obstblüte von Ende April bis Mitte Mai. Wenn man zu einem Abstecher nach Buxtehude bereit ist, belohnt es die

Stadt mit einigen Überraschungen. Neben dem historischen Stadtkern werden insbesondere die Radler von modernen Verkehrsführungen erfreut sein, denn dort werden modellhafte Lösungen zur fahrradfreundlichen Verkehrsberuhigung erprobt.
Nun ist die Hansemetropole erreicht. Es folgt die schwierige Frage, wie viel Zeit man dieser außerordentlich attraktiven Stadt widmen möchte. Immerhin führt die Route am Zentrum vorbei, so dass auf jeden Fall etwas historisch-hanseatisches Flair von den Rädern berührt wird.

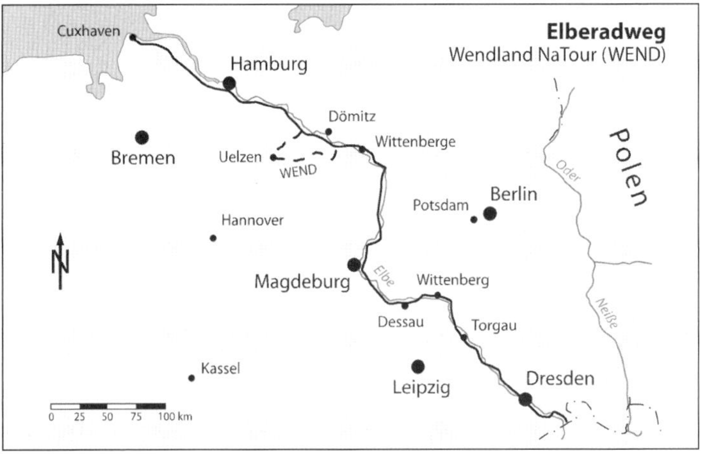


Der Abschnitt Hamburg - Schnackenburg ist ein meist sehr ruhiger Teil des Elberadweges, der die Weltstadt Hamburg mit der kleinsten Stadt Niedersachsens verbindet. Der schönste Abschnitt beginnt östlich von Lauenburg und führt häufig am Elbdeich entlang. In den Naturreservaten der Elbauen gibt es zum Beispiel noch Kraniche, und zur Vogelzugzeit sollten sich die Radler Mühe geben, immer wieder auf den Weg zu achten statt nur in die Wolken zu schauen. Sehenswert sind die Landschaften der Elbmarsch mit ihren Marschhufendörfern, Lauenburg (Elbschifffahrtsmuseum, älteste Schleuse Europas beim Elbe-Trave-Kanal) und die Städte Bleckede und Hitzacker, begleitet von schönen Ausblicken nach Mecklenburg. Dabei sind die Steigungen, die hier überwunden werden müssen, von Gletschern verursacht worden, die riesige Erdmassen bewegt haben. Ein Besuch der Festungsstadt Dömitz auf dem anderen Elbufer, das inzwischen wieder per Brücke erreicht werden kann, ist unbedingt anzuraten. Hier bietet sich einerseits die Anknüpfung an das Mecklenburg-Vorpommersche Radfernwegenetz an, andererseits eine Tour in die Lüneburger Heide.

Auf der Route durch Sachsen-Anhalt durchquert man mit Wahrenberg das storchenreichste Dorf Sachsen-Anhalts, bevor die Route bei Losenrade die Elbseite wechselt und ins brandenburgische Havelberg, dessen historische Altstadt malerisch über der Havel thront, führt. Per Fähre wird Werben mit seinem schönen Dorfkern erreicht. In der Kaiserstadt Tangermünde sollte man unbedingt eine Rast einlegen und die alten Gassen sowie die Stadtmauer zu Fuß erkunden. Immer wieder führt die Route auf den Elbdeichen entlang, zuweilen kann der Fluss mit den motorlosen, fast schon romantisch anmutenden Gierfähren überquert werden. In Magdeburg kann man den Elbauenpark genießen oder sich am Elbauenpark, dem ehemaligen Bundesgartenschaugelände, erfreuen. Steutz bietet mit der biologischen Station Storchenmühle mannigfaltige Einblicke in die Welt der Störche, die den Radler auf diesem Elbeabschnitt so häufig begleiten. Für Dessau, das in einer reizvollen, waldreichen Auenlandschaft liegt, sollten Sie sich unbedingt Zeit nehmen. Fürst Franz von Anhalt hinterließ eine außerordentlich schöne Parklandschaft. Doch auch die Industriespuren sind einen Besuch wert, die Architektur-Fans wandeln auf den Spuren des Bauhauses, und die Kunstinteressierten können hier Wirkungsstätten von Paul Klee, Kandinsky und Lyonel Feininger nachempfinden. Die nächste Rast sollte im englisch-anmutenden Wörlitzer Park eingeplant werden.

Wittenberg lässt als Lutherstadt Geschichte(n) lebendig werden. Durch weitere Auenlandschaften wird Sachsen erreicht. In Torgau erinnert ein Denkmal an die Begegnung der alliierten, russischen und amerikanischen Streitkräfte 1945, und im weiteren Verlauf der Route häufen sich die historischen Momente aus verschiedenen Epochen. Nach der Klosterkirche in Riesa steht ein Besuch des Burgberges von Meißen auf dem Programm, wobei die Geschichte der Porzellanerfindung wie ein modernes Märchen klingt. Doch dies ist die Domäne von Karl May, dem in seiner Heimatstadt Radebeul ein Museum gewidmet ist. Tipp: mal aufs Rad verzichten und auf die Dampflok umsteigen. Hier verkehrt nämlich noch eine alte Bahn, die sich herrlich langsam, spuckend und schnaufend durch die Weinberge wälzt und eine gute Anreisemöglichkeit zum Barockschloss Moritzburg bietet. Kulinarisch kenntnisreiche Radler wissen den Wein zu schätzen, der aus dieser Gegend stammt. Genuss stand auch im Zeichen Augusts des Starken, dessen Residenzstadt Dresden nicht mehr fern liegt.

Ein ausgiebiger Besuch der Elbmetropole ist selbstverständlich Pflicht, wenngleich die Durchquerung der Stadt per Fahrrad nicht immer Vergnügen bereitet. Südlich der Dresdner Innenstadt erlebt man das "Blaue Wunder" von unten, nämlich wenn man die so bezeichnete Elbbrücke unterquert. Das malerische Elbsandsteingebirge rückt immer näher, das Tal wird enger. Die Sächsische Schweiz fasziniert durch ihre bizarren Formen, insbesondere bei den Aussichtsfelsen der

"Bastei". Für deren Besteigung lässt man das Rad besser unterhalb des Anstieges stehen. Auch ein Besuch der Festung Königstein sollte unbedingt eingeplant werden, wenngleich der Aufstieg über eine stark befahrene und muskelkraftfordernde Straße erfolgt. Mit der Fähre Königstein wechselt man auf das andere Elbufer, bis die sehenswerte Altstadt von Bad Schandau erreicht ist. Hier kann man entweder Fähre oder Brücke benutzen, um wieder auf die linke Elbseite zu gelangen, bis zum Grenzübergang Schmilka (rechtselbisch). Wer schon so weit vorgedrungen ist, sollte einen Abstecher in die Böhmische Schweiz wagen (einfach zu finden: nach der Grenze erstes Tal östlich). Das Naturdenkmal Prebischtor muss man wieder zu Fuß erkunden; dabei wird man immer wieder daran erinnert, dass das Elbsandsteingebirge eigentlich eine Wanderregion ist - wobei sich das Fahrrad aber durchaus für die Anreise eignet. Wer noch ein paar Tage Zeit hat, kann die Fahrt zu einer "Drei-Länder-Tour" ausweiten: weiter zum Riesengebirge und über Polen nach Görlitz - Bautzen - Dresden zurück.

Für die Rückfahrt nach Dresden kann man auch die rechte, zwischen Pirna und Dresden-Loschwitz stärker befahrene Elbseite benutzen. Sehr nützlich ist die Anreise-/Rückfahrtmöglichkeit mit der S-Bahn bis hinter die tschechische Grenze. Ein Teilstück per Schiff mit der "Weißen Flotte" macht die Fahrt noch abwechslungsreicher.

Auch im Norden von Dresden liegen sehr sehenswerte Ziele (Radebeul mit seinen Weinhängen und dem Karl-May-Museum, Schloss Moritzburg, Meißen), die aber mit dem Rad nur über stark befahrene Straßen zu erreichen sind.

Der ElbeRadweg ist auf vielen Teilabschnitten immer wieder gut mit der Bahn zu erreichen.

***Wendland NaTour***

Einer der empfehlenswerten Abstecher vom Elberadweg führt in das Wendland, bekannt aus Anti-Atomkraft-Demonstrationen, in Wahrheit aber ein kleines Juwel mit landschaftlicher Vielfalt und verträumten Dörfern mit wunderlichen Formen und merkwürdigen Namen. Der 420 km lange, bis auf die Steigung bei Hitzacker überwiegend flache Rundkurs "Wendland NaTour" erschließt dem Radler die gesamte Erlebnisregion Elbtalaue-Wendland. Das Urstromtal der Elbe, die ausgedehnten Wälder, Marsch- und Heidelandschaften sowie die geringe Besiedlungsdichte sind charakteristisch für diese Landschaft. Lüchow, Dannenberg und Hitzacker mit ihren denkmalgeschützten Fachwerk-Innenstädten liegen auf dem Weg. Sehenswert sind die Rundlingsdörfer, das Archäologische Zentrum in Hitzacker, die BUND-Elbtalinfo in Dannenberg, die Festung Dömitz, der Hundertwasser-Bahnhof in Uelzen und die wunderschöne Natur. Erfrischung findet

man im Gartower See, und die Wälder der Göhrde sowie die bewaldeten Geestrücken des Drawehn laden immer wieder zu ausgiebigen Pausen ein. Teilweise verläuft die Route parallel zum Elberadweg.
Informationen: Elbtalaue-WendlandTouristik GmbH,
Postfach 1252/1, 29432 Lüchow (Wendland), Tel.:05841/120670,
e-mail: wendland-touristik@t-online.de.
Karten und Literatur: Abenteuer Radwandern. Radrundkurs Wendland NaTour I/II. Mit 2 Karten (Uelzen-Schnackenburg, 1 : 75 000 und Uelzen-Dömitz, 1 : 75 000), Wegbeschreibungen und Anschriften.

## Emsland-Route
### (Rheine - Papenburg - Rheine)

***Wegweisung:*** Durchgängig und einheitlich mit sechseckigen Schildern, auf denen ein Fahrradpiktogramm mit dem Emsland-Logo (Aufschrift: "Emsland-Route") aufgebracht ist. Zusätzlich wurden Orts- und Entfernungsangaben aufgenommen, die sich als unverzichtbar erwiesen haben, da sich sonst die verschiedenen Verzweigungen der Emsland-Route nicht auseinanderhalten lassen. Leider sind die Richtungspfeile etwas klein ausgefallen.

***Länge:*** 262 km Hauptroute, dazu Nebenrouten und Verbindungswege mit insgesamt 527 km Länge

***Charakteristik:*** Der Rundkurs führt weitgehend abseits von befahrenen Straßen und ohne Steigungen auf gut ausgebauten Wegen. Nur auf kurzen Abschnitten sind die Wege nicht asphaltiert. Aufgrund der individuell abstimmbaren Routen gilt eine Tour im Emsland als äußerst familienfreundlich.

***Informationen:***
- Emsland Touristik GmbH, Ordeniederung 1, 49716 Meppen, Tel.:05931/44335, Fax: 05931/44344, e-mail: info@emsland-touristik.de, Internet www.emsland-touristik.de.

***Karten und Literatur:***
- Emsland-Route, Radwanderkarte 1:50.000 mit Spiralbindung, Beschreibung von Sehenswürdigkeiten, ausführlicher Infoteil, Bielefelder Verlagsanstalt und Landkreis Emsland.
- ADFC-Radtourenkarte 1:150.000, Blatt 5 und 10, Bielefelder Verlagsanstalt.

***Verlauf:*** Rheine (Falkenhof, Kloster Bentlage) - Salzbergen (Feuerwehrmuseum) - Lingen/Ems (historische Altstadt) - Geeste (Moormuseum) - Meppen - Haren/Ems (Emsland-Dom, Mersmühle) - Lathen -

Heede - Aschendorf (Ortsbild) - Papenburg (Bockwindmühle, Schifffahrts-Freilichtmuseum, Werft) - Börger - Sögel (Schloss Clemenswerth) - Hüven (Hüvener Mühle) - Haselünne (Burgmannshöfe, Brennereimuseum) - Lengerich (Wassermühlen) - Freren - Spelle - Rheine.

***Kommentar:*** Die Emsland-Route setzt sich aus einem von Nord nach Süd langgestreckten Rundkurs und zahlreichen Verbindungs- und Nebenwegen zusammen. Die westliche Hälfte der Hauptroute begleitet die Ems von Rheine bis Papenburg, die östliche Hälfte verläuft weiter landeinwärts.

Die Emsland-Route verbindet das Erlebnis gewachsener Traditionen und modernster Technik. Platt sind höchstens die Vorstellungen der Ortsunkundigen, denn das Emsland hat viele Gesichter: Moor- und Heideflächen, hügelige Geestrücken, Wacholderhaine, Wiesen und Weiden. Das lebendige Panorama lässt sich am besten mit dem Fahrrad erfahren. So abwechslungsreich die Landschaft ist, so facettenreich sind auch die Begegnungen. Torfabbau und Erdölgewinnung repräsentieren verschiedenste Industriezeitalter, liegen aber hier dicht beisammen. Nur wenige Kilometer von prähistorischen Gräberfeldern entfernt befindet sich die Magnetschwebebahn-Versuchsstrecke Lathen - Dörpen. Papenburg besitzt das größte überdachte Trockendock der Welt. Wer es nicht gesehen hat, wird kaum glauben, dass hier Kreuzfahrtschiffe und Ozeanriesen vom Stapel laufen.

Zu Beginn der Emslandroute - ein kleiner Abstecher von Salzbergen aus - gewährt das Freilichtmuseum "Heimathof" Emsbüren Einblicke in Arbeits- und Wohnkultur der Region. Um intensiven Zugang zur Moorlandschaft und ihrer Kultivierung zu erlangen, sollten Sie unbedingt dem Emsland-Moormuseum in Geeste einen Besuch abstatten. Wer sich austoben möchte, findet im 180 ha großen Geester See mit seinen vielfältigen Freizeitangeboten ausreichende Möglichkeiten. Auf der weiteren Fahrt begrüßt der hochaufragende "Emsland-Dom" in Haren die Radfahrer. Schon zu früheren Zeiten ließen sich die Schiffer durch seine imposante Erscheinung leiten. Papenburg, die größte Fehnkolonie Deutschlands, birgt mit ihren unzähligen Kanälen, hölzernen Klapp- und Drehbrücken mannigfaltige Zeugen der Moorkultivierung. Unvermutete Begegnung mit dem Barock folgt in Sögel durch das Schloss Clemenswerth. Schließlich laden die hervorragend erhaltenen Lengericher Wassermühlen noch zum Verweilen ein. Wer Gefallen an der Landschaft gefunden hat, kann seine Route durch viele eigens angelegte Verbindungswege und weitere regionale Routen variieren.

Per Bahn lässt sich das Emsland gut erreichen. Hierzu bieten sich vor allem die Bahnhöfe entlang der parallel zur Emsland-Route verlaufenden Strecke zwischen Rheine und Papenburg an, aber auch Osnabrück und Oldenburg sind gute Ausgangsorte.

## Radfernweg Euregio Egrensis

***(Marktredwitz - Karlovy Vary - Marktredwirtz)***

***Wegweisung:*** Für den Radfernweg gibt es keine eigene Wegweisung. Aufkleber des Logos sind auf bestehenden Schildern angebracht, jedoch doch nicht durchgängig.

***Länge:*** 530 km Rundkurs

***Charakteristik:*** Der Radfernweg verläuft überwiegend auf Straßen mit sehr geringem Verkehr und auf bestehenden Radwegen, öfter auch auf Wald- und Forstwegen: "In Anbetracht der Länge der Strecke lässt es sicher leider nicht vermeiden, dass so mancher Streckenabschnitt mit mangelhaftem Straßenbelag auftaucht" (Originalkommentar Radwanderführer). Die Route ist aufgrund Ihrer Topographie (Höhe über NN von 300 bis 1000m) als überwiegend anspruchsvoll zu bewerten.

***Informationen:***

- Euregio Egrensis, AG Bayern, Fikentscher Str. 24,
  95615 Marktredwitz, Tel.: 09231/6692-0, Fax: 09231/6692-29,
  e-mail: info@euregio-egrensis.de,
  Internet: www.euregio-egrensis.de.

***Karten und Literatur:***

- Radfernweg Euregio-Egrensis, Radwanderführer mit detaillierten Karten 1:75.000, Stadtplänen und Informationen zu Fahrradreparaturstellen, Sehenswürdigkeiten und Übernachtungsmöglichkeiten, Galli-Verlag.
- ADFC Radtourenkarte, Blatt 27, Bielefelder Verlagsanstalt.

***Verlauf:*** Einen Rundkurs kann man überall beginnen: Der Radwanderführer startet in Marktredwitz (Egerlandmuseum, Schnapsmuseum) - Wunsiedel - Bad Berneck (Historischer Ortskern, Kurpark) - Kupferberg (Bergbaumuseum) - Wallenfels - Steinwiesen - Bad Steben (Kurpark) - Saaldorf - Saalburg (Stadtkirche, Sommerrodelbahn, Bleilochtalsperre) - Crispendorf - Zeulenroda (klassizistisches Stadtbild) - Greiz (Schloss) - Netzschkau (Göltzschtalbrücke) - Voigtsgrün (Talsperre Pöhl) - Plauen ("Plauener Spitzen") - Schöneck (Aussichtsfelsen "Alter Söll") - Morgenröthe-Rautenkranz - Eibenstock - Sosa - Johanngeorgenstadt (Hochmoor) - Horni Blatna (Stadtplatz) - Pernink - Jáchymov (Königliche Münze) - Ostrov (Altstadt) - Karlovy Vary (Stadtbild) (- Sokolov (Schloss)) - Horni Slavkov - Teplá (Kirchen, Kloster) - Mariánske Lázné (Bäderarchitektur) - Paná - Broumov - Neualbenrueth (Kurmittelhaus Sybillenbad) - Waldsassen (Stiftsbasilika) (Cheb) - Arzberg (Porzellanstadt) - Marktredwitz.

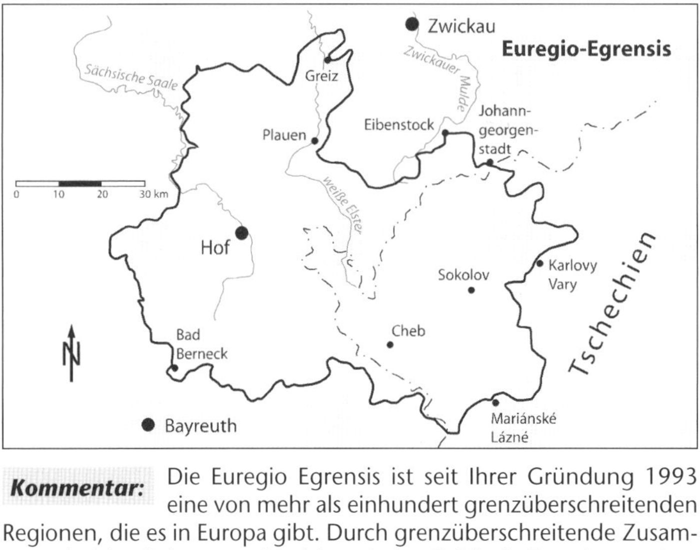


***Kommentar:*** Die Euregio Egrensis ist seit Ihrer Gründung 1993 eine von mehr als einhundert grenzüberschreitenden Regionen, die es in Europa gibt. Durch grenzüberschreitende Zusammenarbeit im Geiste guter Nachbarschaft soll sich die Euregio, vor dem Hintergrund einer absehbaren Mitgliedschaft Tschechiens in der EU, zu einem attraktiveren Lebens- und Wirtschaftsraum entwickeln.

Das Gebiet der Euregio bietet dem Radler eine interessante und abwechslungsreiche Landschaft, die vom Tourismus bisher wenig berührt wurde. Zahlreiche Heil- und Kurbäder bieten entlang der über 500 Kilometer langen Strecke ausreichend Gelegenheit, sich von den Anforderungen einer ambitionierten Strecke aktiv zu erholen. Im Vordergrund der am 22. Juli 2000 eröffneten Route steht aber das unverfälschte Naturerlebnis durch die Mittelgebirgslandschaften von Fichtelgebirge, Frankenwald, Thüringer Schiefergebirge, Sächsisches Vogtland und Erzgebirge.

Marktredwitz bietet sich als Schnittpunkt der Bahnstrecken Nürnberg- Prag und München - Hof - Leipzig als Startort an. In der bayerischen Oberpfalz ist die Fahrradmitnahme kostenlos. In Tschechien ist die Fahrradmitnahme grundsätzlich in allen Nahverkehrszügen möglich. Cheb und Karlovy Vary sind auch im Fernverkehr von Deutschland aus erreichbar.

Aufgrund der Topographie wird empfohlen, die Strecke "im Uhrzeigersinn" zu befahren. Da ein Teil der Streckenführung durch die Tschechische Republik führt, sollte ein gültiger Personalausweis nicht vergessen werden! Obwohl Tschechien mittlerweile über eine gute touristische Infrastruktur verfügt, können nicht die gleichen Maßstäbe angesetzt werden wie in Deutschland - das schlägt sich allerdings auch im Preis nieder.

## R1 Euro-Route R 1
**(Zwillbrock - Staßfurt - Berlin - Küstrin-Kietz)**

***Wegweisung:*** Durchgängig und einheitlich beschildert mit dem Schriftzug "R 1" auf kleinen quadratischen Schildern. Im Bereich der Kreise Goslar, Wernigerode und Quedlinburg zusätzlich mit einer Hexe als Symbol für den dort auf gleicher Trasse geführten Harzrandweg.

***Länge:*** 915 km (von der niederländischen zur polnischen Grenze)

***Charakteristik:*** Durch die Beteiligung vieler Länder und Gemeinden ist der Ausbauzustand der Strecke sehr unterschiedlich: Entlang des R 1 finden sich sowohl asphaltierte, wassergebundene, aber auch sandige Oberflächen. Die Wegeführung ist meist autofrei. Im Weserbergland und längs des Nordharzrandes ist der Verlauf steigungsreich, für Fahrten mit Tandem oder Anhänger sind diese Teilstrecken wenig geeignet. Zwischen Belzig und Berlin wird wegen des noch nicht erfolgten Ausbaus der Route die Nutzung der Bahn empfohlen.

***Informationen:***

- Dipl.-Ing. Georg Marquadt, Friedrich-Wilhelm-Weber-Str. 31, 37671 Höxter, Tel./Fax: 05271/7293, e-mail: G.Marquardt-Hoexter@t-online.de.
- Münsterland Touristik Zentrale, Hohe Schule 13, 48565 Steinfurt, Tel.: 02551/939291, Fax: 02551/939293, e-mail: touristik@muensterland.com, Internet: www.muensterland.com, kostenlose Radler-Hotline: 0800/9392919.
- Harzer Verkehrsverband, Marktstr. 45, 38640 Goslar, Tel.: 05321/3404-0, Fax: 05321/340466, e-mail: harzer.verkehrsverband@t-online.de, Internet: www.harzinfo.de.
- LMG Landesmarketing Sachsen-Anhalt, Kantstr. 4, 39104 Magdeburg, Tel.: 0391/5677080, Fax: 0391/5677081, e-mail: lmg@lmg-sachsen-anhalt.de.
- TMB Tourismus-Marketing Brandenburg GmbH, Informations- und Buchungsservice, Am Neuen Markt 1, 14467 Potsdam, Tel.: 0331/2987320, Fax: 0331/2987328, e-mail: hotline@tmb-brandenburg.de, Internet: www.tmb-brandenburg.de.
- Weitere Informationen bei allen an der Strecke liegenden Städten und Gemeinden.

***Karten und Literatur:***

- Radelpark Münsterland-Karten 1:50.000 Borken, Coesfeld und Warendorf. Radwanderkarten 1:50.000 von Gütersloh, Höxter und Lipperland, Begleithefte mit umfassenden touristischen Informationen, Bielefelder Verlagsanstalt.
- ADFC-Radtourenkarte 1:150.000, Blatt 8, 9, 10, 11 und 12, Bielefelder Verlagsanstalt.

***Verlauf:*** Zwillbrock - Stadtlohn (germanische Wallburg, Kalköfen) - Darfeld (Schloss) - Havixbeck (drei Wasserburgen: Haus Havixbeck, Haus Stapel, Burg Hülshoff) - Münster (Prinzipalmarkt, ehemaliges Residenzschloss, Dom, Rüschhaus) - Warendorf (Stadtbild) - Harsewinkel (Klosterhof) - Gütersloh (Apostelkirche) - Schloss Holte-Stukenbrock (Schloss Holte) - Detmold (historisches Stadtbild, Hermannsdenkmal) - Berlebeck (Adlerwarte) - Horn-Bad Meinberg (Externsteine) - Marienmünster (ehemalige Benediktinerabtei) - Höxter (Rathaus, Altstadt, Schloss Corvey) - Fürstenberg (Porzellanmanufaktur) - Holzminden - Stadtoldendorf (Stadtbild) - Einbeck (Altstadt) - Bad Gandersheim (Dom, Altstadt) - Goslar (Kaiserpfalz) - Bad Harzburg - Wernigerode (historisches Stadtbild, Rathaus) - Blankenburg (Schlösser) - Thale (Hexentanzplatz) - Ballenstedt (Schloss) - Gatersleben - Staßfurt (Stadtbild) - Köthen - Dessau (Bauhausstadt) - Lutherstadt-Wittenberg - Belzig - Potsdam (Schloss Sanssouci) - Berlin (mit allen seinen Sehenswürdigkeiten) - Erkner - Strausberg - Küstrin-Kietz (Kostrzyn).

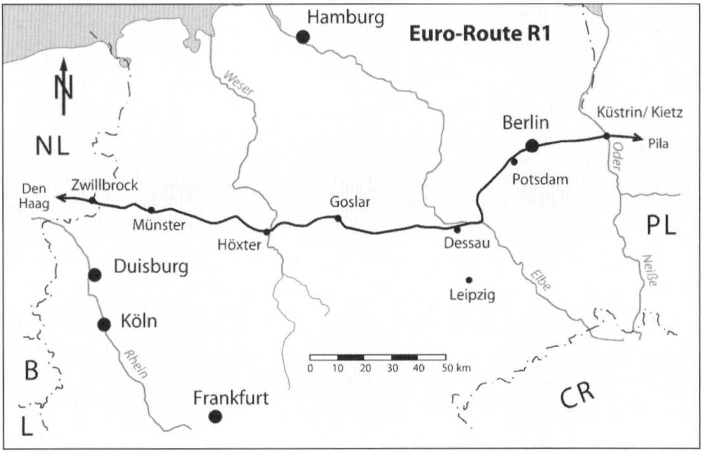


**Kommentar:** Der R 1, der inzwischen auch als Europaradweg "Euro-Route R 1" bezeichnet wird, wurde Anfang der 80er Jahre als erster überregionaler Radwanderweg im Raum Westfalen-Lippe konzipiert. Unter der engagierten Initiative des Kreisbaudirektors Mussenbrock übernahm der Kreis Höxter die Koordination in der ersten Phase für die beteiligten Landkreise Borken, Coesfeld, Gütersloh, Lippe, Warendorf und die Stadt Münster. Da vorwiegend vorhandene Land- und Forstwirtschaftswege genutzt wurden, waren an einigen Abschnitten kostenintensive Baumaßnahmen notwendig. Im Mai 1988 wurde der R 1 zwischen Zwillbrock und Höxter eingeweiht. Dank seiner guten Beschilderung, einer attraktiven Karte, ausreichender Infrastruktur und einer umfassenden Öffentlichkeitsarbeit hatte sich der R 1 schnell zu einem beliebten Radwanderweg in Nordrhein-Westfalen entwickelt.
Heute führt der R 1 weiter in Richtung Osten durch die Bundesländer Niedersachsen, Sachsen-Anhalt, Brandenburg und Berlin, und soll zukünftig über Polen, Litauen, Lettland und Estland schließlich in St. Petersburg enden. Auch nach Westen wurde die Strecke über Den Haag, Brügge und Calais bis nach Bologne sur Mer verlängert, so dass der R 1 insgesamt neun Staaten miteinander verbindet.

Schon jetzt ist eine insgesamt 1060 km lange Route befahrbar, die sich aus drei Teilabschnitten zusammensetzt und von Frankreich über Belgien, die Niederlande bis nach Deutschland reicht. Die "Nordseeroute" Calais - Den Haag - Den Helder ist der niederländische "LF 1", in Den Haag schließt sich die "Midden-Nederland-Route LF 4" an, die bis nach Enschede verläuft und als "LF 40" von Borculo bis Zwillbrock an den R 1 anschließt. Zu diesen Routen gibt es niederländisch gefasste Beschreibungen, zu beziehen bei der "Stichting Landelijk Fietsplatform", Buxtehudelaan 1, NL-3438 EA Nieuwegein, Tel. 0031/3402/42003. Diese Organisation koordiniert das niederländische Radfernwegenetz. Die Bezeichnung "LF" heißt übrigens "Landelijke Fietsroute" und bedeutet nichts anderes als Radfernweg.

Von der niederländischen Grenze kommend, passiert die Route die unterschiedlichsten Landschaften und Orte. In Nordrhein-Westfalen beginnt die Reise im Münsterland mit seiner traditionell fahrradfreundlichen Metropole, dem Teutoburger Wald, der alten Residenzstadt Detmold mit dem Hermannsdenkmal und den Externsteinen bis hin zum Weserbergland. Zielort dieses ersten Abschnittes ist die geschichtsträchtige Fachwerkstadt Höxter, wobei ein Besuch des jahrhundertealten Klosters Corvey nicht fehlen sollte. Weiter geht es zum Harz mit seinen vielfältigen Kulturdenkmalen, Burgen und Fachwerkstädten. In Sachsen-Anhalt schließt sich das östliche Harzvorland mit seinen Kleinoden wie Wernigerode an. Der Route folgend rollt man in die Magdeburger Börde hinab und folgt ein Stück dem Lauf der Saale. In Brandenburg will der Hohe Fläming überquert werden, bevor die Fahrt auf die Bundeshauptstadt zugeht. Ab Potsdam ist allerdings mit einigen Ungereimtheiten zu rechnen, da sich der R 1 hier noch im Ausbau befindet. Hat man den Weg von Berlin bis Erkner gefunden, folgt Natur pur: vom Berliner Urstromtal durch die Märkische Schweiz bis in den Oderbruch. Küstrin-Kietz ist die Stadt an der polnischen Grenze. Wer die Oder überquert, dem stehen in Polen weitere 675 km auf der Euro-Route R 1 offen und auch der Anschluss an die baltischen Staaten.

Auf seinem Weg durch Deutschland greift die Euro-Route R 1 immer wieder auf bestehende Radfernwege zurück: so läuft er zum Beispiel in Teilen streckengleich mit dem Harzrandweg und dem Saale-Radweg.

Wegen der vorherrschenden Windrichtung ist es ratsam, den R 1 von West nach Ost zu fahren. Die An- und Abreisemöglichkeiten entlang der Strecke sind unzählig, so dass hier nicht weiter darauf eingegangen werden soll.

# Fränkische Saale

## (Bad Königshofen i. Grabfeld - Gemünden a. Main)

***Wegweisung:*** Durchgängig und einheitlich mit weißem Radlersymbol auf blauen Richtungspfeilen und dem Schriftzug "Saaletal Radwanderweg" auf weißem Schild ausgewiesen.

***Länge:*** 125 km

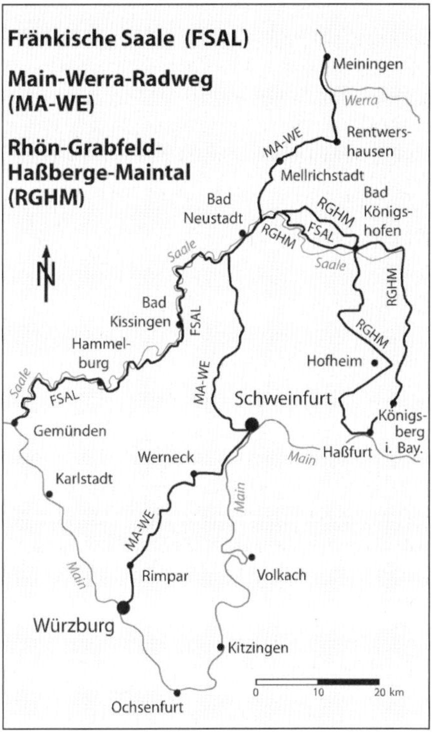


***Charakteristik:*** Sehr unterschiedliche Wegeoberflächen, von geschottert bis asphaltiert. Da großer Wert auf die Benutzung verkehrsarmer Wege gelegt wurde, ist die Routenführung nicht immer geradlinig. Dieser Weg empfiehlt sich eher für Familienausflüge als zum Reiseradeln mit Gepäck. Schnelle Radler können aber auf Teilstücken die begleitenden Straßen im Tal benutzen, denn zuweilen gibt es Alternativen zu den Bundesstraßen. Einige Steigungen, teilweise kurze, steile Anstiege. Von der Quelle kommend und im Oberlauf der Saale verläuft der Weg nicht immer parallel zum Fluss.

***Informationen:***

- Landratsamt Rhön-Grabfeld, Tourist-Information Rhön, Spörleinstr. 11, 97616 Bad Neustadt a. d. Saale, Tel.: 09771/94-0, Fax: 09771/94300, e-mail: tourismus@rhoen.btl.de.
- Informationen auch im Internet: www.bayerninfo.de.

***Karten und Literatur:***

- Saaletal Radwanderweg/Fernradweg Rhön - Grabfeld - Haßberge - Maintal, Radtourenkarte 1:50.000 mit Begleitheft, Hrsg.: Regionaler Planungsverband Main-Rhön in Zusammenarbeit mit der Regierung von Unterfranken und den beteiligten Landkreisen, Bezug gegen geringe Gebühr u.a. bei der Tourist-Information Rhön.
- ADFC-Radtourenkarte 1: 150.000, Blatt 17, Bielefelder Verlagsanstalt.

***Verlauf:*** Saalequelle - Bad Königshofen i. Grabfeld (Schloss Sterberg, Rathaus) - Bad Neustadt a. d. Saale (Schloss Neuhaus, Stadtbefestigung) - Niederlauer - Obereberbach - Steinach a. d. Saale - Aschach - Bad Kissingen - Elfershausen - Langendorf - Hammelburg - Morlesau - Michelau - Wolfsmünster - Gemünden a. Main (Unterfränkisches Verkehrsmuseum, Ruine Scherenburg).

***Kommentar:*** Der seit 1991 bestehende Radfernweg entlang der Fränkischen Saale darf nicht mit dem im Mai 1994 eröffneten Radfernweg an der thüringischen Saale verwechselt werden, die im Fichtelgebirge entspringt und dann über Rudolstadt, Jena, Naumburg, Halle und Bernburg in die Elbe fließt. Diesem Radfernweg ist ein eigenes Kapitel gewidmet.

Die Fränkische Saale entspringt östlich von Bad Königshofen i. Grabfeld nahe der ehemaligen deutsch-deutschen Grenze. Dort bekommt der Radler die Hügel des "Grabfeldes" zu spüren, bevor er ab Bad Neustadt a. d. Saale in die Weinbaulandschaft des Saaletals hinunterradeln kann. Wie der Name schon sagt, folgen einige Kurorte, die durchaus einladend und sehenswert sind. Besonders Bad Kissingen präsentiert sich als klassischer Kurort. Ab und zu dringt schon einmal dumpfer Geschützdonner der Truppenübungsplätze Wildflecken und Hammelburg herüber, doch das vielfältige Landschaftspanorama lässt den Radler die Umweltgeräusche, auch die des Autoverkehrs, überhören. Die historischen Stadtkerne von Hammelburg und Gemünden a. Main laden zu einer ausgiebigen Rast ein. Der Saaletal-Radwanderweg und der Fernradweg Rhön-Grabfeld-Haßberge-Maintal verlaufen zwischen der Saalequelle und Bad Neustadt a. d. Saale auf derselben Trasse.

Die Erreichbarkeit des Radwanderweges Fränkische Saale ist mit der Bahn im Nahverkehr in Gemünden a. Main und Bad Neustadt a. d. Saale gegeben. Von dort aus bestehen Anschlüsse nach Frankfurt a. Main bzw. Schweinfurt und Würzburg. Zwischen Gemünden a. Main und Bad Kissingen verläuft auch die Bahnstrecke im Tal der Fränkischen Saale, so dass sich viele Zu- und Ausstiegsmöglichkeiten ergeben.

# Froschradweg
## (Oberlausitzer Heide- und Teichlandschaft)

***Wegweisung:*** Der Froschradweg ist durchgängig und einheitlich mit einem winkenden Frosch-Signet und Richtungspfeilen auf großen quadratischen Schildern mit Ortsangaben gekennzeichnet. Die Ausweisung ist überdurchschnittlich gut. Auf einem Teil der Strecke ist die Beschilderung zudem zweisprachig gehalten - sorbisch und deutsch.

***Länge:*** 260 km

***Charakteristik:*** Die Rundroute führt durch die Heide- und Teichlandschaft der Oberlausitz mit ihren hunderten von Teichen und weitläufigen Wäldern. Die größtenteils ebene bis leicht hügelige Wegeführung wird durch ein paar Anstiege im südlichen Teil am Rand der Königshainer Berge und in der Westlausitz bei Cunnersdorf abgelöst. Für die Routenführung wurden größtenteils gut ausgebaute Rad- und Wirtschaftswege gewählt, die etwa zur Hälfte asphaltiert sind. Insgesamt ist der Froschradweg gut befahrbar, auch wenn vereinzelte sandige Abschnitte den Verlauf beschwerlich gestalten. Mit Ausnahme dieser Teilstücke ist die Route auch für Familien gut geeignet.

***Informationen:***

- Tourismusverband Oberlausitz-Niederschlesien e.V., Bahnhofstr. 14, 02625 Bautzen, Tel.: 03591/48770, Fax: 03591/487748, e-mail: info@oberlausitz.de, Internet: www.radwandern-oberlausitz.de.

***Karten und Literatur:***

- Broschüre "Radwandern in der Oberlausitz", Informationen zu den Radwanderwegen der Region Oberlausitz-Niederschlesien, kostenlos erhältlich beim Tourismusverband.
- Oberlausitzer Heide- und Teichlandschaft, Radkarten 1:50.000, Kartenset 1 - 5, Tourismusverband Oberlausitz-Niederschlesien e.V.
- ADFC-Radtourenkarte 1: 150.000, Blatt 14, Bielefelder Verlagsanstalt.

***Verlauf:*** Bad Muskau (Altes und Neues Schloss, Orangerie, Fürst-Pückler-Park) - Kromlau (englischer Landschaftspark) - Halbendorf - Neustadt - Burghammer - Hoyerswerda (Stadtschloss) - Dörgenhausen (Bockwindmühle) - Wittichenau (Stadtkirche Mariä Himmelfahrt, Knappensee und Bergbaumuseum bei Knappenrode) - Berndorf - Grüngräbchen (Rhododendrongärtnerei) - Cunnersdorf (Abstecher in die Lessingstadt Kamenz) - Weißig - Döbra - Ralbitz (denkmalgeschützter sorbischer Friedhof) - Neschwitz (Schloss mit Naturschutz-Station, Naturlehrpfad) - Milkel - Commerau - Kleinsaubernitz (Olba-See) - Groß Radisch - Sproitz - Kollm (Stausee Quitzdorf) - Nieder Seifersdorf - Thiemendorf - Jänkendorf - Niesky (Zinzendorfplatz) - Biehain - Rothenburg (Marktplatz) - Podrosche - Pechern (Fachwerkkirche) - Krauschwitz - Bad Muskau.

***Kommentar:*** Der Froschradweg durchquert das Unesco-Biosphärenreservat der "Oberlausitzer Heide- und Teichlandschaft", das sich zwischen Königswartha, Uhyst und Mücka befindet und umfährt die nördlich davon gelegene Muskauer Heide. Die Natur steht im Vordergrund dieser abwechslungsreichen, vom Menschen extrem überformten Landschaft. Ausgedehnte Kiefernwälder, Heideflächen und Sanddünen erstrecken sich zwischen den unzähligen Fischteichen, die vor Jahrhunderten angelegt wurden. Von der einstigen Sumpflandschaft zeugen einige erhalten gebliebene Moore.

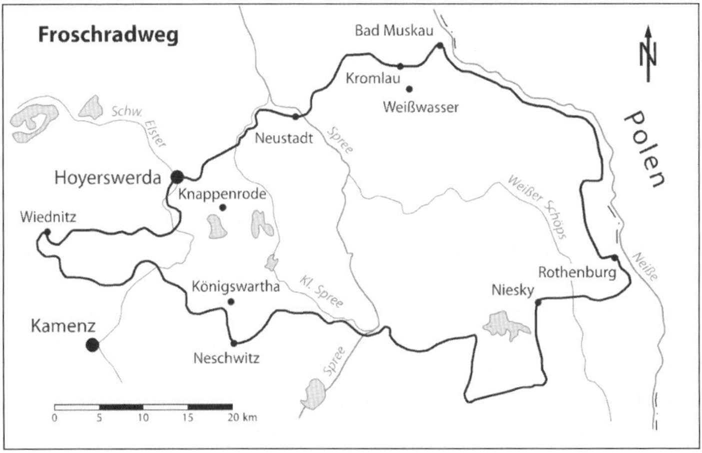


Die Sorben, die sich hier einst angesiedelt haben, haben das unwirtliche Land urbar gemacht. Die Volksgruppe pflegt noch heute ihre Bräuche und Traditionen. Handwerkskunst, Trachten und die sorbische Sprache, die hier wirklich noch lebendig ist, sind allerorts zu finden. Eindrucksvoll ist ein Besuch zur Osterzeit, wenn die Osterreiter am Ostersonntag auf prächtig geschmückten Pferden singend übers Land reiten, um die Felder für eine gute Ernte zu segnen. Sehenswert ist auch der unter Denkmalschutz stehende Sorben-Friedhof in Ralbitz. Unheimlich erscheint die Landschaft an Nebeltagen. In dieser Szenerie hat Otfried Preußler die Sage vom Zaubererlehrling Krabat wieder aufleben lassen. Ob Schwarze Mühle im Koselbruch oder der Marktplatz von Wittichenau, der Radweg führt an vielen der sagenumwobenen Schauplätze vorbei. Einige Denkmale erinnern an den sorbischen Helden.

Die Tier- und Pflanzenwelt der Region ist von einzigartiger Vielfalt. Hier brüten 150 Vogelarten, Eisvogel, Seeadler und Storch gehören zum täglichen Bild der Radler. Unzählige Frösche, Unken und Kröten stimmen in unüberhörbare Konzerte ein und haben der Route ihren Namen gegeben. Als ständiger Begleiter auf der Tour zeigen sich Libellen in allen Formen, Farben und Größen. Natürlich gibt es im Hochsommer auch Stechmücken, aber anders, als zu erwarten wäre, sind sie keine große Plage.

Auch der Braunkohlentagebau hat die Oberlausitz entscheidend geprägt: riesige ausgeräumte Kraterlandschaften gibt es ebenso wie geflutete Tagebau-"Restlöcher" mit attraktiven Freizeitnutzungen. Beliebtes Erholungsgebiet ist der Knappensee bei Knappenrode. Wer mehr über die Geschichte des Braunkohlenabbaus erfahren und die gigantischen Maschinen besichtigen möchte, ist im ansässigen Bergbaumuseum genau richtig.

Neben dem Knappensee und dem Stausee Quitzdorf, dem größten Stausee Sachsens, sind die Freizeitmöglichkeiten in den unzähligen größeren und kleineren Teichen schier unendlich. Zum Baden, Boot fahren, wandern und zelten ist fast überall Gelegenheit. Nicht nur aus diesem Grund ist der Froschradweg gerade für Familien sehr zu empfehlen.

Einen Abstecher in die romantische Vergangenheit ermöglichen die Landschaftsparks in Kromlau und Bad Muskau. Die gute Beschilderung der Route ermöglicht das Fahren ohne Karte, zumal die Qualität der regionalen Radwanderkarten recht mangelhaft ist. Diese werden aber für eine Neuauflage überarbeitet. Auch die Strecken selbst sind gut befahrbar, mit zwei Ausnahmen: am Tagebau bei Weißwasser wird die Strecke über eine Sand- und Schotterstrecke geführt und auch bei Rothenburg versinkt man in einem Waldstück im Sand. Da die Schwachstellen bekannt sind, wird an einer Routenverlegung gearbeitet. An diesen Stellen ist eine Befahrung mit Anhänger unmöglich.

Die Region ist mit der Bahn von den Fernverkehrsbahnhöfen Cottbus, Dresden und Görlitz aus erreichbar. Als Start- oder Zielorte bieten sich Hoyerswerda, Kamenz, Bautzen, Niesky, Weißwasser oder eine Vielzahl kleinerer Stationen an, die mit Nahverkehrszügen bedient werden.

# Fünf-Flüsse-Radweg
## (Nürnberg - Amberg - Regensburg - Beilngries - Nürnberg)

***Wegweisung:*** Einheitlich grüne Schrift mit Schriftzug und Fahrrad sowie blauem Logo auf weißen Schildern mit Richtungspfeilen. Da die Route größtenteils auf bereits bestehenden Radfernwegen verläuft, kommen auch die Beschilderungen des Donau-Radweges, der Tour de Baroque, des Altmühltal-Radweges und des Naabtal-Radweges hinzu.

***Länge:*** 310 km

***Charakteristik:*** Rundkurs durch die Oberpfalz. Die Route führt über wechselnde Oberflächen (Wald- und Wirtschaftswege, asphaltiert oder gekiest), jedoch zumeist autofrei und ohne wesentliche Steigungen, da sich der Verlauf größtenteils an den Flusstälern orientiert.

***Information:***
- Arbeitsgemeinschaft Fünf-Flüsse-Radweg und Amberger Fremdenverkehrsverein e.V., Am Gartenhain 1, 92224 Amberg, Tel.: 09621/762100, Fax: 09621/83988, Internet: www.bayerninfo.de.

***Karten und Literatur:***
- Fünf-Flüsse-Radweg (Entlang der Pegnitz, Vils, Naab, Donau und Altmühl), Radwanderführer mit Routenkarten 1:50.000, Routenbeschreibung, Sehenswürdigkeiten, Übernachtungsverzeichnis, Galli-Verlag. Bezug gegen Gebühr bei der Arbeitsgemeinschaft.
- ADFC-Radtourenkarte 1:150.000, Blatt 22, Bielefelder Verlagsanstalt.

***Verlauf:*** Nürnberg (Germanisches Nationalmuseum, Burg) - Lauf/Pegnitz (historischer Marktplatz) - Hersbruck (Wassertor, Schloss, Dt. Hirtenmuseum) - Neukirchen (Tropfsteinhöhle Osterhöhle) - Sulzbach-Rosenberg (Altstadt mit Herzogschloss) - Amberg (spätmittelalterliches Stadtbild) - Kallmünz (Malerstadt, Burgruine) - Regensburg (mittelalterlicher Stadtkern, Dom St. Peter) - Kelheim (Kloster Weltenburg, Befreiungshalle, Donaudurchbruch) - Riedenburg (Jagdfalkenhof) - Dietfurt (historischer Marktplatz) - Beilngries (Ringmauer mit 9 Türmen, Brauereimuseum) - Berching (mittelalterliche Altstadt) - Neumarkt i.d. Oberpfalz (Burgruine Wolfstein) - Burgthann (Burg) - Markt Wendelstein (Schlösschen) - Nürnberg.

***Kommentar:*** Der Fünf-Flüsse-Radweg verbindet die vorhandenen Radwege entlang der Treidelwege des historischen Ludwig-Donau-Main-Kanals (Nürnberg - Neumarkt), Teile des Altmühltal-Radweges (Berching - Kelheim), der Tour de Baroque (Neumarkt - Regensburg), des Donau-Radweges (Kelheim - Regensburg) und des Naabtal-Radweges (Mariaort - Kallmünz) miteinander.

Der Radfernweg verknüpft herrliche Naturlandschaften mit kulturhistorischen Sehenswürdigkeiten in den mittelalterlich gemütlichen Städtchen.
Dabei werden sowohl touristisch bekannte Gebiete (wie das Donau- und das Altmühltal) als auch noch unerschlossene, naturbelassene Landschaften wie das Naabtal oder der Lauf der Pegnitz durchquert. Besonders die vielen kleinen, in ihrem ursprünglichen mittelalterlichen Charakter sehr gut erhaltenen Städte machen den Reiz dieser Tour aus. Ein Kleinod auf der Strecke stellt Berching dar. Die 1100 Jahre alte Stadt ist zu großen Teilen erhalten und steht den Altstadtkernen von Nürnberg und Regensburg um nichts nach.
Die Städte Sulzbach-Rosenberg und Amberg und die Vils als Wasserweg (Hammerherren-Schlösser) erinnern an die reiche Bergmannstradition und Eisenverarbeitung im Ruhrgebiet des Mittelalters" (siehe auch Museum in Theuern). Auch der Ludwig-Donau-Main-Kanal zeigt als imposantes Kulturdenkmal die Technik des frühen 19. Jahrhunderts, insbesondere der "Brückkanal" bei Schwarzenbruck.
Eine Naturbesonderheit stellt dagegen die Schwarzachklamm, eine tief eingefurchte Sandsteinschlucht unmittelbar am Ludwig-Donau-Main-Kanal bei Schwarzenbruck gelegen dar.

Ein Einstieg in den Rundkurs bietet sich aus Gründen der Anreise in Nürnberg oder Regensburg an. Die Städte sind mit der Bahn im Fernverkehr gut erreichbar. Insbesondere im östlichen Bereich wird der Radweg auch von der Bahn begleitet.

# Gurken-Radweg
## *(Spreewald)*

***Wegweisung:*** Durchgängig mit Aufklebern (radfahrende grüne Gurke auf gelbem Grund) auf unterschiedlichen Schildern ausgewiesen. Größe der Wegweisungs-Aufkleber variiert.

***Länge:*** 250 km

***Charakteristik:*** Die Route beschreibt einen achtförmigen Rundkurs durch den Spreewald, wobei keine Steigungen zu bewältigen sind. Mit wenigen Ausnahmen fast durchgängig asphaltiert. Familienfreundlich.

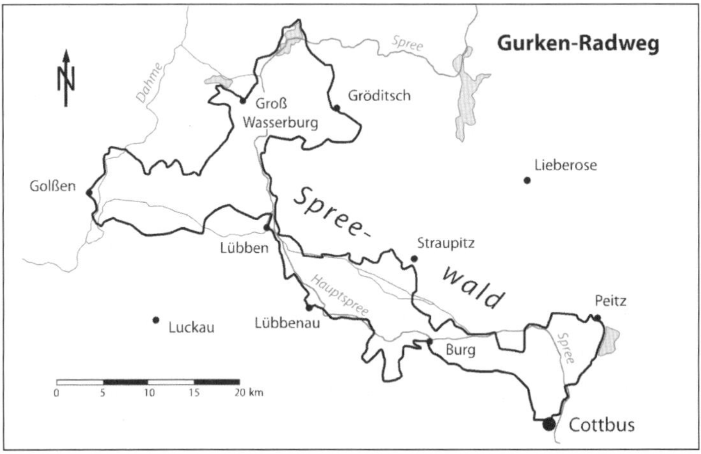


***Informationen:***

- TMB Tourismus-Marketing Brandenburg GmbH, Informations- und Buchungsservice, Am Neuen Markt 1, 14467 Potsdam, Tel.: 0331/2987320, Fax: 0331/2987328, e-mail: hotline@tmb-brandenburg.de, Internet: www.tmb-brandenburg.de.
- Tourismusverband Spreewald e.V., Lindenstr. 1, 03226 Raddusch, Tel.: 035433/72299, Fax: 035433/72228, e-mail: tourismus@spreewald.de, Internet: www.spreewald-tourismuszentrale.de.

***Karten und Literatur:***

- Der Gurken-Radweg, Faltblatt mit Übersichtskarte, Hinweise auf Sehenswürdigkeiten, touristische Attraktionen, Routenverlauf- und Ortsbeschreibungen incl. Kilometerangaben, erhältlich beim Tourismusverband Spreewald e.V.
- Gurken-Radweg im Spreewald, Spiralgebundene Radwanderkarte 1:50.000 mit allgemeinen Informationen, Beschreibung von Sehenswürdigkeiten, Informationsadressen und Übernachtungsverzeichnis, Bielefelder Verlagsanstalt.

***Verlauf:*** Lübben/Spreewald (Schloss) - Lübbenau/Spreewald (Bauernhaus-, Gurken- und Spreewaldmuseum) - Vetschau (Wendisch-Deutsche Doppelkirche, Niederlausitzer Weißstorchzentrum) - Burg (Erlebnisbahnhof, flächenmäßig größte Gemeinde Deutschlands) - Cottbus (Altstadtkern, Staatstheater, Wendisches Museum, Fürst-Pückler-Museum, Parkanlagen) - Peitz (Eisenhüttenwerk, Festungsturm, Karpfenzucht) - Dissen (Sorbisches Heimatmuseum) - Straupitz (Holländermühle) - Lübben/Spreewald - Golßen - Krausnick (Kreuzkirche) - Alt Schadow - Groß Leuthen (Renaissanceschloss) - Schlepzig (Gasthaus-Brauerei) - Lübben/Spreewald.

***Kommentar:*** Der Gurken-Radweg ermöglicht Erlebnisradeln in einer einzigartigen Natur. Geprägt von unzähligen Wasserarmen der Spree und den ursprünglichen Traditionen seiner Bewohner ist der Spreewald schon lange beliebtes (Nah-)Erholungsgebiet. Auf der Rundtour durch das "grüne Venedig" findet der Besucher Ruhe in einer europaweit einzigartigen, vom Menschen gestalteten Landschaft. Aufgrund seiner Vielfalt an seltenen Tier- und Pflanzenarten ist der Spreewald 1991 zum UNESCO-Biosphärenreservat ernannt worden. Doch nicht nur Naturliebhaber kommen auf dem Gurken-Radweg auf ihre Kosten. Bereits der Name verweist auf den Ruf der Gemüsekammer Deutschlands, die markengeschützten Spreewälder Gurken sind nur ein Beispiel dafür. In Lübbenau-Lehde zeigt das Gurkenmuseum historische Produktionsmittel und Arbeitsgeräte. In dieser Region leben auch die Sorben, eine in der Niederlausitz und im Spreewald ansässige Volksgruppe mit eigener Sprache und eigenen Traditionen. Ein Besuch des Heimatmuseums in Dissen mit seinen vielfältigen Informationen über sorbische Kultur sollte nicht fehlen.
Aufgrund seiner ebenen Topographie ist der Gurken-Radweg äußerst familienfreundlich. Zahlreiche Freizeitangebote und Besichtigungsmöglichkeiten (Kahnfahrt auf den Spreekanälen, Weißstorchzentrum, Holländermühle etc.) laden Besucher jeder Altersstufe ein.

Die Bahnverbindung zwischen Berlin und Cottbus hält im Regionalverkehr auch in Lübben, Lübbenau und Vetschau. Somit bestehen an mehreren Orten Einstiegsmöglichkeiten in den Gurken-Radweg.

# Haff-Radfernweg
## (Ahlbeck - Altwarp)

***Wegweisung:*** Die Hinweisschilder sind mit dem mecklenburgischen Landeswappen und dem Namen des Radfernweges versehen.

***Länge:*** 108 km

***Charakteristik:*** Der Weg verläuft überwiegend auf gut ausgebauten und befestigten Radwegen, teilweise wurde der Radwanderweg neu ausgebaut. Abschnittsweise werden auch straßenbegleitende Radwege genutzt. Auf dem letzten Teilstück zwischen Bellin und Altwarp wird die Landesstraße benutzt, mit z.T. hohem Verkehrsaufkommen. Die Höhenunterschiede entlang der Strecke sind weitgehend gering. Nur auf Usedom müssen ein paar Steigungen genommen werden.

***Informationen:***

- Tourismusverband Mecklenburg-Vorpommern e.V., Platz der Freundschaft 1, 18059 Rostock, Tel.: 0381/4030500, Fax: 0381/4030555, e-mail: info@tmv.de.

***Karten und Literatur:***

- Urlaub mit dem Fahrrad, Fernradwege in Mecklenburg-Vorpommern, Broschüre mit Routenskizzen aller Radfernwege in Mecklenburg-Vorpommern sowie Kurzbeschreibungen, Sehenswürdigkeiten und Infoadressen, Bezug: Touristik-Marketing-Service GmbH, Koppelweg 2, 18107 Rostock, Tel.: 0381/7689880, Fax: 0381/7689881, e-mail: T.M.S.Rostock@t-online.de.
- ADFC-Regionalkarte 1:75.000, Usedom Haffküste, Bielefelder Verlagsanstalt.
- ADFC-Radtourenkarte 1:150.000, Blatt 4, Bielefelder Verlagsanstalt.
- Radfernwege in Mecklenburg-Vorpommern 1, Radwanderkarten 1:100.000 mit touristischen Hinweisen, Informationsadressen, Bielefelder Verlagsanstalt.

***Verlauf:*** Ahlbeck (Ostseeheilbad, Seebrücke) - Korswandt - Garz - Dargen (Windschöpfkraftwerk, Zweiradmuseum) - Stolpe - Usedom (historisches Stadtbild, Anklamer Tor) - Karnin (Eisenbahn-Hubbrücke) - Relzow (NSG Peenetalmoor) - Anklam (Otto-Lilienthal-Museum) - Anklamer Fähre - Bugewitz - Leopoldshagen (Fachwerk-Kirche) - Mönkebude - Ueckermünde (Renaissance-Schloß, Hafen, Haff-Museum) - Vogelsang - Warsin (Schloss) - Altwarp (Fischerdorf, Haffrundfahrten, Fahrten nach Polen).

**Kommentar:** Der Haff-Radfernweg ist Teilstück des mecklenburgischen Radfernwege-Netzes und bietet viel Natur sowie Wasser entlang des Kleinen Haffs und des Stettiner Haffs. Er führt im Süden der Insel Usedom entlang zum gleichnamigen Städtchen, überquert die Peene und erreicht Anklam, die Geburtsstadt Otto Lilienthals. Immer am Haff entlang, durch Wiesen und Waldstücke radelnd, gelangt man nach Ueckermünde und schließlich nach Altwarp und an die polnische Grenze. Dort soll der Haff-Radfernweg zukünftig als EG-Projekt zu einem deutsch-polnischen Haff-Rundweg erweitert werden.

Mit der Bahn sind das Seebad Ahlbeck und auch Ueckermünde im Nahverkehr erreichbar. Als zentraler Startpunkt ist Anklam in den Fernverkehr eingebunden. Wer bis an die polnische Grenze radelt, hat jedoch keine Möglichkeit, mit der Bahn zurückzufahren, hier muss nach Ueckermünde zurückgekehrt werden. Auf Usedom wiederum ist die Usedomer Bäder-Bahn (UBB) mit Fahrrädern sehr gut zu nutzen, beispielsweise für einen Tagesausflug. Die Rückreise von Usedom mit der Deutschen Bahn AG gestaltet sich aufgrund fehlender Reservierungs- und Verkaufsstellen wiederum sehr umständlich.

***Karte auf Seite 153***

## Haff-Tollensesee-Radweg

**(Ueckermünde - Neubrandenburg)**

**Wegweisung:** Die Hinweisschilder sind mit dem mecklenburgischen Landeswappen und dem Namen des Radfernweges versehen.

**Länge:** 78 km

**Charakteristik:** Die Qualität der Wegestrecke reicht von befestigten und asphaltierten Radwegen über Kiesstrecken bis hin zu Plattenwegen und Kopfsteinpflasterstraßen. Teilweise werden befestigte Seitenstreifen an Straßen oder auch wenig befahrene Straßen genutzt. Die Topographie ist bewegt, als höchste Erhebung werden die Brohmer Berge mit 150 m ü. NN überquert.

**Informationen:**

- Tourismusverband Mecklenburg-Vorpommern e.V., Platz der Freundschaft 1, 18059 Rostock, Tel.: 0381/4030500, Fax: 0381/4030555, e-mail: info@tmv.de.

***Karten und Literatur:***

- Urlaub mit dem Fahrrad, Fernradwege in Mecklenburg-Vorpommern, Broschüre mit Routenskizzen aller Radfernwege in Mecklenburg-Vorpommern sowie Kurzbeschreibungen, Sehenswürdigkeiten und Infoadressen, Bezug: Touristik-Marketing-Service GmbH, Koppelweg 2, 18107 Rostock, Tel.: 0381/7689880, Fax: 0381/7689881, e-mail: T.M.S.Rostock@t-online.de.
- ADFC-Radtourenkarte 1:150.000, Blatt 4, Bielefelder Verlagsanstalt.
- ADFC-Regionalkarte 1:75.000, Usedom Haffküste (teilweise), Bielefelder Verlagsanstalt.
- Radfernwege in Mecklenburg-Vorpommern 1, Radwanderkarten 1:100.000 mit touristischen Hinweisen, Informationsadressen, Bielefelder Verlagsanstalt.

***Verlauf:*** Ueckermünde (Renaissance-Schloss, Hafen, Haff-Museum) - Meiersberg - Ferdinandshof - Rothemühl (Badesee) - Neuensund - Gehren (Naturschutzgebiet Galenbecker See) - Brohm - Schönbeck - Eichhorst - Rühlow - Warlin - Neubrandenburg (Stadtmauer mit Wiekhäusern, Stadttore).

***Kommentar:*** Der Haff-Tollensesee-Radweg ist Teilstück des mecklenburgischen Radfernwege-Netzes. Naturnah und fast durchgehend autofrei verbindet der Radfernweg den Tollensesee mit dem Stettiner Haff. Zunächst führt der Weg durch das flache Waldgebiet der Ueckermünder Heide, passiert die Friedländer Große Wiese und das reizvolle Naturschutzgebiet Galenbecker See. Wer die darauffolgenden Brohmer Berge nicht gesehen hat, würde eine derart abwechslungsreiche Landschaft nur in gänzlich anderen Landesteilen vermuten. Die touristische Infrastruktur an diesem Radfernweg befindet sich noch im Aufbau.

Start- und Zielpunkt des Haff-Tollensesee-Radfernweges sind mit der Bahn erreichbar, eine streckenparallele Bahnbegleitung besteht nicht.

***Karte auf Seite 153***

# Harzrundweg
## (Goslar - Sangerhausen - Goslar)

***Wegweisung:*** Seit 1995 ist dieser Weg rund um den Harz mit einer radelnden Hexe ausgeschildert. Die Qualität der Ausschilderung wechselt zwischen ausgezeichnet und sehr lückenhaft.

***Länge:*** ca. 400 km

***Charakteristik:*** Rundkurs um den Harz. Zahlreiche Abschnitte weisen noch keine optimale Oberfläche auf. Immer wieder Steigungsabschnitte. Teilstücke auf befahrenen Straßen. Für geübte Radler.

***Informationen:***

- Regionalverband Harz e.V., Hohe Str. 6, 06484 Quedlinburg, Tel.: 03946/9641-0, Fax: 03946/964142, www.harzregion.de.
- Im Internet kann man sich unter www.harzregion.de/Rundw.htm eine ausführliche Beschreibung des Harzrundweges ansehen.

***Karten und Literatur:***

- ADFC-Regionalkarte "Harz" 1:75.000, Bielefelder Verlagsanstalt.
- ADFC-Radtourenkarte "Harz/Leinetal" 1:150.000, Bielefelder Verlagsanstalt.

***Verlauf:*** Goslar (Innenstadt, Kaiserpfalz) - Bad Harzburg (Kuranlagen) - Ilsenburg (Kloster, hist. Innenstadt) - Wernigerode (Fachwerkbauten, Marktplatz, Schloss) - (Abstecher nach Halberstadt) - Blankenburg (Kur- und Gartenstadt)- Thale (Hüttenmuseum, Hexentanzplatz) -

(Abstecher nach Quedlinburg) - Gernrode - Ballenstedt - (Abstecher nach Aschersleben) - Alterode - Wippra (hist. Innenstadt)- Sangerhausen (Europa-Rosarium) - Rottleberode - (Abstecher nach Stolberg) - Neustadt - Ilfeld - Ellrich - Bad Sachsa - Bad Lauterberg - Herzberg (Schloss) - Osterode (Fachwerkstadt) - Seesen - Langelsheim - Goslar.

***Kommentar:*** Trotz einiger Mängel zählt dieser Radfernweg zu den interessantesten Deutschlands. Wo sonst kann man auf mehr als 400 km ein ganzes Gebirge, das vor nicht allzu langer Zeit noch in Ost und West geteilt war, umrunden und dabei Natur und Kultur so intensiv genießen wie hier? Wer nur annähernd alle Sehenswürdigkeiten anschauen möchte, sollte wenigstens eine Woche Zeit einplanen. Besonders im Norden reihen sich die historischen Städte aneinander: Goslar, Wernigerode, auch Halberstadt und Quedlinburg sind nicht weit. Die Abschnitte dazwischen sind teilweise schon recht gebirgig. Im Nordharzbereich verlaufen der Harzrundweg und der Europaradweg R1 weitgehend auf derselben Trasse. Auch der Süden hat Kultur zu bieten: Burgen, Schlösser und Klöster, teils erhalten, teils als Ruinen, zeugen von der wechselvollen Geschichte des einstigen Zentrums des Deutschen Reiches.
Die Landschaft im Süden ist nicht so bergig und offener als im Norden. Mit dem europaweit einmaligen Gipskarstgebiet, das sich am gesamten Südharzrand entlang zieht, hat der Südharz dazu eine große Besonderheit zu bieten. Und schließlich trifft man im gesamten Harzraum auf Relikte der über 1000-jährigen Bergbautätigkeit, die landschaftsprägend war. Zahlreiche Schaubergwerke und Bergbaumuseen laden zu einer industriegeschichtlichen Reise in die Vergangenheit ein.

Wer sich länger in der Region aufhält, sollte auch den Harzvorlandweg in Betracht ziehen.

Ursprünglich sollte dieser Radfernweg den Harzrundweg als zweiten Ring ergänzen. Derzeit haben erst zwei Landkreise die durch ihr Kreisgebiet verlaufenden Abschnitte ausgeschildert. Teilweise sind Radwanderführer speziell zu den bereits fertiggestellten Abschnitten des Harzvorlandweges erschienen (erhältlich über die Fremdenverkehrsämter). An Attraktivität steht der Harzvorlandweg seinem großen Bruder in nichts nach. Er erschließt die meist weniger bergigen Regionen der Landkreise und verbindet sie mit hochinteressanten Gebieten wie dem waldreichen und sagenumwobenen Kyffhäuser. Größere Städte gibt es hier außer Halberstadt und Nordhausen nicht, so kann man in aller Ruhe die Natur genießen. In Kombination mit dem Harzrundweg eignet sich der Harzvorlandweg hervorragend für kleinere und größere Rundtouren am Harzrand.

## Hase-Ems-Tour
### (Rheine - Meppen - Osnabrück - Melle)

***Wegweisung:*** Durchgängig und einheitlich mit stilisiertem Fahrrad mit blau-grünen Rädern und dem Schriftzug "Hase-Ems-Tour" auf rechteckigem Schild. Die Route ist in beiden Richtungen beschildert.

***Länge:*** 265 km

***Charakteristik:*** Die Route führt überwiegend auf asphaltierten Wegen durch zum Teil hügeliges Gelände. Vor allem im Osnabrücker Land muss mit dem Auf und Ab gerechnet werden, wenn sich die Route weiter von den Flussläufen entfernt, größere Steigungen sind aber nicht zu erwarten. Alternativ zum Fahrrad kann die Region auch mit dem Kanu oder dem historischen Dampfzug erfahren werden. Ihre Vielseitigkeit macht sie gerade für Familien attraktiv.

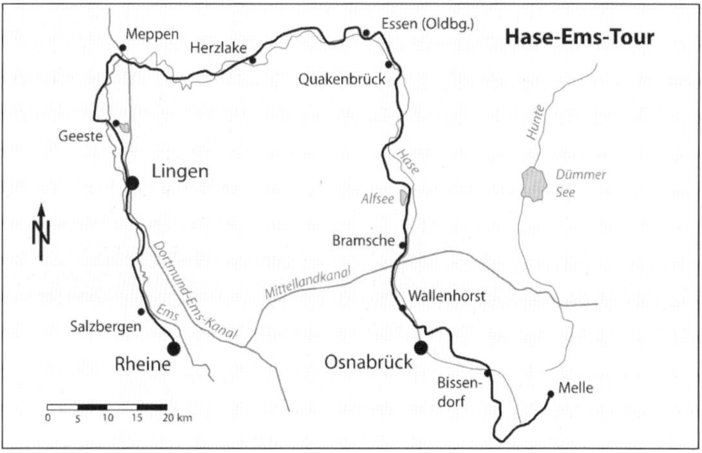


***Informationen:***

- Tourismusverband Osnabrücker Land e.V., Am Schölerberg 6, 49082 Osnabrück, Tel.: 0541/95111-95, Fax: 0541/95111-20, e-mail: Osnabruecker-Land@t-online.de, Internet: www.osnabruecker-land.de.
- Emsland Touristik GmbH, Ordeniederung 1, 49716 Meppen, Tel.: 05931/44335, Fax: 05931/44344, e-mail: info@emsland-touristik.de, Internet: www.emsland-touristik.de.



- Zweckverband Erholungsgebiet Hasetal, Mühlenstr. 32,

49624 Löningen, Tel.: 05432/92077, Fax: 05432/92078, e-mail: zeh@hasetal.de, Internet: www.hasetal.de.

***Karten und Literatur:***

- Hase-Ems-Tour, Radwanderkarte 1:50.000, mit Spiralbindung, Beschreibung von Sehenswürdigkeiten, ausführlicher Infoteil, Bielefelder Verlagsanstalt.
- ADFC-Radtourenkarte 1:150.000, Blatt 5, Bielefelder Verlagsanstalt.

***Verlauf:*** Melle - Osnabrück (Dom, Rathaus, Kirche St. Marien) - Wallenhorst (Sanddünen) - Bramsche (Tuchmacher-Museum) - Rieste - Gehrde - Quakenbrück (Fachwerkstadt) - Essen i. Oldbg. (Rathaus, Bürgerhäuser) - Löningen (Saalkirche St. Vitus) - Herzlake (Kulturbahnhof) - Haselünne (Burgmannshöfe, Brennereimuseum) - Meppen (historische Altstadt, Rathaus) - Geeste - Lingen (Wasserfall Hanekenfähr) - Emsbüren (Freilichtmuseum "Heimathof" Emsbüren) - Salzbergen - Rheine (Naturzoo, Kloster, Schloss).

***Kommentar:*** Die Hase-Ems-Tour zieht einen weiten Bogen entlang der beiden namensgebenden Flüsse, behält diese aber nicht immer im Blickfeld. Startpunkt ist die Hasequelle in der Nähe der Stadt Melle. Aus dem Hügelland des Osnabrücker Landes und vorbei an den Ausläufern des Wiehengebirges rollt es sich nach Norden dem Tiefland entgegen. Sehr abwechslungsreich gestalten Sanddünen, steile Geesthänge, naturbelassene Flußauen, die vielen Nebenbäche der Hase, Moor- und Heideflächen sowie die zahlreichen kleinen Ortschaften die parkartige Landschaft. Der Alfsee bei Rieste, ursprünglich als Hochwasserrückhaltebecken angelegt, lockt jung und alt mit seinen touristischen Attraktionen. Das Hasetal ist aber das eigentliche "Herz des weiten Landes", wie es oft genannt wird. Zwischen Quakenbrück und Meppen verläuft der Weg von Ost nach West auf dem älteren, etwa 70 km langen Hasetal-Radweg, der in die Hase-Ems-Tour integriert wurde. Zunächst lädt die Fachwerkstadt Quakenbrück mit ihrem historischen Flair ein. Liebhaber nostalgischer Mühlenarchitektur werden sich in Essen i. Oldbg. an der renovierten Diekmanns Windmühle erfreuen. In Löningen finden Sie mit der St. Vitus-Kirche die größte pfeilerlose Hallenkirche in Deutschland. Der größte Wacholderbestand Norddeutschlands leitet in die Kornbrennerstadt Haselünne mit ihren romantischen Fachwerkhäusern und dem Brennereimuseum über. Am dortigen Wacholdergymnasium können Schüler das Wacholder-Abitur ablegen. Am Zusammenfluß von Hase und Ems liegt die Stadt Meppen, die eine ganze Reihe geschichtsträchtiger Anziehungspunkte aufweist: der Altstadtkern mit Wallanlage und dem sehenswerten Laubholzkranz, das Rathaus aus dem Jahre 1408, die Gymnasialkirche und die Propsteikirche St. Vitus. Und nicht zu ver-

gessen die Höltingmühle. Nach ausgiebiger Stadtbesichtigung folgt die Route nun südwärts dem Lauf der Ems. Die Heide- und Moorgebiete des Emslandes mit ihrer bemerkenswerten Tier- und Pflanzenwelt und urige Kiefernwälder begleiten die Radler auf der weiteren Strecke. Die alte Festungsstadt Lingen und das Freilichtmuseum in Emsbüren sorgen für kulturhistorische Ablenkung. Im westfälischen Rheine endet schließlich die Hase-Ems-Tour.
Zum Schluss noch ein besonderer Tipp: kombinieren Sie Ihre Radtour mit einer Fahrt auf der historischen Dampfeisenbahn (zwischen Essen i. Oldbg. und Meppen) oder mit einer Kanutour auf der Hase. Der Verkehrsverein Hasetal und der Zweckverband Erholungsgebiet Hasetal bieten für die Hase-Ems-Tour Pauschalen an, ebenso für die Kombination "Boot & Bike". Informationen hierzu finden Sie im Internet unter www.hasetal.de.
Die Hase-Ems-Tour bindet die Ostroute des ehemaligen Radfernweges Osnabrück - Quakenbrück mit ein, die hierin vollständig aufgeht. Ferner gibt es eine 72 km lange Westroute zwischen den beiden namensgebenden Städten, die über Ueffeln, Merzen, Ankum, Kettenkamp und Nortrup verläuft. Der Weg ist mit großen weißen Schildern und grüner Schrift sowie mit Wegepilzen durchgängig markiert. In den weiteren Verlauf der Hase-Ems-Tour ist bis Meppen der Hasetalweg integriert.

Bahntechnisch sind sowohl Rheine als auch Osnabrück gut zu erreichen. Zudem verlaufen zwischen Rheine und Meppen sowie zwischen Osnabrück und Quakenbrück die Bahnlinien parallel zu der Radroute (bzw. den Flüssen), so dass sich viele Einstiegspunkte bieten.

## Heidelberg-Schwarzwald-Bodensee-Weg

**(Heidelberg - Radolfzell)**

***Wegweisung:*** Einheitliche Beschilderung mit grünem Fahrrad mit rotem Vorderrad auf weißem Grund, nicht immer durchgängig. Teilweise sind noch die alten Schilder (weißes Fahrrad/grüner Grund) vorhanden. Die Wegweisung wird derzeit geprüft und überarbeitet.

***Länge:*** 290 km

***Charakteristik:*** Viele Steigungen und ein nicht unbedingt geradliniger Verlauf bestimmen die Route dieses Radfernweges, der auf wechselnden Oberflächen größtenteils autofrei durch eine abwechslungsreiche Landschaft führt. Für Familien mit Kindern daher streckenweise ungeeignet.

***Informationen:***

- Tourismus-Service GmbH, Yorckstr. 23, 79110 Freiburg, Tel.: 0761/89797979, Fax: 0761/89797989, e-mail: info@tourismus-baden-wuerttemberg.de, Internet: www.tourismus-baden-wuerttemberg.de und www.rail-and-relax.de/rw/heidelberg/index.html.

***Karten und Literatur:***

- Heidelberg-Schwarzwald-Bodensee-Weg, Routenbroschüre der Tourismus Marketing GmbH Baden-Württemberg, Bezug gegen geringe Gebühr beim: Info- und Prospektservice Baden-Württemberg, Yorckstr. 23, 79110 Freiburg, Tel.: 0761/89797979, Fax: 0761/89797989.
- Radwanderkarte 1:100.000 mit Radwegegrundnetz, Blatt 52, 53, 55 und 58, Landesvermessungsamt Baden-Württemberg.
- ADFC-Radtourenkarte 1:150.000, Blatt 20 und 24, Bielefelder Verlagsanstalt.

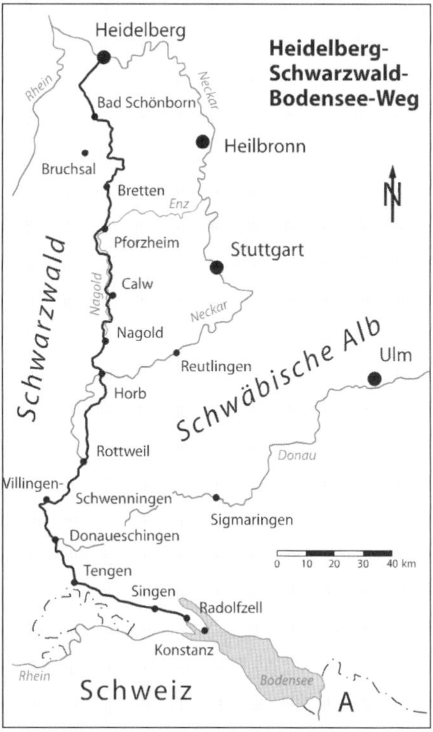


***Verlauf:*** Heidelberg (Schloss, Universität) - St. Leon-Rot - Odenheim (Stift) - Bretten (Melanchthon-Gedächtnis-Haus) - Neulingen (Weinbrenner Schloss) - Pforzheim ("Goldstadt", Schmuckmuseum, Edelsteinausstellung) - Bad Liebenzell (Burg Liebenzell) - Calw (mittelalterliches Stadtbild, Ruine des Benediktinerklosters in Hirsau) - Wildberg - Nagold (1000 Jahre alte Remigiuskirche) - Horb a. Neckar (Historische Stadtbefestigung) - Sulz a. Neckar (historisches Ortsbild, Burg Albeck) - Oberndorf (Augustinerkloster) - Rottweil (Römische Thermen) - Villingen-Schwenningen (Benediktiner- und Dominikanerkloster, Franziskanermuseum, Uhrenmuseum) - Donaueschingen (Schloss Fürstenberg) - Hüfingen (römische Badruine) - Tengen (Burgruine) - Singen (Burgruine Hohentwiel) - Radolfzell a. Bodensee (Altstadt).

**Kommentar:** Der Heidelberg-Schwarzwald-Bodensee-Weg verläuft mit einigen Schlenkern in Nord-Süd-Richtung. Um die Fahrradtouristen möglichst autofrei zu führen, wurden bei der Realisierung 1985 viele Steigungen in Kauf genommen, die besonders im südlichen Teilstück Kondition erfordern. Das reizvollste an dieser leider immer noch nicht optimal beschilderten Route (der Blick auf die Karte zwischendurch ist stark zu empfehlen) ist ihr Verlauf durch die abwechslungsreiche und bewegte Landschaft. Beginnend mit der ältesten Universitätsstadt Deutschlands radelt man längs der Bergstraße und durchquert schon bald das Kraichtal. Durch den Naturpark Stromberg-Heuchelberg geht es in Richtung Schwarzwald. Mit teilweise sehr starken Steigungen führt der Weg seitlich des Schwarzwaldes aufwärts. Ab Pforzheim orientiert sich die Route ohne wesentliche Steigungen am Nagoldtal bis zur gleichnamigen Stadt. Entlang des Neckartals gelangt man von Horb nach Rottweil und weiter nach Villingen-Schwenningen bis zur Donauquelle in Donaueschingen. Wer von Steigungen genug hat, kann sich die nächsten 1000 km dem Donau-Radweg anvertrauen.
Zum Bodensee jedoch sind noch einige "Geländeunebenheiten" zu bewältigen, bis man das "Schwäbische Meer" erreicht. Wer kurz vor dem Ziel seine gewonnene Bergtüchtigkeit noch einmal erproben will, dem sei das Erklimmen der Burgruine Hohentwiel empfohlen, von der man bei gutem Wetter einen wunderbaren Blick zum Bodensee hat.

Heidelberg und Radolfzell sind mit der Bahn gleichermaßen gut erreichbar. Zudem wird der Radfernweg zwischen Pforzheim und Donaueschingen nahezu ganz von der Bahn begleitet, so dass einige, z.B. steigungsreichere Streckenabschnitte überbrückt bzw. abgekürzt werden können.

## HR 1 "Durchs Fuldatal"

**(Gersfeld - Bad Karlshafen)**

***Wegweisung:*** Der Radweg entlang der Fulda ist durchgängig und in beiden Richtungen beschildert. Die Tafeln von 20 x 20 cm besitzen ein grünes Fahrradpiktogramm, das Signet "R 1", Richtungspfeile und den roten Hessenlöwen. Zusätzlich gibt es Orts- und Entfernungsangaben.

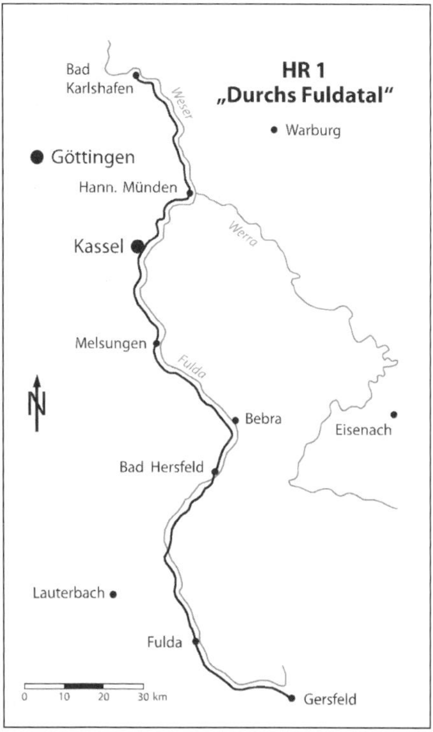


***Länge:*** 195 km

***Charakteristik:*** Der Fulda-Radweg weist in seinem Verlauf unterschiedliche Oberflächenbefestigungen auf. Zum überwiegenden Teil ist die Oberfläche asphaltiert, zumindest aber wassergebunden. Die Route verläuft nahezu vollständig getrennt vom Straßenverkehr. Da sich der Weg weitgehend am Flusslauf von Fulda und Weser orientiert, sind keine nennenswerten Steigungen aufzuführen. Die Route ist auch für Familien geeignet, kann allerdings nicht durchgängig mit Anhängern befahren werden.

***Informationen:***

- Hessen Touristik Service e.V., Abraham-Lincoln-Str. 38 - 42, 65189 Wiesbaden, Tel.: 0611/77880-0, Fax: 0611/77880-40, e-mail: info@hessen-tourismus.de, Internet: www.hessen-tourismus.de.

***Karten und Literatur:***

- Fulda-Radweg R1, Radwanderführer 1:50.000, Spiralbindung, mit Sehenswürdigkeiten und touristischen Informationen, Bielefelder Verlagsanstalt.
- Radwanderweg Fuldatal, Radwanderführer mit Karten 1:75.000, Routenbeschreibung, Unterkunftsverzeichnis, wichtige Informationen und Adressen, VUD Verlag und Druck GmbH.
- Topographische Freizeitkarten 1:50.000, Blatt 9, 13, 16 und 17, mit Wander- und Radwandervorschlägen, Hessisches Landesvermessungsamt.
- ADFC-Radtourenkarte 1:150.000, Blatt 12 und 17, Bielefelder Verlagsanstalt.

***Verlauf:*** Gersfeld (Barockschloss, Marktplatz) - Eichenzell (Schloss Fasanerie) - Fulda (Barockstadt, Dom, Stadtschloss) - Schlitz (Burgenstadt) - Bad Hersfeld (Festspielstadt) - Rotenburg a. d. Fulda (Fachwerk-Altstadt) - Morschen (Kloster) - Melsungen (Fachwerk-Altstadt) - Kassel (Kirchen, Schloss Wilhelmshöhe, Herkules) - Hann. Münden (Fachwerk-Altstadt, Rathaus, Weserliedanlage) - Reinhardshagen (Fachwerkbauten, Gierseil-Fähre) - Bodenfelde (Jagdschloss Nienover) - Bad Karlshafen (barocke Stadtanlage, Deutsches Hugenotten-Museum).

***Kommentar:*** Der hessische Radfernweg R 1 "Durchs Fuldatal" war der erste von neun hessischen Radfernwegen, die heute in Hessen realisiert sind und eine Gesamtlänge von 2200 km erreichen.

Der R 1 begleitet die Fulda von Gersfeld aus bis an die Weser und führt weiter bis nach Bad Karlshafen. Wer will, kann sich von Gersfeld aus noch auf die Wasserkuppe zur Fuldaquelle wagen, der Anstieg von 500 m auf 900 m ü. NN ist aber wohl nicht jedermanns Sache, zumal die Wege zum Teil sehr steil sind.

In Gersfeld findet man die einzige Drahteselkneipe Deutschlands, radlerfreundlich direkt am Bahnhof gelegen und "zielgruppengemäß" eingerichtet. Von der Hohen Rhön aus führt die idyllische Route zunächst entlang des schmalen Flüsschens im engen Tal. Die Bischofsstadt Fulda ist erster kultureller Höhepunkt. Zwischen Vogelsberg und Kuppenrhön schlängeln sich Fulda und Radweg dahin, leider immer von der Bundesstraße im Tal begleitet. Links und rechts des Tales erstrecken sich bald die ausgedehnten Waldgebiete Waldhessens. Auf den historischen Stadtkern der Kur- und Festspielstadt Bad Hersfeld folgen die Fachwerkstädte Rotenburg a. d. Fulda und Melsungen. Durch das Kurhessische Bergland geht's ins Kasseler Land, das für seinen Reichtum an Kirschbäumen bekannt ist. Die traditionsreiche Residenzstadt Kassel präsentiert sich in den Fulda-Auen von ihrer grünsten Seite. Museums-Fans kommen in dieser Stadt voll auf ihre Kosten. In Hann. Münden ergießen sich Fulda und Werra in ein gemeinsames Bett: die Weser entsteht. Das letzte Stück des R 1 verläuft streckengleich mit dem Weser-Radweg, der hier beginnt. Ziel des R 1 ist die einzigartige Hugenottenstadt Bad Karlshafen mit ihrem schachbrettartigen Stadtgrundriss.

Das gesamte Fuldatal wird von Bahnlinien begleitet. Das Teilstück Kassel - Fulda ist zudem Fernverkehrsstrecke und damit überregional angebunden. Allerdings ist die Fahrradmitnahme nicht in allen Zügen möglich. Im Nahverkehr und Stundentakt sind aber auch Gersfeld und Hann. Münden zu erreichen.

# HR 2 "Vier-Flüsse-Tour"

**(Biedenkopf - Sinntal/Spessart)**

***Wegweisung:*** Einheitlich, weitestgehend durchgängig und in beiden Fahrtrichtungen mit grünem Fahrradsymbol, Routennummer und dem roten hessischen Löwen, sowie Zielortsangaben. Im ersten Teil existiert auch die Wegweisung für den Lahnradweg.

***Länge:*** 195 km

***Charakteristik:*** Von der Landesgrenze zu Nordrhein-Westfalen durch den Vogelsberg zum Spessart radelt es sich mit wenig Steigungen auf überwiegend asphaltierten Rad- und Wirtschaftswegen, sowie auf verkehrsarmen Straßen durch die Täler der Flüsse Lahn, Fulda, Lüder und Lauter. Nur wer am Ende den Spessart erobern will, sollte für größere Anstiege gewappnet sein.

***Informationen:***

- Hessen Touristik Service, Postfach 3165, 65021 Wiesbaden, Tel.: 0611/77880-0 Fax: 0611/77880-40, e-mail: info@hessen-tourismus.de, Internet: www.Hessen-Tourismus.de.
- Die Route im Internet: www.auf-reisen.de/radhessen.

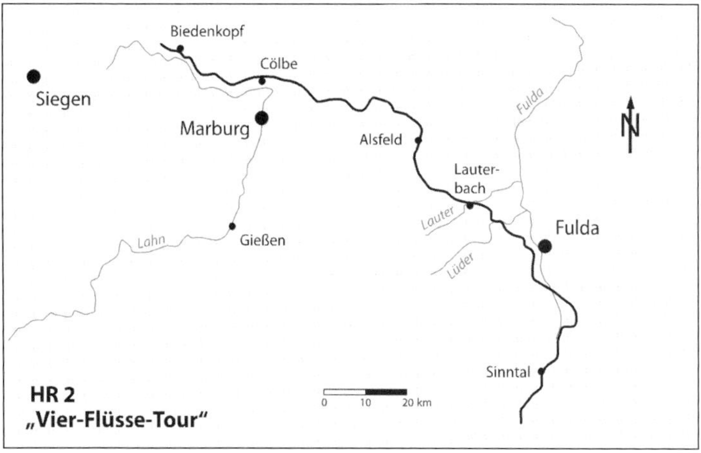


***Karten und Literatur:***

- Topografische Sonderkarten 1:50 000, Hessisches Landesvermessungsamt, Blätter 7, 8, 9, 11, 12 und LD.
- ADFC Radtourenkarte Nr. 16 und 17, Bielefelder Verlagsanstalt.

***Verlauf:*** Laasphe - Biedenkopf (historisches Ortsbild) - Cölbe (Ständige Ostereiausstellung!) - Kirchhain - Stadtallendorf - Neustadt (sehenswerte Ortsbild) - Alsfeld - Lauterbach (Schloss) - Fulda (Dom, Feuerwehrmuseum) - Oberzell - Jossa - Landesgrenze Bayern.

***Kommentar:*** Eine interessante Querung des mittelgebirgsreichen Hessen bietet der Radfernweg "Vier-Flüsse". Und während Lahn und Fulda auch dem geographischen Laien ein Begriff seien mögen, bieten Lauter und Lüder noch Unbekanntes.

Von der Quelle im Rothaargebirge führt die Route zunächst entlang des bekannteren Lahnradweges. Ab Cölbe, wo die Lahn einen unvermittelten Knick gen Süden macht, führt der Vier-Flüsse-Radweg über die liebenswerten Städtchen Neustadt (Hessen) und Alsfeld ins das Tal der Schwalm. Ab Lauterbach beginnt dann das Lautertal und wenig später nach einem kurzen Anstiege mit anschließender Abfahrt ist man bereits im Fuldatal.

In Fulda besteht Anschluss an den R3 durchs Kinzigtal nach Frankfurt und Rüdesheim.

Geradezu anbieten tut sich allerdings die Weiterführung der Strecke bis nach Sinntal und durch das bayerische Sinntal bis zum Main bei Gemünden. Diese Routenwahl ist auch Teil der projektierten Bundesradroute Nr. 9 "Weser-Romantische Strasse" (Bremerhaven - Füssen).

# HR 3 "Auf den Spuren des Spätlesereiters"
## (Rüdesheim - Tann/Rhön)

***Wegweisung:*** Einheitlich, weitgehend durchgängig und in beiden Fahrtrichtungen mit grünem Fahrradsymbol, Routennummer und dem roten hessischen Löwen, sowie Zielortsangaben. Zwischen Wiesbaden und Hanau fehlte noch die R 3-Beschilderung, was jedoch nicht weiter stört, da in diesem Abschnitt der Mainradweg verläuft.

***Länge:*** 260 km

***Charakteristik:*** Die Route verläuft zunächst zwischen den Weinbergen des Rheingaus, führt dann auf meist ebenen Wegen in den Tälern von Rhein, Main und Kinzig zum Fuldaer Landrücken, der ersten längeren Steigungsstrecke. Fulda und Bieber folgend geht es weiter zum Naturpark "Hessische Rhön", wo der zweite stärkere Steigungsabschnitt der Radtour beginnt. In den Tälern von Scheppenbach und Ulster verlaufend, endet der Weg am Marktplatz in Tann in der Rhön. Die Route verläuft zu etwa 75% auf asphaltierten Rad- und Wirtschaftswegen, sowie auf verkehrsarmen Strassen. Rund ein Viertel der Route sind auf Waldwegen und wassergebunden Oberflächen geführt.

***Informationen:***
- Hessen Touristik Service, Postfach 3165, 65021 Wiesbaden, Tel.: 0611/77880-0 Fax: 0611/77880-40, e-mail: info@hessen-tourismus.de, Internet: www.Hessen-Tourismus.de. Die Route im Internet: www.auf-reisen.de/radhessen.

***Karten und Literatur:***
- Hessischer Radfernweg R3 "Auf den Spuren des Spätlesereiters" (Rhein-Main-Kinzig). Spiralgebundener Radwanderführer mit Karten 1:75.000, Beschreibung der Sehenswürdigkeiten und Übernachtungsverzeichnis.
- ADFC Radtourenkarte, Blatt 16 und 17, Bielefelder Verlagsanstalt.

***Verlauf:*** Rüdesheim (Brömserburg, Drosselgasse) - Geisenheim (Schloss Johannisberg, Spätlesereiterdenkmal) - Eltville (Kurfürstliche Burg, Schiffsverladestation) - Wiesbaden (Landeshauptstadt, Kurpark, Spielcasino) - Hochheim- Hattersheim - Frankfurt (Rathaus Römer, Kaiserdom) - Offenbach - Hanau (Schloss Philippsruhe) - Langenselbold - Gelnhausen (Mittelalterliches Stadtzentrum) - Bad Soden-Salmünster (Kinzigtalstausee) - Steinau an der Straße (Gebrüder-Grimm-Museum, Teufelshöhle) - Schlüchtern - Neuhof (Monte Kali) - Fulda (Barockresidenzstadt) - Hofbieber - Tann/Rhön (Renaissance-Stadttor).

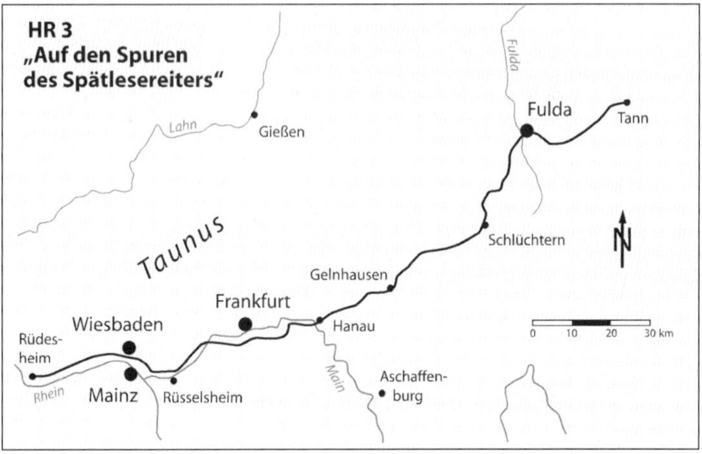


**Kommentar:** In Rüdesheim am Rhein beginnt der Hessische Radfernweg R 3. Er führt auf den Spuren des Spätlesereiters zum St.-Bonifatius-Dom in Fulda und endet am Marktplatz von Tann in der Rhön. Die Geschichte erzählt, dass ein Traubenkurier namens Karl auf dem Weg von den Rebenstöcken im Rheingau zur Fuldaer Bischofsabtei mehr Zeit benötigte, als zur Verfügung stand. Die eingetretene Edelfäule der Trauben, so die Sage, führte zur Entdeckung der Spätlese. Auf weiten Strecken, besonders entlang der Uferwege an Rhein und Main, laden daher eine Vielzahl von Cafes und Restaurants den durstigen Radler zum Verweilen ein. Ab Hanau werden die gastronomischen Angebote geringer und beschränken sich in der Mehrzahl auf die zu durchfahrenden Ortschaften.

Die Route ist eine abwechslungsreicher Radfernweg, der die völlig unterschiedlichen, teils kontrastreichen Landschaften des Rheingau, des Rhein-Main Zentrums, des Kinzigtales bis zur waldreichen und natürlichen Rhön verbindet.

Wein, Märchen und Kultur kennzeichnen den Radfernweg zwischen den Rheingauer Rebhängen und dem Museumsdorf Tann in der Rhön. Dazwischen schnurren die Räder an den Ufern von Rhein und Main nahezu autofrei durch Frankfurt und Offenbach nach Hanau, Geburtsstadt der Gebrüder Grimm. Ab hier spurt der R3 durchs flache Kinzigtal zur Barbarossastadt Gelnhausen, nach Bad Soden-Salmünster und zum winkeligen Steinau an der Strasse.

Start- und Zwischenorte der Route sind gut per Nah- und Fernverkehrs der Bahn erreichbar. Die Kuppenrhön ist nicht per Bahn erschlossen. Nächster Bahnanschluss besteht erst in Fulda.

# HR 4 "Von Dornröschen zu den Nibelungen"

**(Bad Karlshafen - Hirschhorn)**

***Wegweisung:*** Einheitlich, weitestgehend durchgängig und in beiden Fahrtrichtungen mit grünem Fahrradsymbol, Routennummer und dem roten hessischen Löwen, sowie Zielortsangaben.

***Länge:*** 370 km

***Charakteristik:*** Während die Flusstäler von Diemel, Esse, Warme, Elbe, Schwalm und Nidda noch einen bequemen Radweg bereiten, sind an den Übergängen, um Alsfeld und zum Ende im Odenwald echte "Bergwertungen" im Programm der Strecke.

***Informationen:***

- Hessen Touristik Service, Postfach 3165, 65021 Wiesbaden, Tel.: 0611/77880-0 Fax: 0611/77880-40, e-mail: info@hessen-tourismus.de, Internet: www.Hessen-Tourismus.de und www.auf-reisen.de/radhessen.

***Karten und Literatur:***

- Hessischer Radfernweg Nord-Süd R4 "Von den Dornröschen zu den Nibelungen". Spiralgebundener Radwanderführer mit Karten 1:75.000, Beschreibung der Sehenswürdigkeiten und Übernachtungsverzeichnis, VUD Verlag.
- ADFC Radtourenkarte Nr. 11, 16, 20. Bielefelder Verlagsanstalt.

***Verlauf:*** Die Route "verbindet" abwechslungsreich die bekannten Radfernwege an Weser und Neckar: Bad Karlshafen - Hofgeismar - Wolfhagen - Fritzlar (Fachwerkaltstadt) - Schwalmstadt - Alsfeld (Spielzeugmuseum) - Schotten - Nidda (Niddasee) - Maintal - Großumstadt - Erbach (Elfenbeinmuseum, Rittersaal) - Hirschhorn.

***Kommentar:*** Quasi einen Querschnitt durch Hessen bietet der Radfernweg Nord-Süd. Er führt in der ersten Hälfte durch die malerischen Täler von Diemel, Esse, Warme, Elbe und Schwalm sowie durch leicht welliges Hügelland im Bereich der Wasserscheiden, von denen aus sich immer wieder reizvolle Aussichten ergeben. Zahlreiche Dörfer und Kleinstädte mit historischen Ortskernen laden zum Besuch ein und lohnen den einen oder anderen Abstecher vom beschriebenen Weg. Wirklich anstrengend, besonders für Ungeübte, wird es dann für etwa 20 km zwischen Alsfeld und Schotten mit größeren und langen Steigungen und diversen verlorenen Höhen (Ulrichstein ist die höchstgelegene Stadt Hessens, 614 m). Eine Entschädigung für die anstrengenden "Bergfahrten" bieten die phäno-

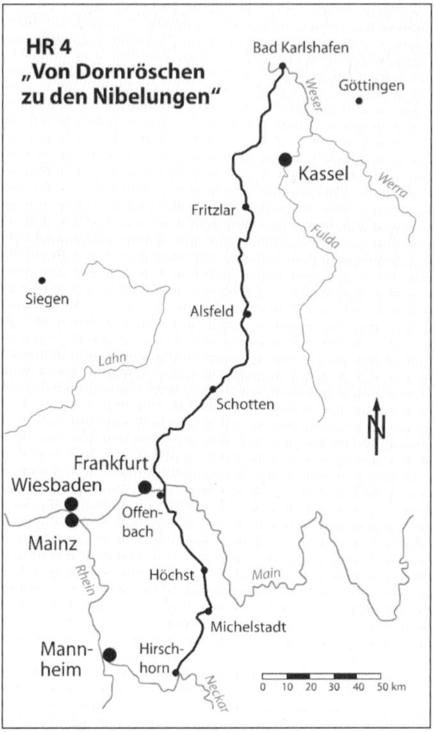


menalen Fernsichten im Bereich Ulrichstein, die weit über das Land Hessen hinausreichen. Von Schotten bis zum Erreichen des Odenwaldes hinter Groß Umstadt, etwa 1/4 der Gesamtstrecke, folgt der Radweg zunächst dem Tal der Nidda in die Randbereiche des Rhein-Main-Ballungsgebiets bis zum Main. Dann durch große, zusammenhängende flache Waldgebiete, deren Ruhe vergessen lässt, dass man sich inmitten eines der größten Wirtschaftszentren Europas befindet. Aus der Ebene geht es dann mit erheblicher Anstrengung für einige Kilometer bergauf in den Odenwald (schöne Aussichten). Hier bleiben wir im wesentlichen im Mümlingtal, das gemütliches Radeln erlaubt (allerdings eingeschränkt durch Verkehrslärm der B 45). Vor der letzten, bequemen und landschaftlich reizvollen Etappe, südlich von Beerfelden, müssen wir hinter Erbach, nochmals kräftig in die Pedale treten. Da im engen Mümlingtal die B 45 über keinen Radweg verfügt und es streckenweise auch keine "parallelen" Wegverbindungen gibt, ist der Aufstieg notwendig. Eine wundervolle Fernsicht und große Ruhe belohnt diese Anstrengung, bevor man nach Hirschhorn, dem Ziel des Radfernweges, hinunterrollt.

Hier besteht natürlich Anschluss an den Neckarradweg nach Heidelberg oder Richtung Stuttgart.

# HR 5 "Eder-Fulda-Werra"

## (Willingen - Wanfried)

***Wegweisung:*** Einheitlich, durchgängig und in beiden Fahrtrichtungen mit grünem Fahrradsymbol, Routennummer und dem roten hessischen Löwen, sowie Zielortsangaben.

***Länge:*** 220 km

***Charakteristik:*** Die Route führt nur etwa zur Hälfte auf asphaltierten Abschnitten und ist für schmale Reifen ungeeignet. Bis auf wenige Teilabschnitte ist die Route auch für Anhänger geeignet. Zumeist verläuft die Route autofrei auf Wirtschafts- und Radwegen. Wegabschnitte auf stark befahrenen Straßen sind sehr selten. Der R 5 verläuft in wechselnden mittelstarken Steigungs- und Gefällabschnitten, als auch durch ebenes Gelände und an Flussufern. Es gibt drei Abschnitte mit stärkeren Steigungen: Am Edersee, zwischen Herzhausen und Asel Süd, zwischen Bad Wildungen und Bergfreiheit sowie nord-östlich von Rotenburg zwischen Schwarzenhasel und Rockensüß.

***Informationen:***

- Hessen Touristik Service, Postfach 3165, 65021 Wiesbaden, Tel.: 0611/77880-0 Fax: 0611/77880-40, e-mail: info@hessen-tourismus.de, Internet: www.Hessen-Tourismus.de und www.auf-reisen.de/radhessen.

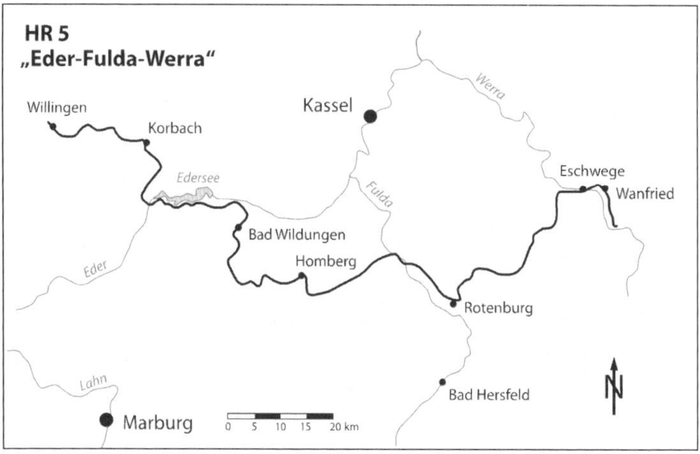

***Karten und Literatur:***

- Hessischer Radfernweg R5 "Eder-Fulda-Werra". Spiralgebundener Radwanderführer mit Karten 1:75.000, Beschreibung der Sehenswürdigkeiten und Übernachtungsverzeichnis, VUD-Verlag.
- ADFC Radtourenkarte Nr.11,12,17. Bielefelder Verlagsanstalt.

***Verlauf:*** Willingen (Lagunenerlebnisbad) - Korbach (sehenswertes Ortsbild) - Edersee - Marienhagen - Herzhausen - Hemfurth - Bad Wildungen (Historischer Ortskern) - Bad Zwesten - Borken - Homberg - Malsfeld - Rotenburg/Fulda - Schwarzenhasel - Rockensüß (Orchideengarten) - Sontra (Mühlenmuseum) - Eschwege (Landgrafenschloss) - Wanfried.

***Kommentar:*** Der Hessische Fernradweg R 5 führt uns durch die abwechslungsreiche und reizvolle Landschaft von Nordhessen. Der 220 km lange Radfernweg beginnt in Willingen (Upland), nahe der Landesgrenze zu Nordrhein-Westfalen. Wer möchte kann die Reise bereits in Brilon-Wald beginnen und von dort aus, meist im engen Tal der Hoppecke, nach Willingen (6 km) radeln. Von Willingen geht es weiter nach Korbach von hier zum Edersee, entlang am Südufer des Sees nach Edertal. Durch das Tal der Eder nach Bad Wildungen. Von dort über eine kleine Anhöhe nach Bad Zwesten. Im Tal der Schwalm radeln Sie weiter nach Borken. Von Homberg/Efze nach Fulda fahren Sie entlang des R 1 im Tal der Fulda nach Rotenburg/Fulda. Weiter nach Sontra und Eschwege bis zum Ende des Radweges in Wanfried.

Der R 5 bietet vielfältige Anschlüsse an weitere Radfernradwege: In Affoldern auf den R 6 (Diemelstadt - Lampertheim), in Niederurff auf den R 4 (Bad Karlshafen - Hirschhorn) und in Beiseförth auf den R 1 (Fuldaradweg). Am Ende des R 5 in Wanfried bietet es sich an, die Reise auf dem Werratal-Radweg fortzusetzen.

## HR 6 "Vom Waldecker Land ins Rheintal"

***(Diemelstadt - Lampertheim)***

***Wegweisung:*** Einheitlich, weitestgehend durchgängig und in beiden Fahrtrichtungen mit grünem Fahrradsymbol, Routennummer und dem roten hessischen Löwen, sowie Zielortsangaben.

***Länge:*** 400 km

***Charakteristik:*** Der Weg verläuft meistens auf ebenen oder nur leicht ansteigenden Strecken. Im Langen Wald, nördlich des Edersees, im Kellerwald sowie im Taunus sind auf kürzeren Abschnitten naturgemäß mittelstarke, selten auch stärkere Steigungsabschnitte zu bewältigen. Meist beginnt jedoch unmittelbar am Ende eines Anstiegs schon das nächste Gefälle, das Sie bequem hinabrollen können. Am Rhein entlang verläuft der R 6 auf seinen letzten 90 Kilometer durch das flache Hessische Ried. Die Qualität des Weges ist gut: Asphaltierte Radwege, unbefestigte, jedoch meist gut zu befahrende Wald- und Wirtschaftswege sowie Kreisstraßen mit wenig Autoverkehr.

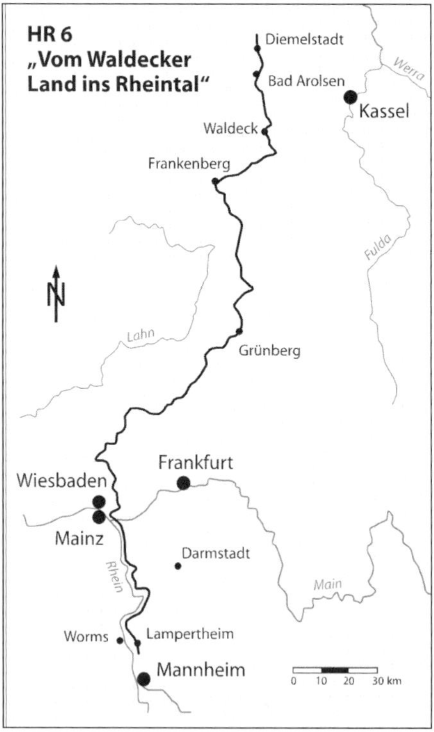


***Informationen:***

- Hessen Touristik Service, Postfach 3165, 65021 Wiesbaden, Tel.: 0611/77880-0 Fax: 0611/77880-40, e-mail: info@hessen-tourismus.de, Internet: www.Hessen-Tourismus.de und www.auf-reisen.de/radhessen.

***Karten und Literatur:***

- Hessischer Radfernweg R6 "Vom Waldecker Land ins Rheintal". Spiralgebundener Radwanderführer mit Karten 1:75.000, Beschreibung der Sehenswürdigkeiten und Übernachtungsverzeichnis. VUD Verlag.
- ADFC Radtourenkarte 12, 16, 20, Bielefelder Verlasganstalt.

***Verlauf:*** Scherfede - Arolsen (Residenzschloss) - Waldeck (Edersee) - Frankenau - Frankenberg (10türmiges Rathaus) - Rosenthal - Rauschenberg - Kirchhain (Hexenturmfreilichtbühne) - Homberg (Schloss) - Grünberg Fachwerkkulisse) - Lich (sehenswertes Ortsbild) - Münzenberg - Usingen (Hugenottenkirche) - Tenne - Idstein (Mittelalterliches Stadtbild) - Mainz-Gustavsburg - Stockstadt - Lampertheim.

***Kommentar:*** Die Radreise beginnt im Norden an der Diemel, die hier die Landesgrenze zu Nordrhein Westfalen bildet. Schon bald erreichen Sie außergewöhnlich waldreiche Landschaften. Durch den Langen Wald und das Waldecker Bergland fahren Sie bis zum Edersee. Von dort geht es zunächst an der Eder, dann im Tal des Wesebachs weiter zu den Hügeln des Kellerwaldes. Am östlichen Rand des Burgwaldes fahren Sie zuerst entlang der Wohra, ab Amöneburg im Ohm-Tal. Vorbei an den westlichen Ausläufern des Vogelsbergs radeln Sie durch die offene und weite Wetterau. Hinter den Höhen des Taunus radeln Sie bergab durch Apfelbaumwiesen und Weinberge bis das Rheintal und das Hessische Ried erreicht ist, wo an der Landesgrenze zu Baden-Württemberg der Weg endet.

Der Radfernweg kreuzt weitere hessische Radfernwege: In Affoldern den HR 5, in Frankenberg und in Idstein den HR 8, in Grünberg den HR 7 und in Kostheim den HR 3. Von Diemelstadt im Norden können Sie den Radfernweg entlang der Diemel zu Weser nutzen. Vom Endpunkt des R 6 im Süden können Sie auf der ausgeschilderten "Veloroute Rhein" bis nach Basel weiterfahren.

R7

## HR 7 "Von der Lahn zur Werra"/Von Dom zu Dom

***(Limburg - Fulda - Philippsthal)***

***Wegweisung:*** Einheitlich, weitestgehend durchgängig und in beiden Fahrtrichtungen mit grünem Fahrradsymbol, Routennummer und dem roten hessischen Löwen, sowie Zielortsangaben.

***Länge:*** 170 (215) km

***Charakteristik:*** Die Qualität der Wege ist sehr unterschiedlich: Sowohl asphaltierte Radwege, als auch unbefestigte Feldwege. Wegstrecken neben oder auf stark befahrenen Straßen wechseln mit ruhigen Abschnitten an Flussufern und angenehm zu befahrenden Wegen zwischen Wiesen und Feldern.
Insgesamt liegen zwischen Ulrichstein und dem Lahnufer mehr als 500 m. Wer die Strecke von Ost nach West befährt, braucht aber "nur" 300 m zwischen Lauterbach und Ulrichstein zu erklimmen...

***Informationen:***

- Hessen Touristik Service, Postfach 3165, 65021 Wiesbaden, Tel.:0611/77880-0 Fax: 0611/77880-40, e-mail: info@hessen-tourismus.de, Internet: www.Hessen-Tourismus.de und www.auf-reisen.de/radhessen.

***Karten und Literatur:***

- Hessischer Radfernweg R7 "Von der Lahn zur Werra". Spiralgebundener Radwanderführer 1:75.000 mit Beschreibung der Sehenswürdigkeiten und Übernachtungsverzeichnis, VUD Verlag.
- ADFC Radtourenkarte Nr. 16 und 17, Bielefelder Verlagsanstalt.

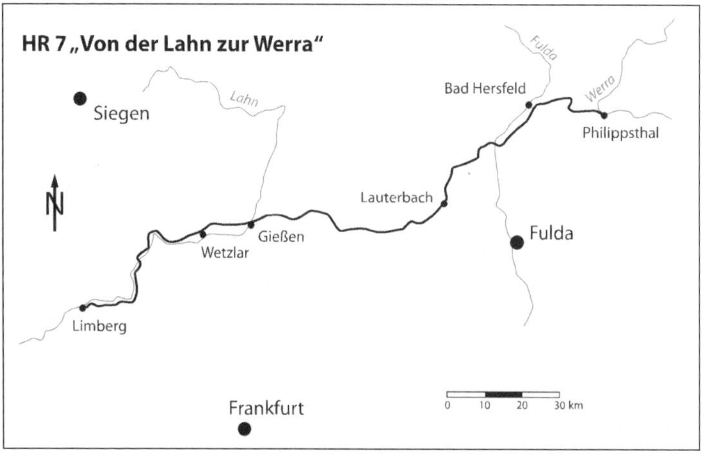


***Verlauf:*** [Phillipstal - Bad Hersfeld - Niederaula -] Fulda (Dom, Bischofsstadt) - Bimbach - Lauterbach (Schloss Eisenbach, Strümpfelbrunnen) - Frischborn - Dirlammen - Meiches - Ulrichstein - Sellrod - Gießen - Wetzlar - Weilburg (Schloss und Schiffstunnel) - Limburg (Dom).

***Kommentar:*** Am St. Bonifatius-Dom in Fulda nimmt der hessische "Domradweg" seit 1996 seinen Ausgang, führt über den Dom zu Wetzlar und endet am St. Georgs-Dom in Limburg. Die Route kann allerdings schon in Philippsthal an der Werra begonnenen werden und entlang von Fulda und Jossa nach Lauterbach fortgesetzt werden.

Zunächst verläuft der "Domradweg" in den Tälern von Fulda, Lüder und Lauter. Zwischen Fulda und Frischborn, südlich von Lauterbach, sind deshalb nur wenige Steigungen zu überwinden. Mittelstarke Steigungen sind zu bewältigen, um die am höchsten gelegene Stadt Hessens, Ulrichstein, zu erreichen. Von den landschaftlich reizvollen Hängen des Vogelsbergs geht es dann kontinuierlich bergab und durch das breite Tal der mittleren Lahn kommen wir nach Limburg. In den Flusstälern sind Felder und Wiesen vorherrschend, während uns der "Domradweg" in den höheren Lagen des Vogelsbergs auch durch Waldgebiete führt.

# HR 8 "Durch Westerwald u. Taunus zur Bergstraße"

**(Frankenberg - Bensheim)**

***Wegweisung:*** Einheitlich, weitestgehend durchgängig und in beiden Fahrtrichtungen mit grünem Fahrradsymbol, Routennummer und dem roten hessischen Löwen, sowie Zielortsangaben.

***Länge:*** 310 km

***Charakteristik:*** Der Weg verläuft meistens auf ebenen oder nur leicht ansteigenden Strecken. Dies gilt besonders für die langen Abschnitte an Bächen und Flüssen. Im Lahn-Dill-Bergland, am östlichen Rand des Westerwaldes sowie im Taunus sind auf kürzeren Abschnitten mittelstarke, selten auch stärkere Steigungen zu bewältigen. Nachdem Sie den Taunus verlassen haben, können Sie über 100 Kilometer weit in der Mainebene und am Rande des Odenwaldes durch eine ausgesprochen ebene Landschaft radeln. Die Qualität des Weges ist gut: Asphaltierte Radwege, unbefestigte, jedoch meist gut zu befahrende Feld-, Wald- und Wirtschaftswege sowie Kreisstraßen mit wenig Autoverkehr.

***Informationen:***

- Hessen Touristik Service, Postfach 3165, 65021 Wiesbaden, Tel.: 0611/77880-0 Fax: 0611/77880-40, e-mail: info@hessen-tourismus.de, Internet: www.Hessen-Tourismus.de und www.auf-reisen.de/radhessen.

***Karten und Literatur:***

- Hessischer Radfernweg R8 "Durch Westerwald und Taunus zur Bergstrasse". Spiralgebundener Radwanderführer mit Karten 1:75.000, Beschreibung der Sehenswürdigkeiten und Übernachtungsverzeichnis, VUD-Verlag.
- ADFC Radtourenkarte Nr. 16, Bielefelder Verlagsanstalt.

***Verlauf:*** Frankenberg (10-türmiges Rathaus) - Hatzfeld - Pfaffenberg - Wallau - Dillenburg (Wilhelmsturm) - Schönach - Driedorf - Limburg - Bad Camberg - Idstein (Torbogengebäude) - Eppstein (Ruine) - Lorsbach - Höchst - Darmstadt (Mathildenhöhe, Woog-Schwimmbad) - Bensheim - Heppenheim..

***Kommentar:*** Der Hessische Radfernweg 8 führt über 310 Kilometer durch abwechslungsreiche und reizvolle Landschaften. Ihre Radreise beginnt im nördlichen Hessen, in Frankenberg an der Eder. Von dort folgen Sie zunächst dem Lauf der Eder bis nach Hatzfeld. Haben Sie das waldreiche Lahn-Dill-Bergland überwunden, radeln Sie in den Täler der Diete, der Dietzhölze und der Dill. Über die östlichen Ausläufer des Westerwaldes erreichen Sie dann das Lahntal bei Limburg. Von hier aus führt Sie der Weg durch Felder und Wiesen, am Emsbach und an anderen Bächen entlang bis zum Taunus. Von den Höhen des Taunus bergab geht es durch Apfelbaumwiesen fast bis zum Main. In Frankfurt am Main führt Sie der Weg ein kurzes Stück am Werksgelände der Hoechst AG vorbei sowie durch den Stadtwald. Durch waldreiche Gebiete fahren Sie dann zur Bergstraße, dem westlichen Rand des Odenwaldes. Auf dem letzten Stück des Weges kommen Sie an den Hängen des Odenwaldes gelegenen Weinbergen vorbei und erreichen so Bensheim. Die Bergstrasse zwischen Darmstadt und Bensheim trägt ihren Namen wegen der links aufragenden Odenwaldberge und ist wegen ihrer frühen Kirschblüte auch als Frühlingsbarometer bekannt.

Von Bensheim ergeben sich vielfältige Anschlussmöglichkeiten: Entlang des Rheins weiter über Mannheim Richtung Karlsruhe und Basel. Oder ab Heidelberg auf den Neckarradweg oder über den Radfernweg Heidelberg-Schwarzwald-Bodensee zum "Schwäbischen Meer" ...

# HR 9
# "Vom Rhein zum Main"
**(Worms - Obernburg)**

***Wegweisung:*** Einheitlich, weitestgehend durchgängig und in beiden Fahrtrichtungen mit grünem Fahrradsymbol, Routennummer und dem roten hessischen Löwen, sowie Zielortsangaben.

***Länge:*** 70 km

***Charakteristik:*** Die Route verläuft weitgehend verkehrsarm und überwiegend asphaltiert mit einigen kräftigen Steigungen relativ gradlinig durch den Odenwald.

***Informationen:***

- Hessen Touristik Service, Postfach 3165, 65021 Wiesbaden, Tel.: 0611/77880-0 Fax: 0611/77880-40, e-mail: info@hessen-tourismus.de, Internet: www.Hessen-Tourismus.de und www.auf-reisen.de/radhessen.

***Karten und Literatur:***

- Topographische Sonderkarten 1:50.000, Blatt 1und 2, Hessisches Landesvermessungsamt.
- ADFC Radtourenkarte Nr. 20, Bielefelder Verlagsanstalt.

***Verlauf:*** Worms (Dom) - Bürstadt - Bensheim - Reichelsheim - Michelstadt - Höchst im Odenwald - Obernburg am Main.

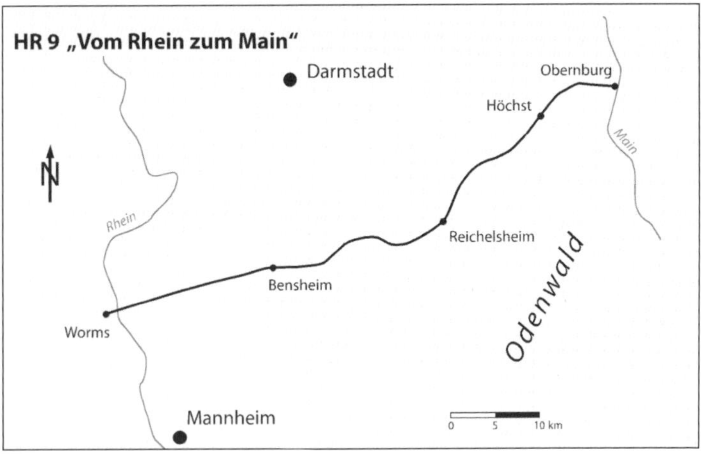

**Kommentar:** Der Hessische Radfernweg 9 ist eine interessante und relativ direkte Verbindung zwischen den beiden großen Flüssen Rhein und Main. Die Strecke führt dabei durch die Bergstrasse und insbesondere quer durch den Odenwald, der landschaftliche Schönheit, aber auch kräftige Steigungen zu bieten hat. Wer sich hiervon nicht schrecken lässt, erlebt eine herrliche Natur, eingerahmt von romantischen Städtchen.
Selbstverständlich besteht ein Reiz der Strecke in der jeweiligen Weiterführung entlang des Mainradwegs oder auf der Veloroute Rhein.

## Hohenlohe-Ostalb-Weg

**(Rothenburg o. d. Tauber - Ulm)**

***Wegweisung:*** Der Weg ist einheitlich mit einem weißem Fahrrad mit rotem Vorderrad auf grünem Schild ausgewiesen. Der Zustand der Beschilderung wird derzeit kontrolliert und verbessert.

***Länge:*** 157 km ( + 17 km auf der Ostvariante)

***Charakteristik:*** Größtenteils auf asphaltierter Oberfläche verläuft dieser Radfernweg mit mittelmäßigen Steigungen. Da im wesentlichen wenig besiedelte Gebiete beradelt werden, ist die Route weitestgehend autofrei. Aufgrund der Vielzahl an Steigungen ist sie für Kinder weniger geeignet.

***Informationen:***

- Tourismus-Service GmbH, Yorckstr. 23, 79110 Freiburg, Tel.: 0761/89797979, Fax: 0761/89797989, e-mail: info@touris-mus-baden-wuerttem-berg.de, Internet: www.tourismus-baden-wuerttem-berg.de.

***Karten und Literatur:***

- Hohenlohe-Ostalb-Weg, Routenbroschüre der Tourismus Marketing GmbH Baden-Württemberg, Bezug gegen geringe Gebühr beim: Info- und Prospektservice Baden-Württemberg, Yorckstr. 23, 79110 Freiburg, Tel.: 0761/89797979, Fax: 0761/89797989.
- Radwanderkarte 1:100.000 mit Radwegegrundnetz, Blatt 56 (Ostalb) und Blatt 57 (Tauber-Hohenlohe), Landesvermessungsamt Baden-Württemberg.
- ADFC-Radtourenkarte 1:150.000, Blatt 21 und 25, Bielefelder Verlagsanstalt.

***Verlauf:*** Rothenburg ob der Tauber (mittelalterliche Befestigungsanlage) - Gammesfeld (ehemaliges Wasserschloss)- Hengstfeld - Rechenberg (Schloss) - Ellwangen (Renaissanceschloss) - Westhausen

(Sylvesterkapelle) - Wasseralfingen - Unterkochen - Oberkochen (Optisches Museum) - Königsbronn (Rokoko-Rathaus) - Heidenheim (Renaissance-Schloss Hellenstein) - Herbrechtingen (Kloster Herbrechtingen und Anhausen) - Hürben (Tropfsteinhöhle Charlottenhöhle) - Rammingen - Langenau (Martinskirche) - Ulm (Münster).
Ostvariante ab Wasseralfingen über Ebnat - Elchingen - Neresheim (Abteikirche von Balthasar Neumann) - Dischingen (Schloss Taxis mit Jagdkundemuseum) - Nattheim - Giengen - nach Hürben.

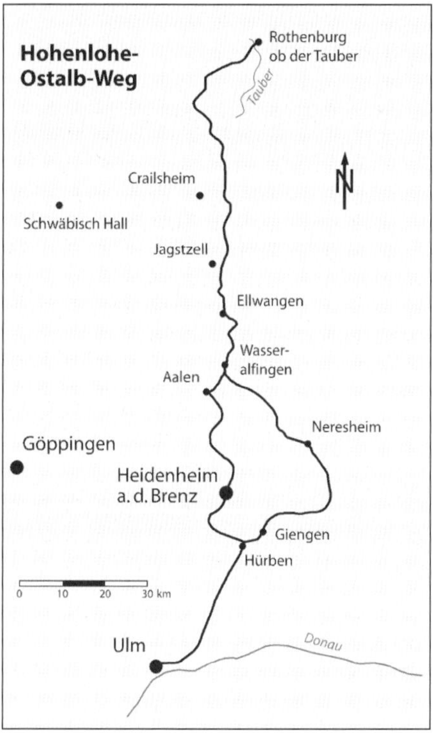


**Kommentar:** Im malerischen Rothenburg ob der Tauber beginnt dieser, eher unbekannte Radfernweg. Schwerpunkt der nicht steigungsarmen Route ist die beeindruckende Landschaft der Frankenhöhe sowie des Jagst- und Brenztales. Gegen Ende der Route verlässt man die Schwäbische Alb und fährt hinab ins Donautal. Abschluss dieser "Drei-Tagestour" bildet Ulm, die Stadt mit dem höchsten Kirchturm der Welt. Es werden nur wenige Städte berührt: Crailsheim und Aalen werden umfahren, lediglich Ellwangen und Heidenheim werden durchquert.
Abstecher in die Städte sind aber lohnenswert, z.B. die Besichtigung Aalens mit seiner barocken Stadtkirche, den Limes Thermen oder dem Besucherbergwerk "Tiefer Stollen".

Wer ab Ulm weiterradeln möchte, kann dies steigungsfrei an der Donau tun. Wer dagegen noch einige Steigungserlebnisse und barocken Kunstgenuss sucht, wird auf dem Donau-Bodensee-Weg auf seine Kosten kommen.

Ulm als Start- oder Endpunkt einer Tour ist günstig per Bahn erreichbar, für Rothenburg gilt dies leider nur sehr eingeschränkt.

# Hohenzollern-Weg

## (Esslingen - Ludwigshafen/Bodensee oder Radolfzell)

***Wegweisung:*** Die Route ist nicht durchgängig mit einem grünen Fahrrad mit Schriftzug auf weißem Grund beschildert, teilweise existiert noch eine alte Version der Wegweisung (weißes Fahrrad auf grünem Grund). Gegenwärtig wird der Zustand der Wegweisung geprüft und verbessert.

***Länge:*** Westroute 200 km, Ostroute 190 km

***Charakteristik:*** Wechselnde Oberflächen und teilweise starke Steigungen kennzeichnen diesen Radfernweg, der keine Familien- oder Anfängerstrecke darstellt.

***Informationen:***

- Tourismus-Service GmbH, Yorckstr. 23, 79110 Freiburg, Tel.: 0761/89797979, Fax: 0761/89797989, e-mail: info@tourismus-baden-wuerttemberg.de, Internet: www.tourismus-baden-wuerttemberg.de und www.rail-and-relax.de/rw/hohenzollern/index.html.

***Karten und Literatur:***

- Hohenzollern-Weg, Routenbroschüre der Tourismus Marketing GmbH Baden-Württemberg, Bezug gegen geringe Gebühr beim: Info- und Prospektservice Baden-Württemberg, Yorckstr. 23, 79110 Freiburg, Tel.: 0761/89797979, Fax: 0761/89797989.
- Radwanderkarte 1:100.000 mit Radwegegrundnetz, Blatt 55 (Stuttgart), 53 (Alb-Neckar) und 52 (Bodensee), Landesvermessungsamt Baden-Württemberg.
- ADFC-Radtourenkarte 1:150.000, Blatt 24 und 25, Bielefelder Verlagsanstalt.

***Verlauf:*** Esslingen (historischer Stadtkern) - Denkendorf (ehem. Kloster) - Grötzingen (mittelalterliche Stadtbefestigung) - Entringen (Schloss Hohenentringen) - Rottenburg a. Neckar (Altstadt) - Hechingen (Burg Hohenzollern, Hohenzollerische Landessammlung) - Bisingen (Burg Hohenzollern) - Balingen (Zollernschloss) - Schömberg (historischer Stadtkern, Wallfahrtskirche Palmbühl) - Tuttlingen (Donauversickerung bei Möhringen) - Emmingen - Eckartsbrunn - dann entweder auf der Westroute weiter über Ehingen (Burgruinen Mägdeburg, Hohenkrähen und Hohenstoffeln) - Singen (Burgruine Hohentwiel) - Radolfzell (Kneipp-Kurort) - und weiter nach Konstanz oder auf der Ostroute über Eigeltingen (Kutschenmuseum) nach Bodman-Ludwigshafen (Schloss, Fachwerkhäuser).

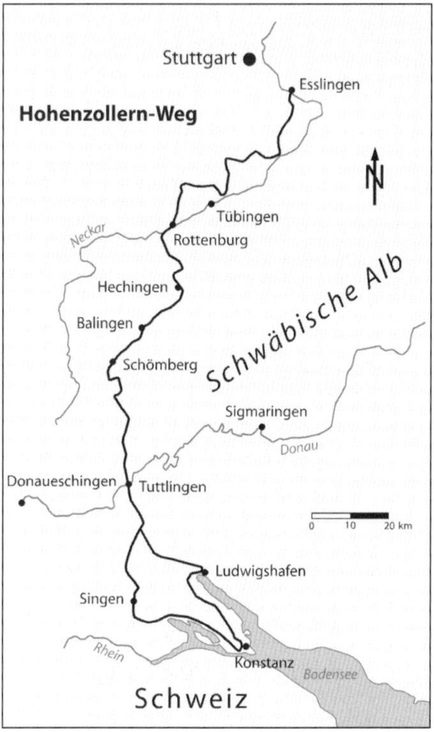


**Kommentar:** Starke Höhenunterschiede müssen auf diesem Radfernweg bewältigt werden, der seit 1984/85 den Ballungsraum Stuttgart mit dem Bodensee verbindet. Über den bewaldeten Naturpark Schönbuch umfährt man Tübingen und rollt hinab ins Neckartal, um dann auf der anderen Seite schnell wieder 200 Höhenmeter zu gewinnen. Ein ständiges auf und ab bildet die anschließende Routenführung entlang der Schwäbischen Alb bis hinab ins Donautal bei Tuttlingen. Versäumen Sie hier nicht den Besuch der weltberühmten Donauversickerungen bei Möhringen, die nur vier Kilometer abseits der Route liegen (beschildert mit dem Signet der Arbeitsgemeinschaft Deutsche Donau für den Donau-Radweg).
Zurück auf der Route werden erneut 200 Höhenmeter bis auf 860 Meter hinauf "erfahren". Von nun an geht es durch den Hegau bergab, und bei guter Sicht kann man den Überlinger See, den westlichen Teil des Bodensees, schon sehen.

Der Hohenzollernweg ist ein interessantes Routenangebot für ambitionierte Radler, die die Strecke von Esslingen zum Bodensee nicht auf die bequeme und lange Variante entlang des Neckarradweges und dem Radfernweg Heidelberg-Schwarzwald-Bodensee zurücklegen wollen. Der Hohenzollernweg meidet größere Städte und führt durch abwechslungsreiche Naturlandschaften wie den Hegau, den Naturpark Schönbuch oder die schwäbische Alb.

Von Radolfzell aus bringt Sie der Nahverkehr wieder nach Esslingen und Stuttgart, von wo Anschluss in alle Richtungen besteht. Oder Sie "rollen aus" entlang des Bodensee-Radweges.

# Iller-Radweg
## (Oberstdorf - Ulm)

***Wegweisung:*** Einheitlich, aber nicht durchgehend mit einem blauen Logo (Fluss vor Alpen).

***Länge:*** 142 km

***Charakteristik:*** Als typischer Flussradweg verläuft der Iller-Radweg zumeist auf Rad- und Wirtschaftswegen entlang des Flusses. In vielen Teilen der Strecke sind die Wege gekiest. Nur zwischen Kempten und Lautrach sind einige Steigungen zu bewältigen.

***Informationen:***
- Tourismusverband Allgäu/ Bayerisch-Schwaben, Fuggerstr. 9, 86150 Augsburg, Tel.: 0821/33335, Fax: 0821/38331, e-mail: tourismus@allgaeu-bayerisch-schwaben.btl.de.
- Die Route im Internet: www.bayerninfo.de und www.iller-radwanderweg.de.

***Karten und Literatur:***
- Iller-Radweg, Spiralgebundener Radwanderführer mit Karten 1:50.000 mit Übernachtungsverzeichnis und Beschreibungen der Sehenswürdigkeiten, Galli-Verlag.
- ADFC Radtourenkarte Nr. 25 Bodensee / Schwäbische Alb, Bielefelder Verlagsanstalt.

***Verlauf:*** Oberstdorf - Fischen - Sonthofen - Immenstadt (Marienplatz mit historischen Bauten) - Martinszell - Kempten - Altusried (Illerdurchbruch) - Lautrach - Buxbach (Ehemalige Reichskartause) - Kellmünz - Illertissen (Vöhlinschloss) - Vöhringen - Senden - Ulm (Münster).

***Kommentar:***

In Oberstdorf auf mehr als 800 Metern Höhe mit Blick auf die Alpengipfel wie Nebelhorn (2224m) und Wengenkopf (2235m) entsteht durch Zusammenfluss von Breitach, Stillach und Trettach die Iller. Der anwachsende Fluss führt quer durch das Allgäu und Bayerisch-Schwaben bis zur Mündung in die Donau bei Ulm.

Die Route führt über Fischen, Sonthofen, Blaichach, Immenstadt, Martinszell bis Kempten. Ab Krugzell wird die Iller verlassen. Eine östliche und eine westliche Alternative steht hier zur Auswahl. Die etwas schwierigere östliche Variante führt über Bad Grönenbach nach Illerbeuren. Die westliche führt über Maria Steinbach und Lautrach ebenfalls nach Illerbeuren. Ab Illerbeuren geht's wieder entlang der Iller, über Kardorf, Ferthofen durch den Buxheimer Wald, nach Memmingen. Dann über Dietenheim in Richtung Illertissen (Brücke), vorbei an Vöhringen und Senden und Wibblingen bis zur Donaumündung

Start (Oberstdorf) und Ziel (Ulm) sind des Iller-Radweges sehr gut per Bahn mit Fahrradmitnahme zu erreichen. Die Strecke wird darüber hinaus durchgehend im Stundentakt von der Bahn begleitet. Die Fahrradmitnahme ist kostenlos!

Die Route bietet im Süden mit dem Radfernweg Bodensee-Königssee und im Norden mit dem Donauradweg und dem Alb-Neckar-Weg interessante und vielfältige Anschlussmöglichkeiten.

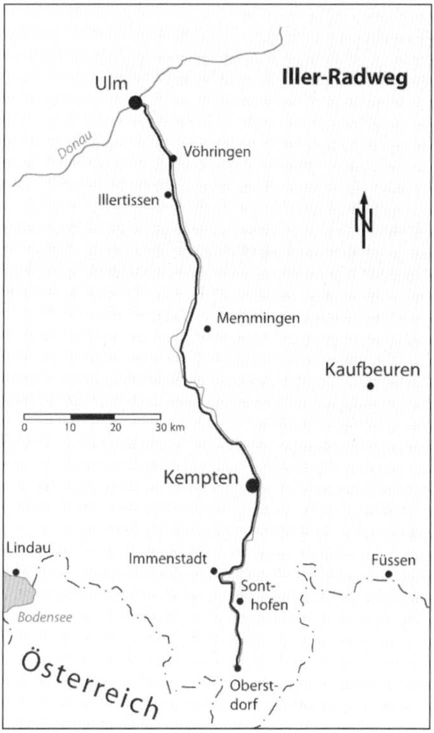


## Inntal-Radweg
### ([Landeck] - Kufstein - Passau)

***Wegweisung:*** Grüne Radfahrergruppe vor stilisierter Gebirgslandschaft auf weißem Schild und Schriftzug "Inntal", in beiden Richtungen zwischen Kufstein bis Mühldorf beschildert. Außerdem eine weiße Reihersilhouette auf grünem Schild mit Wappen (Innsbruck - Passau). Grün-blaues Logo der Fremdenverkehrsgemeinschaft mit rosa Schriftzug 'Inn-Salzach' (Mühldorf - Burghausen).In Tirol ist die Beschilderung noch nicht durchgängig, zumeist grünes Schild mit weißer Aufschrift "Radwanderweg Inntal". An einer Vereinheitlichung der Wegweisung wird gearbeitet.

***Länge:*** 382 km insgesamt (Landeck - Passau), davon 231km in Deutschland

***Charakteristik:*** Der Radweg verläuft immer flussnah, zumeist abseits von Straßen auf befestigten Wegen. Ein familienfreundliches Radererlebnis ohne größere Schwierigkeiten.
Typischer Flussradfernweg, in Deutschland ohne Steigungen, benutzt hier meistens die Krone des Inn-Dammes. Entlang des Naturerlebnisweges "Unterer Inn" führt die Route größtenteils über Wanderwege und befestigte Wege in der Innaue. Der flussnahe Radweg ist sehr familienfreundlich.
In der Schweiz und Österreich verläuft der Weg insbesondere im Oberlauf häufiger auf (auch) verkehrsreichen Straßen. Hier ist zudem mit stärkeren Steigungen und Abfahrten zu rechnen.

***Informationen:***

- Tourismusverband Ostbayern e.V., Luitpoldstr. 20, 93047 Regensburg, Tel.: 0941/585390, Fax: 0941/5853939, e-mail: tourismus@ostbayern.btl.de, Internet: www.ostbayern-tourismus.de.
- Tourismusgemeinschaft Inn-Salzach e.V., Kapellplatz 2a, 84503 Altötting, Tel.: 08671/506228, Fax: 08671/85858, e-mail: touristinfo-altoetting@t-online.de.
- Tirol-Werbung, Maria Theresien Str. 55, A-6010 Innsbruck, Tel.: 0043/512/5320-0, Fax: 0043/512/5320-150, e-mail: tirol.info@tirolwerbung.at, Internet: www.tiscover.com/tirol.
- Innviertel-Hausruckwald, Bayrhammergasse 6/3, A-4910 Ried im Innkreis, Tel.: 0043/7752/87207, Fax: 0043/7752/84611, e-mail: innviertel.hausruckwald@upperaustria.or.at, Internet: www.tiscover.com/innviertel.hausruckwald.

Weitere Informationen zur Route auch im Internet: www.bayerninfo.de.

***Karten und Literatur:***

- Angenehm Inn (Inntalradweg Maloja - Passau), 1:125.000, Kurzführer, Sehenswürdigkeiten, Informationsadressen, Verlag Schubert & Franzke. Bezug über die Tourismusgemeinschaft Inn-Salzach e.V.
- Inn-Radweg (Teil 1: Von der Quelle nach Innsbruck), bikeline-Radtourenbuch und Karten 1:75.000 mit Beschreibung der Route, Sehenswürdigkeiten, Ortsplänen, Übernachtungsverzeichnis, Verlag Esterbauer.
- Inn-Radweg (Teil 2: Von Innsbruck nach Passau), bikeline-Radtourenbuch und Karten 1:50.000 mit Beschreibung der Route, Sehenswürdigkeiten, Ortsplänen, Übernachtungsverzeichnis, Verlag Esterbauer.
- Inntalradweg (Von Landeck bis Passau), Routenbeschreibung mit Radkarte 1:100.000, Sehenswürdigkeiten, Informationsadressen, Übernachtungsmöglichkeiten, Verlag Schubert & Franzke.

- ADFC-Radtourenkarte 1:150.000, Blatt 23, 26 und 27 (Abschnitt Imsterberg - Passau), Bielefelder Verlagsanstalt.
- ADFC-Regionalkarte 1:75.000, Blatt München/Alpenvorland und Blatt Chiemgau (abschnittsweise), Bielefelder Verlagsanstalt.
- Inn-Radweg (Maloja - Passau), Radwanderkarte 148, 1:125.000, Kurzführer, Sehenswürdigkeiten, Kompaß-Verlag.

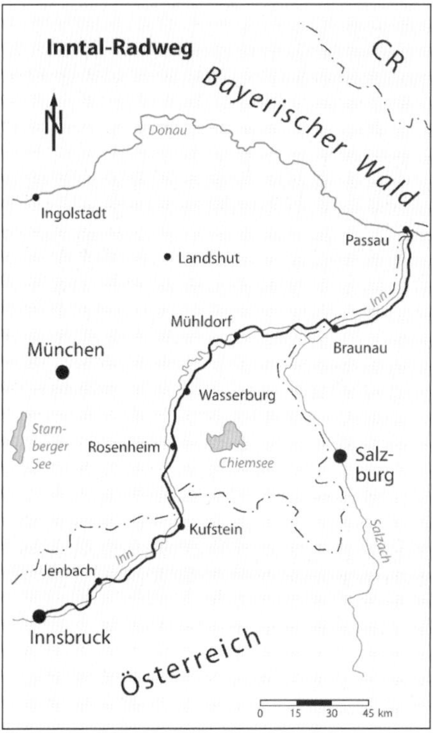


***Verlauf:*** Immer entlang des Inn, im Abschnitt zwischen Rosenheim bis Mühldorf und Braunau bis Passau häufig beidseitig des Stromes.

St. Moritz (Heilbad) - Finstermünz-Pass (1188 m ü. NN) - Pfunds - Ried im Oberinntal (Lorettokapelle) - Landeck (Schloss) - Telfs - Innsbruck ("Goldenes Dachl", Renaissanceschloss Ambras) - Hall - Schwaz - Wörgl (Eis- und Tropfsteinhöhlen im nahen Angerberg) - Kufstein (Festung ) - Rosenheim (Innschifffahrtsmuseum) - Wasserburg (mittelalterliches Stadtbild, Innschleife) - Mühldorf (Stadtplatz mit südländischen Arkaden, Historisches Rathaus) - Marktl (Stammham: Europäisches Vogelschutzgebiet). Ab hier sind sowohl das deutsche, als auch das österreichische Ufer befahrbar: Simbach (Jugendstil-Rathaus) - Braunau (Stadtplatz mit spätgotischer Befestigung, Bürgerhäuser) - Bad Füssing (größtes Heilbad Europas) - Reichersberg (Augustiner Chorherrenstift) - Schärding (barocke Altstadt) - Passau (Dreiflüssestadt, Dom St. Stephan mit weltgrößter Kirchenorgel, bischöfliche Residenzen, Rathaus).

Oder auf der deutschen Seite: Ering (Grafenschloss, Beobachtungsturm Naturschutzgebiet "Unterer Inn") - Bad Füssing (Größtes Heilbad Europas mit 3 Schwefel-Thermal-Mineralquellen) - Neuhaus a. Inn (Burg Neuhaus, palastartiges Schloss) - Neuburg a. Inn (Mittelalterliche Wehrburg, heute Renaissanceschloss) - Passau.

**Kommentar:** Der Inn entspringt dem Lunghiner See in der Schweiz und kann ab St. Moritz mit dem Fahrrad begleitet werden. Leider verläuft die Route in der Schweiz und nach dem Überqueren des Finstermünz-Passes in Österreich zunächst zu einem Großteil auf verkehrsreicheren Straßen. Die gebräuchlichen Radwanderführer beginnen die Route daher erst in Landeck in Österreich, wo sie auf einem separaten Radweg verläuft. Der Start in Landeck hat auch anreisetechnische Vorteile.
Viele kleine sehenswerte Orte sind entlang der Strecke in das großartige Panorama der Tiroler Alpen eingebunden. Auch durch Innsbruck, der Tiroler Landeshauptstadt, führt der Radweg immer am Inn entlang. Der weitere Routenverlauf ist ausgesprochen vielseitig. Großartige Naturlandschaften, die weitgehend unter Schutz gestellt wurden, wechseln sich mit kulturhistorischen Sehenswürdigkeiten ersten Ranges ab. Bei Kufstein durchbricht der Inn die nördlichen Kalkalpen. Dem Radler steht es frei, hier die Staatsgrenze zu überschreiten und dem Inn linksseitig zu folgen. Auch auf der rechten Innseite führt der Radweg weiter, kurz vor Flintsbach am Inn gelangt man auch hier nach Deutschland. Bis Rott am Inn verläuft die Route auf beiden Seiten des Inn. Die Altstadt von Wasserburg wird vom Inn fast vollständig umflossen. Zum bedeutenden Wallfahrtsort Altötting ist es vom Inntal-Radweg nicht weit. In Braunau, der historischen Grenzstadt, beeindrucken die Altstadt mit ihren Bürgerhäusern und die Herzogsburg. Ab hier kann der Radwanderer bis Passau zum vielfachen Grenzgänger werden, der Weg verläuft beidseitig des Flusses. Auf österreichischer Seite lädt die über 1000jährige Stadt Obernburg mit prächtigen Barockbauten und dem schönsten Marktplatz Österreichs ein. In Reichersberg sollte noch das Augustiner-Chorherrenstift mit seiner reich ausgestatteten Bibliothek besucht werden.
Hinter Braunau beginnt auch der Bayerisch-Oberösterreichische Naturerlebnisweg durch das Europareservat "Unterer Inn" mit seiner einzigartigen und schützenswerten Pflanzen- und Tierwelt. Das Verlassen der Wege ist hier zum Schutz von Flora und Fauna verboten! Die innerhalb des Reservates liegenden Wasserkraftwerke stabilisieren heute die Auenlandschaft und erzeugen große Mengen umweltfreundlicher Energie. Für über 280 seltene Vogelarten bilden die Ering vorgelagerten Inseln im Inn eine Oase der Ruhe und Geborgenheit. Schöne Aussichtspunkte laden zum Verweilen und zu einem langen Blick über den Fluss ein. In der Drei-Flüsse-Stadt Passau schließlich mündet der Inn in die Donau.

Der Inntalradweg kann über verschiedene Städte in Deutschland, Österreich und der Schweiz mit der Bahn erreicht werden. Von Landeck bis Marktl wird die Route weitgehend auch von der Bahnstrecke begleitet. Eine Besonderheit ist die Radl-Innfähre in Mühldorf a. Inn.

# Isar-Radweg

## ([Scharnitz-] Lengries - München - Deggendorf)

***Wegweisung:*** Entlang der Unteren Isar zwischen München und Deggendorf durchgängig und in beiden Richtungen beschildert mit grünem Radlersymbol und dem Schriftzug "Isarradweg" auf weißem Schild. Im oberen Teil der Isar, von der österreichischen Grenze bis nach München teilweise noch nicht ausgebaut und mit unvollständiger Beschilderung. Die Infrastruktur soll dort ab 2001 verbessert werden.

***Länge:*** 278 km von Scharnitz bis zur Mündung in die Donau (München - Deggendorf: 168 km)

***Charakteristik:*** Typischer Flussradfernweg, vorwiegend auf wassergebundenen oder geschotterten bzw. gekiesten Wegen, nahezu autofrei. Für schmale Reifen allerdings absolut ungeeignet.
Der Radweg verläuft südlich von Wolfratshausen auf verkehrsarmen Straßen in hügeligem Gelände, sonst überwiegend flussnah und abseits von Straßen auf sehr gut befahrbaren Wegen. Ein familienfreundliches Raderlebnis mit dem Kontrast zwischen ruhiger Natur und lebhaften historischen Isarstädten.

***Informationen:***

- Arbeitskreis "Niederbayerische Isar", Verkehrsverein Landshut, Altstadt 315, 84028 Landshut, Tel.: 0871/922050, Fax: 0871/89275, e-mail: verkehrsverein@landshut.de.
- Tourismusverband Ostbayern e.V., Luitpoldstr. 20, 93047 Regensburg, Tel.: 0941/585390, Fax: 0941/5853939, e-mail: tourismus@ostbayern.btl.de, Internet: www.ostbayern-tourismus.de.
- Weitere Infos im Internet unter www.bayerninfo.de.

***Karten und Literatur:***

- Niederbayerischer Isar-Radweg, Radwanderkarte 1:50.000 auf topographischer Kartengrundlage (Isar-Radweg von Moosburg bis Deggendorf) mit Routenbeschreibung, Informationen zu Sehenswürdigkeiten, Unterkünften usw., Bezug gegen geringe Gebühr beim Arbeitskreis, Fremdenverkehrsverein Landshut.
- Isarradweg (von München bis Deggendorf), Radwanderkarte 1:100.000, mit Ortsbeschreibungen und Sehenswürdigkeiten, Galli-Verlag.
- Niederbayerischer Radlspaß (Mit dem Fahrrad unterwegs an Donau, Isar, Abens, Laber, Vils, Rott und Inn), Radwanderführer 1:50.000 mit Routenbeschreibung, Sehenswürdigkeiten, Galli-Verlag. Bezug beim Tourismusverband Ostbayern e.V.

- Isar-Radweg (Von Scharnitz zur Donau), bikeline-Radtourenbuch 1: 50.000 mit Routenbeschreibung, Sehenswürdigkeiten, Ortsplänen, wichtigen Adressen, Übernachtungsverzeichnis, Verlag Esterbauer.
- ADFC-Radtourenkarte 1:150.000, Blatt 27, Bielefelder Verlagsanstalt.

***Verlauf:*** Immer entlang der Isar: Scharnitz - Mittenwald (malerisches Ortsbild) - Sylvenstein-Stausee - Lenggries (Schloss Hohenburg, Kalvarienberg) - Bad Tölz (Stadtpfarrkirche Mariä Himmelfahrt, Alpamare-Erlebnisbad, Sommerrodelbahn Blomberg) - Wolfratshausen (500 Jahre alte Stadtpfarrkirche St. Andreas, Floßfahrten, Bürgerhäuser, Märchenwald) - München (Deutsches Museum, Englischer Garten, Schloss Nymphenburg, Viktualienmarkt, Isartor, Oktoberfest u.v.m.) - Freising (Ehemaliges Benediktinerkloster Weihenstephan) - Moosburg (St. Kastulus Münster) - Landshut (Altbayer. Herzogstadt mit Burg Trausnitz) - Dingolfing (Herzogsburg) - Landau a.d. Isar (wachsender Felsen von Usterling) - Deggendorf oder Nieder-Altteich (Benediktinerabtei mit Basilika). In Thundorf befindet sich die Radlfähre über die Donau.

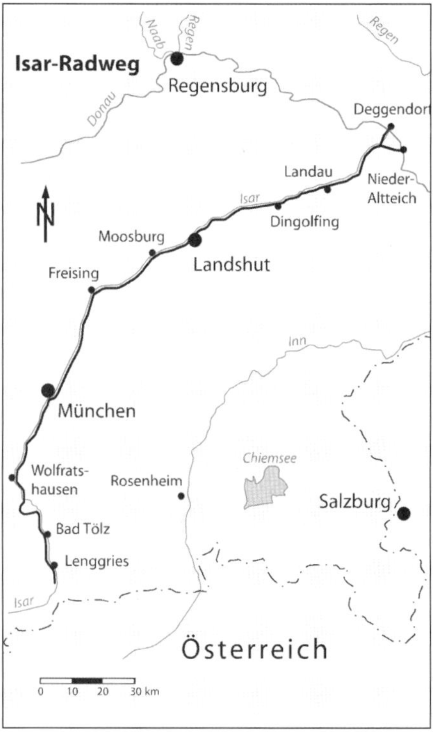


***Kommentar:*** Mit dem Isar-Radweg bietet sich dem Radwanderer seit 1987 die Möglichkeit, einen interessanten Teil Niederbayerns ohne Steigungen zu erfahren.

Die Route kann unweit der Isarquelle in Scharnitz im Karwendelgebirge an der Grenze zu Österreich begonnen werden. Jedoch ist der Weg nur im Sommer bis ins Oberbayerische durchgängig befahrbar.

Da sich der Isar-Radweg zunehmender Beliebtheit erfreut, ist der Arbeitskreis "Niederbayerische Isar" bemüht, die Infrastruktur (Wegebeschaffenheit, Beschilderung) den Ansprüchen der Radtouristen entsprechend mehr und mehr zu verbessern.

Die Route ist in keinem Teilstück asphaltiert, womit sie sich allerdings gut in die Landschaft der Flussaue und Wälder einfügt. Die Wegeführung vermeidet fast vollkommen verkehrsreiche Straßen, weshalb der Isar-Radweg für eine Tour mit Kindern besonders empfehlenswert ist. Trotz der naturlandschaftlichen Prägung, beispielweise mit dem Naturschutzgebiet "Pupplinger Au" an der Einmündung der Loisach in die Isar, finden sich "am Wegesrand" auch zahlreiche kulturhistorische Sehenswürdigkeiten, wie die Burg Trausnitz bei Landshut, die Heilig-Kreuz-Kirche in Landau und das Barockschloss in Niederpöring.

Insgesamt bietet der Isar-Radweg die Möglichkeit, Flussradwandern ohne extreme Kommerzialisierung, wie sie zum Beispiel an der Donau herrscht, zu genießen.

Der Isarradweg bietet eine Reihe von Verknüpfungsmöglichkeiten: Im Süden bei Bad Tölz zum Bodensee-Königssee Radweg, in München an den Mangfall und Ammerseeradweg sowie zwischen Freising und Deggendorf an das Netz des "Niederbayerischen Radlspaßes" und nicht zuletzt bei der Mündung an den Giganten der Radfernwege, den Donauradweg.

Die Bahn begleitet die Isar auf der kompletten Strecke mit Fahrradbeförderungsmöglichkeit. Die Anschlussmöglichkeiten von Deggendorf nach München oder Regensburg sind somit gegeben. Entlang der oberen Isar sind Bahnhöfe spärlich gesät, durch die Verbindung München - Innsbruck kann die Route auch problemlos in Scharnitz gestartet werden.

# Kaiser-Route
## (Aachen - Paderborn)

***Wegweisung:*** Einheitlich beschildert mit dem Symbol der Karlskrone, der Aufschrift "Kaiser-Route Aachen-Paderborn" und Fahrrad-Signet auf weißem sechseckigem Schild. Leider ist die Wegweisung durch fehlende Schilder streckenweise ungenügend.

***Länge:*** 370 km

***Charakteristik:*** Die Route verläuft weitestgehend abseits von Hauptverkehrsstraßen auf Wirtschaftswegen. Steigungen sind insbesondere im Abschnitt vom Rhein zur Ruhr zu bewältigen, der Weg gilt dennoch als familienfreundlich.

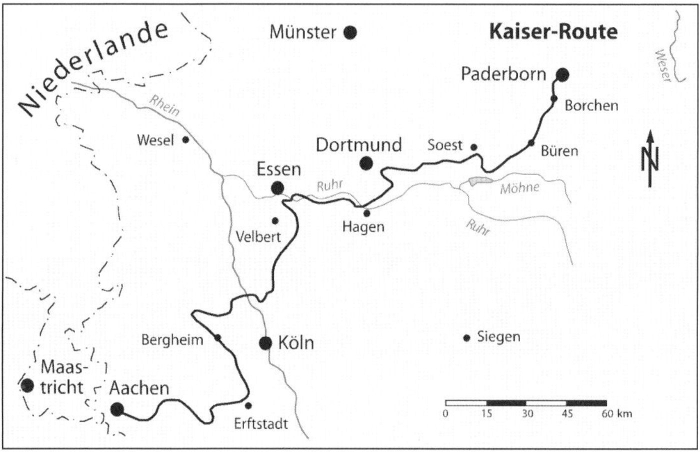


***Informationen:***

- Touristikzentrale Paderborner Land e.V., Königstraße 16, 33142 Büren/Westf., Tel.: 02951/970300, Fax: 02951/970304, e-mail: info@paderborner-land.de.

***Karten und Literatur:***

- "Kaiser-Route", Radwanderkarte 1:50.000, Spiralbindung, mit touristischen Informationen, Bielefelder Verlagsanstalt.
- ADFC-Radtourenkarte 1:150.000, Blatt 10 und 11, Bielefelder Verlagsanstalt.

***Verlauf:*** Aachen (Kaiserpfalz) - Düren (Leopold Hoesch Museum) - Erfttal (Burg Mödrath, Braunkohlentagebau Frechen) - Bergheim (hochromanische Pfarrkirche St. Remigius) - Feste Zons (rechteckiger, mittelalterlicher Stadtgrundriss, Burg Friedestrom) - Hilden - Neandertal (Museum) - Langeberg (Bismarckturm) - Baldeneysee - Essen-Werden (ehemalige Abtei, Villa Hügel) - Ruhrtal - Hattingen (Fachwerkhäuser, St. Georgskirche) - Schwerte (Hohensyburg) - Wickede (Gut Scheda) - Möhnesee - Möhnetal - Büren (Jesuitenkirche, Mauritiusgymnasium) - Wewelsburg (Burgmuseum) - Almetal - Paderborn (Paderquellen, Kaiserpfalz, Dom, Rathaus).

***Kommentar:*** Auf den Spuren Karls des Großen folgt die Kaiser-Route der wechselvollen Geschichte der Sachsen-Christianisierung. So wie im Jahre 775 das fränkische Heer von Kaiser Karls Hauptpfalz Aachen bis an die Weser zog, verläuft auch die 420 km lange Radroute in nordöstlicher Richtung vom Eifelrand zum Teutoburger Wald. Der Aachener Dom birgt eine Vielzahl von Erinnerungen an den bedeutenden fränkischen Kaiser, so den Karlsschrein und die Karlsbüste in der Domschatzkammer. Legenden und mittelalterliche Schauplätze begleiten den Radfahrer auf seiner weiteren Fahrt, zum Beispiel die alte Feste Zons. Auf der gegenüberliegenden Rheinseite in Urdenbach (per Fähre zu erreichen) locken unmittelbar im Uferbereich schattige Biergärten. Am weiteren Routenverlauf liegt die Abteikirche Essen-Werden, die auf St. Luidger zurückgeht, den von Karl dem Großen ernannten Leiter der westsächsischen Mission. Neben der Kultur kommt auch die Natur nicht zu kurz. Als grüne Bänder ziehen sich Neander-, Möhne- und Almetal durch die Region, um nur einen Aspekt der abwechslungsreichen Landschaft zu erwähnen.

In Büren fallen zwei imposante Bauwerke ins Auge: die Jesuitenkirche und das barocke Mauritiusgymnasium. Schließlich erscheint hoch über dem Almetal das Wahrzeichen des Paderborner Landes, die einzige Dreiecksburg Europas, die Wewelsburg. Im Burgmuseum läßt sich unter anderem die düstere Geschichte der Burganlage während der Zeit des Nationalsozialismus erkunden. Die Geschichte der Stadt Paderborn ist sehr eng mit Karl dem Großen verbunden. Er ließ oberhalb der geologisch bedeutsamen Paderquellen eine Pfalz errichten und versammelte hier im Jahre 777 die Oberen seines Reiches. Auch die Weserrenaissance hinterließ hier ihre Spuren, vor allem durch das Rathaus mit seinem beeindruckenden Gemälde "Sachsentaufe" und Schloss Neuhaus im gleichnamigen Stadtteil Paderborns.

Mit der Bahn ist die Kaiser-Route sowohl in Aachen als auch in Paderborn gut erreichbar, wobei von Paderborn aus erst in Bielefeld Anschluss an den Fernverkehr besteht. Streckenbegleitend kann die Bahn zwischen Aachen und dem Erfttal in Anspruch genommen werden.

# Kocher-Jagst-Radweg

## (Aalen - Bad Friedrichshall - Aalen)

***Wegweisung:*** Einheitlich und seit 1996 durchgängig mit grünem Fahrrad auf weißem Grund und dem Schriftzug Kochertal-Weg bzw. Jagsttal-Weg, meistens zusätzlich mit Zielortsangaben, beschildert. Eine einheitliche und beispielhafte Wegweisung "Kocher-Jagst -Radweg" ist vor der Fertigstellung.

***Länge:*** 327 km

***Charakteristik:*** Der Weg führt überwiegend auf ausgewiesenen, asphaltierten Radwegen und verkehrsarmen Straßen, z.T. auch auf Waldwegen durch die engen Flusstäler von Jagst und Kocher. Einige wenige geringe bis mittlere Steigungen sind immer dann zu erwarten, wenn die engen Täler verlassen werden müssen. Es ist nur ein stärkerer Anstieg bei der Querung der Fränkischen Alb (zwischen Lauchheim und Aalen) zu überwinden.

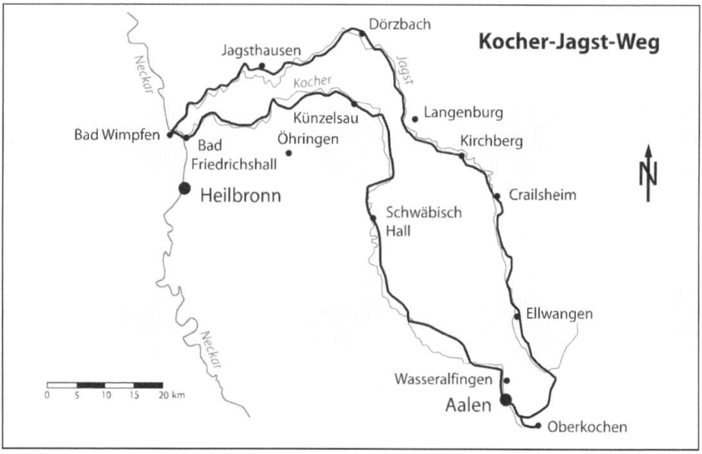


***Informationen:***

- Arbeitsgemeinschaft Kocher-Jagst, Am Markt 9, 74523 Schwäbisch Hall, Tel.: 0791/751385, Fax: 0791/751642, e-mail: tg@schwaebischhall.de, Internet: www.kocherjagst.de.
- Tourismus-Service GmbH, Yorckstr. 23, 79110 Freiburg, Tel.: 0761/89797979, Fax: 0761/89797989, e-mail: info@tourismus-baden-wuerttemberg.de, Internet: www.tourismus-baden-wuerttemberg.de und www.rail-and-relax.de/rw/kocher/index.html.

***Karten und Literatur:***

- Kocher-Jagst-Radweg, kostenloses Infofaltblatt der Arbeitsgemeinschaft mit Übersichtskarte und Übernachtungsverzeichnis, Fahrradvermietungen und Biergartenindex.
- Tourenbuch Kocher-Jagst-Radweg. Umfangreich bebilderter Radwanderführer (ohne Karten!) mit praktischer Spiralbindung und vielfältigen Informationen: Sehenswürdigkeiten und Informationen zu allen Orten, sowie ein komplettes Unterkunftsverzeichnis bei der Arbeitsgemeinschaft.
- Kocher-Jagst-Radweg, Routenbroschüre der Tourismus Marketing GmbH Baden-Württemberg, Bezug gegen Gebühr bei der Tourismus-Service Baden-Württemberg.
- Kocher-Jagst-Radweg (Radwandern zwischen Aalen, Schwäbisch Hall, Neckar und Crailsheim), bikeline-Radtourenbuch und Karte 1:50.000 mit Routenbeschreibung, Sehenswürdigkeiten, Ortsplänen, wichtigen Adressen, Übernachtungsverzeichnis, Verlag Esterbauer.
- Radwanderkarte 1:100.000 mit Radwegegrundnetz, Blatt 56 (Ostalb) und 57 (Tauber-Hohenlohe), Landesvermessungsamt Baden-Württemberg.
- ADFC-Radtourenkarte 1:150.000, Blatt 20 und 21, Bielefelder Verlagsanstalt.

***Verlauf:*** Aalen - Abtsgmünd - Sulzbach-Laufen - Gaildorf - Schwäbisch Hall - Wackershofen (Hohenloher Freilandmuseum) - Braunsbach - Künzelsau (Schloss) - Burg Ingelfingen - Forchtenberg - Hardthausen - Bad Friedrichshall - Bad Wimpfen (mittelalterliches Stadtbild) - Möckmühl (historische Altstadt, Götzenburg) - Jagsthausen (Götzenburg) - Kloster Schöntal - Krautheim (Stauferburg) - Dörzbach (Wallfahrtskapelle St. Wendel auf 22 m hohem Tuffsteinfelsen) - Langenburg (Schloss) - Ilshofen-Leofels (ehem. Stauferburg) - Crailsheim - Jagstzell - Ellwangen/Jagst - Lauchheim - Unterkochen - Aalen.

***Kommentar:*** Eine abwechslungsreiche Landschaft und malerische schwäbische Städtchen machen den Reiz dieser Route aus. Weite Flusstäler wechseln mit tief eingeschnittenen, engen Schluchten, schroffe Steilhänge im Muschelkalk der Schwäbischen Alb bilden bizarre Formen. Zudem haben die kleinen Städtchen und Dörfer einiges zu bieten: Ritterburgen, barocke Schlösser und Fachwerkbauten aus dem ausgehenden Mittelalter.

Kocher und Jagst schlängeln sich nahezu parallel von der Schwäbischen Alb dem Neckar entgegen. Von Aalen aus entlang des Kochers sind zunächst einige Steigungen zu überwinden, bevor der Radweg weitgehend dem Verlauf des Tales folgt. Bei Hohenlohe beeindruckt der Kocher mit seinem 200 m tiefen Einschnitt in die Ebene. Üppige

Weinhänge und gemütliche Winzerorte laden die Radler auf ihrem Weg Richtung Neckar ein. Von Bad Wimpfen aus entlang der Jagst geht es leicht bergan den Spuren des Götz von Berlichingen nach auf die Alb zu. Kalkhaltige Quellen ließen bei Dörzbach einen 22 m hohen Tuffsteinfelsen wachsen, auf dem sich seit 1515 eine Wallfahrtskapelle befindet. Bei Crailsheim verändert sich das Landschaftsbild entscheidend, verlässt man doch hier das enge Muschelkalktal, um die sanften Formen des Keuperberglandes im Oberlauf der Jagst zu erfahren.

Der Kocher-Jagst Radweg bietet vielfältige Verknüpfungen und Anschlussmöglichkeiten an andere Radfernwege: Ab Aalen nach Süden zum Donauradweg, im Norden zum "Lieblichen Taubertal" und natürlich an die Burgenstraße und den Neckarradweg.

Aalen, Schwäbisch Hall, Bad Friedrichshall sowie Bad Wimpfen und Crailsheim sind mit der Bahn im Nahverkehr von Stuttgart, Heidelberg und Nürnberg aus relativ gut angebunden. Streckenparallel gibt es mit Ausnahme des Teilstücks Crailsheim - Aalen allerdings keine Möglichkeit, Geländeunebenheiten aus dem Weg zu gehen. Zu besonders attraktiven Wochenenden verkehrt auf Teilstrecken ein Radlerbus der Stadt Schwäbisch-Hall oder des Busunternehmens Beck & Schubert. Für einen geringen Fahrpreis werden Rad und Person transportiert (Info und Anmeldung unter Tel.: 0791/95010-22).

## König-Ludwig-Radlweg/ mit Nürnberg-Rothsee-Altmühltal

***Wegweisung:*** Nicht einheitlich, aber durchgängig mit grünem Fahrradsymbol auf weißem Grund (sowie Landkreisradweg Nr. 2 und teilweise des Symbols des "Fünf-Flüsse-Radweges"). Von Neumarkt bis Berching findet sich auch die Beschilderung der "Tour de Baroque".

***Länge:*** 70 / 59 km

***Charakteristik:*** Fast durchgehend flach, weitgehend autofrei aber teilweise schmal. Die Strecke wurde mit wassergebundener Decke mehrmals neu gestaltet. Kein "schneller" Weg und für schmale Reifen ungeeignet, aber sehr romantisch. Am Kanal entlang verläuft auch ein Fußweg. Rücksicht gegenüber Fußgängern ist angebracht.
Der Radweg Nürnberg-Rothsee-Altmühltal ist gut ausgebaut, zur überwiegenden Hälfte asphaltiert, der Rest geschottert. Der Weg bietet kaum Steigungen.

***Informationen:***

- Landratsamt Neumarkt, Fremdenverkehrsamt, Nürnberger Str. 1, 92318 Neumarkt/Oberpfalz, Tel.: 09181/470-313.

***Karten und Literatur:***

- ADFC-Radtourenkarte 1:150.000, Blatt 22, Bielefelder Verlagsanstalt.
- Lothar Schnabel und Walter E. Keller: (Rad-) Wandern am Kanal, zwischen Bamberg und Kelheim, Walter E. Keller-Verlag.

***Verlauf:*** LUD: Nürnberg (Stadtbild, Museen) - Wendelstein (Altstadt) - Schwarzenbruck - Schloss Gugelhammer - Burgthann - Berg/Neumarkt - Neumarkt i. d. Opf. (Stadtbild) - Freystadt (Historischer Marktplatz) - Berching (Stadtbild) - Beilngries (Altstadt).

NRA: Nürnberg (s.o.) - Rednitz-Hembach - Rothsee (Bademöglichkeit, Wassersport) - Hilpoltstein (Ehemalige pfalzgräfliche Residenzstadt mit eindrucksvoller Burgruine des 14. Jahrhunderts) - Pyras - Thalmässing (Marktplatz mit stattlichen Bürgerhäusern; Rekonstruierte Grabhügelanlage aus der Wende der Hallstattzeit zur Latenezeit (ca. 750 v. Chr.)) - Greding (Mauerumwalltes Städtchen mit 21 Türmen, barocke Innenstadt) - Kinding (Besterhaltene Kirchenburg Bayerns) - Beilngries.

***Kommentar:*** Der Rad- und Wanderweg "König-Ludwig-Radlweg", dessen Schwerpunkt eindeutig auf dem ruhigen Naturerlebnis liegt, führt seit 1992 am Ludwig-Donau-Main-Kanal entlang, der auf weiten Strecken von Beilngries bis Nürnberg fast vollständig erhalten ist, obwohl seit fast 50 Jahren keine Schiffe mehr auf ihm verkehren. So konnte sich an diesem Wasserweg eine Flora und Fauna entfalten, welche die grüne Romantik des Kanals ausmacht. Der Kanal selber ist ein imposantes Kulturdenkmal der Technik des frühen 19. Jahrhunderts: 1825 gab König Ludwig I. den Auftrag zur Planung eines Kanals, der sein Königreich verkehrsmäßig erschließen sollte. In Zehn Jahren Bauzeit wurden die 172 Kanalkilometer mit 172 Schleusen erstellt. Erst ab 1870 nahm mit zunehmender Entwicklung der Eisenbahnverkehrs die Bedeutung des Kanals rasch ab. Immer wieder erinnern hohe Kilometersteine den (Rad-)Wanderer an die zurückzulegenden Entfernungen, auch an den Nummern der Schleusen kann man den Weg verfolgen. Zu den alten Schleusen gehört noch vielfach ein typisches Schleusenwärterhäuschen, heute allerdings meist für private Zwecke genutzt.

Der "Radweg Nürnberg-Rothsee-Altmühltal" verbindet Nürnberg mit dem Süden der Region. Dieser Weg nutzt die Betriebswege beiderseits des modernen Main-Donau-Kanals und führt - an der Schleuse Hilpoltstein und am Rothsee, einem vor wenigen Jahren angelegten Stausee mit guten Bademöglichkeiten vorbei - nach Hilpoltstein. Der von Bamberg bis Kelheim ausgebaute Main-Donau-Kanal ist durchgängig 55 m breit und 4 m tief, um auch sogenannte Europaschiffe mit einem Fassungsvermögen von 1350 Tonnen darauf fahren lassen zu können. Bei Hilpoltstein ist der höchste Kanalpunkt erreicht. Östlich von Hilpoltstein verlässt der Weg die Kanal-Trasse und wendet sich nach Süden. Über Pyras, Eysölden und Stauf erreicht er auf teilweise hügeligen Wegen in Thalmässing das romantische Tal der Thalach, folgt diesem Flüsschen - an Greding vorbei - bis zu dessen Mündung und bindet an den "Altmühltal-Radweg" bei Kinding an.

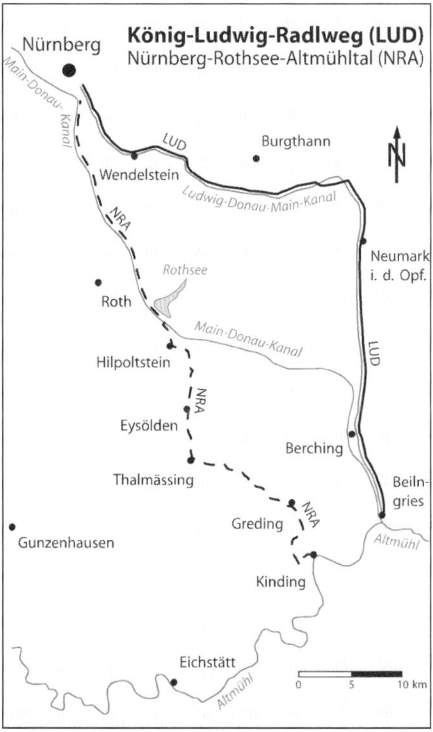


Die Routen sind auch Teil des beschilderten "Fünf-Flüsse-Radweges", von dem eine Radwanderkarte in Ringbindung existiert. Auch im Rahmen des "Oberpfälzer Radlspaß" sind die Routen mit eingebunden. Die Weiterführung der Routen erfolgt über den Altmühlradweg zur Donau.

Nürnberg als Startpunkt aller Touren ist günstig per Bahn im Nah- und Fernverkehr erreichbar.

# Kylltal-Radweg mit 3-Länder-Route

**(Kronenburg - Trier / Aachen - Trier)**

***Wegweisung:*** Die neue Beschilderung des Kylltal-Radweges in beiden Richtungen ist beispielhaft (grüne Schrift auf weißem Schild mit Orts- und Entfernungsangabe sowie dem Logo). Teilweise ist auch noch die alte Wegweisung (weiße Schrift auf grünem Schild) vorhanden.
Die 3-Länder-Route ist nur lückenhaft mit dem Logo des Eifelvereins und dem Schriftzug Drei-Länder-Route ausgewiesen.

***Länge:*** 115 km (Kylltalradweg), 245 km (3-Länder-Route)

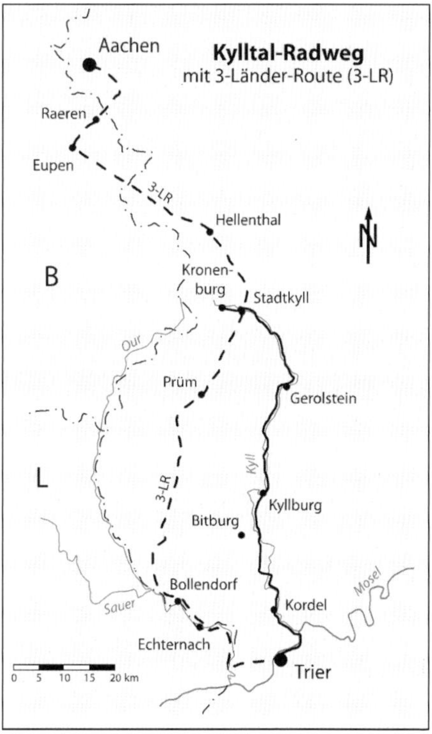


***Charakteristik:*** Der Kylltal-Radweg führt auf ebener bis leicht hügeliger Strecke auf zumeist asphaltierten Wegen weitgehend autofrei entlang der Kyll. Nur zwischen St. Thomas und Auw an der Kyll liegen steile Streckenabschnitte, dort muss das Tal verlassen werden. Für durchschnittlich konditionierte Radfahrer ist dies allerdings kein Problem - Kinder und Anfänger können hier abschnittsweise auf die Bahn umsteigen.
Zwischen Gerolstein und Densborn ist zur Zeit noch in beiden Richtungen starker Verkehr.
Die 3-Länder-Route verbindet die geschichtsträchtigen Städte Aachen und Trier miteinander und ist kein Angebot für Anfänger und Familien. Wer dagegen knackige Anstiege auf die Höhen der Eifel und rauschende Abfahrten in die Täler von Kyll, Our und Sauer liebt, dem wird die Route, die weitgehend asphaltiert ist und nur selten nennenswerte Verkehrsbelastung aufweist, gefallen.

***Informationen:***

- Eifel Tourismus GmbH, Kalvarienberg 1, 54595 Prüm, Tel.: 06551/96560, Fax: 06651/965696, e-mail: info@eifel-portal.de.
- Eifelverein, Stürtzstr. 2 - 6, 52349 Düren, Tel.: 02421/13121, Fax: 02421/13764, e-mail: Eifelverein.DN@t-online.de.
- Die Routen im Internet: www.eifeltour.de/Radwege/frame2.htm und www.eifel-touristik.de.

***Karten und Literatur:***

- Radatlas Vulkaneifel, bikeline-Radtourenbuch und Karten 1:75.000 mit Routenbeschreibung, Sehenswürdigkeiten, Ortsplänen, touristischen Adressen, Übernachtungsverzeichnis, Verlag Esterbauer.
- Drei-Länder-Route Aachen - Trier, Mit dem Rad durch drei Länder, Karten 1:50.000, spiralgebunden, Eifelverein.

***Verlauf:*** Kylltal-Radweg: Kronenburger See (Freizeitpark) - Stadtkyll - Jünkerath (Eisenbahnmuseum) - Hillesheim (Stadtmauer, Geopfad) - Gerolstein (Naturkundemuseum, Erlöserkirche) - Birresborn - Mürlenbach (Bertradaburg) - Densborn - Kyllburg (Stiftskirche) - Speicher - Kordel - Ehrang (Burg Ramstein) - Trier.

3-Länder-Route: Aachen (Dom) - Kornelimünster - Nütheim - Raeren - Eupen - Monschau (Ortsbild) - Hellenthal - Prüm - Lünebach (Eifelzoo) - Bollendorf - Echternach (Springprozession, Dom) - Trier (Porta-Nigra, Amphitheater).

***Kommentar:*** Erst 2000 ist der Kylltal-Radweg endgültig und durchgängig ausgebaut worden, obwohl Teilstücke (z.B. Trier-Auw) schon länger befahrbar sind.
Startpunkt der Route ist der Kronenburger See in der Nordeifel. Entlang des kleinen wachsenden Flüsschens schlängelt sich der Weg durch unberührte Natur nach Süden in die Mineralwassermetropole Gerolstein. Entlang von beschaulichen Dörfern mit einigen sehenswerten Burgen (Kyllburg, Burg Ramstein) liegt der Schwerpunkt der Route doch eindeutig auf dem Naturerlebnis im engen Tal der Kyll. Bei Ehrang schließlich erreicht man das weite Moseltal und ist nach wenigen Kilometern in der ältesten Stadt Deutschlands: Trier.
Zwischen Jünkerath und Trier wird der Kylltal-Radweg durchgängig von der Bahn begleitet, so dass eine Abkürzung der Strecke fast jederzeit möglich ist. In Rheinland-Pfalz ist die Fahrradmitnahme kostenlos!
Für die Anreise mit der Bahn empfiehlt sich der Ort Dahlem in der Eifel. Kronenburg ist per Bahn nicht erreichbar. Der Endort Trier ist gut angebunden.

Die 3-Länder-Route, eine Idee des Eifelvereins, verbindet die Städte Aachen und Trier auf einer Tour durch die Eifel und führt, wie der Name

schon sagt, durch die drei Länder Belgien, Deutschland und Luxemburg. Die Route ist von beiden Ausgangspunkten zu befahren. Eine Reihe von Freizeitzielen, Museen und anderen Sehenswürdigkeiten laden immer wieder zu Zwischenstopps und Abstechern ein.
Von Aachen aus geht es zunächst durch Belgien langsam aber stetig hinauf in die Eifel. Durch das in Mitteleuropa einmalige Hochmoorgebiet des Hohen Venn führt der Weg nach Deutschland zurück. Hier bietet sich ein Abstecher in das malerische Monschau an. Die nächste Etappe führt vorbei an der Oleftalsperre weiter über Hellenthal. Das Wildfreigehege Hellenthal mit seiner Greifvogelstation lockt zu einem Besuch.
Weiter führt die Route von Kronenburg über die Höhenzüge der Schneifel bis nach Prüm. Sehenswert ist hier die Sankt Salvator Basilika. Über das Hochplateau des Islek, mit seinen tief eingeschnittenen Flusstälern, führt der Weg bis ins pittoreske Neuerburg. Bei Körperich-Obersgegen wartet der Gaytalpark, ein Umweltbildungszentrum, bevor ein Abstecher ins luxemburgische Vianden führt. Von Bollendorf geht es immer entlang der Sauer über Echternach, bekannt durch seine Springprozession, bis ins 2000jährige Trier, dem Endpunkt der Route.

Aachen und Trier sind nur sehr umwegreich (über Köln-Koblenz) per Bahn verbunden. Die Schnellbuslinie Aachen - Trier nimmt Fahrräder in begrenztem Umfang mit. Täglich mehrfach fährt die Linie direkt, die Fahrradmitnahme für die komplette Strecke ist gegen Fahrtgeld möglich. Infos bei JOZI-Reisen, Tel.: 06502/5090.

Lahn

## Lahnradweg
**(Lahnquelle Netphen - Lahnstein)**

***Wegweisung:*** durchgehend, aber unterschiedlich. Im Hessischen Teil als R 10, teilweise auch R 7 und dem weißen Zusatzschild mit dem grünen Schriftzug Lahn. In Rheinland-Pfalz, ab Diez ausgeschildert mit Pfeilwegweisern, weiße Schrift auf grünem Grund "Lahntal Rad- und Wanderweg R 36" und ergänzend oft das weiße Zusatzschild mit grünem Schriftzug "Lahn".

***Länge:*** 245 km

***Charakteristik:*** Eine abwechslungsreiche, bis auf zwei Ausnahmen (hier ist die Bahn als Alternative nutzbar) steigungsfreie Strecke bietet die Route an der Lahn. Die Route ist weitgehend autofrei, führt aber über einen längeren Abschnitt in hörbarer Nähe entlang der autobahnähnlichen B 429 und B 49. Der landschaftlich schönste Teil ist der Abschnitt von Weilburg bis zur Rheinmündung. Familienfreundlich.

***Informationen:***

- Hessen Touristik Service, Postfach 3165, 65021 Wiesbaden, Tel.: 0611/7788022, Fax: 0611/7788040, e-mail: info@hessen-tourismus.de, Internet: www.hessen-tourismus.de.

***Karten und Literatur:***

- Radwanderweg Lahn, Radwanderführer mit topographischer Kartengrundlage 1:75.000 in praktischer Ringbuchheftung, sowie Informationen zu Fahrradwerkstätten, Sehenswürdigkeiten und Übernachtungsmöglichkeiten, VUD Verlag.
- ADFC-Radtourenkarte 1:150.000, Blatt 15, 16, Bielefelder Verlagsanstalt.
- Das Lahnbuch - Fahrten an einem reizvollen Fluss. Fuß-, Rad- und Wasserwandern. Elisabeth Regge, Verlag E. Regge.

***Verlauf:*** Lahnquelle - Laasphe (Radiomuseum) - Biedenkopf (Altstadtmarkt) - Wallau (Schloss, Museum) - Marburg (Schloss, Stadtbild) - Weimar (Spiegelbild Galerie) - Fronhausen - Lollar - Gießen (Liebigmuseum) - Wetzlar (Altstadt) - Solms - Leun - Löhnberg - Weilburg (Schloss, Schiffstunnel!) - Villmar (Marmorsteinbruch) - Runkel (Burgruine) - Limburg (Altstadt, Dom) - Diez (Schloss, Burg) - Nassau - Lahnstein.

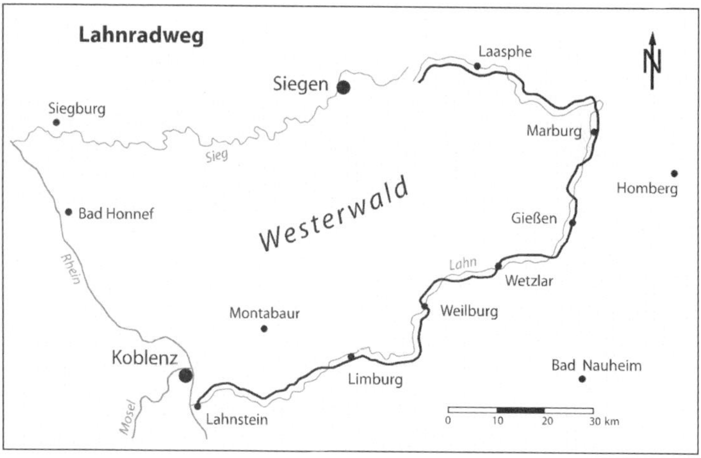


***Kommentar:*** Bislang war die Lahn eher Kanufahrern als Eldorado bekannt. Stück für Stück werden jedoch letzte Mängel in Ausbau und Beschilderung der Route beseitigt und der Lahnradweg kann es durchaus mit seinen großen "Flussradwegbrüdern" aufnehmen. Bei einer Befragung des ADFC wurde er bereits in die TOP 20 der beliebtesten Routen gewählt.

Der Lahnradweg verbindet die drei Bundesländer Nordrhein-Westfalen, Hessen und Rheinland-Pfalz. Wasserfreunde sollten auch einmal aufs Boot umsteigen, denn aus der Kanuperspektive ergeben sich völlig neue Ansichten. An einigen Orten können Boote gemietet werden, auch organisierte Rad-und-Boot-Touren werden angeboten.

In Biedenkopf lohnt sich ein Besuch des Landgrafenschlosses, in dem sich das Hinterländer Heimatmuseum befindet. Die Universitätsstadt Marburg ist reich an Zeugnissen der Geschichte, die dem Be sucher von der Elisabeth-Kirche durch die malerische Altstadt bis zum Schloss begegnen. Auch Gießen lädt zum Verweilen ein. Neues Schloss und Zeughaus sollte man auf jeden Fall aufsuchen. In der schönen Altstadt Wetzlars kann man auf Goethes Spuren forschen. Für einen Abstecher lockt die Grube Fortuna mit einem Ausflug unter die Erde. Im ehemaligen Erzbergwerk wird der Bergbau eindrucksvoll präsentiert. Der nächste Blickfang liegt hoch oben über dem Lahntal: das Renaissanceschloss Weilburg ist bereits von weitem sichtbar. Hier gibt es auch ein bundesweit einmaliges technisches Denkmal zu sehen: 1847 wurde zur Schiffbarmachung der Lahn hier ein Schiffstunnel gebaut. Der Limburger Dom signalisiert seine Attraktivität bereits von fern. Die gesamte Altstadt ist einen längeren Aufenthalt wert. Die landschaftlichen Höhepunkte des Lahntalradweges liegen in den engen Lahnwindungen zwischen Weilburg und Runkel sowie zwischen Diez und Lahnstein.

Diez beherbergt das Schloss Oranienstein mit dem Nassau-Oranien-Museum. Das anschließende Fachingen ist durch seine Mineralquellen bekannt. Weitere Burgen und Schlösser säumen den Weg, so die Burgruine Balduin, Schloss Schaumburg, Burg Laurenburg, um nur einige zu nennen. Obernhof mit seinem sehenswerten Kloster Arnstein kann als Ausgangspunkt für eine Wanderung ins Dörsbachtal benutzt werden.
Eine gänzlich andere Epoche, nämlich die wilhelminische Ära, repräsentiert Bad Ems als Bad- und Kurstadt. Lahnstein schließlich, an der Mündung der Lahn in den Rhein gelegen, verbindet mittelalterliche Ritterromantik (Burg Lahneck) mit modernsten Freizeitanlagen.

An der Lahnmündung können Sie Ihre Tour ins Rheintal fortsetzen, und auch der Moselradweg ist von hier nicht weit. Darüber hinaus ist der Lahnradweg in das hessische Radfernwegenetz eingebunden, das vielfältige Verknüpfungen ermöglicht.

Beinahe die gesamte Strecke wird von der Eisenbahn begleitet, die sich für Hin- oder Rückfahrt anbietet. Koblenz (als Endpunkt), Gießen oder Marburg sind gut an den Fernverkehr angebunden. Bad Laasphe ist nur per Nahverkehr von Marburg erreichbar.

# Leine-Radweg
## (Leinefelde - Hoya)

***Wegweisung:*** Grün-gelbes Rechteck mit grüner und blauer Welle, darunter Radlersymbol und Sparkassen-Logo. Das Sparkassenzeichen erinnert an die Unterstützung der Sparkassen und der Versicherungsgruppe Hannover, die das Zustandekommen der Wegweisung gefördert haben. Leider war die Wegweisung bei Redaktionsschluss nicht mehr durchgängig vorhanden.

***Länge:*** 309 km

***Charakteristik:*** Die Oberfläche ist weitgehend befestigt. Im thüringischen Teil müssen einige Kopfsteinpflasterpassagen in Kauf genommen werden, um verkehrsreiche Straßen zu vermeiden. Auch wassergebundene Decken (Feld- und Waldwege). Das erste Stück bringt einige Steigungen mit sich, jedoch nie von unüberwindlichem Charakter. Dafür öffnen sich den Radlern immer wieder herrliche Blicke auf das thüringisch-hessisch-niedersächsische Bergland. Im weiteren Verlauf werden Berge zu Hügeln, schließlich zur flachwelligen norddeutschen Tiefebene. Für geübte Radler, denen die teilweise fehlende Wegweisung nichts ausmacht.

***Informationen:***
- Tourismusverband Niedersachsen e.V., Vahrenwalder Str. 7, 30165 Hannover, Tel.: 0511/9357-250, Fax: 0511/937-259, e-mail: info@tourismus.niedersachsen.de, Internet: www.tourismus.niedersachsen.de.
- Thüringer Tourismus GmbH, Service Center Thüringen, Weimarische Str. 45, 99099 Erfurt, Tel.:0361/3720, Fax: 0361/3742388, e-mail: service.ttg@t-online.de, www.thueringen-tourismus.de.

***Karten und Literatur:***
- Leine Radweg, Radtourenbuch 1:75.000, Ortspläne, Übernachtungsverzeichnis, Esterbauer-Verlag.
- Radwanderkarte Niedersachsen 1:75.000, Blatt 28 (Göttingen/ Kassel), 26 (Solling), 23 (Hannover Süden), 18 (Hannovers Norden) und 17 (Nienburg), LGN Landesvermessung + Geobasisinformationen Niedersachsen.
- ADFC-Radtourenkarte 1:150.000, Blatt 6 und 12, Bielefelder Verlagsanstalt.

***Verlauf:*** Leinefelde (Leinequellen) - Beuren (Wartturm) - Heiligenstadt (Kirchen, Literaturmuseum) - Friedland - Göttingen (Universität) - Bovenden - Nörten-Hardenberg (Burgruine) - Northeim (Altstadt) -

Einbeck (Fahrradmuseum) - Kreiensen - Freden - Alfeld - Brüggen - Nordstemmen (Marienburg) - Schulenburg - Schliekum - Koldingen - Hannover (Museen, Schloss Herrenhausen) - Schloss Ricklingen - Bordenau - Neustadt am Rübenberge (Schloss) - Basse (Abstecher zum Kloster Mariensee) - Mandelsloh (Kirche) - Schwarmstedt - (Mündung in die Aller) - Ahlden (Schloss) - Rethem (Windmühle) - Hassel - Hoya (Weser).

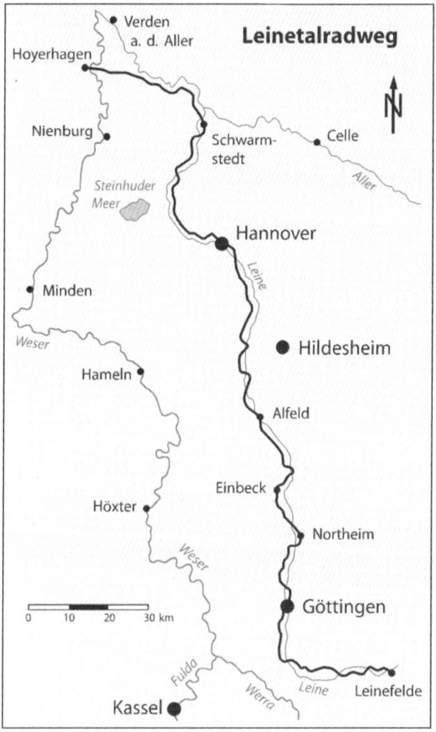


***Kommentar:*** Wiedervereinigungskind sucht neue Betreuung. Mit viel Engagement und Enthusiasmus nach der Wende ins Leben gerufen, benötigt der Leine-Radweg dringend eine zentrale Koordinierungsstelle und eine Fortsetzung des Sparkassen-Sponsorings.

Die Leine entspringt im thüringischen Leinefelde, bevor sie durch Niedersachsen ihren Weg sucht. Nach der Wende wurde über fünf Jahre unter der Regie des Leinefelder Bürgermeisters Gerd Reinhardt und des Oberkreisdirektors des Landkreises Göttingen, Dr. Alexander Engelhardt, geplant, um Konzeption, Beschilderung und Kartenwerk zu erstellen. Am 5. Mai 1995 konnte der Leine-Radfernweg schließlich eröffnet werden. Leider konnte sich keine dauerhafte Initiative zur Pflege des Radfernweges bilden, so dass die Route inzwischen deutliche Mängel aufweist. Es wäre sicherlich sehr sinnvoll, wenn sich die Sparkassen zu einem weiteren und dauerhaften Sponsoring entscheiden könnten (z.B. zur Aktualisierung der nun nicht mehr lieferbaren Radwanderkarte), denn die mangelhafte Beschilderung stellt sicherlich keine Imagewerbung dar. Der thüringische Fahrradbeauftragte hat deutliche Verbesserungen im - relativ kurzen - thüringischen Teil angekündigt.

Der erste Abschnitt verläuft in bewegtem und bewegendem Gelände, denn neben einigen Steigungen rücken immer wieder Zeugen der jüngeren deutschen Geschichte in Gestalt der ehemaligen Grenzanlagen ins Blickfeld der Radler. Bald folgt Friedland, früher bekannt durch sein Übergangs-Lager für DDR-Ausreisende, inzwischen für Asylanten genutzt.
Radelt man einerseits entlang historischer Handelswege, so wird die moderne Verkehrsgeschichte immer wieder in der landschaftsprägenden ICE-Trasse präsent.

Die Hauptstadt des traditionell katholischen Eichsfeldes, das Heilbad Heiligenstadt, überrascht mit Persönlichkeiten, die man hier kaum vermuten würde. Hier wurde der mittelalterliche Bildhauer Tilman Riemenschneider geboren. Theodor Storm, der große norddeutsche Dichter, war in diesem Ort acht Jahre lang Amtsrichter - seine Novellen erinnern daran.
Göttingens Dichter und Denker schwärmten - wie nun die Radler - in die umliegende Landschaft aus und unternahmen nicht selten einen Ausflug nach Bovenden zur Burg Plesse, die schon von Goethe und Heine besucht wurde.

Wer ein paar Steigungen nicht scheut, kann einen Abstecher von Friedland über Mollenfelde (Brotmuseum) und Eichenberg nach Witzenhausen (Ortsbild, "Kirschenstadt") ins Werratal mit seinen Burgen und dem Werra-Radweg unternehmen. Bei Hann.-Münden, am Zusammenfluss von Werra und Fulda, sollte ein ausgiebiger Besuch der alten Fachwerkstadt und der Weserliedanlage eingeplant werden. Von Hann.-Münden kann man auf den Spuren der alten Hain-Dichter durchs Schedetal über Dransfeld nach Göttingen stoßen, wo dann wieder Anschluss an den Leine-Radweg besteht.
Einbeck birgt nicht nur eine lebendige Biertradition, sondern beherbergt auch ein Fahrradmuseum - selbstverständlich ein Muss für jeden Leine-Pedalritter.
Vom Eisenbahnknotenpunkt Kreiensen lohnt ein Abstecher nach Bad Gandersheim mit seinem romanischen Dom. Eine weitere Schleife lässt sich von Gronau oder Nordstemmen (nach dem Besuch der Marienburg) nach Hildesheim mit seiner Altstadt, dem berühmten Dom und dem für seine altägyptische Sammlung bekannten Museum fahren.

Nun ist es nicht mehr weit bis Hannover, der geschäftigen Metropole, an der die Männer ihre Frauen an der Leine spazieren führen (oder umgekehrt??). Auf jeden Fall sollte man die weitläufigen Barockgärten des Herrenhauser Schlosses auf sich wirken lassen, bevor der Mittellandkanal ein weiteres Mal auf die Bedeutung Hannovers als Verkehrsknotenpunkt aufmerksam macht.

Von Schloss Ricklingen aus lohnt sich ein Abstecher nach Wunstorf und zum Steinhuder Meer, einem der beliebtesten Radlerziele der Hannoveraner Region. Es folgt Neustadt am Rübenberge, wo man ein Torfmuseum und Renaissanceschloss bewundern kann. Nur den Rübenberg gibt es nicht, hier ist es gänzlich flach und eher moorig als bergig.

Der Leine-Radfernweg endet nicht mit der Mündung der Leine, die nördlich von Schwarmstedt bei Bothmer in die Aller fließt, sondern wird noch ein gutes Stück an der Aller entlanggeführt, um in der Höhe von Hoya an die Weser zu gelangen - womit schließlich eine Verbindung zum Weserradweg erreicht wird.

Mit der Bahn ist Leinefelde durch den Regionalverkehr erreichbar. Der Abschnitt von Eichenberg bis Hannover wird besonders gut mit Zügen aller Art bedient - leider dürfen in den schnellsten Zügen keine Fahrräder mitgenommen werden. Vom Endpunkt Hoya aus sind es nur wenige Kilometer bis zur vielbefahrenen Bahnstrecke Bremen - Hannover. In Eystrup halten nur Nahverkehrszüge; die nächsten Interregio-Anschlüsse gibt es in Nienburg oder Verden.

## Radweg "Liebliches Taubertal"

**(Rothenburg o. d. Tauber - Wertheim a. Main) und "Main-Tauber-Fränkischer Radachter"**

***Wegweisung:*** Einheitliche und durchgängige Beschilderung mit grünem Fahrradsignet und Routenname auf großem, weißem Schild. Der "Radachter" ist mit Logo (zwei nebeneinanderliegende rote Kreise mit gelber stilisierter Route) beschildert.

***Länge:*** 95 km (+ weitere 315 Kilometer beim "Radachter")

***Charakteristik:*** Der gut ausgeschilderte Radfernweg verläuft fast ausschließlich auf geteerten Wirtschaftswegen mit nur vereinzelten, leichten Steigungen und weitestgehend autofrei entlang der Tauber. Ebenfalls größtenteils autofrei, allerdings nicht immer ohne Steigungen (wenn Flusstäler verlassen werden) führt der "Radachter" entlang beeindruckender Landschaften und Sehenswürdigkeiten.

***Informationen:***

- Touristikgemeinschaft Liebliches Taubertal, Postfach 1254, 97932 Tauberbischofsheim, Tel.: 09341/82-294, Fax: 09341/82-382, e-mail: touristik@liebliches-taubertal.de, Internet: www.liebliches-taubertal.de.

- Tourismus-Service GmbH, Yorckstr. 23, 79110 Freiburg, Tel.: 0761/89797979, Fax: 0761/89797989, e-mail: info@tourismus-baden-wuerttemberg.de, Internet: www.tourismus-baden-wuerttemberg.de.

***Karten und Literatur:***

- Radweg "Liebliches Taubertal", Routenbroschüre der Tourismus Marketing GmbH Baden-Württemberg, Bezug gegen geringe Gebühr beim: Info- und Prospektservice Baden-Württemberg, Yorckstr. 23, 79110 Freiburg, Tel.: 0761/89797979, Fax: 0761/89797989.
- Radwandern Liebliches Taubertal (Der 100 km-Klassiker + 282 km Erlebnistouren), Faltblatt mit Routenskizze, Streckenbeschreibungen, Sehenswürdigkeiten etc. sowie 6 Sondertouren, kostenlos bei der Touristikgemeinschaft Liebliches Taubertal.
- Radwanderkarte 1:100.000 mit Radwegegrundnetz, Blatt 57 (Tauber-Hohenlohe), Landesvermessungsamt Baden-Württemberg.
- ADFC-Radtourenkarte 1:150.000, Blatt 21, Bielefelder Verlagsanstalt.
- Liebliches Taubertal (Von Rothenburg nach Wertheim), bikeline-Radtourenbuch und Karte 1:50.000 mit Routenbeschreibung, Sehenswürdigkeiten, Ortsplänen, wichtigen Adressen, Übernachtungsverzeichnis, Verlag Esterbauer.
- Radfernwege Liebliches Taubertal/Altmühlweg/Altmühltal, Radfernwegeführer mit Karten 1:75.000, Entfernungsangaben, Sehenswürdigkeiten, Fahrradverleihadressen, Reparaturwerkstätten, Übernachtungsmöglichkeiten, Haupka-Verlag.
- Der Main-Tauber-Fränkische-Radachter, Faltblatt mit Routenskizze und Informationen zu Sehenswürdigkeiten, Begleitheft mit Tipps und Infos, kostenlos bei der Touristikgemeinschaft Liebliches Taubertal.

***Verlauf:*** Rothenburg (mittelalterliches Stadtbild) - Creglingen (Herrgottskirche mit Riemenschneider-Altar, Fingerhutmuseum) - Röttingen (Stadt der Sonnenuhren) - Weikersheim (Renaissanceschloss mit Park) - Bad Mergentheim (Deutschordensschloss und -museum) - Lauda-Königshofen (Stadttor) - Tauberbischofsheim (Kurmainzisches Schloss) - Gamburg (Burg, barocke Eulschirbenmühle) - Bronnbach (ehemaliges Zisterzienserkloster) - Wertheim (Altstadt mit Burg, Marienkapelle, Glasmuseum).

***Kommentar:*** Der Radweg "Liebliches Taubertal" besteht seit 1983 und zählt zu den echten Klassikern und Beliebtheiten unter den deutschen Radfernwegen. Besonders die Beschilderung durch große, einheitliche Schilder verdient das Prädikat "empfehlenswert". Mal links, mal rechts der Tauber führt die Route durch die herrliche Flusstallandschaft. Reizvoll sind auch die Stadtbilder von Rothenburg o. d. T., Tauberbischofsheim und Wertheim. Zahlreiche kleine Kapellen, Bildstöcke und Wegekreuze sind kennzeichnend für das "Herrgotts- oder Madonnenländle". Zahlreiche Schlösser, historische Stadtkerne und ehemalige Klöster zählen weiterhin zu den Sehenswürdigkeiten am Wegesrand. Auch die Natur hat einiges zu bieten: z.B. wartet die Tauber durch ihr sauberes Wasser mit hohem Fischreichtum auf. Das milde Klima der Region begünstigt den Weinanbau, für die regionstypischen "Bocksbeutel" sollte ein Plätzchen in der Fahrradtasche freigehalten werden. Besonders reizvoll ist ein Besuch des Taubertales im Herbst, zur Zeit der kräftigen Laubfärbung.

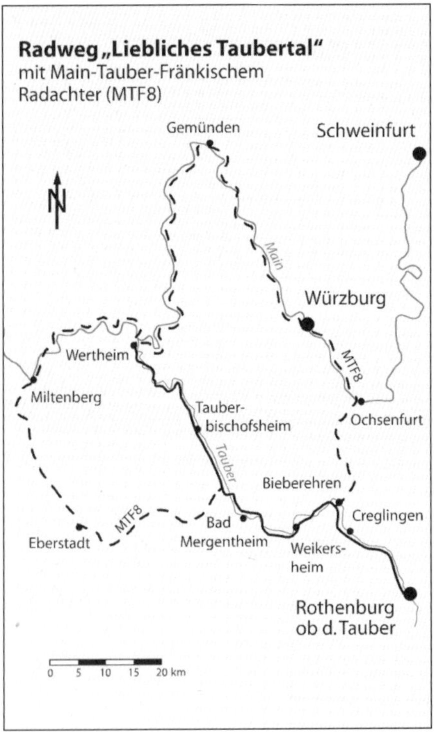


Aufgrund der hohen Beliebtheit der Region nicht nur bei den Radlern empfiehlt sich vor allem in der Saison das Vorausbuchen von Übernachtungsquartieren.

Fahrradvermietungen gibt es ebenso wie pauschal geführte Touren durch das "liebliche" Tal. Neben dem eher skizzenhaften Routenverlauf auf dem Faltblatt mit Verzeichnis der Sehenswürdigkeiten gibt es ein nützliches Infoheftchen mit Tipps und Informationen sowie Faltblätter mit Verzeichnissen zu "Biergärten und Gartenwirtschaften" und "Badevergnügen". Wem die komplette Route nicht reicht, für den sind sogar "Sonderetappen für Ausreißer" beschrieben. Was will man mehr ...

Mit Spaß, Erlebnis, Natur, Romantik, Kunst und Sport wirbt auch der Main-Tauber-Fränkische-Radachter, der sich in Form einer Acht um Tauberbischofsheim im Schnittpunkt windet. Der 444 km lange Rundkurs verbindet seit 1993/94 die Städte Wertheim, Würzburg,

Bad Mergentheim und Miltenberg miteinander und führt im Maintal und im Taubertal streckengleich zu den gleichnamigen Fluss-Radwanderwegen. Die Strecke ist reich an kulturellen Sehenswürdigkeiten und beeindruckender Landschaft. Kulturelle Highlights sind unter anderem das Deutschordensschloss in Bad Mergentheim, das Schloss des Geschlechtes Hohenlohe in Weikersheim, die unterfränkische Main (und Wein-)metropole Würzburg oder die Tropfsteinhöhle bei Eberstadt.

Das Taubertal ist mit der Bahn erreichbar, wenngleich Anschluss an den Fernverkehr erst in Ansbach oder Crailsheim besteht. Im Fernverkehr ist Würzburg mit Bahn und Fahrrad zu erreichen. Ob die Stadt, in der sich fünf Radfernwege treffen, damit ausreichend angebunden ist, wird wieder der kommende Sommer zeigen. Frühzeitiges Reservieren des Fahrradstellplatzes kann jedoch in keinem Fall schaden.

Auch die Kombination von Bahn und Fahrrad während der Tour klappt problemlos, die "Tauberbahn" (Wertheim - Rothenburg mit Fahrradtransport) begleitet einen wesentlichen Teil der Strecke. Erstmals ab Juni 2001 wird es spezielle "Radlzüge" zwischen Wertheim und Schrozburg geben. Alle diese zehn durchgängigen Züge (Ein Faltblatt der Touristikgemeinschaft informiert über Abfahrtszeiten) sind mit Halbgepäckwagen oder Sonderabteilen für Fahrräder ausgestattet.

## Maintal-Radweg
**(Bayreuth - Mainz)**

***Wegweisung:*** Zwischen Bayreuth und ab Bamberg nach Seligenstadt meist mit der weißen Aufschrift "MR" auf grünen Richtungspfeilen ausgewiesen, von Seligenstadt bis Mainz zumeist mit hölzernen Richtungshinweisen oder Metallschildern mit Fahrradsymbol.
Auch die Ergänzungs-/ "Abkürzungsstrecken" Kahltal-Spessart (grün) und Sinntal (dunkles türkis) sind mit den typischen unterfränkischen Wegweisern (zweipfeiliger Wegweiser mit weißem Radler) versehen.

***Länge:***
Mainradweg / Maintalradweg rund 510 km
Kahltal-Spessart Radweg (Kahl - Lohr) 69 km
Werntal-Radwanderweg (Wernfeld - Schweinfurt) 58 km
Sinntal (Gemünden - Mellrichstadt) 118 km

***Charakteristik:*** Von unbefestigten Feldwegen, asphaltierten Wirtschaftswegen ohne Kfz-Verkehr bis zu Ortsdurchfahrten an Bundesstraßen (allerdings inzwischen mit Radweg) ist alles vertreten. Der Anteil der gut befahrbaren Abschnitte überwiegt jedoch. Es gibt eine Vielzahl von Nebenstrecken, die es ermöglicht, die Routenwahl individuell zu gestalten. Nennenswerte Steigungen hat der Weg, sofern man mit dem Strom radelt, nicht zu bieten.

***Informationen:***
Leider gibt es für den Maintal-Radweg keine zentrale Informationsstelle, in den Radwanderführern sind alle Tourist-Informationen und Landratsämter der Kreise, durch den der Main-Radweg verläuft, aufgelistet. Stellvertretend seien hier zwei Informationsadressen genannt:

- Tourismusverband Franken, Fürther Str. 21, 90429 Nürnberg, Tel.: 0911/264202, Fax: 0911/270547, e-mail: tourismus@franken.btl.de, Internet: www.btl.de/franken.
- Oberes Mainland - Coburger Land, Landratsamt, Kronacher Str. 30, 96215 Lichtenfels, Tel.: 09571/18283, Fax: 09571/18288, e-mail: tourismus@OberesMaintal-CoburgerLand.btl.de, Internet: www.btl.de/OberesMaintal-CoburgerLand.
- Tourist-Information Spessart-Main-Odenwald, Postfach 547, 63736 Aschaffenburg, Tel.: 06021/394271, Fax: 06021/394258, e-mail: tourismus@spessart.btl.de, Internet: www.btl.de.
- Informationen für den bayerischen Teil unter www.bayerninfo.de.

***Karten und Literatur:***

- Maintal-Radwanderweg, Radtourenkarte 1:100.000 (Kahl a. Main - Bamberg), Hrsg.: Regionale Planungsverbände Bayerischer Untermain, Würzburg und Main-Rhön in Zusammenarbeit mit der Regierung von Unterfranken und den beteiligten Landkreisen, Bezug gegen bei der Tourist-Information Spessart-Main-Odenwald.
- Maintal-Radwanderweg, Broschüre mit Streckenführung, Ortsbeschreibungen, Sehenswürdigkeiten Informationsadressen. Hrsg.: Regionale Planungsverbände Bayerischer Untermain, Würzburg und Main-Rhön in Zusammenarbeit mit der Regierung von Unterfranken und den beteiligten Landkreisen, Bezug gegen Gebühr bei der Tourist-Information Spessart-Main-Odenwald.
- ADFC-Radtourenkarte 1:150.000, Blatt 18, 20 und 21, Bielefelder Verlagsanstalt.
- Main-Radweg (Von Frankfurt bis Bayreuth), Radwanderführer mit Wegbeschreibung, Kilometerangaben, Tipps zu Kunst und Kultur, 1:250.000, Innenstadtplänen, Bielefelder Verlagsanstalt.
- Main-Radweg (Von Bayreuth nach Mainz), bikeline-Radtourenbuch 1:75.000 mit Routenbeschreibung, Sehenswürdigkeiten, Ortsplänen, Übernachtungsverzeichnis, Verlag Esterbauer.

- Radfernweg Main, Radfernwegführer mit Karten 1:75.000, Entfernungsangaben, Sehenswürdigkeiten, Fahrradvermietungen, Reparaturwerkstätten, Übernachtungsadressen, Haupka-Verlag.
- Main-Radweg (Frankfurt a.M. - Bayreuth, Bamberg - Nürnberg), Radwanderkarte 149, 1:125.000, Kurzführer, Sehenswürdigkeiten, Kompaß-Verlag.

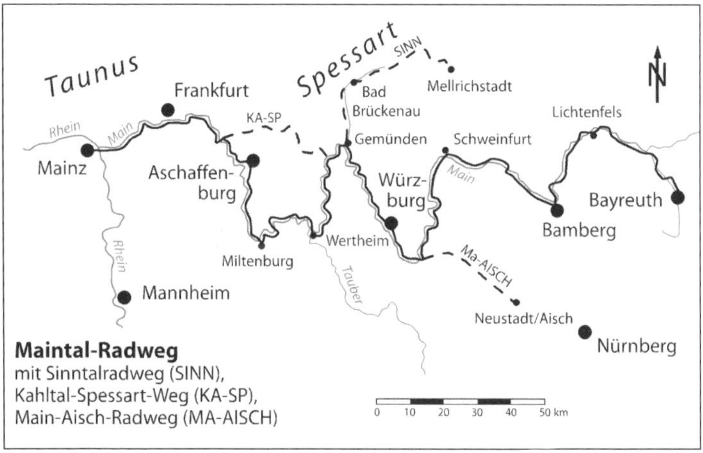


***Verlauf:*** Bayreuth (Altes und Neues Schloss, Richard-Wagner-Museum, Festspielhaus) - Kulmbach (Plassenburg) - Lichtenfels (Schloss und Getreidespeicher Kastenboden) - Bamberg (UNESCO-Weltkulturerbe, Kaiserdom, Neue Residenz, Brauereimuseum) - Haßfurt (Ritterkapelle) - Schweinfurt (Rathaus) - Kitzingen (Deutsches Fastnachtmuseum) - Ochsenfurt (spätgotisches Rathaus) - Würzburg (Festung Marienberg, Dom St. Kilian) - Karlstadt (Rathaus) - Gemünden a. Main (Scherenburg) - Lohr - Marktheidenfeld (Rokoko-Haus Flasch) - Wertheim (Ruine) - Miltenberg (Mildenburg) - Obernburg - Sulzbach a. Main - Aschaffenburg - Seligenstadt - Hanau - Offenbach a. Main (Isenburger Schloss, Deutsches Leder- und Schuhmuseum) - Frankfurt a. Main (Paulskirche, Römer) - Mainz (Schloss, Dom St. Martin).

***Kommentar:*** Der Main, rechter Nebenfluss des Rheins, ist insgesamt 524 Kilometer lang. Der Fluss entsteht aus den beiden Quellflüssen Roter und Weißer Main, die sich bei Schloss Steinenhausen in der Nähe von Kulmbach vereinen. Auf seinem Weg zum Rhein durchbricht der Fluss zunächst den fränkischen Jura, dann die Keuperstufe zwischen den Hassbergen und dem Steigerwald. Mit ausladender Aue zieht er über das Muschelkalkplateau, bevor er sich durch den Spessart und Odenwald hindurchwindet. Schließlich erreicht er die Rheinebene bei Aschaffenburg.

Die Fahrradroute entlang des Mains erschließt seinen gesamten interessanten und variationsreichen Verlauf. Seit 1987 ausgebaut und beschildert sorgten die unterschiedlichen Zuständigkeiten von zwei Bundesländern und nicht weniger als 16 Landkreisen lange Zeit für eine mitunter bunte Beschilderungsmischung. Eine Vereinheitlichung der Wegweisung ist jedoch mehr und mehr zu beobachten.

Unterwegs trifft man auf eine große Anzahl kulturhistorischer Sehenswürdigkeiten wie die Kaiserpfalzruine von Seligenstadt, Schloss Johannisburg bei Aschaffenburg, die Mildenburg, das Kurmainzer Schloss bei Lohr mit dem Spessartmuseum oder den bedeutendsten deutschen Profanbau, die Würzburger Residenz, um nur einige zu nennen. Eine besonders reizvolle Landschaft erwartet den Radler zwischen der "Kugellagerstadt" Schweinfurt und Aschaffenburg, wo die steilen Hänge des Maintals mit Weinreben bestanden sind. Wer die Route komplett erradeln möchte, sollte mindestens 7 Tage einplanen.

Die Anreise ins Maintal ist wenig problematisch: Mainz, Frankfurt, Würzburg und Bamberg sind gut in das Bahnnetz integriert. Außerdem wird beinahe das gesamte Maintal im Nahverkehr der Bahn befahren.

Abstecher von der Route bieten sich in Vielzahl an. Beispielsweise der Radweg "Vom Main zur Aisch", der in zwei Varianten von Kitzingen bzw. Ochsenfurt aus nach Neustadt a. d. Aisch durch den Steigerwald zum Naturpark Frankenhöhe führt. (Variante 1: Neustadt a. d. Aisch - Scheinfeld - Iphofen - Kitzingen = 49 km. Variante 2: Neustadt a. d. Aisch - Sugenheim - Uffenheim - Ochsenfurt = 64 km) Die Route durchläuft viele bezaubernde Landschaften und Flusstäler auf asphaltierten und geschotterten Wegen. Da nur wenige Straßen benutzt werden und die Wegeführung weitgehend eben ist, kann die Route als äußerst familienfreundlich bezeichnet werden. Die gute Beschilderung in beiden Richtungen ermöglicht allerorts den Einstieg in die Route und macht ihn zu einem wichtigen Verbindungsweg zwischen Main- und Aischtal-Radweg.

Auch entlang der Sinn windet sich ein Radfernweg von der Rhön aus zum Main. Beginnend in Mellrichstadt misst die Strecke des Rhön-Sinntal-Streutal-Radwanderweges über Ostheim v.d. Rhön - Fladungen - Bischofsheim a. d. Rhön - Wildflecken - Bad Brückenau nach Gemünden a. Main gut 116 Kilometer. Streuaufwärts und Sinnabwärts gibt es dabei viele interessante Orte und Kunstdenkmäler zu entdecken. Gekennzeichnet ist die Route durch türkisblaue Richtungspfeile mit Radfahrer-Symbol und der Aufschrift "Rhön-Sinntal-Radwanderweg" auf weißem Schild sowie im Streutal durch rote Schilder mit weißem Radfahrer und den Schriftzügen "Fernradweg Streutal" und "Naturpark Rhön". (Informationen: Rhön-Sinntal-Streutal-Radwanderweg, Radtourenkarte 1:50.000 mit Begleitheft, Hrsg.: Regionale Planungsverbände Würzburg und Main-Rhön in Zusammenarbeit mit den betroffenen Landkreisen, Bezug gegen Gebühr bei der Tourist-Information Spessart-Main-Odenwald oder der Tourist-Information Rhön).

Nicht zuletzt soll auch der Kahltal-Spessart-Radwanderweg erwähnt werden, der als "Abkürzung" des Main-Radweges zwischen Lohr a. Main und Kahl a. Main den Spessart quert. Vom "kalten Wasser" (wovon sich das Wort "Kahl" im Althochdeutschen ableitet) braucht man sich hier allerdings nicht abschrecken lassen, denn auf den 69 Kilometern entlang der Route wird dem Radwanderer schnell warm werden. Gleich in welche Richtung man reist, im einen Tal (ob das Lohrtal von Osten oder das Kahltal von Westen) geht es zunächst etwa 300 Höhenmeter bergan, bevor man das andere wieder hinunter rollen kann. Die Route ist mit dem grünen Schriftzug 'Kahltal-Spessart-Radwanderweg' und grünen Pfeilen auf weißen Schildern ausgewiesen und verläuft größtenteils auf Feld- und Wirtschaftswegen abseits von Straßen. Trotzdem ist er nur bedingt familienfreundlich. (Informationen: Kahltal-Spessart-Radwanderweg, Radtourenkarte 1:50.000 mit Begleitheft, Hrsg.: Regionale Planungsverbände Bayerischer Untermain und Würzburg in Zusammenarbeit mit der Regierung von Unterfranken und den betroffenen Landkreisen, Bezug gegen Gebühr u. a bei der Tourist-Information Spessart-Main-Odenwald.)

## Main-Werra-Radweg
### (Würzburg - Meiningen)

***Wegweisung:*** Durchgängig und einheitlich beschildert mit Radlersymbol auf orangefarbenen Richtungspfeilen auf weißem Grund und dem Schriftzug "Main-Werra-Radwanderweg".

***Länge:*** 135 km

***Charakteristik:*** Zwischen Würzburg und Mellrichstadt weitgehend autofrei. Asphaltierte Strecken wechseln mit befestigten Wirtschaftswegen. Zwischen Mühlfeld und Untermaßfeld verläuft die Route auf Straßen mit mäßigem Autoverkehr, weiter bis Meiningen auf separatem Radweg. Mit einigen Steigungen muss gerechnet werden.

***Informationen:***

- Landratsamt Rhön-Grabfeld, Tourist-Information Rhön, Spörleinstr. 11, 97616 Bad Neustadt a. d. Saale, Tel.: 09771/94-0, Fax: 09771/94300, e-mail: tourismus@rhoen.btl.de.

Informationen auch im Internet: www.bayerninfo.de.

***Karten und Literatur:***

- Main-Werra-Radwanderweg/Main-Saale-Radwanderweg, Radwanderkarte 1:50.000 mit Begleitheft, Hrsg.: Regionale Planungsverbände Würzburg und Main-Rhön in Zusammenarbeit mit der Regierung von Unterfranken und den beteiligten Landkreisen. Bezug gegen Gebühr bei der Tourist-Information Rhön.
- ADFC-Radtourenkarte 1:150.000, Blatt 17, Bielefelder Verlagsanstalt.

***Verlauf:*** Würzburg (Altstadt, Festung Marienburg, Mainfränkisches Museum) - Hausen b. Würzburg - Werneck (Schloss) - Schweinfurt - Poppenhausen - Rannungen (Talkirche) - Münnerstadt (Stadtpfarrkirche) - Bad Neustadt a. d. Saale (Salzburg) - Mellrichstadt (Kath. Pfarrkirche) - Mühlfeld - Rentwertshausen - Untermaßfeld - Meiningen (Schloss, historische Altstadt).

***Kommentar:***

Der Main-Werra-Radwanderweg war einer der ersten Radfernwege, welcher die alten mit den neuen Bundesländern verband. Leitidee war die Verknüpfung zweier Flüsse, Main und Werra, sowie zweier Regionen, Unterfranken und Thüringer Wald. Auf dem ersten Stück von Würzburg nach Schweinfurt bietet der Main-Werra-Radwanderweg eine direktere Alternative als der Main-Radweg, der ebenfalls diese beiden Städte miteinander verbindet. Würzburg, Bad Neustadt a. d. Saale und Meiningen sind die kulturellen Höhepunkte der Route. Doch auch die vielen kleinen Dörfer mit ihren fränkisch-thüringischen Fachwerkbauten, Kirchen, wehrhaften Schlössern und Burgen laden zum Verweilen ein. "Krönender" Endpunkt der Route ist die alte Residenzstadt Meiningen. Hier herrschten bis 1918 die Herzöge von Sachsen-Meiningen und hinterließen das Barockschloss Elisabethenburg mit dem Schlosspark. Die Theaterkultur ist noch heute bekannt und lebendig, aber auch die Kulisse der historischen Altstadt ist einen Rundgang wert. Ebenfalls interessant ist die Entstehungsgeschichte dieses Radfernweges. Projektiert vom engagierten Berufsschullehrer Werner Druckenbrod aus Oberwerrn bei Schweinfurt mit seinen Schülern, nach Abstimmung und mit Unterstützung durch die Landratsämter und Regierungspräsidien entstand mit geringen Kosten in sehr kurzer Zeit eine vollständig ausgeschilderte Radroute.

Da die Bahnstrecke Schweinfurt - Bad Neustadt a. d. Saale - Mellrichstadt - Meiningen bei der Planung der Radroute als Leitlinie fungierte, wird der Radwanderweg heute vollständig vom Regionalverkehr begleitet. Bis zu günstigen Fernverkehrsanbindungen in Schweinfurt bzw. Würzburg und Eisenach bzw. Erfurt ist es nicht mehr weit.

***Karte auf Seite 78***

# Mecklenburgischer Seen-Radweg

### (Lüneburg - Wolgast)

***Wegweisung:*** Die Hinweisschilder weisen zwei stilisierte Radfahrer und den Schriftzug "Seen-Radweg" in einem weißen Kreis auf roten Schildern aus.

***Länge:*** 615 km

***Charakteristik:*** Der Mecklenburgische Seen-Radweg setzt sich aus 6 verschiedenen Routen des Radfernwegenetzes von Mecklenburg-Vorpommern zusammen. Die Wegequalität ist aufgrund der Länge sehr unterschiedlich. Sie reicht von sehr gut befahrbaren, asphaltierten Radwegen über Kopfsteinpflaster bis hin zu Sandstrecken. Die Benutzung von Spezialrädern und Anhängern ist daher nur teilweise möglich. Abschnittsweise werden Radwege an stark befahrenen Straßen entlang geführt. Der Seen-Radweg durchquert das gesamte Land Mecklenburg-Vorpommern und bietet topographisch von allem etwas: hügeliges Alt- und Jungmoränenland, Niederungen und Urstromtäler, Seenplatte und flache Küstenstreifen mit viel Wind. Insgesamt verlangt die Strecke durchschnittliche Kondition und erfreut auch mitradelnde Kinder. Die Beschilderung der Route ist sehr unterschiedlich. Mancherorts gibt es Vorwegweiser, teilweise sind diese jedoch nicht sichtbar angebracht. Streckenweise ist die Beschilderung sehr dünn (Usedom). Auf Streckenabschnitten, an denen mehrere Radfernwege und -wanderwege aufeinandertreffen, wird der Schilder- (bzw. Aufkleber-) wald unüberschaubar. Wegweiser mit Doppelpfeilen weisen häufig nicht in die richtige Richtung und setzen Ortskenntnisse voraus, die der Besucher eigentlich nicht haben kann.

***Informationen:***

- Tourismusverband Mecklenburg-Vorpommern e.V., Platz der Freundschaft 1, 18059 Rostock, Tel.: 0381/4030500, Fax: 0381/4030555, e-mail: info@tmv.de.

***Karten und Literatur:***

- Mecklenburgischer Seen-Radweg, Von Lüneburg zur Insel Usedom, Radwanderprospekt mit Kartenskizzen 1:150.000, Streckenbeschreibung, Sehenswürdigkeiten, Informations- und Serviceadressen, Hrsg.: Staatskanzlei Mecklenburg-Vorpommern und TV Mecklenburg-Vorpommern e.V. in Zusammenarbeit mit den Regionalen Fremdenverkehrsverbänden und den Kreis- und Stadtverwaltungen, Bezug beim Tourismusverband Mecklenburg-Vorpommern e.V.

- Mecklenburgischer Seen-Radweg, Radwanderkarte 1:50.000, Spiralbindung, mit touristischen Hinweisen zu Sehenswürdigkeiten und Adressen, Bielefelder Verlagsanstalt.
- ADFC-Radtourenkarte 1:150.000, Blätter 3, 4 und 7, Bielefelder Verlagsanstalt.

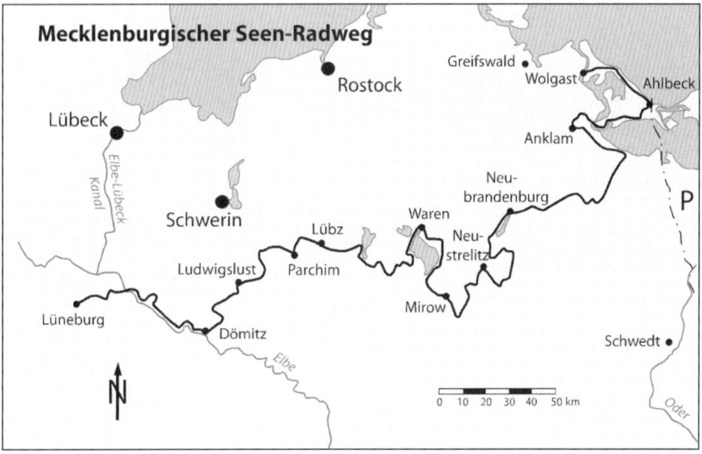


***Verlauf:*** Lüneburg (Rathaus, Deutsches Salzmuseum) - Scharnebeck (Schiffshebewerk) - Bleckede - Neuhaus a. d. Elbe - Dömitz (Festung) - Kaliß - Glaisin - Ludwigslust (Schloss, Fontanehaus) - Neustadt-Glewe - Friedrichsmoor (Burg, Fachwerkschloss) - Parchim (Kirchen, Rathaus) - Lübz (Wehrturm, Wassermühle, Museum, Lübzer Brauerei) - Kritzow (Stieleichen-Allee) - Plau am See (historisches Stadtbild, Burgturm) - Plötzenhöhe am See - Bad Stuer (Kurort) - Minzow - Röbel (Stadtbild, Müritz-Therme) - Waren/Müritz (historischer Stadtkern, Müritzmuseum, Aquarium) - Federow - Boek (Boeker Mühle) - Mirow (Schloss, Schleuse, Dendrologischer Garten) - Fleether Mühle - Canow - Wesenberg (Stadtbefestigung) - Zwenzow - Neustrelitz (ehemalige Residenzstadt, barockes Stadtbild, Orangerie) - Fürstensee - Blankensee - Alt Rehse (Fachwerkhäuser) - Neubrandenburg (Stadtmauer mit Wiekhäusern, Stadttore) - Eichhorst - Galenbeck (Naturschutzgebiet Galenbecker See) - Neuensund - Ferdinandshof - Meiersberg - Ueckermünde (Renaissance-Schloss, Hafen, Haff-Museum) - Leopoldshagen (Fachwerk-Kirche) - Anklamer Fähre - Anklam (Otto-Lilienthal-Museum) - Relzow (NSG Peenetalmoor) - Karnin - Usedom (historisches Stadtbild, Anklamer Tor) - Dargen (Windschöpfkraftwerk, Zweiradmuseum) - Garz - Ahlbeck (Ostseeheilbad, Seebrücke) - Heringsdorf (Seebrücke) - Bansin - Zinnowitz (Seebrücke) - Wolgast (Altstadt, Hafen, Getreidespeicher).

**Kommentar:** Der Mecklenburgische Seenradweg verbindet die gesamte Vielfalt der Landschaften Mecklenburg-Vorpommerns auf seiner Route. Der Weg beginnt bereits in der alten Salzhandelsstadt Lüneburg in Niedersachsen und führt am nördlichen Geestrand entlang an die Elbe und zur Landesgrenze. Eine Fähre bringt Sie über den Fluss. Störche gehören in der Elbniederung zum alltäglichen Bild, die Elbe bekommt man auf der Fahrt hinter dem Deich jedoch nur selten zu Gesicht. Von der alten Festungsstadt Dömitz aus folgt die Route dem Radfernweg Elbe-Ostsee in Richtung Norden. Die Heidelandschaft der "Griesen Gegend", das Barockstädtchen Ludwigslust, das Vogelparadies an den Teichen der Lewitz - die Sehenswürdigkeiten reißen bis Friedrichsmoor nicht ab. Weiter führt der Weg in Richtung Osten auf dem Radfernweg Mecklenburgische Seenplatte - Lewitz. Mit der gemütlichen Stadt Plau am See ist die Seenplatte erreicht. Vom Plauer See geht es an die Müritz und quer durch die großen Waldgebiete des gleichnamigen Nationalparks. Nach so viel Natur wartet Neustrelitz mit Kultur auf. Das blaue Band der Seen reißt aber auch bis Neubrandenburg nicht ab: Fürstensee, Wanskaer See, Tollensesee - Wasserratten kommen scheinbar grenzenlos auf ihre Kosten. Und das die Eiszeit hier keine platte Landschaft hinterlassen hat, bekommen die Waden zu spüren. Herrliche Ausblicke über die Landschaft entschädigen die Anstrengungen.
Auf dem Haff-Tollensesee-Radfernweg von Neubrandenburg bis Ueckermünde nähert sich die Route nun zielstrebig der Ostsee bzw. dem Stettiner Haff. Nahtlos schließen sich die Streckenführungen des Haff-Radfernweges und des Ostseeküstenradweges an, über die Insel Usedom wird das Ziel Wolgast erreicht. Schon von weitem grüßen die strahlend weißen Fassaden der Bäderarchitektur entlang der Küste.
Der Radwanderprospekt des Tourismusverbands Mecklenburg-Vorpommern e.V. schlägt die Beradlung des gesamten Radfernweges in 14 Teilabschnitten vor. Da sich diese Routenabschnitte eher nach Kilometerzahlen als nach den topographischen Gegebenheiten richten, ist diese Tourenplanung nicht ganz ausgewogen. Gerade weniger geübte Radler oder Gruppen mit Kindern sollten in Abhängigkeit der individuellen Bedürfnisse eigene Maßstäbe setzen.

Für die An- und Abreise mit der Bahn gibt es entlang des Mecklenburgischen Seen-Radweges vielfältige Möglichkeiten über den Nah- und Fernverkehr. Die Rückreise von Usedom aus wird allerdings dadurch erschwert, dass eine Reservierung der Fahrräder für Fernverkehrszüge vor Ort nicht möglich ist. Es empfiehlt sich, diese rechtzeitig zu organisieren und ausreichend Zeit einzuplanen.

# Mecklenburgische Seenplatte - Lewitz

**(Mirow - Friedrichsmoor)**

***Wegweisung:*** Die Hinweisschilder sind mit dem mecklenburgischen Landeswappen und dem Namen des Radfernweges versehen.

***Länge:*** 128 km

***Charakteristik:*** Die Route verläuft von Ost nach West auf kleinen Landstraßen und Waldwegen und hält sich von stärkerem Kraftfahrzeugverkehr fern. Die Wegeoberflächen sind überwiegend befestigt und gut befahrbar. Bei Darze gibt es einige sandige Abschnitte. Die wasser- und waldreiche Mecklenburgische Seenlandschaft weist keine nennenswerten Höhenunterschiede auf.

***Informationen:***

- Tourismusverband Mecklenburg-Vorpommern e.V., Platz der Freundschaft 1, 18059 Rostock, Tel.: 0381/4030500, Fax: 0381/4030555, e-mail: info@tmv.de.

***Karten und Literatur:***

- Urlaub mit dem Fahrrad, Fernradwege in Mecklenburg-Vorpommern, Broschüre mit Routenskizzen aller Radfernwege in Mecklenburg-Vorpommern sowie Kurzbeschreibungen, Sehenswürdigkeiten und Infoadressen, Bezug: Touristik-Marketing-Service GmbH, Koppelweg 2, 18107 Rostock, Tel.: 0381/7689880, Fax: 0381/7689881, e-mail: T.M.S.Rostock@t-online.de.
- ADFC-Radtourenkarte 1:150.000, Blatt 3, Bielefelder Verlagsanstalt.
- ADFC-Regionalkarten 1:75.000, Blatt Mecklenburgische Seenplatte (Abschnitt Mirow - Kritzow), Bielefelder Verlagsanstalt.
- Radfernwege in Mecklenburg-Vorpommern 2, Radwanderkarten 1:100.000 mit touristischen Hinweisen, Informationsadressen, Bielefelder Verlagsanstalt.

***Verlauf:*** Mirow (Schloss, Schleuse, Dendrologischer Garten) - Lärz - Vietzen - Vipperow (Kirche) - Ludorf (Gutshaus, achteckige Kirche) - Röbel (Stadtbild, Müritz-Therme) - Minzow - Walow - Kogel - Bad Stuer (Kurort) - Plötzenhöhe am See - Plau am See (historisches Stadtbild, Burgturm) - Schlemmin - Kritzow (Stieleichen-Allee) - Lübz (Wehrturm, Wassermühle, Museum, Lübzer Brauerei) - Greven - Stralendorf-Darze - Parchim (Kirchen, Rathaus) - Malchow - Matzlow-Garwitz - Friedrichsmoor (Burg, Fachwerkschloss).

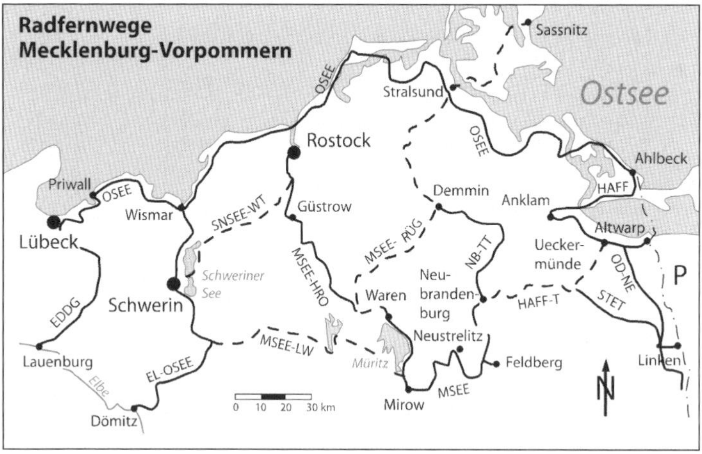


**Kommentar:** Beginnend in Mirow inmitten der Mecklenburgischen Seenplatte startet der Radfernweg zunächst entlang der Müritz-Havel-Wasserstraße, bis die Müritz, der zweitgrößte deutsche Binnensee (nach dem Bodensee) erreicht wird. Den See immer im Blick kommen Naturbegeisterte hier voll auf ihre Kosten. Quer durchs Hügelland und viele Waldgebiete durchstreift die Route die vielseitige Landschaft. Die Perle der Mecklenburgischen Seenplatte ist wohl Malchow, zwischen dem Fleesen- und dem Plauer See gelegen, der Stadtkern auf einer Insel im Malchower See. Aber auch ein Besuch der lieblichen Innenstadt von Plau am See sollte nicht versäumt werden. Nun heißt es Abschied nehmen von den großen Seen, westwärts geht es in sanftem auf und ab durch das Altmoränenland. In Kritzow trifft man auf eine der schönsten Eichenalleen des Landes und Lübz ist nicht nur aufgrund seines Bieres einen Besuch wert. Westlich von Parchim ist dann schon die Lewitz erreicht, eine eiszeitliche sandige Niederung der Flüsse Stör und Elde. Die ehemals moorige Landschaft wurde trockengelegt, unzählige Fischteiche entstanden. Die Wasserflächen mit ihrem umliegenden Grünland sind im Frühjahr und Herbst Rastgebiet für tausende Zugvögel.

Von den Hauptbahnstrecken Rostock - Neustrelitz - Berlin und Schwerin - Ludwigslust - Wittenberge sind einige Orte entlang der Route im Nahverkehr zu erreichen, z.B. Mirow, Malchow, Plau am See, Lübz und Parchim.

# Mecklenburgische Seenplatte-Radfernweg
## (Waren/Müritz - Carwitz oder Neubrandenburg)

***Wegweisung:*** Die Hinweisschilder sind mit dem mecklenburgischen Landeswappen und dem Namen des Radfernweges versehen.

***Länge:*** 182 km

***Charakteristik:*** Die Oberflächen der Radwege sind großteils asphaltiert. Schotter und Sand kommen nur in kurzen Streckenabschnitten vor. Erheblich groß ist der Anteil an straßenbegleitenden Radwegen oder der Führung der Route auf ruhigen Landstraßen, aber auch an stark befahrenen Straßen. Letzteres macht den Radfernweg für Familien und mitradelnde Kinder nur bedingt attraktiv. Die Steigungen entlang der Route sind anfangs gering, erst im letzten Teilstück von Neustrelitz nach Neubrandenburg wird es stark hügelig.

***Informationen:***

- Tourismusverband Mecklenburg-Vorpommern e.V., Platz der Freundschaft 1, 18059 Rostock, Tel.: 0381/4030500, Fax: 0381/4030555, e-mail: info@tmv.de.

***Karten und Literatur:***

- Urlaub mit dem Fahrrad, Fernradwege in Mecklenburg-Vorpommern, Broschüre mit Routenskizzen aller Radfernwege in Mecklenburg-Vorpommern sowie Kurzbeschreibungen, Sehenswürdigkeiten und Infoadressen, Bezug: Touristik-Marketing-Service GmbH, Koppelweg 2, 18107 Rostock, Tel.: 0381/7689880, Fax: 0381/7689881, e-mail: T.M.S.Rostock@t-online.de.
- ADFC-Regionalkarte 1:75.000, Blatt Mecklenburgische Seenplatte, Bielefelder Verlagsanstalt.
- ADFC-Radtourenkarte 1:150.000, Blatt 4, Bielefelder Verlagsanstalt.
- Radfernwege in Mecklenburg-Vorpommern 1, Radwanderkarten 1:100.000 mit touristischen Hinweisen, Informationsadressen, Bielefelder Verlagsanstalt.

***Verlauf:*** Waren/Müritz (Stadtkern) - Boeker Mühle - Mirow - Diemitz - Wesenberg (Stadtbefestigung) - Zwenzow - Neustrelitz (barockes Stadtbild, Orangerie) - Fürstensee - Carpin (slawische Grabfelder, Steinmühle). Von Carpin aus gibt es zwei Alternativen: Carpin - Feldberg (Drostenhaus, Stadtkirche) - Carwitz (Hans-Fallada-Gedenkstätte) - Anbindung ins Brandenburgische oder Carpin - Blankensee - Alt Rehse (Fachwerkhäuser) - Neubrandenburg (Wiekhäuser).

***Kommentar:*** Der Radfernweg Mecklenburgische Seenplatte startet in Waren an der Müritz und durchquert zunächst den großen Wald des Müritz-Nationalparks, bevor er sich durch die attraktive Landschaft entlang des Sees fortsetzt. Mit etwas Glück und intensiver Beobachtung sind hier viele seltene Pflanzenarten und Seeadler zu sehen. Bereits zu DDR-Zeiten war die Müritz ein beliebtes Ferienziel, so dass mannigfaltige Übernachtungs- und Versorgungsmöglichkeiten zur Verfügung stehen. Im Sommer sollte man diese frühzeitig reservieren. Bei Rechlin verlässt die Route den Müritzsee und folgt bis Mirow dem Lauf der Müritz-Havel-Wasserstraße. Zahllose größere und kleinere Seen charakterisieren die Landschaft im Nationalpark. Neustrelitz wartet mit Kultur und Geschichte auf seine Besucher. In Carpin teilt sich die Route: wer sich an der Natur nicht Sattsehen kann, den zieht es sicher weiter ostwärts durch die Feldberger Seenlandschaft bis an den Carwitzer See, wem nach städtischem Flair und Sehenswürdigkeiten zumute ist, der schlägt seinen Weg gen Norden ein, entlang am Ufer des Tollensesees mit zahlreichen Bademöglichkeiten nach Neubrandenburg.

Mit der Bahn sind Waren/Müritz, Neustrelitz und Neubrandenburg als Ausgangspunkte für den Radfernweg Mecklenburgische Seenplatte gut erreichbar.

***Karte auf Seite 153***

# Mecklenburgische Seenplatte - Rostock

**(Waren/Müritz - Rostock)**

***Wegweisung:*** Die Hinweisschilder sind mit dem mecklenburgischen Landeswappen und dem Namen des Radfernweges versehen.

***Länge:*** 156 km

***Charakteristik:*** Die Wege der Route sind überwiegend befestigt und gut befahrbar. Die Verbindung einiger Ortschaften (z.B. Güstrow - Rostock) verläuft auf Straßen mit starkem Verkehr, so dass die Routenführung als wenig familienfreundlich bezeichnet werden muss. In der Mecklenburgischen Schweiz ist mit einigen Steigungen zu rechnen, die aber mit ein bisschen Schwung genommen werden können.

***Informationen:***

- Tourismusverband Mecklenburg-Vorpommern e.V., Platz der Freundschaft 1, 18059 Rostock, Tel.: 0381/4030500, Fax: 0381/4030555, e-mail: info@tmv.de.

***Karten und Literatur:***

- Urlaub mit dem Fahrrad, Fernradwege in Mecklenburg-Vorpommern, Broschüre mit Routenskizzen aller Radfernwege in Mecklenburg-Vorpommern sowie Kurzbeschreibungen, Sehenswürdigkeiten und Infoadressen, Bezug: Touristik-Marketing-Service GmbH, Koppelweg 2, 18107 Rostock, Tel.: 0381/7689880, Fax: 0381/7689881, e-mail: T.M.S.Rostock@t-online.de.
- ADFC-Radtourenkarte 1:150.000, Blatt 3, Bielefelder Verlagsanstalt.
- ADFC-Regionalkarten 1:75.000, Blatt Mecklenburgische Seenplatte (Abschnitt Waren bis Güstrow), Bielefelder Verlagsanstalt.
- Radfernwege in Mecklenburg-Vorpommern 2, Radwanderkarten 1:100.000 mit touristischen Hinweisen, Informationsadressen, Bielefelder Verlagsanstalt.

***Verlauf:*** Waren/Müritz (Müritzmuseum, Aquarium) - Jabel (Wisentgehege Dammerower Berge) - Loppin - Drewitz (Naturpark Nossentiner und Schwinzer Heide) - Dobbin - Serrahn (Nebeldurchbruch-tal) - Krakow am See - Bellin (Gutshaus) - Kirch Rosin (Backsteinkirche) - Schabernack - Güstrow (Schloss, Ernst-Barlach-Gedenkstätte) - Mistorf - Werle (Burg) - Schwaan (Hubbrücke) - Pölchow - Rostock (Stadtbild, Hafen) - von Rostock aus besteht Anschluss an den Ostseeküsten-Radweg über: Rostock-Barnsdorf (Zoo) - Rostock-Reutershagen - Rostock-Evershagen - Rostock-Lichtenhagen - Diedrichshagen nach Warnemünde (Leuchtturm).

***Kommentar:*** Von den großen Seen der Mecklenburgischen Seenplatte aus führt der Radfernweg durch die ausgedehnte und nur sehr dünn besiedelte Nossentiner und Schwinzer Heide. Kiefernwälder prägen das Landschaftsbild, in das eine Vielzahl kleiner Seen eingestreut ist. Von der Krakower Seenlandschaft aus führt der Weg auf kleinen Landstraßen und separaten Radwegen in die Ernst-Barlach-Stadt Güstrow. In Werle weist ein Gedenkstein an der Warnow auf die ehemalige slawische Burg hin, die Route folgt nordwärts dem Warnowtal, bis mit Rostock und Warnemünde die Ostseeküste erreicht wird.

Wer mit dem Zug anreisen möchte, hat mehrere Möglichkeiten, in die Route einzusteigen oder Strecken mit der Bahn zu überbrücken. Die Städte Waren, Güstrow und Rostock sind an das Fernverkehrsnetz der Deutschen Bahn AG angeschlossen. Ferner verläuft zwischen Schwaan und Rostock sowie weiter bis nach Warnemünde der Radfernweg parallel zur Bahnstrecke.

 ***Karte auf Seite 153***

# Mecklenburgische Seenplatte - Rügen
## (Waren/Müritz - Sassnitz)

***Wegweisung:*** Die Hinweisschilder sind mit dem mecklenburgischen Landeswappen und dem Namen des Radfernweges versehen.

***Länge:*** 233 km

***Charakteristik:*** Die Befahrbarkeit des Radfernweges ist überwiegend gut, allerdings muss immer wieder mit Streckenabschnitten gerechnet werden, die nicht befestigt sind; teilweise handelt es sich um Sandwege. Plattenwege werden ebenso genutzt wie mehr oder weniger befahrene Landstraßen und auch mal eine Bundesstraße. Die Route stellt keine hohen Konditions-Anforderungen. Es geht durch die hügelige Moränenlandschaft, leichte Steigungen sind vor allem auf Rügen zu erwarten.

***Informationen:***
- Tourismusverband Mecklenburg-Vorpommern e.V., Platz der Freundschaft 1, 18059 Rostock, Tel.: 0381/4030500, Fax: 0381/4030555, e-mail: info@tmv.de.

***Karten und Literatur:***
- Urlaub mit dem Fahrrad, Fernradwege in Mecklenburg-Vorpommern, Broschüre mit Routenskizzen aller Radfernwege in Mecklenburg-Vorpommern sowie Kurzbeschreibungen, Sehenswürdigkeiten und Infoadressen, Bezug: Touristik-Marketing-Service GmbH, Koppelweg 2, 18107 Rostock, Tel.: 0381/7689880, Fax: 0381/7689881, e-mail: T.M.S.Rostock@t-online.de.
- ADFC-Radtourenkarte 1:150.000, Blatt 4, Bielefelder Verlagsanstalt.
- ADFC-Regionalkarten 1:75.000, Blätter Mecklenburgische Seenplatte und Rügen/Fischland-Darß (abschnittsweise), Bielefelder Verlagsanstalt.
- Radfernwege in Mecklenburg-Vorpommern 1, Radwanderkarten 1:100.000 mit touristischen Hinweisen, Informationsadressen, Bielefelder Verlagsanstalt.

***Verlauf:*** Waren/Müritz (historischer Stadtkern, Müritzmuseum, Aquarium) - Jabel (Wisentgehege Dammerower Berge) - Neu Gaarz - Klocksin - Kirch Grubenhagen - Schorssow (Schloss) - Bülow - Bristow - Wendischhagen - Basedow-Höhe - Malchin (Stadtbild) - Kummerow - Sommersdorf - Schönfeld - Demmin (St. Bartolomaei-Kirche, Sternwarte, Wasserturm, Hafen) - Beestland - Brudersdorf - Nehringen

(Fachwerkhäuser, Holzklappbrücke) - Tribsees (historische Altstadt) - Pöglitz - Franzburg (Zisterzienserkloster) - Richtenberg - Steinhagen (Windmühle) - Negast - Stralsund (Altstadt, Stadtbefestigung, Deutsches Museum für Meereskunde und Fischerei) - Altefähr - Gustow - Poseritz - Groß Schoritz - Garz (Ernst-Moritz-Arndt-Museum) - Ketelshagen - Putbus - Bergen - Lietzow - Sagard - Sassnitz.

***Kommentar:*** Seenplatte und Rügen - dieser Radfernweg verbindet die beiden mecklenburgischen Highlights und macht beide in einem Urlaub per Rad erfahrbar.
Von Waren an der Müritz aus begleitet die Route die beliebten Wasserflächen von Kölpinsee, Malchiner und Kummerower See Richtung Norden. Die Erhebungen der Mecklenburgischen Schweiz fordern dem Radler glücklicherweise weniger Schweiß ab, als der Name dieses vermuten lässt. Dafür gibt es herrliche Aussichten und schöne Herrenhäuser. Weiter geht es entlang der Peene nach Demmin, das sich inzwischen wieder Hansestadt nennt. Parallel zur Trebel führt die Strecke über Franzburg zur geschichtsträchtigen und unbedingt sehenswerten Hansestadt Stralsund.
Rügen schließlich besticht mit seiner landschaftlichen Schönheit und Vielfalt. Die Erfahrung der Insel mit ihren vielfältigen Landzungen und Buchten erfordert schon ihre Zeit, möchte man doch die lichtdurchfluteten Anblicke immer wieder noch etwas länger genießen. Immer noch weisen viele Radwege eine naturbelassene Oberfläche auf, die je nach Witterung schlecht zu befahren ist. An Verbesserungen wird jedoch stetig gearbeitet.

Wer sich nur für einen Teil des Radfernweges Mecklenburgische Seenplatte - Rügen entscheidet, hat mit der Bahn verschiedene Möglichkeiten, seine Tour zu gestalten. Neben den Orten Waren/Müritz und Sassnitz sind auch Malchin, Demmin, Stralsund und Bergen sowie zahlreiche kleinere Bahnhöfe in der Umgebung per Bahn und Rad erreichbar.

***Karte auf Seite 153***

## Meerweg

### (Jadebusen - Zwischenahner Meer - Dümmer)

***Wegweisung:*** Einheitliche Ausweisung mit stilisierter Darstellung des Dümmers mit Möwe sowie einem grünem Fahrrad und der blauen Aufschrift "Meerweg / Zwischenahner Meer - Jadebusen" bzw. "Meerweg / Dümmer - Zwischenahner Meer" auf weißen, quadratischen Schildern mit dicken Richtungspfeilen.

***Länge:*** ca. 170 km

***Charakteristik:*** Der Meerweg führt weitgehend verkehrsarm auf sehr kleinen Straßen oder Wirtschaftswegen von Nord nach Süd. Die Wege sind größtenteils asphaltiert. Die Topographie ist weitgehend eben, so dass die Route als familienfreundlich gilt.

***Informationen:***

- Ammerland Tourist-Information, Ammerlandallee 12, 26655 Westerstede, Tel.: 04488/56125 oder 0180/5266550, Fax: 04488/56444, e-mail: atis@ammerland.de, Internet: www.ammerland-touristik.de.
- Landkreis Oldenburg, Tourist-Information, Delmenhorster Str. 6, 27793 Wildeshausen, Tel.: 04431/85351, Fax: 04431/85200.
- Landkreis Vechta, Tourist-Information, Amt für Wirtschaftsförderung, Ravensberger Str. 20, 49377 Vechta, Tel.: 04441/898-422, Fax: 04441/898-137.

***Karten und Literatur:***

- Radwanderkarte Niedersachsen 1:75.000, Blatt 3 (Aurich), 4 (Bremerhaven), 9 (Oldenburg) und 16 (Diepholz), Landesvermessung + Geobasisinformationen Niedersachsen.
- ADFC-Radtourenkarte 1:150.000, Blatt 5, Bielefelder Verlagsanstalt.
- Radfernweg Meerweg (und Reiherweg), grobe Übersichtskarte ca. 1:100.000, mit Ortsbeschreibungen und Informationsadressen, Centrum Cartographie Verlags GmbH, Varel.

***Verlauf:*** Wilhelmshaven (Kaiser-Wilhelm-Brücke, Südstrandpromenade, Pumpwerk) - Westerstede-Linswege (St. Petri-Kirche, Wasserturm-Café, Ammerländer Vogel- und Landschaftspark) - Bad Zwischenahn (Moorheilbad) - Wardenburg (Glockenturm) - Großenkneten (reizvolles Dorf mit stattlichen Höfen) - Visbek (St. Vitus-Kirche, ehemaliges Kloster, Lourdes-Grotte) - Vechta (Zitadelle, Hallenkirche St. Georg) - Lohne (Industriemuseum, Burg Hopen) - Dümmerlohhausen (Dümmer).

***Kommentar:*** Der Meerweg verbindet heute die Nordsee mit den beiden "Binnenmeeren" Zwischenahner Meer und Dümmer. Der Verbindungsweg vom Dümmer zum Steinhuder Meer und weiter nach Hannover hat keinen Bestand mehr.

Vom Jadebusen aus führt der Meerweg geradewegs nach Bad Zwischenahn, der "Perle des Ammerlandes". Das von einen dichten Laubwaldgürtel umgebene Zwischenahner Meer ist beliebtes Sport- und Freizeitziel. Die Segelboote wirken recht beschaulich auf den glitzernden Wellen vor dem dunklen Grün des Waldes. Bis nach Oldenburg ist es nur noch ein Katzensprung, wer mag, kann einen Abste-

cher in seine gemütliche Altstadt unternehmen und durch die älteste Fußgängerzone Deutschlands bummeln. Zurück auf der Route steht nun die Landschaft eindeutig im Vordergrund: Durch die Ahlhorner Heide, die Wildeshauser Geest, vorbei an Mooren und von Gräben durchzogenen Wiesen und Weiden. Dörfer und Städte lässt der Meerweg links und rechts des Weges liegen. Besonders sehenswert sind in diesem Abschnitt die prähistorischen Grabanlagen "Visbecker Bräutigam" und zum "Brautwagen bei Visbek", mit 104 m Länge eines der imposantesten Hünengräber, und der "Heidenopfertisch" beim Ausflugslokal Engelmannsbäke, eines der größten Steingräber Deutschlands. Urwaldartig erscheint das große Waldgebiet Herrenholz zwischen Visbek und Vechta. Kurz vor Erreichen des Dümmers ist ein Abstecher in das Erholungsgebiet Dammer Berge sehr reizvoll. Vom Aussichtsturm auf dem Mordkuhlenberg ist der Dümmer schon zu sehen.
Der Meerweg verläuft größtenteils auf dem Pickerweg, dem alten Handelsweg Bremen - Köln, und ist dort teilweise noch als Straßenname zu finden.

Mit der Bahn eignen sich Wilhelmshaven oder Oldenburg als Ausgangspunkte der Tour. Im Nahverkehr sind weiterhin Bad Zwischenahn, Großenkneten, Ahlhorn, Vechta und Lohne erreichbar.

# Moselradweg

## mit Vulkanradweg-Eifel und Mosel-Maare-Radweg

***Wegweisung:*** Überwiegend weißes "M" mit Fahrrad auf grünem Grund. In Frankreich in schwarz auf weiß. Eine einheitliche Beschilderung und der Ausbau der Route als "Velo Tour de Moselle" von der Quelle in den Vogesen bis zur Mündung in den Rhein ist in Planung. Insbesondere das Land Rheinland-Pfalz bemüht sich um die Verbesserung der wenigen Schwachstellen im Land.
Seit 2000 beispielhaft neu ausgewiesen mit grüner Schrift auf weißen Schildern mit Logos sind die "Abstecherrouten" Vulkanradweg Eifel und der Mosel-Maare Radweg.

***Länge:*** 248 + 30 Kilometer (Frankreich), 55 km (Maare-Mosel), 57 km (Vulkanradweg Eifel)

***Charakteristik:*** Vorwiegend auf eigenen Radwegen und Wirtschaftswegen an der Mosel, später leider auch auf Seitenstreifen der Bundesstrasse (Cochem bis Koblenz) verläuft der Moselradweg. Die Oberfläche besteht beinahe ausnahmslos aus Asphalt. Teilweise verläuft die Route beidseitig der Mosel. Durch die vielfältigen Moselschleifen sollte man bei der Streckenplanung auf Kilometerangaben achten. Nennenswerte Steigungen enthält die Route nicht. Wer diese erleben will, kann jederzeit über Wirtschaftswege in die Weinberge hinaufradeln.

Unter dem aussagefähigen Motto "Atemberaubend vom Nürburggring bis zur Mosel" bietet der Vulkanradweg-Eifel Anstiege und Abfahrten auf asphaltierten Wegen abseits der Straßen. Zwischen Alf und Kennfus muss man zur Zeit noch mit einigen Beeinträchtigungen rechnen, für Kinder und Ungeübte ist die Route nicht zu empfehlen! Dagegen ein echtes Familienangebot stellt der Mosel-Maare-Radweg dar, der auf einer stillgelegten Bahntrasse dank Tunneln und Brücken vollkommen abseits des Verkehrs und ohne nennenswerte Steigungen in die Eifel hineinführt.

***Informationen:***
Für den Moselradweg

- Mosellandtouristik, Postfach 1310, 54463 Bernkastel-Kues,
  Tel.: 06531/2091, Fax: 06531/2093,
  e-mail: mosellandtouristik@t-online.de,
  Internet: www.mosellandtouristik.de.
- Weitere Informationen und unzählige Bilder im Internet unter www.adfc-trier.de im Bereich Service.

Für Vulkanradweg und Maare-Mosel-Radweg:

- Eifel Tourismus GmbH, Kalvarienberg 1, 54595 Prüm, Tel.: 06551/96560, Fax: 06551/965696, e-mail: info@eifel-portal.de, Internet: www.eifel4bike.de.

***Karten und Literatur:***

- Moselradweg 1:100.000, Bikeline-Radtourenbuch. Radwanderführer in Spiralbindung auf Grundlage der topographischen Karte mit umfangreichen Informationen zu Übernachtungsmöglichkeiten, Hinweisen und Routenvarianten. Verlag Esterbauer.
- Moselland-Radwanderführer mit detaillierter Radwanderkarte 1:50.000 und Übernachtungsverzeichnis in Spiralheftung, Mosellandtouristik.
- Kompass-Radwanderkarte 1:125.000, Einfache Faltradwanderkarte, Kompass-Verlag.
- Vulkanradweg - Eifel, Atemberaubend vom Nürburgring bis zur Mosel. Kostenloses Infofaltblatt mit fahrradfreundlichen Gastgebern, Höhenprofil und Übersichtskarte.
- Radatlas Vulkaneifel, Bikeline Radtourenbuch in Sprialbindung. Mit detaillierten Karten und Übernachtungsverzeichnis, Esterbauer Verlag.
- ADFC-Radtourenkarte 1:150.000, Blatt 19 Mosel/Saarland, Bielefelder Verlagsanstalt.

***Verlauf:*** Der Moselradweg ist wohl neben der Donau und dem westfälischen R1 die europäischste Route (Frankreich, Luxemburg, Deutschland). Durchgehend mit großen Schildern ist er als "Chemin de la Moselle" bereits in Frankreich beschildert: Thionville - Cattenom (Atomkraftwerk) - Malling - Sierck les Bains - Apach - Perl - Nennig (römische Villa, Schloss Berg) - Nittel - Konz (Freilichtmuseum Roscheider Hof) - Trier (Porta Nigra, Kaiserthermen, Amphitheater, Landesmuseum) - Neumagen-Dhron - Bernkastel-Kues (mittelalterliches Stadtbild) - Traben-Trarbach (Mittelmoselmuseum) - Zell (kurfürstliches Schloss) - Bullay (Eisenbahn- und Straßenbrücke) - Cochem (Mittelalterliches Stadtbild, Reichsburg) - Treis-Karden (Stiftskirche St. Castor) - bis zur Mündung der Mosel bei Koblenz in den Rhein.

Der Maare-Mosel Radweg beginnt in Lieser und führt weiter nach Platten - Wittlich (Synagoge) - Plein - Hasborn - Eckfeld - Gillenfeld (Pulvermaar) - Schalkmehren (Maare, Naturschutzgebiete Mürmes) - Daun (Eifel-Vulkanmuseum).

Der Vulkanradweg-Eifel beginnt in Alf an der Mosel und führt weiter nach Bad Bertrich (Glaubersalzthermen) - Luzerath - Ulmen (Maar) - Kelberg (Naturschutzgebiet Hochkelberg, Burgruine) - Adenau / Nürburgring (Motodrom).

**Kommentar:** Das Moseltal braucht eigentlich wohl nicht weiter beworben zu werden: Hier wird dem Radfahrer alles geboten: Radeln im Flusstal mit ständig wechselndem Weinbergpanorama und romantische Orte mit einer guten Portion Kultur aus der 2000-jährigen Tradition des Mosellandes. Erleben Sie die Orte der weltberühmten Riesling - Steillagen wie Trittenheim(er Altärchen), Graach(er Himmelreich), Kröv(er Nacktarsch) und viele andere. In zahlreichen Besenwirtschaften und Weingütern können Sie die Qualitätstropfen, die Sie am Radweg gesehen haben, probieren. Die Mosellandtouristik hat für alle, die sich die Reise lieber organisieren lassen wollen, eine Pauschale mit Gepäcktransport aufgelegt.

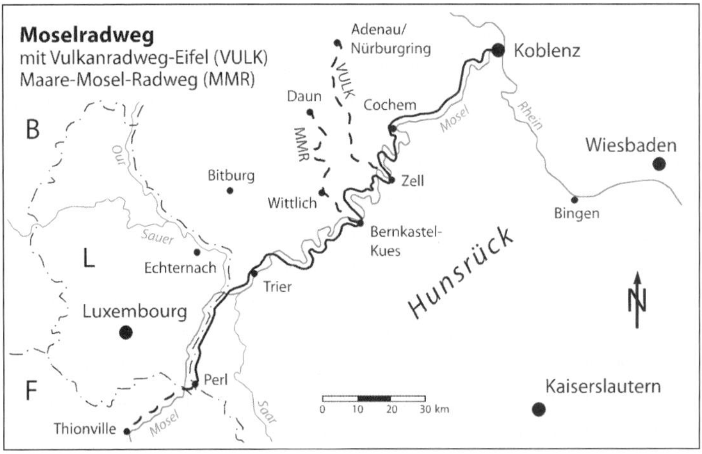


Zwischen Perl und Trier ist das wohl längste befahrbare autofreie Routenstück. Aufgrund der Enge des Moseltals sind noch nicht überall (insbesondere zwischen Cochem und Koblenz) optimale Radverbindungen geschaffen worden.

Auch ist bei der Planung der Tour zu überlegen, ob man sich unbedingt zur Mosel-Hauptsaison (neben den Ferienzeiten Juni-August auch der September) aufs Rad schwingen muss - dann können die Dörfer mitunter recht laut werden: Wir empfehlen, die Zimmer zu dieser Zeit zu reservieren.

Abstecher in die Seitentäler der Mosel wie der Sauer oder der Kyll bieten sich an, ebenso wie ein Besuch der berühmten Burg Eltz in einem Seitental und der Glaubersalzthermen bei Bad Bertrich.

Der Maare-Mosel Radweg verläuft fast ausschließlich auf einer stillgelegten Bahntrasse zwischen der Kreis- und Kurstadt Daun und der Mittelmoselmetropole Bernkastel-Kues. Zwölf ausgeschilderte Erlebnisschleifen führen von der Route zu Sehenswürdigkeiten.

Der Vulkanradweg-Eifel ist ein gute, aber sportliche Verbindung von der Mosel ins Ahrtal. Wer die Route am Nürburgring beginnt, fährt allerdings tendenziell bergab. Dafür ist die Route Naturgenuss pur!

Koblenz und Trier sind im Fernverkehr gut angebunden. Nur per Nahverkehr ist Perl an der französischen Grenze erreichbar. Die Verbindung zwischen Trier und Thionville/Metz ist sinnigerweise schon mit Beginn des Europäischen Binnenmarktes eingestellt worden.
Im deutschen Teil wird die Route im Stundentakt von der Bahn begleitet. Zusätzlich verkehrt von Mai bis Oktober Sa, So und feiertags der "Moselland-Radelbus" (Moselbahn) zwischen Trier und Bullay. Er bietet Platz für 30 Räder samt Radlerinnen und Radler.

## Muldental-Radweg

**(Zwickau oder Nossen - Grimma - Bad Düben)**

***Wegweisung:*** Durchgängig grünes Burgensymbol auf weißem Grund. Auf anhaltinischem Gebiet nur zum Teil auf ausgewiesen.

***Länge:*** Zwickauer Mulde 180 km, Freiberger Mulde 120 km, jeweils bis zum Zielort Burgkemnitz in Sachsen-Anhalt.

***Charakteristik:*** Nur für Geübte zu empfehlen. Häufig kurze, aber auch starke Anstiege aus dem Tal heraus. Zum Teil auf Wanderwegen.

***Informationen:***

- Tourismusverband Sächsisches Burgen- und Heideland e.V., Niedermarkt 1, 04736 Waldheim, Tel.: 034327/9660, Fax: 034327/96619, e-mail: info@saechsisches-burgenland.de, Internet: www.saechsisches-burgenland.de. Dort ist unter anderem ein Faltblatt mit Kurzbeschreibung der Route, Übernachtungsmöglichkeiten und Pauschalangeboten erhältlich.

***Karten und Literatur:***

- Muldentalradweg: Freiberger Mulde und Zwickauer Mulde, Karten 1:100.000, Hrsg. Tourismusverband Sächsisches Burgen- und Heideland e.V., Adresse siehe oben.

***Verlauf:*** a) Zwickauer Mulde: Zwickau - Glauchau (Schlossanlage) - Wolkenburg - Wechselburg (Basilika) - Rochlitz (Museumsschloss) - Colditz (Schloss) - Vereinigung mit Freiberger Mulde.
b) Freiberger Mulde: Nossen (Schloss) - Roßwein - Döbeln (historischer Stadtkern) - Leisnig - Vereinigung mit Zwickauer Mulde.
c) Vereinigte Mulde: Grimma - Klosterruine Nimbschen - Trebsen (Schloss) - Wurzen (Altstadt) - Eilenburg - Bad Düben (Kuranlagen).

**Kommentar:** Fast noch ein Geheimtipp, der Muldentalradweg. Wer Anstiege nicht scheut und Burgen mag, ist hier richtig. Man muss sich allerdings entscheiden, bei welcher Mulde man beginnt, denn der Weg führt sowohl über die Freiberger Mulde als auch über die Zwickauer Mulde, bevor sie sich bei Colditz vereinen. Etliche Burgen und Schlösser werden passiert, ein jedes hat genug Geschichte, um den restlichen Tag zu füllen. Kloster Nimbschen erinnert an Martin Luthers Begegnung mit seiner Katharina, Schloss Colditz an Abenteuer des Zweiten Weltkrieges (es war damals Sonderlager für alliierte Offiziere).

Aber auch ohne jede historische Anwandlung kann man sich einfach an den romantischen Bauwerken und den historischen Innenstädten (zum Beispiel von Wurzen und Döbeln) erfreuen. All dies eingebettet in eine waldreiche Landschaft, die immer wieder von Parks durchzogen wird. Und auch die Auenlandschaften haben hier ihren besonderen Reiz. Die Weiterführung von Burgkemnitz bis zur Mündung in die Elbe ist geplant.

Wer möchte, kann auch die Mulden weiter flussaufwärts per Rad erkunden. Bei der Zwickauer Mulde ist dies bis Hartenstein (20 km südöstlich von Zwickau) kein Problem, der Abschnitt Muldenberg (Quelle) - Hartenstein ist allerdings sehr bergig und noch zu umwegig geführt.

Die Freiberger Mulde ist oberhalb von Nossen noch nicht ausgewiesen. Die Führung, vor allem um Freiberg, ist problematisch.

Bahnanbindung: Per Bahn ist Zwickau über Leipzig gut zu erreichen, Nossen deutlich schlechter.

# Radroute Nahe - Hunsrück - Mosel

***(Bingen - Trier)***

***Wegweisung:*** Die Route ist durchgängig, aber nicht einheitlich in beide Richtungen beschildert. Neue Wegweisung (grüne Schrift auf weißen Schildern mit Logo) befindet sich nur auf dem Hunsrück selber. In den Tälern von Mosel und Nahe ist die Beschilderung der jeweiligen Radfernwege anzutreffen.

***Länge:*** 207 km

***Charakteristik:*** Der Radfernweg verbindet die Ferienregionen Nahe, Hunsrück und Mosel auf einer abwechslungsreichen Strecke miteinander. Gemeinsam ist allen drei Streckenabschnitten lobenswerte Autofreiheit und die überwiegende Führung auf asphaltierten Wirtschafts-, Rad- und Waldwegen. Während aber Mosel- und Naheradweg platteben sind, hat der Hunsrück einige "Bergwertungen" zu bieten. Wer aber den Anstieg von Neumagen-Drohn / Papiermühle nach Haag geschafft hat, der hat es geschafft - schlimmer wird's nicht. Die Route wird durch den Hunsrück bestimmt, der keine Kulturattraktionen, aber Natur und Erholung pur bietet.

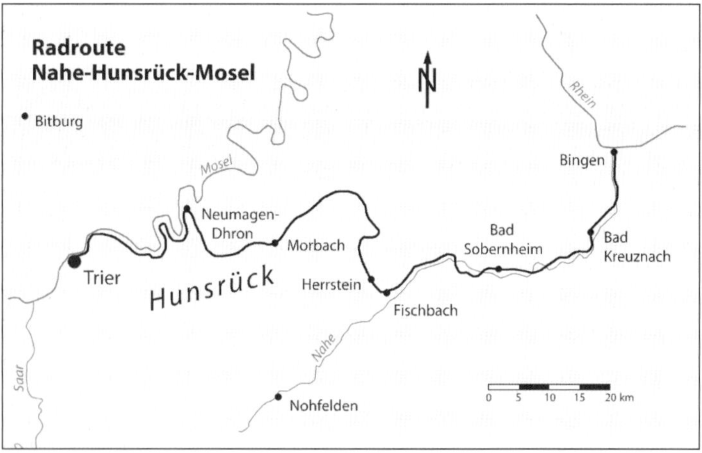


***Informationen:***

- Hunsrück-Touristik GmbH, Hunsrückhaus, 54411 Deuselbach, Tel.: 06504/950460, Fax: 06504/950431, e-mail: Hunsrueck-Touristik@t-online.de, Internet: www.hunsruecktouristik.de.

***Karten und Literatur:***

- Nahe-Hunsrück-Mosel, Radwanderführer mit detaillierten Karten 1:50.000, sowie Sehenswürdigkeiten und Übernachtungsverzeichnis. Bezug über die Hunsrück-Touristik.
- ADFC Radtourenkarte, Blatt 19. Bielefelder Verlagsanstalt.

***Verlauf:*** Bingen - Bad-Kreuznach - Kirn - Fischbach (Kupferbergwerk) - Herrstein - Rhaunen - Hochscheid - Morbach (Luftkurort) - Neumagen-Drohn - Trier.

***Kommentar:*** Der Hunsrück ist eine typische Mittelgebirgslandschaft mit wildromantischen Tälern, weiten Hochflächen, stillen Wäldern und markanten Felsformationen.

Der erst 1998 ausgeschilderte Radfernweg verbindet auf einer mehr als 200 Kilometer langen und abwechslungsreichen Strecke nicht nur zwei der bekanntesten Weinanbaugebiete Deutschlands, sondern führt auch durch eine der kulturell und geschichtlich interessantesten Regionen von Bingen am Rhein bis ins römische Trier, der Weinhauptstadt der Mosel. Die Route erfordert allerdings im Mittelstück einige Ausdauer und Raderfahrung oder die Bereitschaft ab und zu mal zu schieben. Stets entlohnen aber unvergessliche Eindrücke nach jeder Biegung oder jedem Anstieg. Sie fahren überwiegend auf Wald- und Wirtschaftswegen und sind immer mitten in der Natur, vorbei an Bädern, Burgen und Ruinen.

Die Idee zu dieser Route wurde durch die Vermarktungsinitiative des Landwirtschaftsministeriums, "Urlaub auf Bauern- und Winzerhöfen" geboren. Und so bestimmen auch weniger Hotels die Strecke, sondern urige Gasthöfe und insbesondere fahrradfreundliche Bauern- und Winzerhöfe. Entlang der Strecke befinden sich immer wieder sogenannte "Erlebnisinseln", welche die landwirtschaftliche Lebensweise im wahrsten Sinne des Wortes erfahrbar machen sollen. Schon mal selber Brot gebacken? Auf der Route alles möglich. Und die Rast in einem Bauernhofcafe (z.B. in Hunolstein) mit frischen Produkten oder die Übernachtung in einem Heuhotel (z.B. in Weiden) in herrlicher Landschaft lassen deshalb so manche Anstrengung schnell vergessen.

# Radwanderweg Nahe
## (Selbach/Bostalsee - Bingen)

***Wegweisung:*** Einheitlich und zunehmend durchgängig mit dem blaues Wellenlogo und der Bezeichnung "Radweg Nahe" auf gelbem Schild.

***Länge:*** 120 km

***Charakteristik:*** Weitestgehend autofrei, zumeist auf asphaltierten Wirtschaftswegen, Waldwegen und stillgelegten Bahntrassen durch herrliche Natur führend, ist die Route besonders im zweiten Teil von Kirn bis Bingen auch für Familien geeignet. Im ersten Teil, insbesondere im Bereich Birkenfeld und Rimsberg gibt es einige kräftigere Steigungen. Lediglich in den Städten muss mit Autoverkehr gerechnet werden.

***Informationen:***

- Naheland Touristik GmbH, Bahnhofstraße 31, 55606 Kirn/Nahe, Tel.: 06752/2055, Fax: 06752/3170, e-mail: Naheland-Touristik@t-online.de, Internet: www.nahe-hunsrueck.de.

***Karten und Literatur:***

- Faltblatt "Radfahren zwischen Rhein und Mosel" mit Übersichtskarte, Fahrradvermietungen und Pauschalangeboten und Info, Kostenlos bei der Naheland Touristik.
- Nahe-Radweg, Bikeline Radtourenbuch 1:75.000 mit detaillierten Karten, Sehenswürdigkeiten und Übernachtungsverzeichnis, Esterbauer-Verlag.
- ADFC-Radtourenkarte 1:150.000, Blatt 19 und 20, Bielefelder Verlagsanstalt.

***Verlauf:*** Bingen (Drususbrücke, Burg Klopp und Mäuseturm) - Grolsheim - Gensingen - Bretzenheim (Mahnmal 'Feld des Jammers') - Bad Kreuznach (mittelalterliche Brückenhäuser) - Bad Münster am Stein-Ebernburg - (Rotenfels: höchste Steilwand nördlich der Alpen) - Niederhausen (Besucherbergwerk Schmittenstollen)- Schlossböckelheim (Burgruine) - Sobernheim (Barfußpfad und Freilichtmseum des Landes Rheinland-Pfalz) - Meddersheim - Merxheim - Hochstetten-Dhaun (Geologischer Lehrpfad, Schloss Dhaun) - Kirn (Pfarrkirche, Ruine Kyrburg, Burgruine Stein-Kallenfels) - Kirnsulzbach - Idar-Oberstein (Edelsteinmuseum) - Birkenfeld - Nohfelden - Türkismühle - Selbach/Bostalsee (Freizeitzentrum).

**Kommentar:** Offiziell eröffnet ist der Radwanderweg Nahe erst seit dem 15. Mai 1994, obwohl er auch vorher bereits in vielen Teilstücken bestand.
Insgesamt hat die Route zwei Teilstücke zu bieten: Während sich der Abschnitt von der Quelle bis zur Hälfte der Strecke für Familien aufgrund der Steigungen und der Oberflächenqualität sich eher nicht anbietet, glänzt diesbezüglich die zweite Teilstrecke von Kirn bis zur Mündung in den Rhein. Tendenziell empfiehlt es sich aufgrund der insgesamt 500 Höhenmeter die Route von der Quelle bis zur Mündung zu radeln.

Die Route lohnt sich aber auf jeden Fall. Denn im Nebental des Rheins wird Natur zum Genießen geboten: Hier die Weinanbaugebiete, dort die tiefen Wälder des Hunsrück. Abseits der Touristenströme erschließen sich darüber hinaus dem Radler im Naheland eine Vielzahl von kulturhistorischen Sehenswürdigkeiten.

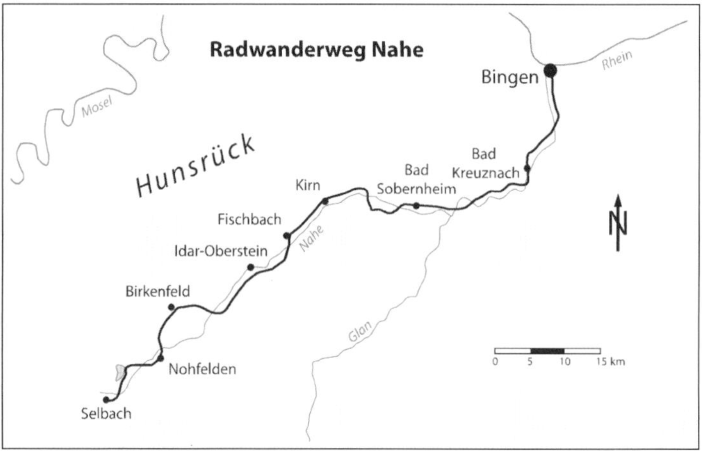


Wer die Natur einmal "pur" erleben möchte, dem sei der einzige deutsche Barfußpfad bei Sobernheim empfohlen. Dort kann auf einem Fußmarsch von etwa 3,5 Kilometern auf verschiedenen Untergründen nicht nur eine Fußreflexzonenmassage erlebt werden. Nicht von ungefähr wird auch das Weinanbaugebiet Nahe als "Weinprobierstübchen" Deutschlands genannt. Weine der Region sind als gehaltvoll, würzige und feinnervige, säurebetonte Tropfen bekannt. Auch als Gesundheitsregion machte das Naheland schon früh Karriere: Das größte Freiluftinhalatorium verbindet Bad Münster am Stein-Ebernburg und Bad Kreuznach miteinander, wo sich schon im 19. Jahrhundert russische Großfürsten und französische Adelige prächtig erholten und amüsierten.

Bei Staudernheim bietet sich seit 2000 ein Abstecher ins Glantal auf besondere Weise an: Hier ist eine stillgelegte Bahntrasse per Draisine befahrbar! (Infos bei der Naheland-Touristik).
Versäumen sollte man auf keinen Fall einen weltberühmten Klassiker des Nahetals: Die Edelsteinstadt Idar-Oberstein. Und wer nicht davor zurückschreckt, die Route von der Mündung zur Quelle zu fahren, kann am Ende die Waden im Boostalsee mit seinem umfangreichen Freizeitangebot abkühlen.

Die Nahelandtouristik bietet mehrere Pauschalen zur Route an. Selbstverständlich bietet sich die Rheinroute als Weiterführungsmöglichkeit per Rad ab Bingen geradezu an. Aber auch die Kombination mit der Nahe-Hunsrück-Mosel Route über die Eifel ab Fischbach ist für ambitionierte Radler, für die das Naturerlebnis im Vordergrund steht, sicher ein Leckerbissen.

Als sehr günstig erweist sich die fast komplette Bahnbegleitung der Route: Mindestens stündlich verkehren Nahverkehrszüge zwischen Saarbrücken, Bad Kreuznach und Mainz. Die Fahrradmitnahme ist in Rheinland-Pfalz in Nahverkehrszügen kostenlos. Bingen und Mainz sind im Fernverkehr gut erreichbar.

## Neckartal-Weg
### (Villingen-Schwenningen - Heidelberg)

***Wegweisung:*** Die Schilder des Neckartal-Weges zeigen ein grünes Fahrrad mit roten Vorderradspeichen und dem Routennamen auf weißem Grund. Derzeit wird an einer Verbesserung der Radfernweg-Beschilderung in Baden-Württemberg gearbeitet.

***Länge:*** 335 km

***Charakteristik:*** Die Route verläuft weitgehend autofrei (abschnittsweise wird sie allerdings auch entlang der Bundesstraße geführt). Ab Heilbronn überwiegend ruhige Streckenführung, ab hier ist sie auch für Kinder sehr gut geeignet und kann mit Fahrradanhängern befahren werden. Insgesamt wechseln sich Wald- und Wirtschaftswege, verkehrsarme Straßen und Radwege an stärker befahrenen Straßen mit den verschiedensten Wegeoberflächen ab. Nennenswerte Steigungen existieren nur am Anfang der Route, wo das junge Neckartal keine Straßen oder Wege im engen Tal zulässt.

***Informationen:***

- Arbeitsgemeinschaft "Neckartal-Radweg", Marketing- und Tourismus GmbH, Tourist-Service, Bahnhof Schwenningen, 78054 Villingen-Schwenningen, Tel.: 07720/821209, Fax: 07720/821207, e-mail: neckartalradweg@t-online.de.
- Tourismus-Service GmbH, Yorckstr. 23, 79110 Freiburg, Tel.: 0761/89797969, Fax: 0761/89797989, e-mail: info@tourismus-baden-wuerttemberg.de, Internet: www.tourismus-baden-wuerttemberg.de und www.rail-and-relax.de/rw/neckartal/index.html.
- Weitere Inforationen auch auf der privaten homepage www.neckarradweg.de.

***Karten und Literatur:***

- Neckartal-Weg, Routenbroschüre der Tourismus Marketing GmbH Baden-Württemberg, Bezug gegen Gebühr beim: Info- und Prospektservice Baden-Württemberg, Yorckstr. 23, 79110 Freiburg, Tel.: 0761/89797979, Fax: 0761/89797989.
- Radwandern ohne Gepäck auf dem Neckartal-Radweg, Kostenloses Faltblatt der Arbeitsgemeinschaft "Neckartal-Radweg" mit Routenübersichtskarte, Routenbeschreibung, wichtigen Informationen und Pauschalangebot.
- Neckartal-Radweg, Radwanderkarte 1:75.000 mit Routenbeschreibung, Sehenswürdigkeiten, Informationsadressen, Zugverbindungen, Bielefelder Verlagsanstalt.
- Neckar-Radweg (Von der Quelle nach Mannheim), bikeline-Radtourenbuch und Karten 1:50.000 mit Beschreibung, Ortsplänen und Übernachtungsverzeichnis, Verlag Esterbauer.
- Radwanderkarte 1:100.000 mit Radwegegrundnetz, Blätter 53, 55 und 58, Landesvermessungsamt Baden-Württemberg.
- ADFC-Radtourenkarte 1:150.000, Blatt 24 und 20, Bielefelder Verlagsanstalt.

***Verlauf:*** Von der Quelle bis zur Mündung in den Rhein "verfolgt" der Radfernweg den Neckar: Villingen (Uhrenmuseum) - Rottweil (Orpheus-Mosaik im Dominikanermuseum) - Sulz - Horb (mittelalterliches Stadtbild) - Tübingen (Renaissanceschloss Hohentübingen) - Nürtingen (Stadtkirche St. Laurentius) - Plochingen - Stuttgart (Daimler-Benz-Museum, Wilhelma, Schloss Rosenstein) - Ludwigsburg (Schloss) - Marbach (Schiller-Nationalmuseum) - Lauffen - Heilbronn (Renaissance-Rathaus, Kilianskirche) - Bad Wimpfen (Soleheilbad) - Eberbach (Hohenstauferburg) - Heidelberg (Schloss, Altstadt) - Mannheim.

***Kommentar:*** Seit 1993 ist der Neckartal-Radweg befahrbar. Kleinere Mängel bei der Wegweisung sollten Sie nicht davon abhalten, die kulturhistorische Route unter die Räder zu nehmen: Erleben Sie, wie sich der Neckar von seiner Quelle bei Villingen im Schwarzwald mäandrierend durch das schwäbische Stufenland windet, um bis Heidelberg/Mannheim zu einem großen Strom zu wachsen. Der Neckar bietet entlang der 335 Kilometer langen Strecke von allem etwas: Burgen und Schlösser, Baggerseen zwischen Kirchtellinsfurt und Nürtingen, Mineralbäder in Bad Cannstatt und Berg/Stuttgart, Weinanbaugebiete sowie kleine mittelalterliche Fachwerkstädte (z.B. Rottweil und Rottenburg) sowie pulsierende Großstädte (Stuttgart, Heilbronn, Heidelberg).

Einige Pauschalanbieter offerieren mehrtägige Touren entlang des Neckartal-Weges, wobei den Radlern eine Fülle von Besichtigungspunkten zur Auswahl steht. Auch die Arbeitsgemeinschaft "Neckartal-Radweg" bietet ein Pauschalangebot "Radwandern ohne Gepäck" auf der Route an.

Da die Route beinahe komplett von der Bahn begleitet wird, können Start- und Endpunkte beliebig gewählt werden. Heidelberg und Villingen-Schwenningen sind im Fernverkehr gut erreichbar.

# Neubrandenburg-Tollensetal-Radfernweg
## (Neubrandenburg - Demmin)

***Wegweisung:*** Die Hinweisschilder sind mit dem mecklenburgischen Landeswappen und dem Namen des Radfernweges versehen.

***Länge:*** 69 km

***Charakteristik:*** Die Wegeoberflächen der Route sind großteils asphaltiert, streckenweise führt der Weg auch über Betonplatten und Kopfsteinpflaster oder ist unbefestigt. Die genutzten Kopfstein- und Asphaltstraßen sind wenig von Kfz-Verkehr frequentiert. Im leichten auf und ab führt die Route durch die eiszeitlich geprägte Landschaft. Obwohl sie sich häufig vom Tollensetal entfernt, stellt sie keine hohen Anforderungen an die Kondition.

***Informationen:***
- Tourismusverband Mecklenburg-Vorpommern e.V., Platz der Freundschaft 1, 18059 Rostock, Tel.: 0381/4030500, Fax: 0381/4030555, e-mail: info@tmv.de.

***Karten und Literatur:***
- Urlaub mit dem Fahrrad, Fernradwege in Mecklenburg-Vorpommern, Broschüre mit Routenskizzen aller Radfernwege in Mecklenburg-Vorpommern sowie Kurzbeschreibungen, Sehenswürdigkeiten und Infoadressen, Bezug: Touristik-Marketing-Service GmbH, Koppelweg 2, 18107 Rostock, Tel.: 0381/7689880, Fax: 0381/7689881, e-mail: T.M.S.Rostock@t-online.de.
- ADFC-Radtourenkarte 1:150.000, Blatt 4, Bielefelder Verlagsanstalt.
- Radfernwege in Mecklenburg-Vorpommern 1, Radwanderkarten 1:100.000 mit touristischen Hinweisen, Informationsadressen, Bielefelder Verlagsanstalt.

***Verlauf:*** Neubrandenburg (Stadtmauer, Wiekhäusern) - Woggersin - Groß Teetzleben - Altentreptow (größter Findling Europas) - Grapzow - Klempenow (mittelalterliche pommersche Grenzfestung) - Bartow (Kirche) - Pritzenow - Alt Tellin - Sanzkow - Demmin (St. Bartolomaei-Kirche, Sternwarte, Wasserturm, Hafen).

***Kommentar:*** Der vorwiegend landschaftlich geprägte Radfernweg Neubrandenburg-Tollensetal stellt primär eine Verbindung zwischen der Mecklenburgischen Seenplatte und dem Norden dar. Mit seinen nur 69 km Länge ist er doch Bestandteil des Mecklenburg-Vorpommerschen Radfernwegenetzes. Von Neubrandenburg aus geht es über Altentreptow zur Hansestadt Demmin, wobei die Strecke mal links, mal rechts der Tollense verläuft. Wiesen, Felder und ein wenig Wald kennzeichnen die hügelige Landschaftskulisse. Die touristische Infrastruktur entlang dieses Radfernwegs befindet sich noch in der Entstehung.

Wer mit der Bahn anreist, kann die Route sowohl mit als auch gegen den Lauf der Tollense abradeln, die Bahnlinie Neustrelitz - Stralsund verbindet Neubrandenburg und Demmin miteinander. Auch in Altentreptow besteht die Möglichkeit, per Bahn direkt an den Neubrandenburg-Tollensetal-Radfernweg zu gelangen.

***Karte auf Seite 153***

## Niederbayerischer Radlspaß

***(Vernetzung der Radfernwege Donau, Inn, Vils, Isar, Abens, Laber und Rottal)***

***Wegweisung:*** Wechselnd nach den jeweiligen Radfernwegen, wie unter den entsprechenden Artikel beschrieben.

***Länge:*** 422 km

***Charakteristik:*** Einen einheitlichen Charakter hat die Route nicht, da sie sich abwechslungsreich aus verschiedenen Radfernwegen zusammensetzt. Größtenteils verlaufen die Routen familienfreundlich ohne Autoverkehr. Von den Oberflächen sind sowohl Asphaltrouten, als auch gewalzte Kieswege oder befestigte Waldpfade vertreten. Steigungen treten an den Flussrouten nicht auf, lediglich die Verbindungswege enthalten nennenswerte Anstiege.

***Informationen:***

- Fremdenverkehrsverband Ostbayern, Luitpoldstr. 20, 93047 Regensburg, Tel.: 0941/585390, Fax: 0941/5853939, e-mail: tourismus@ostbayern.btl.de, Internet: www.btl.de/ostbayern. Sowie sehr viele regionale Fremdenverkehrsämter, deren Adressen und Telefonnummern in dem Radwanderführer abgedruckt sind.
- Die Einzelrouten sind alle auch Teil des "Bayernnetz für Radler", das im Internet unter www.bayerninfo.de/ gut dokumentiert ist.

***Karten und Literatur:***

- Niederbayerischer Radlspaß, Mit dem Fahrrad unterwegs an Donau, Isar, Abens, Laber, Vils und Inn. Radwanderführer 1:50.000 mit Übernachtungsverzeichnis und Beschreibung der

Sehenswürdigkeiten. Fremdenverkehrsverein Ostbayern e.V. in Zusammenarbeit mit den beteiligten Landkreisen. Galli Verlag.

- ADFC-Radtourenkarte 1:150.000, Blatt 22, 23, 26, 27, Bielefelder Verlagsanstalt.

***Verlauf:*** Der Radwanderführer beginnt die Route in der bayerischen Isarmetropole München, was jedoch keineswegs ein Muss ist, im Gegenteil: Ein Einstieg ist bei den Kombinationsmöglichkeiten beinahe überall möglich. Von München an der Isar über Landshut an die Donau (bei Niederalteich). Von dort den Donauradweg bis Vilshofen. Diesem folgt die Route bis Vilsbiburg und biegt dann nach Nordwest über Geisenhausen zum Isarweg ab, der bei Landshut erreicht wird. Von hier könnte man zurück nach München radeln.
Wer bei Vilshofen weiter dem Donauradweg gefolgt ist, erreicht die Dreiflüssestadt Passau, wo der Inntalradweg mündet. Beidseitig des Flusses führen beschilderte Routen zu den Städten Braunau/Simbach. Dort kann man entweder dem Salzachtalweg nach Salzburg folgen oder weiter entlang des Inns nach Mühldorf, Wasserburg und Rosenheim radeln.

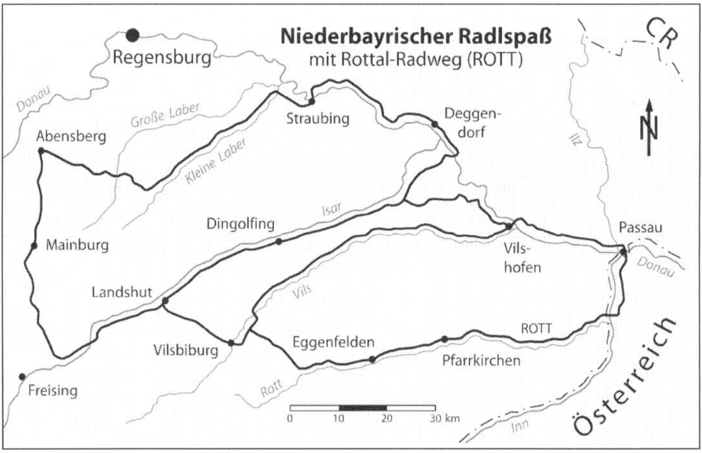


In Straubing an der Donau ergibt sich der Einstig ins Labertal nach Neufahrn. Über die Asamstrasse (Laber-Abens-Radweg) gelangt man weiter an die Abens. Dort hat man auf dem Radweg die Wahl, dem kleinen Fluss und einer Weiterführung nach Freising (Isar) zu folgen oder gen Norden bis Kelheim an der Donau zu radeln, wo sich der Einstieg in den Altmühltalradweg anschließt.
Alle Sehenswürdigkeiten dieser reichen Kulturlandschaft aufzuzählen, würden den Rahmen dieses Buches sprengen (Teilweise können Sie diese an den Einzelrouten im Buch nachlesen).

**Kommentar:** Eine Vernetzung von bestehenden Radfernwegen und sinnvolle Ergänzung stellt der 422 Kilometer umfassende "Niederbayerische Radlspaß" dar, der seit Mitte 1993 erfolgreich vermarktet wird. Zu dem König der Radfernwege (Donau) stellt er eine günstige Kombination und eine reizvolle Ergänzung durch die reiche Kulturlandschaft Niederbayerns dar. Und waren Kennern der Vilstal-, Isar- und Innradweg bereits bekannt, so sind Abens-, Laaberradweg und Rottalradweg eher neu.
Während der Donauradweg durchaus stark befahren ist, sind gerade Vilstal- und Laberradweg noch echte Entdeckungen, so das die Kombination reizvolle Kontraste eröffnet.

Während Donau, Isar und Rott von der Bahn "begleitet" werden, gestaltet sich die Anbindung des Inn oder der Vils etwas problematischer. Insgesamt ist die Region jedoch gut mit Fahrrad und Bahn im Fernverkehr erreichbar.
Durch die flächenhafte Erschließung ergeben sich Anschlussrouten nach allen Seiten. Insbesondere ab Regensburg ergibt sich eine Vielzahl von Routen.

## NiederRheinroute

### (zwischen Emmerich, Dinslaken, Neuss, Selfkant und Straelen)

***Wegweisung:*** Die Route ist durchgängig mit sechseckigen, weißen Schildern und der grünen Aufschrift "Die NiederRheinroute" (nicht an allen Tafeln) sowie Richtungsangaben beschildert. Eine rote Pfeilspitze über blauem Flusssymbol zeigt die Hauptroute, eine grüne Pfeilspitze, ebenfalls über blauem Flusssymbol, die Verbindungswege.

***Länge:*** ca. 2000 km (Hauptroute incl. Verbindungswege)

***Charakteristik:*** Routennetz aus einer Vielzahl parallel verlaufender und miteinander wabenartig verbundener Wege in der Region des Niederrheins. Die Route wird fast ausschließlich auf Wirtschaftswegen und ruhigen Straßen geführt, kurze Abschnitte verlaufen an Kreis- und Landesstraßen mit Radwegen. Bedingt durch die Topographie des Niederrheins gibt es kaum nennenswerte Steigungen. Die NiederRheinroute ist für Familien sehr gut geeignet.

***Informationen:***

- Touristik-Agentur NiederRhein GmbH, Mühlenstege 11, 47546 Kalkar, Tel.: 02824/923592, Fax: 02824/923535, e-mail: tanie@t-online.de, Internet: www.Niederrhein-Touristik.de.

***Karten und Literatur:***

- Die NiederRheinroute, Radwanderkarte 1:75 000, Spiralbindung, mit touristischen Hinweisen zu Sehenswürdigkeiten und Adressen, Bielefelder Verlagsanstalt.
- "Zwischen Rhein und Maas", Radwanderführer 1:60.000 mit detaillierter Streckenbeschreibung, Sehenswürdigkeiten und umfangreichen touristischen Angaben, DuMont Buchverlag und Landschaftsverband Rheintal.
- ADFC-Radtourenkarte 1:150.000, Blatt 10, Bielefelder Verlagsanstalt.

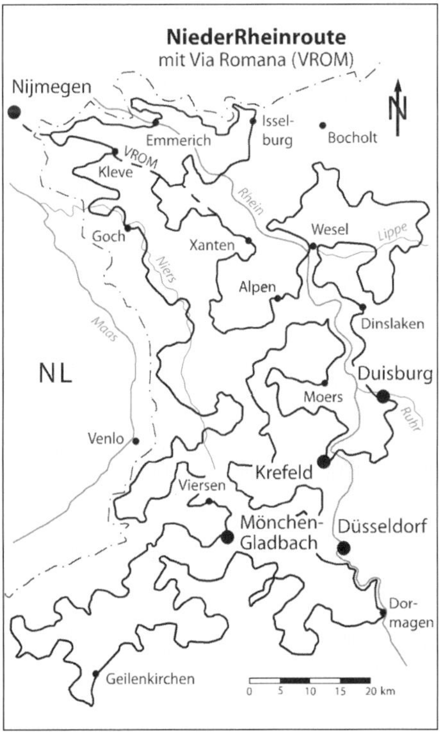


***Verlauf:*** Stark gewundener, flächenerschließender Rundkurs in den Kreisen Kleve, Wesel, Viersen, Heinsberg und Neuss sowie in den Städten Mönchengladbach, Krefeld und Duisburg.

Entlang der Route finden sich unter anderem folgende Orte: Kranenburg (Wallfahrtskirche), Emmerich (Rheinpromenade), Isselburg (Wasserburg Anholt), Kleve (Schwanenburg, Parkanlagen), Bedburg-Hau (Wasserschloss Moyland), Rees, Kalkar (Stadtkern), Goch, Uedem ("Hohe Mühle"), Xanten (Archäologischer Park, Dom), Wesel (Festungsstadt), Schermbeck, Kevelaer (Altstadt, Wallfahrtskirche), Voerde, Dinslaken, Geldern, Rheinberg (Stadtbild Orsoy), Straelen, Kamp-Lintfort (Zisterzienserkloster), Moers, Duisburg (Sechs-Seen-Platte), Nettetal, Krefeld, Brüggen, Viersen, Mönchengladbach, Neuss, Heinsberg, Erkelenz, Grevenbroich, Dormagen, Selfkant, Hückelhoven, Übach-Palenberg.

**Kommentar:** Radeln am Niederrhein - das bedeutet, eine Landschaft mühelos erfahren zu können. Die breite Ebene des Rheins, Deiche, ausgedehntes Grünland, lebendige Städte und 2000 Jahre wechselvoller Geschichte prägen das Grenzland im Westen Nordrhein-Westfalens.
Das Riesen-Radelnetz der NiederRheinroute könnte beispielsweise in Kranenburg, einer alten Wallfahrtsstadt an der holländischen Grenze, begonnen werden. In Kleve führt die Route dann durch die weiten Parkanlagen und an der Schwanenburg vorbei. Voltaire per Velo erfahren, das können Sie in Gedanken auf Schloss Moyland bei Bedburg-Hau, wo sich im Jahre 1740 der französische Philosoph und der Preußenkönig Friedrich II. begegneten. Für eine Rast empfehlen sich die barocken Parkanlagen von Schloss Anholt, das zu den größten Wasserburgen des Münsterlandes zählt. Die benachbarte "Anholter Schweiz" vermittelt das Ambiente des Vierwaldstätter Sees, welches beim Flachland-Image des Niederrheins sehr unglaubwürdig wirkt. Das "Kalkar-Relikt" ist weithin sichtbar, es wird hier jedoch schon längst nicht mehr atomar gebrütet. Der Besucher wird beim Befahren der Stadt eher in eine andere Zeit versetzt, denn Kalkars Stadtkern empfängt mit mittelalterlichem Flair. Xanten reicht noch einen weiteren historischen Schritt zurück. Sein Archäologischer Park und das benachbarte Amphitheater in Birten lassen die Römerzeit wieder lebendig werden. Wesel war einmal die bedeutendste preußische Festung im Westen des Reiches. Hiervon zeugen die mächtigen Festungsanlagen aus dem 18. Jahrhundert. Und wer sich unter Duisburg nur graues Revier vorgestellt hatte, wird angenehm überrrascht sein. Die Sechs-Seen-Platte lädt ein, die Seele baumeln zu lassen. In Kamp empfiehlt sich ein Besuch des ersten deutschen Zisterzienserklosters. Nach einem ausgiebigen Spaziergang durch das "Sanssouci am Niederrhein" mit seinem weitläufigen Terrassengarten ermöglicht das Museum Einblick in die Welt der Zisterzienser, jenes Ordens, der im Mittelalter unermüdlich an der Kultivierung weiter Landstriche arbeitete. Abwechslung ins Flachlandradeln bringt die Sicht vom 80 m hohen Schaephuysener Höhenzug. Wachtendonk mit Burgruine und Altstadt versetzen den Besucher mehr als zweihundert Jahre zurück. Ein abschließendes Spargelessen, z.B. in Goch, lässt die NiederRheinroute auf schmackhafte Weise ausklingen.

Zwischen Kranenburg und Xanten verläuft die NiederRheinroute parallel, zum Großteil auch streckengleich, mit der viel älteren Radroute Via Romana. Diese führt von Nijmegen kommend auf der fast 2000 Jahre alten "Straße der Römer" entlang bis nach Xanten. Auf 250 km Länge gibt es zwischen den Niederlanden und Deutschland viele Spuren der Römer zu entdecken. Die Radroute verläuft weitgehend autofrei auf Wirtschaftswegen abseits viel befahrener Straßen und ist mit dem Logo der Route (eine rote Verbindungslinie zwischen zwei schwarzen Punkten und der Schrift "Via Romana" "Nijmegen - Xanten", von einem blauen Viertelkreis umgeben) - allerdings sehr schlecht - beschildert.

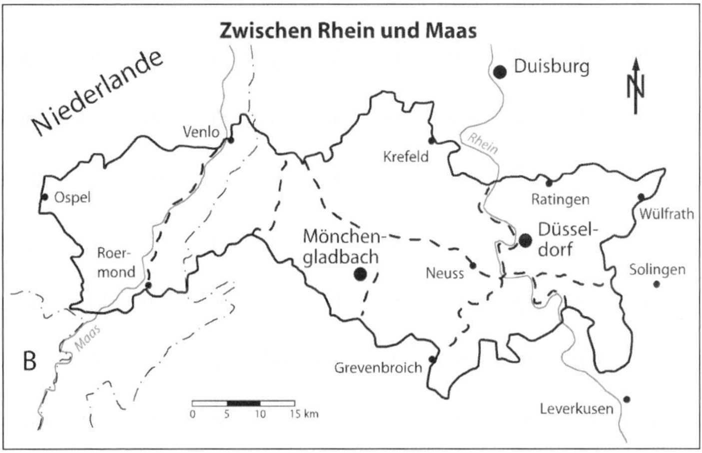


Mit dem Titel "Zwischen Rhein und Maas" befindet sich eine weitere Radroute am mittleren Niederrhein im Aufbau. Mehr als 60 Städte und Gemeinden an Rhein und Maas haben sich in einer Initiative zusammengeschlossen, für die der Begriff EUROGA 2002+ steht. Die uralte Kulturlandschaft und eine der wichtigsten nordwesteuropäischen Wirtschaftsregionen stellen sich nun auch auf einer 600 km langen Radroute vor. Das Projekt Euroga 2002+ verbindet die Region Düsseldorf/Mittlerer Niederrhein über die Landesgrenzen hinweg mit der niederländischen Provinz Limburg und durchläuft dabei die Städte Hilden, Mönchengladbach, Roermond, Venlo und Krefeld. Der europäische Gedanke soll "erfahrbar" gemacht werden. Informationen zum Radrundkurs "Zwischen Rhein und Maas" sind erhältlich bei: EUROGA 2002 plus GmbH, c/o Regionalbüro, Burgplatz 11, 40213 Düsseldorf, Tel.:0211/8992825, Fax: 0211/8929022, e-mail: info@euroga2002.de, Internet: www.euroga.de.

P.S.: Die Schreibweise NiederRheinroute ist kein Druckfehler, sondern gehört zum selbstbewussten Logo der Region.

Mit der Bahn eignen sich insbesondere Duisburg und Düsseldorf zur Anreise. Mit Nahverkehrszügen können aber auch sehr viele Orte entlang der NiederRheinroute erreicht werden (Kleve, Emmerich, Xanten, Wesel, Viersen, Erkelenz, Dormagen u.a.). Die An- oder Abreise aus dem niederländischen Nijmegen gestaltet sich etwas umständlich.

# Radfernweg Nordheide

## (Hamburg - Bremen)

***Wegweisung:*** Durchgängig, mit Wegepilzen und kleineren Schildern, meist grün auf weiß, nicht einheitlich.

***Länge:*** 132 km

***Charakteristik:*** Meist asphaltierte Wirtschaftswege, auch wassergebundene Decken. Kurze Sandstücke und Kopfsteinpflasterstrecken in Ortsdurchfahrten. Weitgehend autofrei, dafür muss man allerdings einige Schlenker in Kauf nehmen. Fast durchgängig flach bis leicht hügelig; lediglich in den Harburger Bergen gibt es einige kräftige Steigungen. Für Reiseradler mit Gepäck geeignet. Familienfreundlich.

***Informationen:***

- Bremer Touristik-Zentrale GmbH, Findorffstr. 105, 28215 Bremen, Tel.: 01805/101030, Fax: 0421/30800-30, e-mail: btz@bremen-tourism.de, www.bremen.tourism.de.
- Tourismus-Zentrale Hamburg GmbH, Tel.: 040/30051-300, Fax: 040/30051-333, www.hamburg-tourism.de.

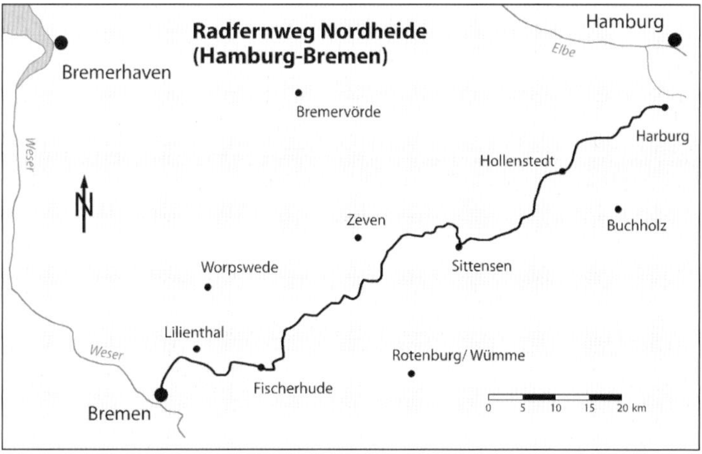


***Karten und Literatur:***

- Radwanderkarte Niedersachsen 1:75.000, Blatt 10 (Bremen), 5 (Bremervörde), 6 (Hamburg-West), LGN Landesvermessung + Geobasisinformationen Niedersachsen.
- ADFC-Radtourenkarte 1:150.000, Blatt 6, Bielefelder Verlagsanstalt.

***Verlauf:*** Hamburg - Harburg - Harburger Berge - Hollenstedt (Kirche) - Heichnau - Sittensen - Klein-Meckelsen - Volkensen - Freyensen - Frankenbostel - Wehldorf - Nartum - Winkeldorf - Vorwerk - Dipshorn - Buchholz - Fischerhude (schön gelegenes Künstlerdorf, Otto-Modersohn-Museum) - Ebbensiek - Borgfeld - Bremen/Universität- Bremen (Altstadt, Schnoor, Böttcherstraße, Museen).

***Kommentar:*** Die Hamburg-Bremen-Verbindung ist ein einfach zu befahrender, in weiten Teilen autofreier Radfernweg, der auch für Anfänger geeignet ist. Schwerpunkt ist die norddeutsche Geestlandschaft mit kleineren Flussläufen, Mooren und Heidevegetation. Anfangs- und Endpunkt bilden die beiden hanseatischen Metropolen Bremen und Hamburg, für die man mehr als einen Tag reservieren sollte. In beiden Fällen kann die lokale ADFC-Gliederung helfen, die Städte und ihre vielfältigen Sehenswürdigkeiten per Rad zu entdecken. Leider hört der Radfernweg vor den Toren Hamburgs auf, denn noch immer gibt es keine Beschilderung vom Ortszentrum zum Radfernweg Hamburg-Bremen. Auch Bremen hat erst nach langen Jahren vom Ortszentrum bis zum offiziellen Beginn dieses Radfernweges auf niedersächsischer Seite eine Ausschilderung aufgestellt. Als offizieller Name des Weges wurde die Bezeichnung "Radfernweg Nordheide" gewählt.
Schon der erste Abschnitt lässt großstädtischen Lärm und Hektik schnell vergessen. Die waldreiche, hügelige Endmoränenlandschaft der Harburger Berge vermittelt Ruhe und Bewegung zugleich. Kurze, aber steile Anstiege aktivieren den Kreislauf - keine Bange, bereits nach wenigen Kilometern glättet sich die Landschaft zu flachwelligen, lieblichen Geestrücken. Weite Felder wechseln sich mit Waldstücken ab, in denen Kiefernharzduft das sommerliche Aroma bestimmt. Vor den Toren Bremens liegt das Teufelsmoor, Kunstliebhabern bekannt als Wirkungsstätte der Worpsweder Impressionisten. Eines der Künstlerdörfer, Fischerhude, liegt am Weg und lädt zu einer Pedalpause ein, um per Pedes die Dorfstraßen zu durchstreifen. Für das fortgesetzte Radlerwohl sorgen einige Ausflugsgaststätten, bevor Bremen erreicht wird. Hier sind nicht nur die Bremer Stadtmusikanten zuhause, sondern auch der ADFC, denn hier wurde der bundesweite Radlerverband 1979 gegründet. Bremen präsentiert sich ganz anders als Hamburg - hier die weitläufige, multizentrische, quirlige Elbcity, dort der vergleichsweise provinziell wirkende Weserstadtstaat mit traditionell liberalem Geist und einer weitaus schöneren Innenstadt. Hier radeln sogar die Senatoren.

Die Bahn bietet vielerlei Unterstützung durch Nahverkehrsverbindungen, die nicht weit vom Radfernweg verlaufen. Anfangs- und Zielpunkt werden durch mannigfaltige Fernbahnanschlüsse gut bedient.

# Nord-Ostsee-Kanal-Tour
**(Brunsbüttel - Kiel)**

***Wegweisung:*** Die Nord-Ostsee-Kanal-Tour ist leider (noch) nicht beschildert, kann aber aufgrund ihrer steten Führung entlang der Wasserstraße gut befahren werden, zumal die asphaltierten Kanalwege wie für Radfahrer geschaffen scheinen. Trotz ihrer Mängel ist die Tour Bestandteil des beworbenen Schleswig-Holsteinischen Radfernwegenetzes und stellt nicht zuletzt den wichtigen Verbindungsweg zwischen Nord- und Ostsee dar.

***Länge:*** 130 km

***Charakteristik:*** Die Nord-Ostsee-Kanal-Tour verläuft auf asphaltierten landwirtschaftlichen Wege bzw. auf Plattenwegen. Aufgrund der ständigen unmittelbaren Nähe zum Kanal weist die Route keine Steigungen auf. Allerdings ist der Wind über dem "platten Land" nicht zu unterschätzen. Von Brunsbüttel aus macht die Tour zunächst einen Schlenker durch die Wilstermarsch, bevor sie den Nord-Ostsee-Kanal von Hochdonn aus immer auf seiner Nordseite begleitet.

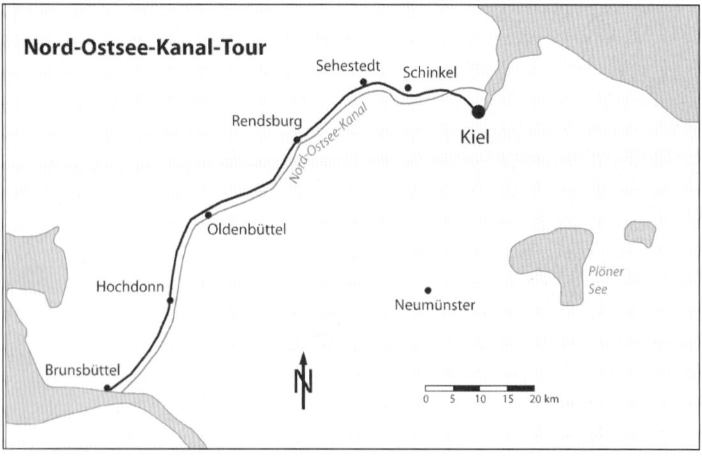


***Informationen:***

- Tourismusverband Schleswig-Holstein e.V., Postfach 4240, 24041 Kiel, Info- und Buchungshotline täglich von 8 - 20 Uhr unter 0185/5600100, Fax: 0431/5600140, e-mail: sht@sht.de.

***Karten und Literatur:***

- RadTour Schleswig Holstein, Broschüre mit Beschreibungen aller landesweiten Radrouten, touristischen Informationen, Bahn-, Bus- und Fährverbindungen mit Fahrradmitnahmemöglichkeiten, organisierten Radtouren, Unterkunftsverzeichnis, wichtigen Informationsadressen, Bezug beim Tourismusverband Schleswig-Holstein e.V.
- ADFC-Radtourenkarte 1:150.000, Blatt 1, Bielefelder Verlagsanstalt.

***Verlauf:*** Brunsbüttel (Kanalausstellung) - St. Margarethen - Wilster (Altstadt) - Hochdonn (Hochbrücke) - Hohenhörn - Breiholz - Nübbel (Lotsenversetzstation) - Rendsburg (Eisenbahnhochbrücke mit Schwebefähre, historische Altstadt mit Packhaus, ehem. Zollamt, altem Rathaus, Altstädter Markt, Christuskirche) - Borgstedt - Sehestedt (Abstecher in den Naturpark "Hüttener Berge") - Schinkel (Vogelschutzgebiet Flemhuder See) - Kiel-Holtenau (Holtenauer Schleuse, Kieler Fährhafen).

***Kommentar:*** Um die in Schleswig-Holstein vorherrschenden West-Winde zu nutzen, sollte man die Nord-Ostsee-Kanal-Tour von West nach Ost abradeln, also von Brunsbüttel an der Elbe aus nach Kiel. Große Schiffe begleiten die Radler bei ihrer ganzen Tour auf der weltweit meistbefahrenen künstlichen Wasserstraße. Von Brunsbüttel aus führt zunächst ein Abstecher in die Wilster Marsch mit ihren saftig grünen Wiesen und Weiden und den rietgedeckten Bauernhäusern. Durch Wald, Heide und Moor geht es zurück an den Kanal und mit der Fähre in Hochdonn auf die andere Seite der Wasserstraße. Den Kanal fast immer in Sichtweite führt der Radweg auf ebener Route nordostwärts. Die alte Garnisonsstadt Rendsburg wartet gleich mit einer Fülle an Sehenswürdigkeiten auf, für die Sie sich Zeit lassen sollten. Östlich von Rendsburg wird das flache Marsch- und Geestland allmählich verlassen, immer wieder zeigt sich die abwechslungsreiche Kulisse des östlichen Hügellandes. An der Borgstedter Enge kann man noch ein Stück des alten Eiderufers entdecken. Auf dem kleinen ufernahen Weg wurden einst Schiffe mit Zugtieren auf der Eider entlang gezogen (Treidelweg). Von Sehestedt aus können Sie einen Abstecher in den Naturpark "Hüttener Berge" machen - aber keine Angst, der Name verspricht fast zuviel, auch hier werden kaum mehr als 50 Höhenmeter überschritten. Mit der Holtenauer Schleuse ist das Ziel schon fast erreicht: in dem riesigen Schleusenbecken werden Frachtschiffe und Luxusliner gleichermaßen befördert - schauen Sie selbst. Zum krönenden Abschluss führt die Tour über die Holtenauer Hochbrücke, die einen herrlichen Ausblick über die Kieler Förde und das Umland ermöglicht. Für den Ostsee-Badespaß ist es bis Strande nicht mehr weit.

14 Kanalfähren entlang des Nord-Ostsee-Kanals ermöglichen jedem das individuelle Übersetzen auf die gegenüberliegende Seite der Wasserstraße. Einige Fähren nehmen Fußgänger und Radler sogar kostenlos mit.
Auch entlang des Nord-Ostsee-Kanals vermittelt der Tourismusverband Schleswig-Holstein e.V. Pauschalangebote für Radwanderer.

Die Nord-Ostsee-Kanal-Tour wird in Wilster, Rendsburg und Kiel von Bahnlinien mit Fernverkehrsanbindungen gekreuzt. Brunsbüttel als Startort kann vom Bahnhof in St. Michaelisdonn aus erradelt werden, die Entfernung beträgt etwa 10 km.

## North Sea Cycle Route
### *(NSCR, Nordseeküstenradroute)*

***Wegweisung:*** Rundes Logo, dunkelblaues Fahrrad auf hellblauem Grund, im Vordergrund weiße Wellen und grüne Streifen
Dieses Logo ergänzt in den meisten Fällen die von Land zu Land unterschiedlich vorhandene Radwegweisung. Empfehlenswert ist daher, sich über den Verlauf der jeweiligen Landesrouten ausführlich zu informieren. Einen Überblick bietet die Planungskarte (s.u.) oder die Internet-Seite der NSCR).

***Länge:*** 5942 km

Deutschland 907 km
Dänemark 801 km
Niederlande 409 km
England 1057 km
Schottland 1242
Norwegen 1130
Schweden 396 km

***Charakteristik:*** So unterschiedlich wie die Länder ist auch die Route. Während in Dänemark, Deutschland und den Niederlanden steigungsfreies Radeln möglich ist, fordern die Routen in Großbritannien, Norwegen und Schweden zuweilen einige Kondition, da es an bewegten Küstenabschnitten häufig auf und ab geht. Insgesamt ist eher der Gegenwind beherrschender Kraftfaktor.
Mit teilweiser unebenen Fahrbahndecken und auch stärker befahrenen Straßen muss gerechnet werden.
Es gibt verschiedene Winter- und Sommerrouten, vor allem aufgrund der saisonal verkehrenden Fähren. Die Hauptradroute umfasst 25 Fährverbindungen (inkl. Sommerrouten).

***Informationen:***
Umfassende Informationen im Internet unter
www.northsea-cycle.com.

- Projektleitung auf deutscher Seite: Bezirksregierung Weser-Ems, Bernhard Heidrich, 26106 Oldenburg, Tel.: 0441/799-2251, e-mail: Bernhard.Heidrich@br-we.niedersachsen.de.

Deutschland: www.deutschland-tourismus.de
Dänemark: www.visitdenmark.com
Niederlande: www.visitholland.com
England: www.visitbritain.com und www.sustrans.org.uk
Schottland www.visitscotland.com
Norwegen: www.visitnorway.com und www.bike-norway.com
Schweden www.visitsweden.com

***Karten und Literatur:***

- Planungskarte "North Sea Cycle Route, erhältlich bei der Bezirksregierung Weser-Ems, s.o.

Für den deutschen Abschnitt:

- Bikeline-Guide 1:70.000, Teil 2 Niedersachsen und Bremen, Teil 3 Schleswig-Holstein und Hamburg, Esterbauer-Verlag.

Andere Karten siehe Planungskarte bzw. Internet-Adresse. Einige Karten von Dänemark, den Niederlanden, Norwegen und Schweden sind in deutscher Sprache erhältlich, Karten von England und Schottland besitzen eine deutsche Legende.

***Verlauf:*** Rundkurs mit verschiedenen Einstiegsmöglichkeiten.
In Deutschland (von der niederländischen zur dänischen Grenze). Hier verläuft die Route unter anderem auf dem Störtebecker-Weg, dem Weser-Radweg, dem Radweg Hamburg - Cuxhaven und den schleswig-holsteinischen Nordseeküsten-Radwegen.

Niederländische Grenze - Bunde - Weener - Emden (Kunsthalle, Schachtschleuse) - Norden - Jever (Altstadt) - Wilhelmshaven - Varel - Bremerhaven (Museen) - Cuxhaven (Alte Liebe) - Stade (hist. Innenstadt) - Hamburg - Wedel (Schiffsbegrüßungsanlage) - Elmshorn - Glückstadt - Brunsbüttel - Meldorf - Büsum - St-Peter-Ording - Husum (Altstadt) -Dagebüll - Niebüll - Seebüll (Nolde-Museum)- dänische Grenze.

***Kommentar:*** Die längste Radroute der Welt wurde 1998 zwischen den Nordsee-Anrainerstaaten geplant und am 5. Mai 2001 bereits eröffnet. Sie verläuft überwiegend auf bereits bestehenden Radrouten von sieben Ländern, die verknüpft und mit einer einheitlichen Wegweisung versehen werden sollten. Als erste der geplanten 12 EuroVelo-Radrouten präsentiert sie das Projekt der

europäischen Radrouten, von denen weitere in den nächsten Jahren geschaffen werden sollen (siehe dazu www.eurovelo.org).
Eine umfassende Information über sämtliche Abschnitte des Nordseeküstenradweges würde den Rahmen des Buches sprengen. Wir beschränken uns daher auf den deutschen Teil. Unter der Internet-Seite www.northsea-cycle.com finden sich mannigfaltige, auch deutschsprachige Informationen über die Route, mit Veranstaltungskalender. Des weiteren empfehlen wir den Besuch der Internet-Seiten der jeweiligen Länder. Somit ist die Reisevorbereitung für die einzelnen Länder noch mit etwas Rechercheaufwand verbunden, doch empfiehlt sich dies schon alleine aufgrund der zu erwartenden Verbesserungen, Abschnittsänderungen und vor allem der Begleitinformationen wie Übernachtungsverzeichnisse, Bahn- und Schiffsverbindungen etc.
In Deutschland führt die Route durch die Küstenlandschaften Niedersachsens und Schleswig-Holsteins und bindet die Hansestädte Hamburg und Bremen mit ein.

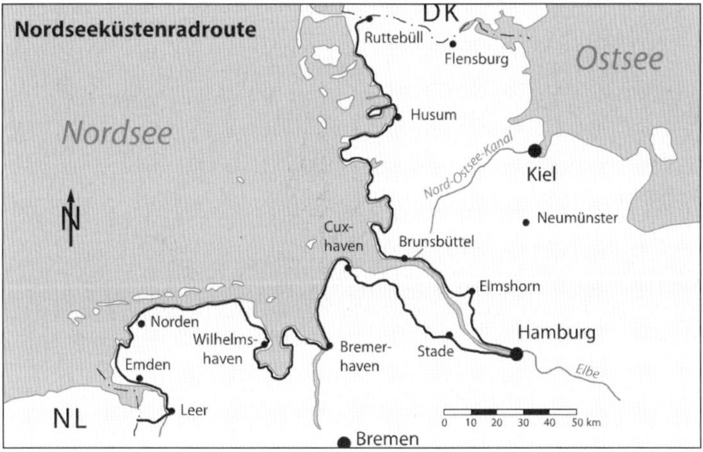


Von der niederländischen Grenze aus geht die Fahrt zunächst durch weites, grünes Marschland, wobei ein Abstecher zum sehenswerten Leer eingeplant werden sollte. Die Kunsthalle Emdens zeigt (nicht nur) norddeutsche Landschaften in künstlerischem Blick, vielfältige Variationen, die den Geist des Radlers sicherlich anregen werden. Ostfriesischer Tee mit Kluntjes und Sahne als Kräftespender wirkt wahre Wunder, wenn die Energie einmal nachlässt. Die beschaulichen Fischerhäfen an der friesischen Küste locken mit maritim-kulinarischen Angeboten, denen man nach einer Radtour in frischer Luft kaum widerstehen kann. Auch die friesischen Inseln sind in das Routenkonzept der North Sea Cycle Route aufgenommen worden. Deiche, Marsch und Moor prägen das Landschaftsbild der niedersächsischen und schleswig-holsteinischen Landschaften. Zuweilen leitet die Route ins Landesinnere, um historische Besonderheiten wie z.B. Jever nicht zu verpassen. Vor der Weserüberquerung bei Blexen sollte man sich entscheiden, ob man einen Abstecher nach Bremen machen möchte, der aufgrund der vielfältigen Attraktionen der Hansestadt sicherlich zu empfehlen ist. Tipp: für diesen Abstecher kann man Radrouten auf beiden Weserseiten benutzen. Danach steht ein Besuch im Deutschen Schifffahrtsmuseum in Bremerhaven an, bevor der Weg über das Seebad Cuxhaven (abends Rast an der Alten Liebe) fortgesetzt wird. Das Alte Land zeigt sich zur Obstblüte von seiner prächtigsten Seite. Stade begeistert durch die historische Innenstadt , dann folgt die Hansemetropole Hamburg - städtetouristische Angebote zuhauf. Wedel heißt der nächste Stop in schönem Ambiente. Hier werden die einlaufenden Schiffe von der Schiffsbegrüßungsanlage mit ihrer Nationalhymne in Empfang genommen. Die Großstadtluft ist wieder frischer Feld- und Marsch-Atmosphäre gewichen, Obstplantagen und Gemüsefelder säumen die Route. Glückstadt mit seinen Renaissancebauten erweist sich als städtebauerisches Kleinod. Nun geht es zur Küste, der Nord-Ostseekanal bei Brunsbüttel (Schleusenanlage nicht verpassen) ist nicht weit. Weite Teile der Route führen durch den Nationalpark Schleswig-Holsteinisches Wattenmeer. Bei der Durchquerung der "Koog"-Landschaften wird die Erinnerung an Theodor Storm wach. Heutzutage sind sie geprägt von Windenergieanlagen, spöttisch "Mövenschredder" genannt. Wer mehr über die Natur der Region wissen will, sollte das Informationszentrum "Wattwurm" bei Meldorf aufsuchen. In Büsum kann man den Krabbenfischern über die Schulter schauen. Nachdem das mächtige Eidersperrwerk passiert ist, ruft der Strand von St. Peter Ording zur Ruhepause. Der nächste Halt sollte mit einem Bummel durch die sehenswerte Innenstadt Husum verbunden werden. Über einen Damm wird die Insel Nordstrand erreicht. Das Emil-Nolde-Museum in Seebüll schließlich vermittelt expressionistische Ansichten, bevor die dänische Grenze erreicht wird.

## "Oberpfälzer Radlspaß"

***(Vernetzung der bestehenden Radfernwege Donau, Altmühltal, Tour de Baroque, 5-Flüsse-Radweg, Vils, Naab, Wondreb, Schwarzach, Regen sowie vielen Verbindungsrouten)***

***Wegweisung:*** Wechselnd nach den jeweiligen Radfernwegen wie unter den entsprechenden Artikeln beschrieben.

***Länge:*** insgesamt ca. 1625 km

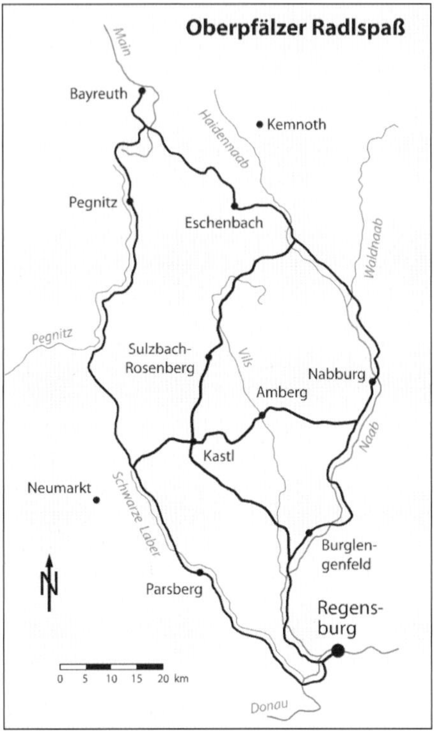


***Charakteristik:*** Einen einheitlichen Charakter hat diese Routenzusammenstellung nicht, da sie sich abwechslungsreich aus verschiedensten Radfernwegen und anderen Routen zusammensetzt. Größtenteils verlaufen die Routen familienfreundlich ohne Autoverkehr. Von den Oberflächen sind sowohl Asphaltrouten, als auch gewalzte Kieswege oder befestigte Waldpfade vertreten. Steigungen treten an den Flussrouten selten auf, darüber hinaus ist aufgrund der Topographie jedoch durchaus mit einigen nennenswerten Anstiegen zu rechnen. Eine eigene Wegweisung existiert nicht, die vorhandene lokale Wegweisung der Routen ergänzt sich. Auch die Qualität ist so unterschiedlich wie nur möglich: Von fast perfekt bis nur zu erahnen.

***Informationen:***

- Fremdenverkehrsverband Ostbayern, Luitpoldstr. 20, 93047 Regensburg, Tel.: 0941/585390, Fax: 0941/5853939, e-mail: tourismus@ostbayern.btl.de, Internet: www.btl.de/ostbayern.
- Sowie viele regionale Fremdenverkehrsämter, deren Adressen und Telefonnummern in dem Radwanderführern abgedruckt sind. Die meisten Routen sind Teil des "Bayernnetz für Radler", das im Internet unter www.bayerninfo.de/radler gut dokumentiert ist.

***Karten und Literatur:***

- Oberpfälzer Radlspaß, Band 1 (Radeln entlang Donau, Altmühl, Pegnitz, Laber, Vils, Pilsach, Creussen, Haidenaab und Naab), Radwanderführer 1:50.000 mit Beschreibungen der Sehenswürdigkeiten und Übernachtungsverzeichnis.

- Oberpfälzer Radlspaß, Band 2 (Radeln entlang der Naabflüsse, an Pfreimd, Schwarzach, Ascha, Luhe, Zott, Wondreb und Regen, sowie durch den Cesky Les /Böhmerwald), Radwanderführer 1:50.000 mit Beschreibungen der Sehenswürdigkeiten und Übernachtungsverzeichnis, Fremdenverkehrsverein Ostbayern in Zusammenarbeit mit den beteiligten Landkreisen, Galli-Verlag.
  Bezug beider Karten über die Fremdenverkehrsverbände oder im Internet.
- ADFC-Radtourenkarte 1: 150.000, Blatt 23 und 27, Bielefelder Verlagsanstalt.

***Verlauf:*** Den kompletten Verlauf der netzartig verwobenen Routen in der Oberpfalz aufzuzeigen würde den Rahmen des Buches sprengen. Neben bereits in diesem Buch separat dargestellten Radfernwegen (Fünf-Flüsse-Radweg, Donauradweg, Regental oder der neuen Euregio Egrensis) enthält die Strecke eine Vielzahl an Verbindungswegen.

***Kommentar:*** Unter engagierter Koordination des Amberger Fremdenverkehrsvereinschef Max Fischer und der Mitarbeit verschiedener Verbände (Regierung von Oberfranken, Fremdenverkehrsverband Ostbayern und der beteiligte Landkreise) entstand in der Oberpfalz zwischen 1993 und 1995 ein zusammenhängend vermarktetes Radroutennetz.
Neben bereits bekannten Routen wie dem 5-Flüsse-Radweg tauchen neue Namen wie der Creussen-Radweg oder der Schweppermann-Radweg auf. Wer wissen will, was es mit diesen interessanten Namen auf sich hat, dem sei das zweiteilige Kartenwerk "Oberpfälzer Radlspaß" empfohlen. Die natürliche Vielfalt und Ruhe des Bayerischen und Böhmer Waldes ist der Schwerpunkt dieser Routenmixtur. Darüber hinaus ist ein weiterer Reiz der grenzüberschreitende Charakter zum weithin unbekannten Nachbarn Tschechien: Probieren Sie also hier "Zoiglbier" und dort "Becherovka", herüber zünftig "Dotsch" und drüben die echten böhmischen Knödel.

Allerdings sind einige Routenabschnitte (die im Radwanderführer genannt werden) derzeit nur per Mountainbike zu bewältigen. Dafür ist eine Kombination oder ein Umsteigen bzw. verkürzen der Route(n) jederzeit möglich. Viele der Routenteile finden sich inzwischen auch in der frisch eröffneten grenzüberschreitenden Route "Euregio Egrensis" wieder, die komplett abgefahren und neu konzipiert ist.

Nicht nur Bayreuth, Nürnberg, Weiden und Regensburg sind per Fernverkehr gut aus allen Teilen der Republik erreichbar. Auch kleinere Orte sind im Regionalverkehr durch Züge mit Fahrradbeförderung gut untereinander angebunden. In der Region Ostbayern ist die Fahrradmitnahme im Nahverkehr der Bahn zur Zeit kostenfrei möglich!

# Ochsenweg
## (Wedel - Harrislee)

***Wegweisung:*** Die Beschilderung der Route ist einheitlich und durchgängig. Die Hauptwegweiser zeigen das Ochsenweglogo (zwei sich kreuzende Hörner) sowie eine stilisierte Landkarte mit eingezeichnetem Routenverlauf und dem Schriftzug "Ochsenweg - Hærvejen", in grün auf großen weißen Schildern. Nebenwegweiser mit Fahrradpiktogramm, Namenszug, Richtungspfeil sowie zum Teil mit Etappenziel- und Kilometerangaben komplettieren die Beschilderung.

***Länge:*** 504 km

***Charakteristik:*** Der Ochsenweg verläuft vorwiegend auf Wirtschaftswegen, der Oberflächenbelag reicht von geschottert bis asphaltiert. Zwischen Wedel und Uetersen sowie im Bereich des Kropper Busches führt die Route auf Wegen durch tiefen Sand, die unbefahrbar sind. Auch das Schieben der Räder ist nur unter großen Anstrengungen möglich. An einer Veränderung der Wegeführung muss hier unbedingt gearbeitet werden, auch wenn dadurch der eigentliche Ochsenweg verlassen wird. Möglich ist z.B. die Nutzung des Radweges entlang der B 77 zwischen Sorgbrück (nördlich von Fockbek) und Kropp (die Bundesstraße wird hier jeweils vom Ochsenweg gekreuzt). Auch zwischen Wedel und Uetersen kann auf die Straße ausgewichen werden. Eine dicke Bereifung ist für den Ochsenweg in jedem Fall empfehlenswert. Landschaftlich durchquert der Ochsenweg den schleswig-holsteinischen Geestrücken mit zwei alternativen Routen zwischen Uetersen und Rendsburg. Von Flensburg aus führt der Ochsenweg weiter gen Norden durch Dänemark. Die gesamte Strecke ist geprägt vom ständigen auf und ab in der hügeligen Landschaft und stetigem Wind.

***Informationen:***

- Tourismusverband Schleswig-Holstein e.V., Postfach 4240, 24041 Kiel, Info- und Buchungshotline täglich von 8 - 20 Uhr unter 0185/5600100, Fax: 0431/5600140, e-mail: sht@sht.de.

Informationen über Dänemark und den "Hærvej" gibt es bei

- Jels Turistbureau, Jels Møllegade 5, DK-6630 Rødding, Tel.: 0045/74552110, Fax: 0045/74553277, e-mail: jels@post4.tele.dk
- Dansk Cyklist Forbund, Rømers Garde 7, DK-1362 København, Tel.: 0045/33323121.

***Karten und Literatur:***

- RadTour Schleswig Holstein, Broschüre mit Beschreibungen aller landesweiten Radrouten, touristischen Informationen, Bahn-, Bus- und Fährverbindungen mit Fahrradmitnahmemöglichkeiten, organisierten Radtouren, Unterkunftsverzeichnis, Informationsadressen, Bezug beim Tourismusverband Schleswig-Holstein e.V.
- Spiralo Ochsenweg, Radwanderkarte 1:75.000 mit touristischen Hinweisen, Informationsadressen, Bielefelder Verlagsanstalt.
- ADFC-Radtourenkarte 1:150.000, Blatt 1, Bielefelder Verlagsanstalt.

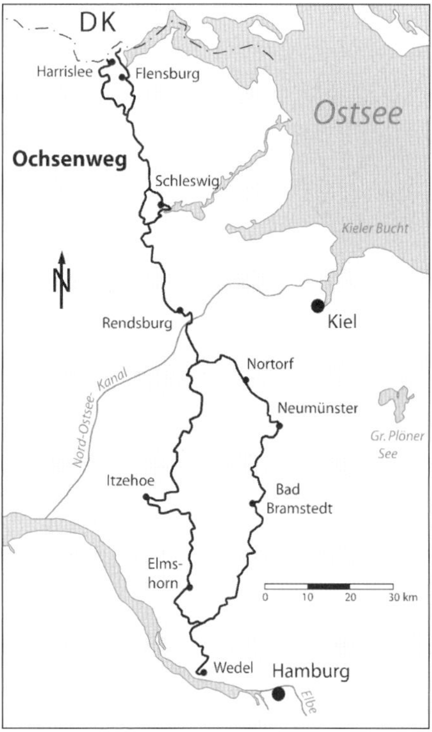


***Verlauf:*** Wedel (Wedeler Roland) - Uetersen (Klosterkirche) - von hier aus entweder auf der Westroute über Elmshorn - Moordorf (Torfmoorbahn bei Mölberg) - Itzehoe (Altes Rathaus, Kloster) - Hohenlockstedt - Hohenwestedt (Schalenstein) - Stafstedt nach Pollhorn oder auf der Ostvariante über Tornesch - Langeln - Bad Bramstedt (Schloss) - Hardebek - Neumünster (historischer Marktplatz, Rathaus, Textilmuseum) - Nortorf (neugotische Hallenkirche) - Bokel - Nienkattbek nach Pollhorn. Von hier aus geht es auf der gemeinsamen Route weiter über Westerrönfeld (Fußgängertunnel quert den Nord-Ostsee-Kanal) - Rendsburg (Eisenbahnhochbrücke mit Schwebefähre, historische Altstadt mit Packhaus, ehem. Zollamt, altem Rathaus, Altstädter Markt, Christuskirche) - Fockbek - Kropper Busch (Abstecher zur Sorgwohlder Binnendüne) - Kropp - Schleswig (Altstadt, Dom) - Idstedt (bronzezeitliche Grabhügel) - Sieverstedt (Feldsteinkirche, alte Furt) - Flensburg (Altstadt, Museumshafen, Schifffahrtsmuseum, Rum-Museum) - Harrislee - Padborg und in Dänemark weiter bis nach Viborg (Jütland).

**Kommentar:** Für die Entwicklung dieses Radfernweges wurde die Trasse des alten Ochsenweges rekonstruiert. Über 1000 Jahre stellte dieser Weg eine sichere Nord-Süd-Verbindung für Kaufleute, Pilger und Ochsentreiber dar. Allerdings sind heute weniger als zehn Prozent dieses wichtigen Handels- und Heerweges erhalten geblieben. Vielerorts ist die ehemalige Wegstrecke mit Straßen, Bahnlinien und Häusern überbaut worden oder durch Einkoppelungen nicht mehr nutzbar. Nur hin und wieder kann man den Ochsenweg noch als alten landschaftlichen Weg erkennen. Ursprünglich verlief der Handelsweg von einem Viehmarkt zum nächsten und verband so die einst wichtigen Orte auf dem breiten Geeststreifen zwischen Wedel in Südholstein und Viborg im dänischen Jütland. Erst mit dem Bau der Eisenbahn verlor der Ochsenweg seine Bedeutung. Viele Handelszentren wurden von der Entwicklung abgeschnitten. Sie lassen sich heute beschaulich per Rad wiederentdecken.
Aus der Elbmarsch kommend führt der Weg hinauf in die Geest. Gemütliche Altstädte mit historischen Ochsenmärkten, mächtige Kirchen, versteckte Schlösser und kleine Fischerorte laden auf der Tour immer wieder zum Halten ein. Bronzezeitliche Grabhügel, die alte Wikinger-Siedlung Haithabu und große "Pötte" auf Förde oder Nord-Ostsee-Kanal lassen die Route zu einem norddeutschen Erlebnis werden. Die landschaftliche Vielfalt zeigt sich im Wechsel bewaldeter Geestrücken, abgeschiedener Heide- und Moorlandschaften und Sanddünen.
Abseits des Ochsenweges finden sich viele Exkursionsmöglichkeiten zu historischen und naturkundlichen Schauplätzen. Gemütliche Dorfgasthöfe bieten Fischgerichte in vielen Variationen an und laden zur Pause oder Übernachtung ein. Der Tourismusverband Schleswig-Holstein vermittelt viele Pauschalangebote für Radwanderer, u.a. auch auf dem Ochsenweg, in fast jeder Preisklasse (von Pension bis Landhotel).

Mit Fernverkehrsbahnhöfen in Elmshorn, Itzehoe, Neumünster, Rendsburg, Schleswig, Flensburg und Padborg ist der Ochsenweg ausgesprochen gut im Bahnnetz erreichbar. Die Stadt Wedel als Ausgangspunkt besitzt keinen Bahnhof.

# Odenwald-Madonnen-Weg
## (Tauberbischofsheim - Speyer)

***Wegweisung:*** Der Odenwald-Madonnen-Weg ist durch ein weißes Fahrrad auf grünem Grund ausgewiesen. Der Zustand der Wegweisung wird noch überarbeitet und verbessert.

***Länge:*** 158 km + 20 km bei Ostvariante

***Charakteristik:*** Vor allem im ersten Teil von Tauberbischofsheim bis Langenelz einige teilweise starke Steigungen, danach relativ eben. Überwiegend asphaltierte Oberflächen oder wassergebundene Wege. Der Streckenverlauf ist meist ruhig, nur zwischen Buchen und Hardheim führt die Route teilweise an der Bundesstraße entlang. Mit Ausnahme des ersten Stücks ist die Route auch für Familien gut fahrbar.

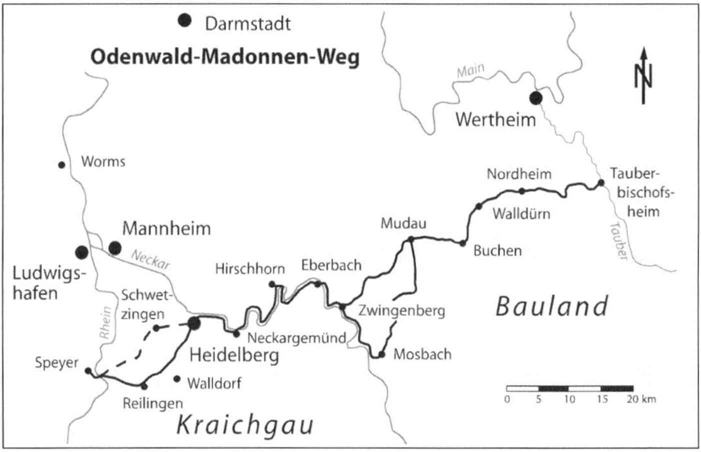


***Informationen:***

- Tourismus-Service GmbH, Yorckstr. 23, 79110 Freiburg, Tel.: 0761/89797979, Fax: 0761/89797989, e-mail: info@tourismus-baden-wuerttemberg.de, Internet: www.tourismus-baden-wuerttemberg.de.

***Karten und Literatur:***

- Odenwald-Madonnen-Weg, Routenbroschüre der Tourismus Marketing GmbH Baden-Württemberg, Bezug gegen Gebühr beim Info- und Prospektservice Baden-Württemberg, Yorckstr. 23, 79110 Freiburg, Tel.: 0761/89797979, Fax: 0761/89797989.

- Radwanderkarte 1:100.000 mit Radwegegrundnetz, Blätter 57 (Tauber-Hohenlohe) und 58 (Rhein-Neckar), Landesvermessungsamt Baden-Württemberg.
- ADFC-Radtourenkarte 1:150.000, Blatt 20 und 21, Bielefelder Verlagsanstalt.

***Verlauf:*** Tauberbischofsheim (mittelalterliches Stadtbild) - Königheim (prächtige Barockkirche) - Schweinberg ("Steinerner Turm") - Hardheim (Wasserschloss) - Walldürn (barocke Wallfahrtsbasilika, römische Ausgrabungen) - Buchen (historischer Stadtkern) - Langenelz - Waldbrunn (See auf dem Katzenbuckel) - Zwingenberg (Schloss, Wolfsschlucht) - Eberbach - Hirschhorn (Karmeliterkloster) - Neckarsteinach (4 Burgen) - Neckargemünd (Altstadt) - Heidelberg (Schloss) - Reilingen - Speyer (Kaiserdom).

Variante ab Langenelz über Mosbach (historischer Stadtkern) und Neckargerach (Burgruine Minneburg) nach Eberbach.
Oder von Heidelberg aus über die Kurpfalz-Route über Schwetzingen (sehenswerte Schlossanlage) und Ketsch nach Speyer.

***Kommentar:*** Seit 1988 bietet der Odenwald-Madonnen-Weg Fahrradtouristen landschaftliche Vielfalt pur auf seiner Tour vom malerischen Tauberbischofsheim durch den Odenwald, entlang des Neckartals bis hinein in die Rheinebene nach Speyer. Auf den ersten Streckenkilometern sind vom Taubertal kommend die Hänge des Odenwaldes zu bezwingen. Über Walldürn, wo Sie nicht versäumen sollten, einen Blick auf die barocke Wallfahrtsbasilika "Heilig Blut" zu werfen, und Buchen kommen Sie nach einer erholsamen Abfahrt in den Ort Zwingenberg am Neckar.
Wer den Abschnitt zwischen Langenelz und dem Neckar etwas weniger steil gestalten möchte, für den bietet sich eine etwas längere Ostvariante über Limbach, Mosbach und Obrigheim an. Entlang des Neckars geht es dann gemütlich über Neckargerach nach Zwingenberg, wo die beiden Teilrouten wieder zusammen treffen.
Parallel zum Neckartal-Radweg führt der Weg über Eberbach, Hirschhorn und Neckargemünd nach Heidelberg, für das Sie sich etwas Zeit nehmen sollten. Die Route verlässt nun bald die bewaldeten Höhenrücken, um in die weite Landschaft der Rheinebene zu führen und schließlich in Speyer mit seinem berühmten Kaiserdom aus dem Jahre 1030 zu enden.

Wer von Heidelberg eine andere Routenführung bis Speyer wählen möchte, sollte sich der "Kurpfalz-Route" anvertrauen. Diese bietet nicht nur den Vorteil etwas kürzer zu sein, sondern auch direkt an der sehenswerten Schlossanlage in Schwetzingen vorbei zu führen.

# Oder-Neiße-Radweg
## (Hartau - Warsin)

**Wegweisung:** Einheitlich mit dem weißen Schriftzug "OderNeiße" und stilisierter Flussdarstellung auf grünem Dreieck, das mit der Spitze nach unten zeigt, beschildert.

**Länge:** 470 km

**Charakteristik:** Aufgrund des unterschiedlichen Ausbauzustands der Strecke ist die weitgehend ebene Route von wechselnder Qualität. Der Wegebelag reicht von Asphalt und Betonplatten über Pflaster bis hin zu Schotter und Sand. Der Routenverlauf ist weitgehend eben, einige leichte Steigungen sind nur da zu erwarten, wo sich die Route vom Flusslauf entfernt.

In Brandenburg und Mecklenburg-Vorpommern muss mit einzelnen noch wenig ausgebauten oder im Bau befindlichen Abschnitten gerechnet werden. Die Route wird dann häufig auf straßenbegleitenden Radwegen oder verkehrsarmen Straßen geführt. Vor allem im Oderbruch ist in den nächsten Jahren mit Deichbaumaßnahmen zu rechnen.

Aufgrund der abschnittsweisen Führung entlang von stärker befahrenen Straßen ist die Route bislang nur bedingt für Anhänger und mitradelnde Kinder geeignet. Der Ausbau und die Verbesserung der Route wird allerdings verstärkt vorangetrieben.

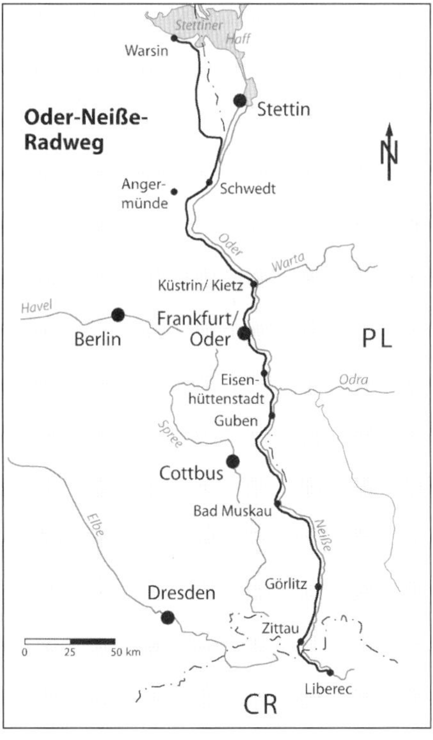

***Informationen:***

- TMB Tourismus-Marketing Brandenburg GmbH, Informations- und Buchungsservice, Am Neuen Markt 1, 14467 Potsdam, Tel.: 0331/2987320, Fax: 0331/2987328, e-mail: hotline@tmb-brandenburg.de, Internet: www.tmb-brandenburg.de.
- Tourismusverband "Oder-Spree-Seengebiet" e.V., Berliner Str. 30, 15848 Beeskow, Tel.: 03366/253300, Fax: 03366/253322, e-mail: info@oder-spree-seengebiet, Internet: www.oder-spree-seengebiet.de.
- Tourismusverband Märkisch Oderland e.V., Postfach 28, 15301 Seelow, Tel.: + Fax: 03346/150701.
- Tourismusverband Mecklenburg-Vorpommern e.V., Platz der Freundschaft 1, 18059 Rostock, Tel.: 0381/4030500, Fax: 0381/4030555, e-mail: info@tmv.de, Internet: www.tmv.de.
- Tourismus Marketing Gesellschaft Sachsen mbH, Bautzner Str. 45/47, 01099 Dresden, Tel.: 0351/491700, Fax: 0351/4969306, e-mail: info@sachsen-tour.de, Internet: www.sachsen-tour.de.
- Tourismusverband Oberlausitz-Niederschlesien e.V., Bahnhofstr. 14, 02625 Bautzen, Tel.: 03591/48770, Fax: 03591/487748, e-mail: info@oberlausitz.de, Internet: www.radwandern-oberlausitz.de.

***Karten und Literatur:***

- Oder-Neiße-Radweg (Von Zittau nach Ueckermünde), bikeline-Radtourenbuch und Karten 1:75.000 mit Routenbeschreibung, Sehenswürdigkeiten, Ortsplänen, wichtigen Adressen, Übernachtungsverzeichnis, Verlag Esterbauer.
- Broschüre "Radwandern in der Oberlausitz", Informationen zu den Radwanderwegen der Region Oberlausitz-Niederschlesien (nur sächsischer Abschnitt), kostenlos erhältlich beim Tourismusverband Oberlausitz-Niederschlesien e.V.
- ADFC-Radtourenkarte 1: 150.000, Blatt 4, 9 und 14, Bielefelder Verlagsanstalt.

***Verlauf:*** Hartau - Zittau (Rathaus, Franziskanerkloster, Marstall) - Kloster Marienthal (Ausgestaltung im Nazarenen-Stil) - Ostritz (energieökologische Modellstadt, Marktplatz) - Görlitz (gesamtes Stadtbild, Rathaus, Reichenberger Turm, Kaisertrutz, St. Peter und Paul Kirche, Synagoge, Flüsterbogen, Bibelhaus) - Rothenburg/Neiße - Bad Muskau (Altes und Neues Schloss, Orangerie, Fürst-Pückler-Park) - Forst (Ostdeutscher Rosengarten) - Guben - Ratzdorf (Stiftskirche St. Marien in Neuzelle) - Eisenhüttenstadt - Frankfurt/Oder (Rathaus, Kleist-Museum, Europa-Universität Viadrina, Lenné-Park) - Küstrin-

Kietz - Oderberg - Schwedt (Lustschloss Monplaisir, Nationalparkverwaltung "Unteres Odertal") - Mescherin - Penkun - Löcknitz - Rieth (Villa Rieth) - Warsin.

***Kommentar:*** Sicherlich noch ein Geheimtipp, Deutschlands östlichster Radfernweg. Wer weite Flussauen liebt und zwischen Landschafts- und Nationalparks auch einmal Kulturlust schnuppern möchte, ist hier richtig. Nicht zuletzt sorgt auch der Charakter als Grenzfluss und EU-Außengrenze für besonderes Flair. Viele der Radler auf diesem Weg fahren zumindest abschnittsweise auch durch Polen, was aufgrund etlicher kleiner Grenzübergänge im südlichen Bereich auch problemlos möglich ist.

Bei der Anreise zum südöstlichsten Zipfel der Republik sollten Sie sich ein paar Tage für die Gegend um Zittau und Hartau reservieren. Das sich südlich der Stadt erhebende Zittauer Gebirge hält landschaftlich einige Überraschungen bereit, die per Rad oder zu Fuß erkundet werden können. Und aufgrund seiner Abgeschiedenheit, lässt sich hier noch Ruhe pur genießen. In Zittau selbst sei ein Besuch des Gerhard-Hauptmann-Theaters empfohlen - mit einem Theaterensemble und Programm, das seinesgleichen sucht.

Bei Hartau übertritt die Lausitzer Neiße die Grenze am Dreiländerpunkt. Aus der Tschechischen Republik kommend ist der Fluss ab hier Grenzfluss zwischen Polen und Deutschland. Der gut ausgebaute Radweg führt immer am Fluss entlang bis nach Zittau. Ab Zittau muss man leider noch immer auf den Radweg entlang der vielbefahrenen Bundesstraße zurückgreifen, bevor dieser bei Rosenthal wieder den hautnahen Kontakt zum Fluss sucht und sich mit ihm gemeinsam in einer tief eingeschnittenen Schlucht durch den Lausitzer Granit windet. Wenn sich das romantische, dicht bewaldete Tal nach 7 km wieder öffnet, erwartet Sie das Kloster Marienthal, in dem die Zisterzienserinnen noch heute abseits der Besucherströme leben. Bis nach Görlitz hält sich der Weg weiterhin zwischen Neiße und Bundesstraße, die vom Braunkohlentagebau aufgerissene Landschaft vermittelt einen unheimlichen Eindruck. Görlitz ist der nächste Höhepunkt der Tour. Die aufwendig sanierte Altstadt ist vollständig erhalten und hält aus jeder Epoche etwas bereit. Queren Sie doch einmal die Neiße und statten dem polnischen Zgorzelec einen Besuch ab.

Von Görlitz aus führt die Radroute auf ruhigen Straßen "über Land", mal näher, mal weiter weg vom Fluss. Ausgedehnte Wald- und Heidelandschaften erstrecken sich links und rechts der Grenze. Bad Muskau mit seinem von Fürst-Pückler angelegten Park, Forst mit seinem Rosengarten, kulturelle und landschaftsästhetische Leckerbissen reihen sich bis Ratzdorf aneinander, wo die Neiße in die Oder mündet. Über Eisenhüttenstadt geht's weiter nach Frankfurt/Oder, der wichtigsten Grenzstadt zu Polen. Durch das Land Brandenburg, von Forst bis

Schwedt, führt der Oder-Neiße-Radweg weitgehend auf separaten Radwegen unterschiedlicher Qualität entlang der Neiße bzw. entlang des Oderdeiches. Hinter Küstrin-Kietz führt der Oder-Neiße-Radweg ins Oderbruch, einer reizvollen und reichhaltigen Naturlandschaft. Der Nationalpark "Unteres Odertal" trägt der einmaligen mitteleuropäischen Flusslandschaft Rechnung. Da gerade in diesem Bereich in den nächsten Jahren mit Baumaßnahmen an Deich und Radwegen zu rechnen ist, empfiehlt sich ein Blick auf die Karte oder das Ausweichen auf Alternativrouten (z.B. den Theodor-Fontane-Weg).
In Mescherin verlässt man die ufernah geführte Route und gelangt nach Mecklenburg-Vorpommern. Bis zum Stettiner Haff ist es nicht mehr weit, allerdings sind über die Endmoränenbögen noch einige Steigungen zu absolvieren. In Warsin endet der Oder-Neiße-Radweg. Abgesehen von den größeren Städten entlang der Route ist der Oder-Neiße-Radweg nur wenig touristisch erschlossen. Pensionen findet man in vielen Orten, Campingplätze hingegen so gut wie gar nicht.

Mit der Bahn und dem Fahrrad ist Zittau als Startort im Regionalverkehr von Dresden aus erreichbar, von Warsin aus kann man ab Ueckermünde mit Regionalzügen bis Pasewalk und dann weiter mit Fernverkehrszügen die Rückreise antreten - oder umgekehrt. Zwischen Zittau und Görlitz sowie Guben und Frankfurt/Oder besteht zudem die Möglichkeit, auf die Bahn auszuweichen.

## Ostseeküsten-Radweg
**(Flensburg - Lübeck-Travemünde - Ahlbeck)**

***Wegweisung:*** Das Signet des Ostseeküstenradweges besteht in Schleswig-Holstein aus dem weißen Schriftzug mit dem Namen des Radfernweges auf blauem Grund mit einer stilisierten Landschaft am Fuß des Signets. In Mecklenburg-Vorpommern setzt sich diese Wegweisung fort, ist hier jedoch (noch) unvollständig. Das Signet ist auf verschiedenen Radwegweisern angebracht.

***Länge:*** 836 km

***Charakteristik:*** Die Oberfläche der Radwege ist großteils asphaltiert oder wassergebunden. Abschnittsweise nutzt der Radweg kleinere Landstraßen, in wenigen kurzen Teilstücken wird die Route entlang stärker befahrener Straßen geführt. Aufgrund einiger sandiger oder unbefestigter Streckenabschnitte ist der Weg mit dünner Bereifung nur beschwerlich zu befahren. Im Allgemeinen ist die Route anhängertauglich und auch für Familien und Kinder geeignet. Zuweilen muss man sich die Radroute mit Fußgängern teilen - bitte Rücksicht nehmen.

Wer meint, die Ostseeküste sei gleichbedeutend mit flacher Landschaft, wird seine Erfahrungen allerdings mit ein paar Schweißtropfen bezahlen. Der beständige Wind gibt mit großer Zuverlässigkeit das Seine hinzu. Lohn der Mühe sind aber immer wieder die wechselnden Landschaftspanoramen mit herrlichen Aussichten auf Küstenlandschaften und Meer.

***Informationen:***

- Ostseebäderverband Schleswig-Holstein e.V., Vorderreihe 57, 23570 Lübeck-Travemünde, Tel.: 04502/4222, Fax: 04502/4234, e-mail: OBVSH@aol.com, Internet: www.sht.de/ostsee.
- Tourismusverband Mecklenburg-Vorpommern e.V., Platz der Freundschaft 1, 18059 Rostock, Tel.: 0381/4030500, Fax: 0381/4030555, e-mail: info@tmv.de.

***Karten und Literatur:***

- Ostseeküsten-Radweg, Faltblatt mit Übersichtsskizze und Informationsadressen, Bezug beim Ostseebäderverband Schleswig-Holstein e.V.
- Urlaub mit dem Fahrrad, Fernradwege in Mecklenburg-Vorpommern, Broschüre mit Routenskizzen aller Radfernwege in Mecklenburg-Vorpommern sowie Kurzbeschreibungen, Sehenswürdigkeiten und Infoadressen, Bezug: Touristik-Marketing-Service GmbH, Koppelweg 2, 18107 Rostock, Tel.: 0381/7689880, Fax: 0381/7689881, e-mail: T.M.S.Rostock@t-online.de.
- ADFC-Radtourenkarte 1:150.000, Blatt 1, 2, 3 und 4, Bielefelder Verlagsanstalt.
- ADFC-Regionalkarte 1:75.000, Blatt Rügen/Fischland-Darß, Bielefelder Verlagsanstalt.
- Ostseeküsten-Radweg, Von Flensburg bis Travemünde, Radwanderführer mit Übersichtskarten, Kilometerangaben, Streckenbeschreibung, Ortsplänen, Sehenswürdigkeiten, Bielefelder Verlagsanstalt.
- Ostseeküsten-Radweg II, Von Travemünde bis Usedom, Radwanderführer, Bielefelder Verlagsanstalt.
- Radfernwege in Mecklenburg-Vorpommern 1 und 2, Radwanderkarten 1:100.000 mit touristischen Hinweisen, Informationsadressen, Bielefelder Verlagsanstalt.
- Ostseeküsten-Radweg, Teil 1: Von Flensburg nach Lübeck, bikeline-Radtourenbuch und Karten 1:75.000 mit Routenbeschreibung, Sehenswürdigkeiten, Ortsplänen, wichtigen Adressen, Übernachtungsverzeichnis, Verlag Esterbauer.
- Ostseeküsten-Radweg, Teil 2: Von Lübeck nach Ahlbeck/Usedom, mit Rügen, bikeline-Radtourenbuch und Karten 1:75.000, Verlag Esterbauer.

- Ostseeküsten-Radweg, Radfernwegführer mit Streckenkarten 1:75.000, Sehenswürdigkeiten, Informationsadressen, Fahrradverleihmöglichkeiten, Übernachtungsmöglichkeiten, Haupka-Verlag.
- Ostseeküste, Rügen/Usedom/Hiddensee/Darß, Radwanderführer, Stöppel-Verlag.

***Verlauf:*** Der Ostseeküsten-Radweg verläuft enlang der gesamten deutschen Ostseeküste: Flensburg (Altstadt) - Glücksburg (Wasserschloss) - Gelting (Naturschutzgebiet "Geltinger Birk", Schöpfmühle Charlotte) - Kappeln (historische Altstadt, Schleibrücke) - Damp - Eckernförde (Altstadt, Feldsteinkirche, Holzklappbrücke) - Schilksee (Olympiahafen) - Kiel (Uferpromenade, Schleswig-Holsteinisches Freilichtmuseum Molfsee) - Laboe (Marinedenkmal) - Hohwacht - Oldenburg/Holstein (Wallburganlage, Wallmuseum) - Großenbrode - Puttgarden - Burg auf Fehmarn (historischer Ortskern) - Dahme - Grömitz - Neustadt/Holstein (Stadtbild) - Lübeck-Travemünde (Vorderreihe, Kaiserallee, Hafenanlagen) - Boltenhagen (Reetgedeckte Hallenhäuser) - Wismar (Stadtbild, Marktplatz, Hafen) - Rerik (stein- und bronzezeitliche Grabstätten) - Warnemünde (Fischerhäuser, Leuchtturm, Hafen) - Graal Müritz (Seebrücke) - Ahrenshoop (Künstlerkolonie) - Prerow (Vogelinseln Kirr und Oie, Hohe Düne in Pramort) - Barth - Stralsund (Altstadt, Stadtbefestigung, Deutsches Museum für Meereskunde und Fischerei) - Greifswald (Stadtbild, Rathaus, Klosterruine Eldena) - Lubmin - Wolgast (Altstadt, Hafen, Getreidespeicher) - Zinnowitz (Seebrücke) - Heringsdorf (Seebrücke) - Ahlbeck (Seeheilbad, Seebrücke) - Anbindung nach Swinemünde/Polen.

**Kommentar:** Vom Ostseebäderverband initiiert, lockte zunächst der schleswig-holsteinische Ostseeküstenradweg als radtouristisches Highlight viele Besucher in die beliebte Ferienregion zwischen Flensburg und Travemünde. In Zusammenarbeit mit dem Tourismusverband Mecklenburg-Vorpommern wurde der Weg nun von Travemünde bis nach Ahlbeck fortgesetzt und lädt zur Beradlung der gesamten Ostseeküste ein.
Der Ostseeküsten-Radweg vermittelt ein eindrucksvolles Bild der abwechslungsreichen Küstenlandschaft von Schleswig-Holstein und Mecklenburg-Vorpommern: Steilküsten, Klippen, Strandwälle, Sandstrände, Boddenküste, Dünen, Wälder und vieles mehr. Die hügelige Moränenlandschaft mit ihrem leichten auf und ab gibt immer wieder neue Blicke über Land und Meer frei. Im Sommer lädt der Ostseestrand an zahlreichen Stellen zum Baden ein. Wer möchte, kann die Ostseeküste bereits in Dänemark auf hervorragend ausgestalteten Routen beradeln. Eine europäische Radroute rund um die Ostsee befindet sich in Vorbereitung und wird in den nächsten Jahren schrittweise realisiert.

Die erste Stadt auf deutscher Seite ist dann Flensburg mit seiner urigen Hafenatmosphäre und gemütlichen Kneipenlandschaft. Romantiker kommen in Glücksburg voll auf ihre Kosten: das Renaissance-Wasserschloss, der dazugehörige Park und das Museum sind ein lohnender Halt, bevor die Natur entlang der Ostseeküste wieder im Vordergrund steht. Wer ein wenig Muße hat, sollte sich die Zeit nehmen, um auf Schusters Rappen einen Ausflug in das Naturschutzgebiet "Geltinger Birk" zu unternehmen. Von den Wegen aus bieten sich spannende Beobachtungsmöglichkeiten auf viele seltene See- und Küstenvogelarten. Über die Schlei, durch Felder, vorbei an den typischen Hecken ("Knicks") und kleinen Dörfern und Kirchen zieht die Route südwärts. Für die historische Marinestadt Eckernförde mit ihrer Altstadt und der berühmten Holzklappbrücke sollte unbedingt etwas Besuchszeit reserviert werden. Die geschäftige Landeshauptstadt Kiel zeigt erst auf den zweiten Blick ihre vielfältigen Reize, insbesondere für Freunde des maritimen Lebens. Schon nach wenigen Kilometern befindet man sich wieder auf Naturkurs in Richtung der zweitgrößten deutschen Insel, Fehmarn, die vollständig umrundet wird. Mit Dahme, Grömitz, Scharbeutz und Timmendorfer Strand reihen sich Ostsee-Erholungszentren aneinander, und schon radelt man mit der herrlichen Aussicht auf die Lübecker Bucht nach Travemünde hinein, in den alten Lübecker Ortsteil, der schon zur Hansezeit so wichtig für die Schifffahrt der Hansestadt war.

Mit der Priwall-Fähre wird die Trave überquert und verbindet die Hansestädte Lübeck, Wismar, Rostock, Stralsund und Greifswald mit

ihren altehrwürdigen hanseatischen Stadtbildern und entsprechender Kultur.
Entlang des Weges durch Mecklenburg-Vorpommern reihen sich die Ostseebäder von Boltenhagen bis Ahlbeck aneinander. Die charakteristische Bäderarchitektur mit ihren strahlend weißen Häusern wurde in den letzten Jahren vielerorts aufwendig restauriert. Abstecher von der Route sollte man einplanen, sonst radelt man an einigen Perlen des Hinterlandes einfach vorbei.

Aufgrund der unzähligen Campingplätze (v.a. im Schleswig-Holsteinischen Abschnitt) und Pensionen in Gebiet der Ostseeküste und des nahen Hinterlandes herrscht kein Mangel an Übernachtungsmöglichkeiten. Für ruheliebende Touristen empfiehlt sich jedoch eine Bereisung in der Nebensaison. Dann sind auch die Straßen, auf denen der Ostseeküstenradweg teilweise verläuft, etwas weniger frequentiert.

Die Beschilderung des Ostseeküsten-Radweges ist vielerorts leider immer noch unzulänglich. Die Schilder sind klein und unauffällig, Richtungswegweiser sind schlecht erkennbar. Streckenweise fehlen Schilder gänzlich. Wünschenswert wären auch Hinweise auf die Streckenqualität, so dass schwierigen Teilstücken z.B. mit Sandpassagen ausgewichen werden kann. Da die meisten Kurverwaltungen um 18:00 Uhr ihre Pforten schließen, ist rechtzeitiges Bemühen um ein festes Übernachtungsquartier empfehlenswert. Ein gutes Zeichen entlang des Ostseeküsten-Radweges sind in Privatunterkünften, Pensionen, Gasthöfen und Hotels Hinweisschilder in Gestalt der Routensignets mit stilisiertem Bett. Hier sind auch Radfahrer, die nur eine Nacht vor Ort bleiben, gern gesehene Gäste. Während der Hochsaison (Juli - August) empfiehlt es sich immer, das Quartier für eine Nacht vorzubestellen.

Es führt zwar keine Bahnlinie direkt an der Ostseeküste entlang, doch sind alle größeren Städte, die die Route kreuzt oder streift im Nah- und Fernverkehr erreichbar, so dass eine Vielzahl von Start- und Zielpunkten sowie Teilberadlungen ermöglicht wird. Im Hinterland gibt es einige Regionalbahnstrecken, von denen es nicht weit bis zur Küste ist.

# Regental-Radweg
## (Regensburg nach Bayerisch Eisenstein)

***Wegweisung:*** Grüner Schriftzug "Regental Radweg" mit Fahrradlogo und Ortsangabe auf weißem Schild.

***Länge:*** 173 km

***Charakteristik:*** Der Regental-Radweg verläuft zum Teil auf einer stillgelegten Bahntrasse bzw. auf gut ausgebauten Radwegen oder auf wenig befahrenen Nebenstraßen. Der Weg hat durchgängig eine sehr gut befahrbare Oberfläche und ist im ersten Teil von Regensburg bis Viechtach absolut familiengeeignet. Die Herausforderung für sportliche Radwanderer ist die zweite Hälfte der Route: Per Rad quer durch den Bayerischen Wald bis nach Böhmen. Bei der Konzeption des Regental-Radweges wurde darauf geachtet, dass die Trassen möglichst auf selbständigen Radwegen, Forststraßen bzw. auf wenig befahrenen Straßen verlaufen.

***Informationen:***

- Tourismusverband Ostbayern, Luitpoldstr. 20, 93047 Regensburg, Tel.: 09431/58539-0, Fax: 0941/5853939, e-mail: tourismus@ostbayern.btl.de Internet: www.btl.de/ostbayern.
- Landratsamt Regen, WITO, Poschetsrieder Straße 16, 94209 Regen, Tel.: 09921/601-217, Fax: 09921/97002217, e-mail: wito@lra.landkreis-regen.de.
  Die Route im Internet: www.bayerninfo.de.

***Karten und Literatur:***

- Regental-Radweg, Radwanderführer mit Karten 1:50.000 in Spiralheftung mit Informationen und Sehenswürdigkeiten, Galli-Verlag.

***Verlauf:*** Der Regental-Radweg führt von Regensburg auf flussnahen Radwegen nach Nittenau und weiter entlang idyllischer Flußauen über Roding und Cham nach Miltach. Er verläuft dann im abwechslungsreichen Regental durch eine bezaubernde Waldlandschaft über Viechtach, Regen und Zwiesel zum Grenzübergang Bayerisch Eisenstein.

Regensburg (Historischer Stadtkern, "Steinerne Brücke", die älteste Steinbrücke Deutschlands) - Regenstauf - Marienthal - Nittenau (Stadtmuseum) - Reichenbach (Klosterkirche St. Mariä Himmelfahrt) - Walderbach (Klosterkirche 12. Jh. mit barockem Klostergebäude) - Roding - Cham (Städtische Galerie Cordonhaus) - Miltach (Schloss) - Blaibach (Schloss, Stausee) - Viechtach (Naturschutzgebiet Großer und

Kleiner Pfahl mit eindrucksvolle Quarzformationen) - Patersdorf (Pfarrkirche St. Martin, eine der ältesten Kirchen im Bayer. Wald) - Regen (Burgruine Weißenstein) - Zwiesel (Naturparkhaus-Infozentrum) - Bayerisch Eisenstein (Grenzbahnhof mit Bahnmuseum) - Grenzübergang - Zelezná Ruda/Markt Eisenstein.

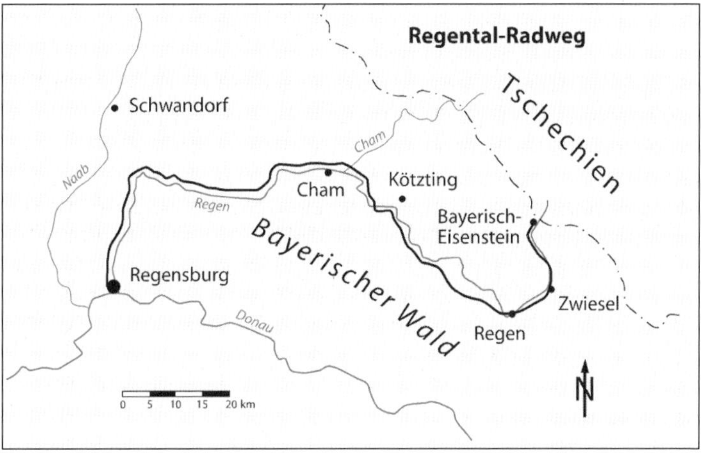


**Kommentar:** Seit Beginn der Sommerferien 1997 kann von der Donau in den Bayerischen Wald geradelt werden. Auf dem Regental-Radweg können nunmehr Radwanderer von Regensburg über Cham, Regen, Zwiesel nach Bayerisch Eisenstein grenzüberschreitend in den Böhmerwald radeln.

Um diesem Ziel näher zu kommen, haben die beteiligten Landkreise Regen, Cham, Schwandorf und Regensburg gemeinsam Anstrengungen unternommen. So hat beispielsweise der Landkreis Regen die aufgelassene 9 Kilometer lange Bahntrasse von der Landkreisgrenze Cham Richtung Viechtacher Bahnhof erworben und darauf einen Radweg errichtet.

Nach den Plänen der beteiligten Landkreise soll der Regental-Radweg als Modellprojekt in puncto Service dienen, der bei einer einheitlichen Beschilderung beginnt und neben Brotzeitstationen und zusätzlichen Erholungseinrichtungen wie Freibäder und Sehenswürdigkeiten auch eine fahrradfreundliche Gastronomie beinhaltet. Der Regental-Radweg ist die Hauptachse für einen grenzüberschreitenden Radwanderweg durch das Gebiet Bayerischer Wald, Böhmerwald und Mühlviertel.

Auf dem Weg zu dieser weitläufigen Radwegevernetzung zwischen den drei Ländern ist allerdings noch jede Menge zu tun.

RENNSTEIG

# Rennsteig-Radwanderweg

## *(Höhenradwanderweg Rennsteig)*

***Wegweisung:*** Schwarzer Fahrradfahrer vor grünem "R" auf weißem Grund. Durchgängig vorhanden, aber leider nicht so gut ausgeschildert wie der Wander-Rennsteig. Die Wegweisung wird aber verbessert.

***Länge:*** 195 km, davon 11,7 km in Bayern, der Rest in Thüringen

***Charakteristik:*** Für sportliche Radler mit Traditionsfeeling.
Als Kammweg folgt der Rennsteig-Radweg den Höhenlagen des Thüringer Waldes, bewegt sich zwischen 196 m und 911 m über dem Meeresspiegel und führt an den höchsten Bergen des Thüringer Waldes vorbei (Großer Beerberg mit 982 m und Schneekopf mit 978 m). Schon hierfür ist Kondition erforderlich. Hinzu kommt die häufige Benutzung von Waldwegen. Von 195 km Gesamtlänge sind derzeit noch 66 km Straße, 105 km verlaufen auf Forstwegen in unmittelbarer Näher des Rennsteigs, 24 km auf dem Rennsteig-Wanderweg selbst. Der Anteil an Waldwegen soll noch ausgebaut werden.

***Informationen:***

- Fremdenverkehrsverband Thüringer Wald e.V., Postfach 124, 98501 Suhl, Tel.: 03681/39450, Fax: 03681/722179, e-mail: info@thueringer-wald.com, www.thueringer-wald.com.
- Tourist-Information Frankenwald, Adolf-Kolping-Str. 1, 96317 Kronach, Tel.: 09261/60150, Fax: 09261/601515, e-mail: tourismus@frankenwald.btl.de.
- Fremdenverkehrsverband Thüringer Schiefergebirge/Obere Saale, Parkstraße 5, 07356 Lobenstein, Tel.: 036651/2339, Fax: 036651/2269, e-mail: info.ts-os@t-online.de.

***Karten und Literatur:***

- "Rennsteig-Radwanderweg", Karte und Beschreibung, Grünes Herz-Verlag;
- ADFC-Radtourenkarte 17 "Thüringer Wald/ Saale", Bielefelder Verlagsanstalt.

***Verlauf:*** Hörschel - Hohe Sonne - Glasbachstein - Grenzwiese am Inselsberg - Heuberghaus - Ebertswiese - Nesselberghaus - Oberhof - Schmücke - Bf. Rennsteig - Neustadt a.R. - Masserberg - Friedrichshöhe - Limbach - Neuhaus am Rennweg - Spechtsbrunn - Steinbach am Wald - Lehesten - Brennersgrün - Rodacherbrunn - Schlegel - Blankenstein.

**Kommentar:** Höhenradwanderwege sind in Deutschland schon etwas besonderes, und in seiner Komposition ist der Rennsteig-Radwanderweg sicherlich einzigartig. Die historische Kurier-Route verläuft zwischen Hörschel an der Werra (bei Eisenach) und Blankenstein an der Saale. Am 19. Juni 2000 wurde der Rennsteig-Radweg eingeweiht, begleitet den Wanderweg und verbindet zwei Bundesländer und drei Naturparks. Schon vorher haben viele Radler versucht, den Wanderweg per Rad zu meistern, doch aufgrund des hohen und noch zunehmenden Wandereraufkommens hat man sich entschlossen, die Radroute weitgehend vom Wanderweg zu entflechten. Inzwischen sind etwa 20 % der Besucher Radwanderer, an Wochenenden bis zu 50 %. Aus ADFC-Sicht könnte die Radroute sicherlich noch etwas optimiert werden, und man arbeitet bereits daran.

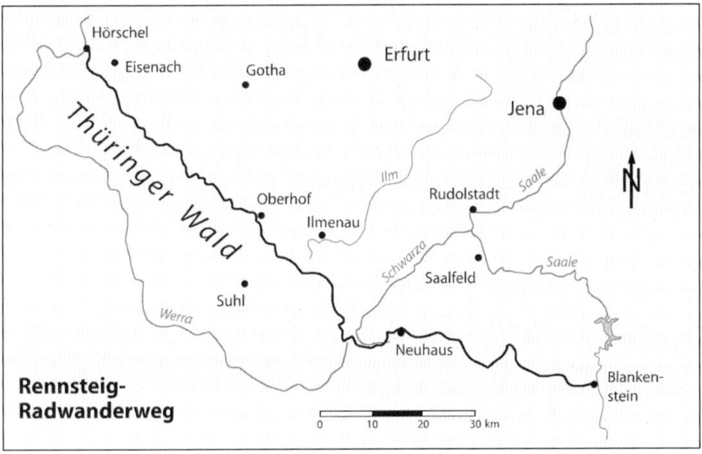


Dennoch ist die Befahrung des Rennsteig-Radweges schon jetzt ein bleibendes Erlebnis. Herrliche Waldflächen des Thüringer Waldes mit ihren weitreichenden Ausblicken lassen das Herz jedes Radlers höher schlagen (der Puls wird ohnehin häufiger beschleunigt). Dazu immer wieder historische Höhepunkte, die auch den Geist einfangen, wie die Wartburg in Eisenach, die Erinnerungen an Goethe in Ilmenau, der den Thüringer Wald oft besucht hat, oder aber auch die Begegnung mit der jüngsten deutschen Geschichte, denn auch Reste des ehemaligen Eisernen Vorhanges sind auf dem Verlauf der Route zu sehen.
Auf der Strecke vom Großen Inselsberg bis Oberhof kommen Genießer weiter Wälder am besten auf ihre Kosten. Das Sport-Zentrum Oberhof mit seinen bekannten Sportstätten und der Rennsteigtherme bietet dann vielfältige Abwechslung. Weiter geht es durch schiefer-

gedeckte Dörfer, wobei die Auswahl an Rastmöglichkeiten schwer fällt. Die bekannte Thüringer Rostbratwurst sollte man sicherlich einmal probieren, aber auch andere kulinarische Kostbarkeiten wie Klöße oder die "Dätscher" warten auf stets hungrige Radler. Im weiteren Verlauf, wenn das Thüringer Schiefergebirge erreicht wird, ändert sich die Landschaft, die Kuppen werden flacher und die Wälder lichter. In Neuhaus am Rennweg und in Lauscha wird die Glasproduktion vor Augen geführt, gefolgt vom Porzellan bei Lichte und - in Form von weiten, landschaftsprägenden, aber inzwischen schon fast romantischen Abbaugebieten bei Lehesten - der Schiefer, das blaue Gold.

Aufgrund der Höhenlagen sollten sich Radler erkundigen, wann die Wege dort schneefrei bzw. befahrbar sind. Übernachtungsmöglichkeiten sind ausreichend vorhanden, doch sollte an Wochenenden und in der Hauptsaison vorgebucht werden.

DB-Anbindung über Eisenach, Oberhof oder Blankenstein. Bei Schmiedefeld kann man per Bahn auch den Kamm direkt erreichen.

## Rhein-Routen

***(Konstanz a. Bodensee - Orsoy - Rotterdam)***

***Wegweisung:*** Je nach Streckenabschnitt unterschiedlich und insgesamt leider nicht durchgängig beschildert:
Hochrhein-Hotzenwald-Weg: Grünes Radlersymbol auf weißem Schild.
Veloroute Rhein: Gelber "Euro-Radler" auf dunkelblauem Schild mit den hellblauen Schriftzügen "Rhein" und "Rhin".
Erlebnisweg Rheinschiene: Stilisierter blauer Flusslauf vor orangefarbenem Quadrat und große rote Richtungspfeile auf weißen Schildern mit rotem Rand.
Orsoy - Emmerich: R 17 (R-Wegenetz NRW, grüne Schrift auf weißem Grund).

***Länge:*** 1135 km

***Charakteristik:*** Die Route folgt dem Flusslauf links- und rechtsrheinisch, abschnittsweise auch beidseitig, und besitzt insgesamt sehr wenige Steigungen. Die Wegeoberflächen sind überwiegend asphaltiert, teilweise geschottert. Zum Teil werden Radwege an stark befahrenen Bundesstraßen genutzt (z.B. zwischen Bingen und Koblenz), so dass die Route nicht immer familienfreundlich ist. Jedoch nutzt die Rhein-Route auch viele Land- und Forstwirtschafts- oder Deichwege sowie verkehrsarme Nebenstraßen.

***Informationen:***

- Tourismus-Service GmbH Yorckstr. 23, 79110 Freiburg, Tel.: 0761/89797979, Fax: 0761/89797989, e-mail: info@tourismus-baden-wuerttemberg.de, Internet: www.tourismus-baden-wuerttemberg.de.
- Hessen Touristik Service e.V., Abraham-Lincoln-Str. 38 - 42, 65189 Wiesbaden, Tel.: 0611/77880-0, Fax: 0611/77880-40, e-mail: info@hessen-tourismus.de, Internet: www.hessen-tourismus.de.
- Rheinland-Pfalz Information, Postfach 200563, 56005 Koblenz, Tel.: 0261/91520-0, Fax: 0261/91520-40, e-mail: Info@rlp-info.de, Internet: www.rlp-info.de.
- Tourismus & Congress GmbH, Adenauerallee 131, 53113 Bonn, Tel.: 0228/91041-0, Fax: 0228/91041-11, e-mail: marketing@tcbonn.de, Internet: www.bonn-regio.de.

***Karten und Literatur:***

- Rheintal-Weg (Hochrhein-Hotzenwald-Weg, Oberrhein-Kaiserstuhl-Weg, Breisgau-Weg, Ortenau-Weg, Bergstraße-Rhein-Weg), Routenbroschüre der Tourismus Marketing GmbH Baden-Württemberg, Bezug gegen geringe Gebühr beim: Info- und Prospektservice Baden-Württemberg, Yorckstr. 23, 79110 Freiburg, Tel.: 0761/89797979, Fax: 0761/89797989.
- Radwanderkarte 1:100.000 mit Radwegegrundnetz, Blätter 50, 51, 52 und 58, Landesvermessungsamt Baden-Württemberg.
- Topographische Karten 1:50.000 mit Wander- und Radwanderwegen, Blätter: Wandern und Radwandern in der Südpfalz, Wandern und Radwandern zwischen Rhein und Pfälzerwald, Mainz und Rheinhessen, Der Rhein von Bingen bis Koblenz, Naturpark Rhein-Westerwald, Landesvermessungsamt Rheinland-Pfalz.
- Freizeitkarten 1:50.000 mit Wander- und Radwanderwegen, Blatt 7 (Kleve-Niederrhein), 13 (Ruhrgebiet West), 18 (Köln, nördliche Ville) und 23 (Siebengebirge, südliche Ville), Landesvermessungsamt Nordrhein-Westfalen.
- ADFC-Radtourenkarte 1:150.000, Blatt 10, 15, 19, 20 und 24, Bielefelder Verlagsanstalt.
- ADFC-Regionalkarte 1:75.000, Blatt Köln/Bonn und Blatt Niederrhein I, Bielefelder Verlagsanstalt.
- Rhein-Radroute: Mannheim - Emmerich, Radwanderkarte 138, 1:125.000, Kurzführer, Sehenswürdigkeiten, Kompass-Verlag.
- Veloroute Rhein, Faltblatt mit Übersichtskarte 1:700.000, Skizze von Routenverlauf, Höhenmetern und Entfernungskilometern, Kurzbeschreibung, Sehenswürdigkeiten, Verlag Esterbauer.

- Erlebnisweg Rheinschiene (Radeln zwischen Bonn, Köln, Düsseldorf und Duisburg), 16 Kartenblätter auf topographischer Grundlage mit Routenverlauf, Hintergrundinformationen, Sehenswürdigkeiten, Informationsadressen, Unterkunfts- und Gastronomieverzeichnissen, Fähren und Schifffahrtsgesellschaften, Wienand Verlag.
- Rhein-Radweg, Teil 1: Von Andermatt nach Basel, bikeline-Radtourenbuch und Karten 1:75.000 mit Routenbeschreibung, Sehenswürdigkeiten, Ortsplänen, wichtigen Adressen, Übernachtungsverzeichnis, Verlag Esterbauer.
- Rhein-Radweg, Teil 2: Von Basel nach Mainz, bikeline-Radtourenbuch und Karten 1:75.000 mit Routenbeschreibung, Sehenswürdigkeiten, Ortsplänen, wichtigen Adressen, Übernachtungsverzeichnis, Verlag Esterbauer.
- Rhein-Radweg, Teil 3: Von Mainz nach Rotterdam, bikeline-Radtourenbuch und Karten 1:75.000 mit Routenbeschreibung, Sehenswürdigkeiten, Ortsplänen, wichtigen Adressen, Übernachtungsverzeichnis, Verlag Esterbauer.

***Verlauf:*** Konstanz (Münster) - Radolfzell (Gotisches Münster, Abstecher zur Gemüseinsel Reichenau) - Stein a. Rhein (Altstadt, Bürgerhäuser mit Fassadenmalereien, Puppenmuseum, Burg Hohenklingen) - Schaffhausen (Kastell Munot) - Neuhausen (Rheinfall) - Hohentengen a. Hochrhein (Burgruine Weißwasserstelz) - Waldshut-Tiengen (Schwarzenberger Schloss, mittelalterliches Stadtbild, Waldshuter Kaiserstraße) - Laufenburg (mittelalterliches Stadtbild) - Bad Säckingen (Trompeterschloss, längste überdachte Holzbrücke Europas) - Schwörstadt - Rheinvariante über Rheinfelden nach Lör-

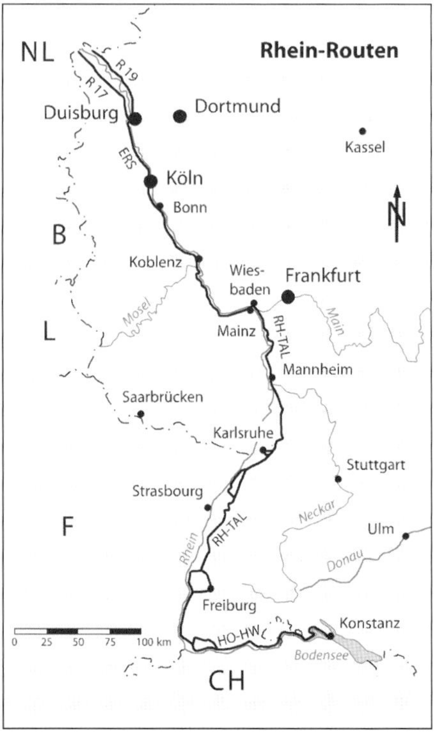

rach, Bergvariante über den Dinkelberg nach Lörrach (Burgruine Rötteln) - im folgenden links des Rheins/rechts des Rheins: Basel (Münster, Museumsbahn "Chanderli", Museen) / Weil a. Rhein (Dreiländereck) - Neuf-Brisach (Stadtbefestigungsanlagen) / Breisach (St. Stephansmünster) - Strasbourg (Altstadt) / Kehl - Lauterbourg / Karlsruhe (Schloss) - Speyer (Kaiserdom) / Schwetzingen (ehem. kurfürstliches Schloss) - Ludwigshafen / Mannheim (Rosengarten) - Worms / Lampertheim - Mainz (Gutenberg-Museum, Chagall-Fenster der St. Stephan-Kirche) / Wiesbaden (Kurviertel Wilhelmstraße, Schloss Biebrich) - fortan linksrheinisch: Bingen (Mäuseturm) - St. Goar (Loreley) - Boppard - Lahnstein (Burg Lahneck) - Koblenz (Deutsches Eck, Kurfürstliches Schloss) - Andernach (Runder Turm) - Remagen - Bad Honnef - Königswinter, ab hier wieder beidseitig des Rheins - Bonn (Beethoven-Haus, Museen) - Köln (Dom) / Mülheim - Düsseldorf (Königsallee, Museen) - Duisburg (Wilhelm-Lembruck-Museum, Dickelsbachsiedlung) - Orsoy - Wesel (Zitadelle u. Preußenmuseum, Willibrordi-Dom) - Xanten (Dom, Archäologischer Park) - Rees - Emmerich - Nijmegen (Fahrradmuseum Velorama) - Zaltbommel (St. Maartenskerk) - Woudrichem (Schloss Loevestein) - Dordrecht (Grote Kerk) - Rotterdam.

***Kommentar:*** Die Rhein-Route startet mit dem Hochrhein-Hotzenwald-Weg (165 km), der Bestandteil des Baden-Württembergischen Radfernwegenetzes ist, am Bodensee. Bis Stein a. Rhein verläuft er zunächst streckengleich mit dem Bodensee-Rundweg, folgt dann aber dem Flusslauf auf seiner linken Seite Richtung Westen. Kurioserweise passiert er achtmal die deutsch-schweizerische Grenze, ohne die linke Rheinseite zu verlassen. Die Route hält sich seit 1987 bis auf wenige Streckenabschnitte (Rheinau bis Hohentengen) immer in direkter Reichweite des längsten deutschen Flusses. Vielfach verläuft auf dem südlichen Rheinufer ein Schweizer Radweg, der mitunter eine bessere Qualität aufweist als der deutsche. Bemerkenswert ist auch die große Anzahl von Campingplätzen an dieser Strecke. Zu den absoluten Sehenswürdigkeiten gehört unangefochten der Rheinfall bei Schaffhausen-Neuhausen, das Rheinwasser stürzt sich hier 22 m in die Tiefe. Beeindruckend bleibt auch die Fahrt zwischen den Höhen des Hotzenwaldes und des Schweizer Tafeljuras, zwischen die sich der Rhein tief eingeschnitten hat. Hier liegt auch die sagenumwobene Trompeterstadt Bad Säckingen. Von Schwörstadt aus bieten sich zwei Möglichkeiten, den Weg fortzusetzen: entweder bleiben Sie im Rheintal und folgen auf mehr oder weniger ebenen Wegen dem Flusslauf oder Sie wagen sich bergan über den Dinkelberg auf dem direkten Weg nach Lörrach. Hier, bzw. in Basel, der Stadt im Dreiländereck, endet der erste Abschnitt der Rhein-Route.

Ein kleiner Tipp zum Hochrhein-Hotzenwald-Weg: Die Wasserqualität des später stark verschmutzten Stromes lässt hier im Oberlauf (vor allem zwischen Bodensee und Rheinfall) noch das Baden zu!
In Basel startet die erst seit dem Jahr 2000 neu ausgewiesene, 415 km lange Veloroute Rhein bzw. Véloroute Rhin, die auf deutscher Seite die baden-württembergischen Radwege Oberrhein-Kaiserstuhl-Weg, Breisgau-Weg, Ortenau-Weg, Bergstraße-Rhein-Weg ersetzt und parallel dazu auf französischer Seite durch das Elsaß führt. Rechtsrheinisch geht es zunächst durch das badische Weinland, vorbei an den einstigen Residenzstädten badischer Markgrafen und Pfälzer Kurfürsten Karlsruhe, Schwetzingen und Mannheim und anschließend in geschützter Dammlage direkt durch die Rheinaue. Linksrheinisch kann man den Charme elsässischer Städtchen genießen und sich an Wegen durch naturnahe Auwälder erfreuen. Bis nach Strasbourg führt die Route entlang des Rhein-Rhone-Kanals, dann nähert sie sich wieder dem Rheinufer. Bei Lauterbourg verlässt der linksrheinische Weg Frankreich und führt weiter durch die Domstädte Speyer und Worms. Rebenreiche Weinhänge säumen fortan das Rheintal. In Mainz endet vorerst die Veloroute Rhein, ihre Weiterführung in Rheinland-Pfalz ist aber geplant. Bislang existiert hier der linksrheinische Radweg mit ländereigener Wegweisung, der sich derzeit in konzeptioneller und struktureller Überarbeitung befindet. Hier liegt zwischen Bingen und Bonn auch eines der schönsten Teilstücke der Rhein-Route, mit seinem engen Tal des Mittelrheins, den Weinberghängen, Burgen und romantischen Städtchen. Gerade dort muss aber immer wieder die stark befahrene Bundesstraße benutzt werden.
Einmal im Jahr wird das Mittelrheintal für den Autoverkehr gesperrt. Bei dieser Veranstaltung, "Tal toTal" genannt, werden Hunderttausende von Wanderern und Radwanderern gezählt, die diesen wunderschönen Rheinverlauf einmal ohne Lärm und Abgase erleben wollen.
In Nordrhein-Westfalen existiert seit 1999 zwischen Bad Honnef und Orsoy der Erlebnisweg Rheinschiene, der den Fluss ebenfalls beidseitig auf 160 km begleitet und die Städte zwischen Siebengebirge und Niederrhein miteinander verbindet. Beidseitig und in beiden Richtungen ausgewiesen bietet er viele Möglichkeiten für Tages- und Mehrtagestouren. 33 Brücken und Fähren ermöglichen das Wechseln der Flussseite. Informationstafeln entlang des Weges weisen auf Wissenswertes zum Rhein und seinen Anliegern hin. Die abschnittsweise Wegeführung über Hafengelände und durch Stadtgebiete spricht vielleicht nicht jeden Radler an. Das nordrhein-westfälische R-Wegenetz setzt über den R 17 (linksrheinisch) und R 19 (rechtsrheinisch), die allerdings nur lückenhaft ausgeschildert sind, die Route bis zur niederländischen Grenze fort. Bis zur Mündung des Rheins sind es nunmehr gut 130 km, wobei die Strecke größtenteils auf dem

Waaldeich zurückgelegt wird, auf dem man sich auch mit wenigen Wegweisern leicht orientieren kann.

Konstanz am Bodensee ist sowohl im Nah- als auch im Fernverkehr sehr gut mit der Bahn erreichbar. Die Rhein-Route selber wird zunächst von der Bahnlinie Waldshut/Tiengen - Basel begleitet, was eine Kombination ermöglicht. Erwähnenswert ist auch die gute Bahnanbindung in der Rheinebene. So verläuft die viel befahrene Rheinstrecke zwischen Basel und Mannheim mit Zügen mit Fahrradbeförderung parallel zur Route, so dass An- und Abreisepunkte in Deutschland nie weiter als eine Tagesetappe von der Veloroute Rhein entfernt sind. Von Mainz aus kann problemlos auf die Bahn umgestiegen werden, wenn es im Rheintal zu hektisch wird. Bis nach Bonn begleiten die Schienen den Fluss und auch den Radweg beidseitig im engen Tal. Im Regionalverkehr NRW fahren der Rhein-Express und der NRW-Express im Stundentakt die "Rheinschiene" entlang. Bis Emmerich ist so für gute Fahrradmitnahmemöglichkeiten gesorgt.

## Rhön - Grabfeld - Hassberge - Maintal

***Wegweisung:*** Durchgängig mit weißer Schrift auf blauem Grund mit dem Logo "Fernradweg Rhön-Grabfeld-Haßberge-Maintal" und mit Radfahrerpiktogramm.

***Länge:*** 170 km (Gesamtlänge der Rundstrecke)

***Charakteristik:*** Der Radfernweg verläuft weitgehend auf Wirtschaftswegen und ruhigen Strecken, mit einigen Schlenkern, um verkehrsreiche Straßen zu vermeiden. Nicht immer asphaltiert. Einige Steigungen in den waldreichen Hassbergen müssen in Kauf genommen werden.

***Informationen:***

- Tourismusverband Franken, Fürther Str. 21, 90429 Nürnberg, Tel.: 0911/264202, Fax: 0911/270547, e-mail: tourismus@franken.btl.de, Internet: www.btl.de/franken.

***Karten und Literatur:***

- Fernradweg Rhön-Grabfeld-Hassberge-Maintal, Beschreibung des Weges mit Sehenswürdigkeiten und Kartenskizze, herausgegeben vom Naturpark Bayerische Rhön, Landkreis Rhön-Grabfeld, Naturpark Hassberge, Landkreis Hassfurt.

- Saaletal Radwanderweg/Fernradweg Rhön - Grabfeld - Hassberge - Maintal, Radwanderkarte 1:50.000, Regionaler Planungsverband Main-Rhön.
- ADFC-Radtourenkarte 1: 150.000, Blatt 17, Bielefelder Verlagsanstalt.

***Verlauf:*** Bad Neustadt/Saale (Stadtbefestigung, Kirchen) - Hollstadt (Kirchenburg) - Wolfershausen/Saale (Wallfahrtskirche Maria Findelberg) - Saal/Saale - Großeibstadt (frühgeschichtliche Gräber) - Bad Königshofen i. Grabfeld (Stadtbild) - Ipthausen (Wallfahrtskirche Maria Hilf) - Eyershausen (Fachwerkhäuser) - Alsleben (Abstecher zum Schloss Sternberg) - Zimmerau (Aussicht vom Bayernturm) - Schwanhausen - Dippach - Sulzbach - Ueschersdorf - Königsberg i. Bayern (Stadtbild) - Sylbach - Hassfurt (Altstadt).

Es gibt zwei Varianten im Verlauf dieses Radfernweges: die eine zweigt in Hollstadt nach Junkershausen - Wargolshausen - Waltershausen (Schloss) - Aubstadt (Kirche) - Ottelmannshausen - Bad Königshofen ab: die zweite leitet von Bad Königshofen südwärts über Althausen - Sambachshof (Freizeitpark "Märchenwald") - am kleinen Hasskopf vorbei auf die Westseite der Hassberge - Eichelsdorf - Gossmannsdorf (Ortsbild, Wehrkirche) - Ostheim - Rügheim - Mechenried - Kleinmünster - Sailershausen - Wülflingen - Hassfurt.

***Kommentar:*** Der Radfernweg mit dem unaussprechlichen Namen verbindet verschiedene Landschaften und erhält gerade dadurch seinen Reiz. Die am Weg gelegenen Städte und Dörfer sind vom Tourismus noch nicht überlaufen und bieten fränkische Beschaulichkeit. Der Appetit auf Wein und Brotzeit lässt nicht lange auf sich warten. Die Wälder der Hassberge müssen zwar an manch steilen Hängen erklommen werden, liefern aber gesunde Luft und herrliche Aussichten. Die Kuppen des Grabfeldes leiten dann ins Tal der fränkischen Saale über, wo eine Verbindung zum Main-Werra-Weg und dem Saaletalradweg besteht, so dass der Radfernweg Rhön-Grabfeld-Hassberge-Maintal auch mit dem Mainradweg zu größeren Radtouren verbunden werden kann.

Insgesamt eignet sich der Radfernweg Rhön-Grabfeld-Hassberge-Maintal weniger für raumüberwindende, schnelle Radtouren als vielmehr zum beschaulichen Radwandern für bereits radtourenerfahrene Familien. Die beiden Varianten sind jeweils noch etwas umwegiger und weisen mehr Steigungen auf.

***Karte auf Seite 78***

# Römer-Route
## (Xanten - Detmold)

***Wegweisung:*** Die Route ist durchgängig und einheitlich beschildert. Die sechseckigen Schilder besitzen die grüne Aufschrift "Römer-Route Xanten - Detmold", dazu einen stilisierten Römerhelm auf weißem Grund. Ein grüner Pfeil weist die Fahrtrichtung von Xanten nach Detmold, ein roter Pfeil die Gegenrichtung von Detmold nach Xanten. Die Routenführung ist weitgehend autofrei auf wassergebundenen oder asphaltierten Wirtschaftswegen. Auf kurzen Abschnitten werden Radwege entlang von Straßen benutzt.

***Länge:*** 280 km

***Charakteristik:*** Die Route orientiert sich weitgehend an den Tälern von Rhein und Lippe. Längere Steigungsstrecken kommen nur bei der Querung des Teutoburger Waldes nördlich von Bad Lippspringe bzw. bei Horn-Bad Meinberg vor. Ein letztes, sehr steiles Stück führt zum Hermannsdenkmal bei Detmold, das aber durchaus auch zu Fuß erreicht werden kann.

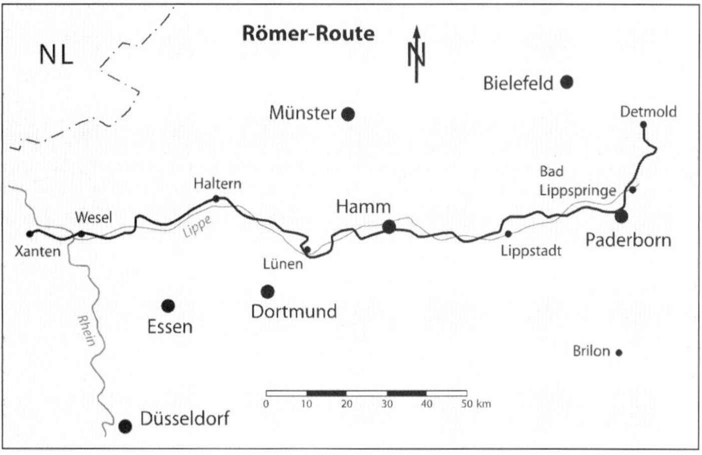


***Informationen:***

- Münsterland Touristik Zentrale, Hohe Schule 13, 48565 Steinfurt, Tel.: 02551/939291, Fax: 02551/939293, e-mail: touristik@muensterland.com, Internet: www.muensterland.com, kostenlose Radler-Hotline: 0800/9392919.

***Karten und Literatur:***

- Römer-Route (mit dem Fahrrad auf den Spuren der Römer ...), Broschüre zur Route mit Hinweisen auf Sehenswürdigkeiten, Informationsadressen, Fahrradservice und Übernachtungsmöglichkeiten, Bezug bei der Münsterland Touristik Zentrale.
- Römer-Route, Radwanderkarte 1:50.000 mit Spiralheftung, Beschreibung der Sehenswürdigkeiten, Bielefelder Verlagsanstalt.
- ADFC-Radtourenkarte 1:150.000, Blatt 10 und 11, Bielefelder Verlagsanstalt.

***Verlauf:*** Xanten (Archäologischer Park, Dom) - Wesel (Zitadelle) - Hünxe - Dorsten (Rathaus) - Haltern (Römermuseum, Siebenteufelsturm) - Cappenberg (Schloss Cappenberg) - Lünen - Werne (verwinkelte Innenstadt, historisches Rathaus) - Hamm - Lippetal (Wasserschloss Hovestadt) - Lippstadt (Stadtbild) - Paderborn (Dom, Kaiserpfalz, Schloss Neuhaus) - Bad Lippspringe - Horn-Bad Meinberg (Externsteine) - Detmold (historisches Stadtbild, Hermannsdenkmal).

***Kommentar:*** "Lippe-Radweg" wäre die geographisch treffendere Bezeichnung für diesen Radfernweg, denn die Römer-Route begleitet die Lippe von der Quelle bis zur Mündung in den Rhein. Konzeptionell radelt man gegen den Strom, denn die Römer-Route beginnt in Xanten. Diese Fahrtrichtung bietet sich aus aerodynamischen Erwägungen an, da Rückenwind vorwiegend aus westlicher Richtung zu erwarten ist.

Vor Beginn der Tour sollte man genügend Zeit einplanen, um sich ins römische Xanten zu vertiefen. Hierzu bietet der Archäologische Park Xanten mit seinen restaurierten Römer-Relikten hervorragende Gelegenheit. Stadtmauer, Tore, Thermen und Theater fesseln den Besucher durch ihre imposante Erscheinung. Kleinere Relikte werden im Regionalmuseum neben dem Dom aufbewahrt. Mit dem Dom und seinen kostbaren Schätzen haben Sie den Sprung ins Xantener Mittelalter vollzogen, das durch Wälle und Gräben sowie durch das Klever Stadttor lebhaft repräsentiert wird. Auf jeden Fall sollten Sie sich einen Abstecher zum südlich von Xanten gelegenen Amphitheater Birten gönnen. In einen Erdwall eingebettet, strahlt es harmonische, historische Ruhe aus. Vielleicht haben Sie dort das Glück, einen Teil der Sommerfestspiele mitzuerleben. Von Xanten aus verläuft die Route zunächst am südlichen Rheinufer entlang und erreicht nach dem Übersetzen über den Rhein die Festungsstadt Wesel. Haltern sollte man nicht nur wegen seines Stausees und der unzähligen Freizeitmöglichkeiten aufsuchen, sondern auch dem dortigen Westfälischen Römermuseum einen Besuch abstatten. Wie in Oberaden (bei Lünen) hatten die Römer auch hier umfassende Befestigungsanlagen errichtet. Weiter entlang der Lippe geht es nach Paderborn, der 1200-jährigen Dom-

und Universitätsstadt, in deren Grünanlagen mitten in der Stadt die Pader aus 200 Quellen entspringt. Bis nach Bad Lippspringe ist es nicht weit, dann wird Kondition verlangt. Den Teutoburger Wald gilt es zu überqueren, auf dessen Nordseite die Externsteine herausragen. Die bizarren Sandsteinfelsen waren schon heidnische und germanische Kultstätte und locken auch heute noch zahlreiche Besucher an. Die Römer-Route endet am Hermannsdenkmal bei Detmold.
Entlang der Lippe verläuft parallel zur Römer-Route die Route der Industriekultur (in diesem Abschnitt ehemals Radtour Ruhr). Sie begleitet die Lippe mal links, mal rechts vom Ufer, jeweils im Wechsel mit der Römer-Route, so dass sie sich als Alternativstrecke oder Rückweg anbietet.

Per Bahn hat man vor allem im Ruhrgebiet sehr gute Beförderungs- und Anreisemöglichkeiten. Auch Paderborn ist gut angeschlossen; lediglich in Xanten muss man auf den Nahverkehr zurückgreifen.

## Radweg Romantische Straße
**(Würzburg - Füssen)**

***Wegweisung:*** Einheitlich, allerdings nicht immer durchgängig, mit grün-weißem Symbol der Romantischen Straße (stilisiertes Stadttor) mit Radlersymbol beschildert.

***Länge:*** 420 km

***Charakteristik:*** Weitestgehend asphaltiert, mit einigen nennenswerten Steigungen, wenn die Flusstäler verlassen werden. Seit 1993 ist die Streckenführung neu festgelegt und verläuft abseits der Hauptstraße (älteste deutsche Touristikautostraße) weitestgehend verkehrsfrei. Nur in den Städten muss mit verstärktem Verkehr gerechnet werden.

***Informationen:***

- Touristik-Arbeitsgemeinschaft Romantische Straße, Marktplatz, 91550 Dinkelsbühl, Tel.: 09851/90271, Fax: 09851/90281, e-mail: tourismus@romantischestrasse.btl.de, Internet: www.romantischestrasse.de und www.bayerninfo.de.

***Karten und Literatur:***

- Radwandern entlang der Romantischen Straße (vom Main bis zu den Alpen), Radwanderführer mit topographischen Kartenausschnitten, Kilometer- und Höhenangaben, Sehenswürdigkeiten. Bezug bei der Touristik-Arbeitsgemeinschaft.

- Radroute Romantische Straße (Vom Main zu den Alpen), Radwanderkarte 1:75.000, Ortsbeschreibungen, Informationsadressen, Bielefelder Verlagsanstalt.
- Romantische Straße (Von Würzburg nach Füssen), bikeline-Radtourenbuch und Karten 1:75.000 mit Routenbeschreibung, Sehenswürdigkeiten, Ortsplänen, wichtigen Adressen, Übernachtungsverzeichnis, Verlag Esterbauer.
- ADFC-Radtourenkarte 1:150.000, Blatt 21, 26, Bielefelder Verlagsanstalt.

***Verlauf:*** Würzburg (Festung Marienberg) - Tauberbischofsheim (Türmersturm, kurmainzisches Schloss mit Landschaftsmuseum) - Bad Mergentheim (Deutschordensschloss) - Weikersheim (Renaissance-Schloss) - Rothenburg o. d. Tauber (geschlossenes mittelalterliches Stadtbild, Renaissance-Rathaus, St. Jakobskirche mit Riemenschneider-Altar) - Feuchtwangen (historischer Marktplatz) - Dinkelsbühl (vollständig erhaltene Stadtbefestigungsanlage mit 16 Türmen und 4 Toren) - Nördlingen (besterhaltene Stadtmauer Deutschlands, Rieskrater-Museum) - Donauwörth (Altstadt mit Reichsstraße, Käthe-Kruse-Puppenmuseum) - Augsburg (Fuggerei, Renaissance-Rathaus mit Goldenem Saal, gotischer Dom) - Landsberg a. Lech - Schongau (romanische Gewölbebasilika) - Peiting - Wies (Wallfahrtskirche) - Schwangau (Königsschlösser Neuschwanstein und Hohenschwangau) - Füssen (mittelalterlicher Stadtkern, ehemaliges Benediktinerkloster St. Mang).

***Kommentar:*** Von Würzburg bis Füssen, vom Main bis zu den Alpen erschließt der über 400 Kilometer lange Radfernweg Romantische Straße seit 1989 die historische und kulturelle Vielfalt der süddeutschen Landschaft. In Kooperation mit dem ADFC Landesverband Bayern wurde die Radroute weitestgehend von der ältesten touristischen Autostraße Deutschlands getrennt, so das diese abwechslungsreiche Strecke überwiegend autofrei beradelt werden kann.

Entlang der Route beeindrucken den Besucher bischöfliche und fürstliche Residenzen, alte Reichs- und Handelsstädte und nicht zuletzt bayerische Märchenschlösser wie Neuschwanstein. Idyllische Flusstäler, bewaldete Höhen, Wiesen, fruchtbares Ackerland und schließlich die eindrucksvolle Kulisse der Alpen erwarten den Radler ebenso. Im Mittelalter noch war dieser Weg zwischen Würzburg und Füssen eine wichtige Handelsverbindung, die den Menschen Brot und Einkommen sicherte. Heute folgen Besucher der Route zum reinen Vergnügen. Man sollte sich daher Zeit nehmen für die Vielfalt und Schönheit von Natur und Kultur. Zudem locken gemütliche Gasthäuser allerorts mit ihren Gaumenfreuden.

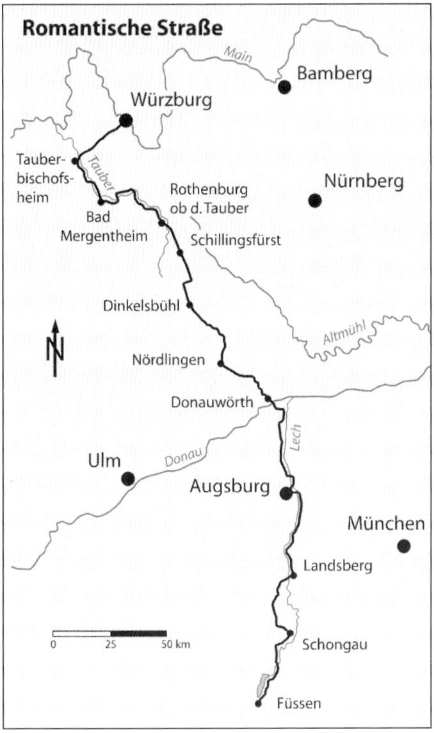


Von Würzburg aus mit seiner weithin sichtbaren Residenz bis Hochhausen (nördlich Tauberbischofsheim) folgt die Route dem Welzbachtal, um dann streckengleich mit dem Radfernweg Liebliches Taubertal nach Rothenburg o. d. T. zu führen. Südöstlich von Rothenburg verlässt man das Tal und erradelt die Frankenhöhe. Die gewonnenen Höhenmeter rollt man jedoch alsbald wieder hinunter nach Feuchtwangen. In Feuchtwangen-Zumhaus sollten Sie nicht versäumen, einen Blick in das Fahrradmuseum zu werfen, das auch über einen herrlichen Biergarten verfügt. Nach einer weiteren Kuppe führt der Weg ins Wörnitztal. Dieses wird erst wieder hinter Dinkelsbühl, das neben seiner romantischen Altstadt auch noch über einen Nachtwächter verfügt, in Richtung Nördlingen verlassen. Das durch einen Meteoriteneinschlag entstandene Nördlinger Ries bietet Erdgeschichte zum Anfassen. In Donauwörth überquert die Romantische Straße die Donau und parallel zum Lech erreicht man Augsburg. Die Stadt der Fugger und Welser ist ohne Zweifel ein Höhepunkt der Tour. Der Lech bleibt zunächst Wegbegleiter, bis sich in Landsberg a. Lech zwei Wegvarianten auftun: links und rechts des Lechs verläuft die Route nach Schongau. Gerade vereint entzweit sich der Weg in Peiting erneut für einige Kilometer. In Richtung Wies geht es bergan, wobei die Ostvariante nicht ganz so steil ist wie die Westvariante, sich dafür aber über eine längere Strecke hinzieht. Von der Wallfahrtskirche Wies, einem der berühmtesten Kunstwerke des Rokoko, aus ist es nicht mehr weit bis zum höchsten Punkt der Tour am Fuße des Hohen Trauch Berges. Der Blick auf das Märchenschloss des Bayernkönigs Ludwig II, Neuschwanstein, ist das romantische Ende der Romantischen Straße.

Die Erreichbarkeit Würzburgs als Ausgangspunkt der Tour ist per Bahn und Rad gut. Füssen als Endpunkt ist im Allgäu-Schwaben-Takt über Kaufbeuren mit Augsburg verknüpft, das Knotenpunkt im Fernverkehr ist.

Die Deutsche Touring bietet entlang der Route auch einen Bustransport an. Die Fahrtroute kann beliebig oft unterbrochen werden, eine Versicherung für das Fahrrad ist eingeschlossen. Vorzeitige Anmeldung ist jedoch erwünscht: Deutsche Touring GmbH, Am Römerhof 17, 60486 Frankfurt/Main, Tel.: 069/79030, Fax: 069/7078511, www.deutsche-touring.com.

## Route der Industriekultur

***Wegweisung:*** Bei Redaktionsschluss nicht einheitlich, sondern für die Teilstücke "Rundkurs Ruhrgebiet" (grüne Karte auf weißem Grund) und "Emscher Park Radweg" (grün-blau-rotes Logo auf weißem Grund)

***Länge:*** 580 km (davon Rundkurs Ruhrgebiet 350 km, Emscher Park Radrouten 230 km)

***Charakteristik:*** Häufig gut ausgebaute und überwiegend flache Wege, teilweise nicht asphaltiert. Teilweise auf alten Bahntrassen (besonders auf der Südroute des Emscher Park Radweges). In manchen Regionen viele Umlaufsperren ("Drängelgitter"), die ein Vorwärtskommen mit Gruppen oder Anhängern erschweren. Aus den Tälern heraus einige Anstiege, die aber durchaus zu meistern sind. Weitgehend familienfreundlich.

***Informationen:***

- Ruhrgebietstouristik Service Center, Königswall 21, 44137 Dortmund, Tel.: 0231/1816186, Fax: 0231/1816188, e-mail: ruhrgebiet-tourismus@t-online.de, www.ruhrgebiettouristik.de.
- Besucherzentrum "Route der Industriekultur", Gelsenkirchener Str. 181, 45309 Essen, Tel.: 0180/4000086, Fax: 0201/3719126.
- Internet: www.route-industriekultur.de (im Aufbau).

***Karten und Literatur:***

- Karte "Radtour Ruhr. Rundkurs Ruhrgebiet" 1:50.000 und Karte "Emscher Park Radweg" 1:50.000, Kommunalverband Ruhrgebiet, Kronprinzenstr. 35, 45128 Essen, Tel.: 0201/2069275, Fax: 0201/2069240.
- In Vorbereitung: Karte "Route der Industriekultur", Ruhrgebiet-Touristik.

***Verlauf:***

a) Radtour Ruhr:

Duisburg (größter Binnenhafen der Welt) - Mülheim (Schloss Broich, Kirchenhügel) - Mintard - Kettwig - Essen (Kirchen, Baldeneysee) - Werden - Bochum (Rathaus, Planetarium) - Hattingen (Altstadt, Burg Blankenstein) - Witten - Wetter - Herdecke - Hagen (Jugendstilbauten) - Dortmund-Syburg (Ortsbild, Burgruine Hohensyburg) - Schwerte - Holzwickede (Haus Opherdicke) - Unna (Kirchen) - Bönen (Kirche, Windmühle) - Hamm - Werne (Ortsbild, Solebad) - Selm (Kirchen, Schloss Cappenberg) - Lünen - Waltrop (Schiffshebewerk Henrichenburg) - Datteln (größter Kanalknotenpunkt Europas) - Oer-Erkenschwick - Recklinghausen (St. Peter-Kirche) - Herten (Wasserschloss, Fachwerkensemble "Altes Dorf" in Westerholt) - Marl - Gladbeck - Dorsten - Hünxe - Krudenburg - Wesel - Voerde (Haus Voerde) - Dinslaken - Hamborn - Duisburg.

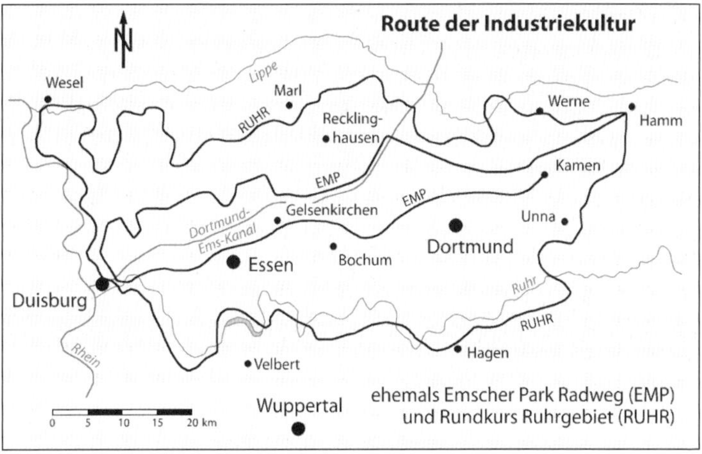


b) Emscher Park Radweg, nördlich und südlich der Achse:

Hamm (Gläserner Elefant) - Kamen - Dortmund (Zeche Zollern II/IV Dortmund-Bövinghausen, Schiffshebewerk Henrichenburg Waltrop) - Bochum (Deutsches Bergbau-Museum Bochum) - Gelsenkirchen - Essen (Zeche Zollverein Essen, Villa Hügel am Baldeneysee) - Bottrop (Tetraeder) - Oberhausen (Gasometer im CentrO Oberhausen) - Duisburg (Landschaftspark Duisburg-Nord).

***Kommentar:*** Neues Feeling in alten Industrielandschaften. Wer sich vom Begriff "Ruhrgebiet" heute noch abschrecken lässt, ist auf dem Informationsstand von gestern.



Sicherlich werden noch einige Jahre vergehen, bevor sich das neue Image der alten Regionen, das inzwischen Naturnähe mit Erlebnislandschaften alter und neuer Kultur verbindet, herumgesprochen hat. Doch wer heute schon die Pfade zwischen Rhein, Lippe und Ruhr beradelt, ist in der Regel begeistert von den vielen Überraschungen, welche die vormals geschmähten Regionen nun präsentieren.

Die neue "Route der Industriekultur" entstand aus den beiden Rundkursen "Radtour Ruhr" (als äußerer Kreis um den Emscher Park Radweg verlaufend, an Lippe, Rhein und Ruhr orientiert) und "Emscher Park Radweg" (inmitten der Radtour Ruhr verlaufend, vorwiegend nördlich und südlich des Dortmund-Ems-Kanales, mit einer Weiterführung bis nach Hamm).aufgeteilt in eine Süd- (130 km) und eine Nordroute (100 km). Die Südroute verläuft zwischen dem Innenhafen in Duisburg und dem Bahnhof in Kamen, die Nordroute zwischen dem Bahnhof in Duisburg-Ruhrort und dem Öko-Zentrum Hamm.

Sechs Museen und neunzehn Industrieobjekte warten auf ihre Erforschung. Nicht nur die historisch-technische Begeisterung, sondern auch die Faszination moderner Objekte bilden inzwischen Attraktivitäten von überregionaler Bedeutung. Wer die stählernen Giganten der ehemaligen Hochofenlandschaften mit dem bescheidenen Drahtesel durchquert, erfährt ein prägendes Gefühl der ehemaligen Bedeutung dieser Kohle- und Stahl-Regionen. Bei der Aussicht vom Gasometer in Oberhausen liegt eine ganz andere Landschaft zu Füßen, als man wahrscheinlich vermutet hätte. Als ungewöhnlichster Aussichtspunkt des Reviers, wird der Tetraeder in Bottrop bezeichnet: ein begehbares vierzig Meter hohes Stahlkunstwerk auf einer fünfzig Meter hohen Abraumhalde. Das Ruhrgebiet erhält vollkommen neue Reize zwischen Fun und Kultur, Industrietradition und High-Tech-Moderne. Zweckbauwerke erhalten neue Widmungen, so zum Beispiel die im Bauhausstil errichtete Zeche Zollverein in Essen, der empfohlene Startpunkt der Region.
Und dazwischen immer wieder langgezogene Grünstriche, Wälder und Felder, Wiesen und Seen, über die man die alten Reviere fast vergessen kann.

Für die Anreise eignen sich am besten Duisburg, Oberhausen, Gelsenkirchen oder Dortmund. Das gesamte Ruhrgebiet ist bahntechnisch sehr gut erschlossen. Allerdings kann es an Sonn- und Feiertagen durch die hohe Nachfrage zu Engpässen bei der Fahrradmitnahme kommen.

# Rur(ufer)-Radweg

## (Rurtalsperre - Roermond)

***Wegweisung:*** Nicht durchgängig, unterschiedlich. Keine Wegweisung in Belgien. Im Kreis Aachen ist er als R 11 ausgeschildert, im Kreis Düren mit Tafeln RUR = Rur-Ufer-Radweg, grüne Schrift auf weißem Grund in unterschiedlicher Größe; im Kreis Heinsberg mit einem kreisrunden Logo, Inschriften "Roer" und "Rur", dunkelblauer Fluss auf grünem Grund.

***Länge:*** Bis Redaktionsschluss waren etwa 115 km fertiggestellt, davon führen etwa 26 Kilometer um die Rurr-Talsperre.
Bei Fertigstellung von der Quelle bis zur Mündung etwa 170 km

***Charakteristik:*** Weitgehend gute Oberfläche, selten Asphalt, meist wassergebundene Decken. Auch für schmale Reifen geeignet. Die empfohlene Fahrtrichtung liegt nahe: von den Quellen im Moor des Hohen Vess flussabwärts. Einige kurze, aber steile Steigungsstücke zwischen Heimbach und Obermaubach. Für etwas geübte Radler.

***Informationen:***

- Wirtschaftsförderungs- und Entwicklungsgesellschaft (WEGE) im Kreis Düren GmbH, Moltkestr. 16, 52351 Düren, Tel.: 02421/222864, Fax: 02421/222012, e-mail: info@wege.de.
- Heinsberger Tourist-Service e.V., Kirchstraße 26, 41849 Wassenberg, Tel.: 02432/9606-0, Fax: 02432/9606-19, e-mail: heinsberger-Tourist-Service@t-online.de.

***Kartenmaterial und Literatur:***

- Radwanderkarte Kreis Aachen 1:50 000, hrsg. vom Kreis Aachen und Landesvermessungsamt Nordrhein-Westfalen.
- Radwanderkarte Kreis Düren 1:50 000, mit Begleitheft, Bielefel der Verlagsanstalt.
- Radwanderkarte Kreis Heinsberg, 1:50 000, mit Begleitheft, Bielefelder Verlagsanstalt.
- ADFC-Radtourenkarte 1:150 000, Blatt 15, Bielefelder Verlagsanstalt.

***Verlauf:*** Sourbrodt/Hohes Venn - Kalterherberg - Monschau - Rund um die Rurtalsperre - Heimbach - Nideggen - Düren - Jülich - Linnich - Hilfarth - Ratheim - Wassenberg - Roermond.

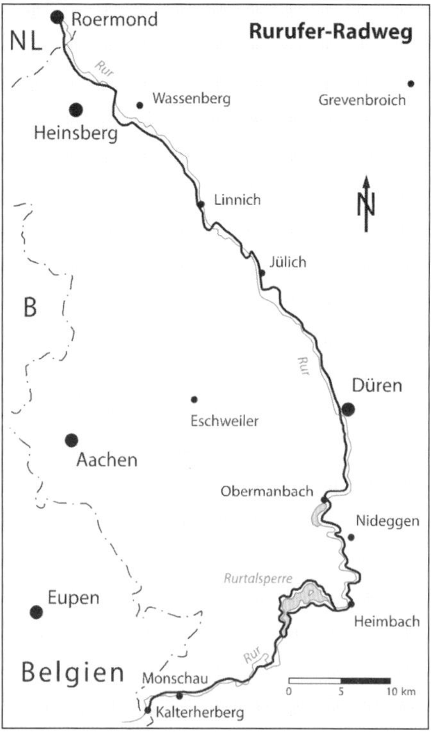


***Kommentar:*** Der Rurufer-Radweg zeigt sich als landschaftlich schöne und abwechslungsreiche Route. Besonders sehenswert sind Jülich mit seiner Zitadelle sowie Nideggen mit seiner Burgruine und der pittoresken Felslandschaft. Rund um den Rurstausee mit seinen unendlichen, waldreichen Buchten und den vielfältigen Freizeitmöglichkeiten lässt es sich schon einen ganzen Tag Radeln, Baden oder Bootfahren.

Lohnenswert ist die Fortsetzung von der Rurtalsperre weiter flussaufwärts. Schnell erreicht man Monschau mit seinem romantischen Stadtkern und ist bald mitten im waldreichen Hohen Venn. Schon jetzt eine internationale Route, wird der Ruhr-Radweg weiter an Attraktivität gewinnen, wenn das letzte Stück von der Rur-Talsperre bis nach Belgien hinein ausgeschildert sein wird.

Die Rurtalbahn (Fahrradmitnahme) begleitet den Rurufer-Radweg von Jülich bis nach Heimbach. Information: Dürener Kreisbahn GmbH, Servicecenter, Kaiserplatz 10, 52349 Düren, Tel.: 02421/200222, Fax: 02421/189081, Internet: ww.dkb-dn.de, e-mail: service@dkb-dn.de. Die Anreise nach Monschau und weiter nach Kalterherberg ist nicht ganz einfach. Kalterherberg kann durch die Vennbahn erreicht werden, diese beginnt allerdings im belgischen Eupen und verkehrt nur saisonal.
Von Aachen verkehren Schnellbusse nach Monschau, die auch begrenzt Fahrräder mitnehmen. Information:
Busverkehr Rheinland GmbH, Worringer Straße 34-42, 40211 Düsseldorf, Tel.: 0211/16990-0, Fax: 0211/6990-66, e-mail: info@bvr-gmbh.de.

# Saale-Radweg
## (Saalequelle - Hof - Jena - Barby)

***Wegweisung:*** Schwarzes Radfahrerpiktogramm auf weiß-blau-weiß gestreiftem Hintergrund mit Schriftzug "Saale" an der Oberkante. Saaleaufwärts nicht durchgehend.

***Länge:*** 427 km

***Charakteristik:*** Der Saale-Radweg ist einer der anspruchsvollsten Radfernwege Deutschlands. Im Ober- und Mittellauf der Saale, vor allem im Bereich der Saaletalsperren, weist er einige steile Anstiege auf. Viele unbefestigte Wegstrecken legen die Benutzung eines breitbereiften Fahrrades nahe. Vorerst nur für geübte Radler.

***Informationen:***
- AG Saale Radwanderweg, LRA Burgenlandkreis, Postfach 11 51, 06601 Naumburg, Tel. 03445/750309, Fax: 03445/750235, e-mail: ag-saale-radwanderweg@t-online.de, Internet: www.saale-radwanderweg.de (viele Informationen).
- Fremdenverkehrsgesellschaft Saale-Unstrut-Elster mbH, Am Gerichtskeller 5, 06632 Freyburg, Tel: 034464/3030, Fax: 034464/3038.

***Karten und Literatur:***
- Radwanderkarte "Saale", 6-teiliges Kartenset, 1:75.000, Grünes Herz Verlag (offizielle Karte der AG Saale Radwanderweg).
- Radtourenbuch "Saale-Radweg", 1:100.000, Esterbauer Verlag.
- Radwanderführer "Radausflüge entlang der Saale", Gondrom Verlag Bindlach.
- ADFC-Radtourenkarte 1:150.000, Blatt 8, 13, 18, Bielefelder Verlagsanstalt.

***Verlauf:*** Saalequelle - Zell - Sparneck - Weißdorf - Schwarzenbach - Oberkotzau - Hof (Museum Bay. Vogtland) - Joditz - Hirschberg - Blankenstein - Harra - Saalburg - Burgk (Schloss) - Ziegenrück (Wasserkraftmuseum) - Drognitz - Reizengeschwenda (Bauernmuseum) - Hohenwarte - Saalfeld (Ortsbild) - Rudolstadt (Schloss Heidecksburg, Museum Thüringer Bauernhäuser) - Kahla (Abstecher zur Leuchtenburg) - Jena (Stadtbild) - Dornburg (Schlösser) - Camburg - Bad Kösen (Soleanlagen) - Naumburg (Dom, Altstadt) - Weißenfels (Schloss) - Großkorbetha - Bad Dürrenberg (Soleförderanlagen) - Merseburg (Dom) - Halle (Dom, Moritzburg, Bergzoo) - Salzmünde - Wettin (Schloss) - Rothenburg - Alsleben - Plötzkau (Schloss) - Bernburg (Altstadt, Schloss) - Nienburg - Calbe (Roland) - Barby - Elbe.

**Kommentar:** Schöner, aber immer noch herausfordernder Klassiker.
Die Saale, einer der bedeutendsten Nebenflüsse der Elbe, entspringt wie Naab, Eger und Main im oberfränkischen Fichtelgebirge. Nach ungefähr 427 km langem Lauf mündet der Fluss kurz vor Magdeburg bei dem kleinen Städtchen Barby in die Elbe.

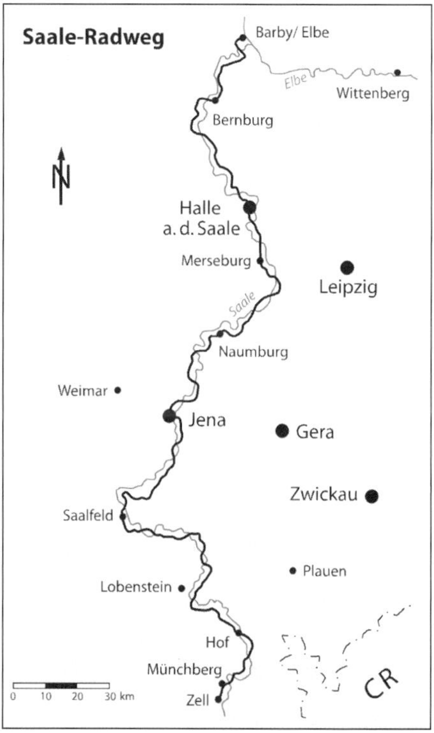


Die Saale durchquert ausgesprochen vielfältige Landschaften mit dunklen Wäldern, engen Schluchten und malerischen Stauseen. Nach ihrem Ursprung im Fichtelgebirge verläuft die Route zunächst durch bergige Regionen, aber auch an malerischen Stauseen vorbei (wo leider einige starke Anstiege vorhanden sind) bis nach Saalfeld. Doch auch Stadtkultur ist angesagt. Nach dem bayerischen Hof folgen traditionsreiche thüringische Städte wie Saalfeld und Rudolstadt. Jena, in einer Kalkfelsen-Landschaft eingebettet, erinnert an napoleonische Schlachten und Glasindustrie. Die hoch über der Saale gelegenen Dornburger Schlösser wurden schon von Goethe sehr geliebt. Genüsse für Gaumen und Auge bieten die Weinbaugebiete an der mittleren Saale. Zwar nicht besonders groß, bringen sie doch qualitativ beachtenswerte Produkte hervor.
Bad Dürrenberg, Merseburg und Halle gehören zur ostdeutschen Chemieregion, doch die grünen Saaleauen lassen hiervon wenig erahnen. In etwas gemächlicherem Tempo fließt die Saale durch die weiteren Landschaften.
Einige Schlösser (Wettin, Pötzkau und Bernburg) und sehenswerte Städte (Bernburg, Calbe) säumen ihren Weg, ehe sie die Elbe erreicht.

Wer Burgen liebt, wird an der Saale verwöhnt. Wie an kaum einem anderen Fluss erheben sich die Festungswerke in dichter Folge.

Sie entstanden meist um die Jahrtausendwende, als die Saale, der Grenzfluss zum slawischen Reich, mit vielen Grenzfesten gesichert wurde. Einige sind nur noch an spärlichen Erdwällen zu erahnen, manche gingen in prunkvollen Schlössern auf, andere sind zu romantischen Ruinen verfallen.

Zur Zeit verläuft die Saale-Route über viele steigungsintensive Ausweichabschnitte. In den kommenden Jahren sollen weitere Abschnitte an der Saale fertiggestellt werden, so dass mit einer Änderung des Routenverlaufs zu rechnen ist. Im Bereich der Bleiloch- und Hohenwarte-Talsperre kann zuweilen abschnittsweise die Saaleschifffahrt genutzt werden, wodurch man sich einige Anstiege erspart.

Mit der Bahn ist Halle als Interregio-Station gut erreichbar. Weiterhin gibt es einzelne IR-Verbindungen über Saalfeld und Jena. Ansonsten ein vielfältiges Nahverkehrsangebot, dessen Achse sich am Verlauf der Saale orientiert. Münchberg (an der Saalequelle) und Barby (an der Mündung) haben Regionalbahnanschluss.

## Saar-Radweg
### (Konz - Saarbrücken - Saareguemines)

***Wegweisung:*** In Rheinland-Pfalz und Teilen des Saarlandes wird der Saar-Radweg mit weißen Ortshinweisen und Fahrradsymbol auf grünem Schild gekennzeichnet. Im Saarland erfolgt die Wegweisung teilweise mit der saarländischen R-Wege-Beschilderung (R1). Diese soll im Sommer 2001 erneuert werden. In Frankreich ist die Route nur im Departement Alsace beschildert.

***Länge:*** 111 km (+ 78 km in Frankreich)

***Charakteristik:*** Der Saar-Radweg führt größtenteils auf betonierten oder geschotterten Wirtschaftswegen und asphaltierten straßenbegleitenden Radwegen. Diese in ihrem Wesen sehr unterschiedliche Route ohne Steigungen von Rheinland-Pfalz durch das Saarland nach Frankreich wird abschnittsweise beidseitig der Saar geführt.
Insbesondere im Saarland gab es in den letzten Jahren einige Entwicklungen: Die Kanalisierung der Saar wird ab Mitte 2001 weitgehend abgeschlossen sein, verbunden damit werden auch eine Vielzahl verbesserter Radrouten zur Verfügung stehen.
In Frankreich sind die Abschnitte, die durch das Departement Alsace führen, hervorragend ausgebaut. Andere Betonstrecken, auch in Deutschland, sind dagegen stark sanierungsbedürftig.

***Informationen:***

- Saar-Obermosel Touristik, Graf-Siegfried-Str. 32, 54439 Saarburg, Tel.: 06581/81216, Fax: 06581/81290, e-mail: Saarburg-Info@t-online.de.
- Tourismuszentrale Saarland, Franz-Röder-Str. 9, 66119 Saarbrücken, Tel.: 0681/927200, Fax: 0681/9272040, e-mail: info@tz-s.de, Internet: www.tourismus.saarland.de.

***Karten und Literatur:***

- Saar-Radweg, Von Sarrebourg nach Trier, bikeline-Radtourenbuch und Karten 1:50.000 mit Routenbeschreibung, Sehenswürdigkeiten, Ortsplänen, wichtigen Adressen, Übernachtungsverzeichnis, Verlag Esterbauer.
- Moselland-Radwanderführer 1:50.000, Radwanderkarte mit Übernachtungsverzeichnis und Erläuterungen, Mosellandtouristik und Kümmerly und Frey.
- ADFC-Radtourenkarte 1:150.000, Blatt 19, Bielefelder Verlagsanstalt.

***Verlauf:*** Konz (Freilichtmuseum Roscheider Hof) - Schoden (Staustufe) - Saarburg (Burg, Glockengießerei) - Serrig - Saarhausen - Mettlach (Keravision, Alter Turm) - Saarschleife - Besseringen - Merzig - Rehlingen - Dillingen (altes Schloss, internationales Stahlsymposium) - Saarlouis (Festungsanlagen von Vauban) - Völklingen (Unesco Weltkulturerbe Völklinger Hütte) - Saarbrücken (Schloss, Ludwigskirche) - Großbliedertroff - Hanweiler-Rilchingen - Sarreguemines (über den Saarkohlenkanalweg geht es weiter Richtung Sarrealbe).

***Kommentar:*** Der Saar-Radweg bietet eine ausgesprochene Vielfalt: von herrlichen Radelrouten mit beeindruckendem Naturlandschaftspanorama um die Saarschleife bis zu den gespenstig anmutenden riesigen Halden und Hallen der Kohle- und Stahlindustrie um Völklingen.

Im Bereich von Kanzem bzw. Schoden können Sie anhand der beeindruckenden Schleusenanlage die Folgen der Schiffbarmachung der Saar besichtigen. Wenn Sie den natürlichen Windungen der Saar folgen (die Entscheidung dafür treffen Sie bereits in Konz: die westliche Seite bedeutet Kanal, die östliche Seite führt Sie an der "Natursaar"), werden Sie die Wasserarmut des Flusses im Sommer beobachten können, die Flora und Fauna stark beeinträchtigt hat. Andererseits sind die bestehenden Radwege an der Saar allein dem Ausbau der Saar als Wasserstrasse zu verdanken.

Interessante Abstecher von der Route empfehlen sich in Merzig zum 3,5 Kilometer entfernten Wolfsfreigehege und (etwas umfangreicher) zum Bildhauersymposium "Steine an der Grenze" (ca. 20 Kilometer mit einigen Steigungen). Dort, mit freiem Blick auf Frankreich und

Deutschland, schufen seit 1986 Bildhauer aus 10 Nationen Skulpturen entlang einer (für den Kraftfahrzeugverkehr verbotenen) Strecke von fünf Kilometern.
Liebhaber der feinen Tafelfreuden bietet die weltbekannte Firma Villeroy & Boch in Mettlach gleich zwei Museen: Ein Keramikmuseum im Schloss Ziegelberg und die Keravision, eine multimediale Show rund um das Thema Tisch- und Badkultur.
Unbedingt eine längere Pause verdient die alte Völklinger Hütte. Die ehemalige riesige Eisenhütte ist offizielles Weltkulturerbe der UNESCO.
Und schließlich empfängt die Landeshauptstadt Saarbrücken mit ihren vielen faszinierenden Bauten (Ludwigskirche, Renaissanceschloss, Staatstheater) und ihrem internationalen Flair.

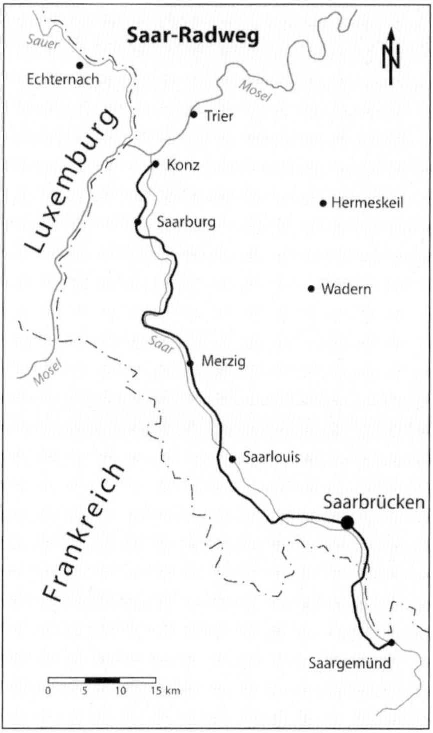


Die Saar ist, insbesondere im nördlichen Teil, ein touristischer Fluss, weshalb es weder an Hotels und Pensionen noch an Jugendherbergen und Zeltplätzen mangelt. Auch bieten die Tourismusverbände interessante und preiswerte Pauschalen an. Insbesondere das Saarland bemüht sich zur Zeit, die Infrastruktur und Beschilderung entlang der Saar stark zu verbessern.

Als optimal erweist sich die günstige Fernverkehrsanbindung per Bahn sowohl bei der Anreise nach Trier (von Koblenz - Köln - Münster - Bremen) und Saarbrücken (von Kaiserslautern - Mannheim - Stuttgart) als auch die Begleitung der Route durch den Nahverkehr, mindestens im Stundentakt. Die Fahrradmitnahme ist in Rheinland-Pfalz und im Saarland zur Zeit kostenlos!

# Schwäbische-Alb-Weg
## (Ludwigshafen - Nördlingen)

***Wegweisung:*** Durchgängig, aber nicht lückenlos mit weißem Fahrrad auf grünem Grund beschildert. Die Wegweisung wird derzeit überarbeitet.

***Länge:*** 300 km + 35 km Alternativstrecke

***Charakteristik:*** Viele, teilweise starke Steigungen auf gemischter Oberfläche von Wald- und Wirtschaftswegen bis zu Asphalt. Überwiegend ruhige Streckenführung, abschnittsweise aber auch auf Radwegen entlang befahrener Straßen. Dafür landschaftlich besonders reizvoll. Für kleinere Kinder allerdings weniger geeignet.

***Information:***
- Tourismus-Service GmbH, Yorckstr. 23, 79110 Freiburg, Tel.: 0761/89797979, Fax: 0761/89797989, e-mail: info@tourismus-baden-wuerttemberg.de, Internet: www.tourismus-baden-wuerttemberg.de.

***Karten und Literatur:***
- Schwäbische-Alb-Weg, Routenbroschüre der Tourismus Marketing GmbH Baden-Württemberg, Bezug gegen geringe Gebühr beim Info- und Prospektservice Baden-Württemberg, Yorckstr. 23, 79110 Freiburg, Tel.: 0761/89797979, Fax: 0761/89797989.
- Radwanderkarte 1:100.000 mit Radwegegrundnetz, Blätter 52, 53 und 56, Landesvermessungsamt Baden-Württemberg.
- ADFC-Radtourenkarte 1:150.000, Blatt 25 und 21, Bielefelder Verlagsanstalt.

***Verlauf:*** Ludwigshafen am Bodensee - Meßkirch (ehem. Residenzstadt) - Sigmaringen (Hohenzollernschloss) - Veringenstadt (mittelalterlicher Stadtkern, Fachwerkhäuser) - Trochtelfingen (malerisches Stadtbild) - St. Johann (Gestüt) - Metzingen - Bad Urach (Marktplatz, Fachwerkrathaus, Residenzschloss) - Neidlingen (Kirschendorf) - Holzmaden (Urweltmuseum) - Bad Boll - Straßdorf - Schwäbisch Gmünd (Heilig-Kreuz-Münster) - Aalen - Lauchheim - Nördlingen (Stadtmauer).

***Kommentar:*** Eine attraktive Landschaft, gute Luft und zahlreiche Sehenswürdigkeiten bietet die Route. Stramme Waden, einiges Training oder eine Gangschaltung auf dem Stand der Technik verlangt der Schwäbische-Alb-Weg.

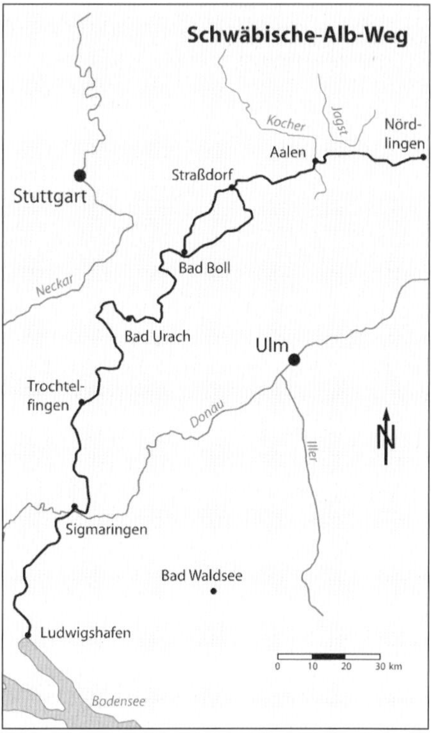


Der Schwerpunkt der Route liegt zweifellos im Naturerlebnis; größere Städte liegen nicht am Wegesrand. Vom Bodensee führt der Weg durch die oberschwäbische Kulturlandschaft, hinab ins Donautal und hinauf auf die Alb. Weiter geht es durch romantische Täler, vorbei an schwäbischen Vulkanschloten und schließlich den Albtrauf hinab nach Neidlingen. Von Bad Boll aus stehen zwei Routenvarianten durch das wellige Albvorland zur Auswahl: wer Steigungen meiden möchte, nimmt die flachere Westroute über Faundau, Göppingen und Hohenstaufen.
Wen das ständige auf und ab dagegen nicht abhält, dem bietet sich eine Alternativstrecke mit Querung von Fils- und Christental über Süßen und Lauterstein. In Straßdorf treffen die beiden Routen wieder zusammen, um gemeinsam zum großen Meteoritenkrater, dem Nördlinger Ries, und nach Nördlingen zu führen.

Nördlingen und Ludwigshafen sind per Bahn nur im Nahverkehr erreichbar. Nächstgelegene Fernverkehrsbahnhöfe sind Singen oder Konstanz am Anfang bzw. Aalen am Endpunkt des Schwäbischen-Alb-Weges.

# Schwarzwald-Radweg
## (Karlsruhe - Lörrach)

***Wegweisung:*** Die Schilder zeigen ein schwarzes Fahrradsymbol und die rote Raute des Schwarzwaldvereins auf weißem Grund mit rotem Rand, den Schriftzug "Schwarzwaldverein" sowie Richtungspfeile. Der Radweg ist in beiden Richtungen beschildert.

***Länge:*** 375 km

***Charakteristik:*** Nichts für Flachlandradler ist die Route über das bekannteste deutsche Mittelgebirge. Dafür entschädigen gute Luft, herrliche Ausblicke und weitgehend autofreie Führung über ausgewiesene Rad- und Wirtschaftswege sowie verkehrsarme Straßen für die zahlreichen Steigungserlebnisse im Verlauf der Tour.

***Informationen:***

- Tourismus-Service GmbH, Yorckstr. 23, 79110 Freiburg, Tel.: 0761/89797979, Fax: 0761/89797969, e-mail: info@tourismus-baden-wuerttemberg.de, Internet: www.tourismus-baden-wuerttemberg.de.

***Karten und Literatur:***

- Radweg Schwarzwald - Mit dem Mountain-Bike von Karlsruhe nach Lörrach. Infoblatt des Schwarzwaldvereins e.V. Bezug gegen geringe Gebühr beim Schwarzwaldverein, Tel.: 0761/38053-0.
- Schwarzwald-Radweg, Routenbroschüre der Tourismus Marketing GmbH Baden-Württemberg, Bezug gegen geringe Gebühr beim: Info- und Prospektservice Baden-Württemberg, Yorckstr. 23, 79110 Freiburg, Tel.: 0761/89797979, Fax: 0761/89797989.
- Radwanderweg Schwarzwald, spiralgebundener Radwanderführer mit Kartenteil 1:50.000, Routenbeschreibung und Sehenswürdigkeiten. Verlag Fink-Kümmerly & Frey.
- Radwanderkarte 1:100.000 mit Radwegegrundnetz, Blatt 50 (Schwarzwald Nord) und 51 (Schwarzwald Süd), Landesvermessungsamt Baden-Württemberg.
- ADFC Radtourenkarte 1:150.000, Blatt 20 und 24, Bielefelder Verlagsanstalt.

***Verlauf:*** Karlsruhe (110m) (Residenzschoß) - Bad Herrenalb (ehemaliges Zisterzienserkloster) - Gernsbach (altes Rathaus, Fachwerk-Altstadt) - Forbach (alte freitragende Holzbrücke) - Mummelsee (größter u. tiefster Karsee im Schwarzwald) - Zuflucht - Wolfach (altes Schloss, Schwarzwald-Glashütte mit Glasmuseum) - Schönwald i.

Schw. - Titisee-Neustadt - Feldberg (1493 m ü. NN) - Todtnau - Marzell - Kandern (Brezel- und Töpferstadt) - Lörrach.

**Kommentar:** Erst seit 1997 eröffnet der Schwarzwald-Radweg die Möglichkeit, die bekannte deutsche Ferienregion per Rad zu "erfahren". Anstiege über die dicht bewaldeten Höhenzüge des Schwarzwaldes gehören dabei ebenso zum Programm wie Abfahrten durch tiefeingeschnittene Täler und eindrucksvolle Ausblicke in die weite Rheinebene oder bis zu den Alpen. Die Route führt abseits von größeren Städten durch herrliche Naturlandschaft: Durch das wildromantische Murgtal, vorbei an den Triberger Wasserfällen, dem Titisee und über den Feldberg. Auch die Kulturgeschichte kommt nicht zu kurz, z.B. durch einen Besuch der alten Glasbläsereien, eines Schaubergwerks, von Museumshöfen und Trachtenausstellungen oder durch einen Abstecher nach Furtwangen ins Deutsche Uhrenmuseum.

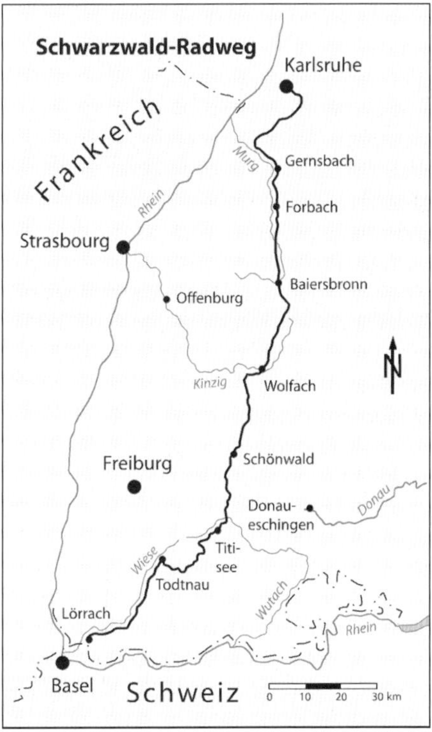


Die historische Dampfeisenbahn "Chanderli" fährt an bestimmten Wochenenden im Sommer zwischen Weil-Haltingen und Kandern und befördert auch Fahrräder (Auskünfte hierzu erteilt das Verkehrsamt Kandern unter Tel.: 07626/7029 oder 07626/89960).

Auch die Erreichbarkeit des Schwarzwaldes mit der Bahn ist gut: Karlsruhe ist Kreuzungspunkt verschiedener Fernverkehrsverbindungen. Lörrach ist im Nahverkehr an die Fernverkehrsbahnhöfe Offenburg und Singen angeschlossen. Der Schwarzwald-Radweg selbst wird nur auf sehr kurzen Teilstrecken von der Bahn begleitet.

# Schweriner See - Warnowtal

## (Wickendorf - Rostock)

***Wegweisung:*** Die Hinweisschilder sind mit dem mecklenburgischen Landeswappen und dem Namen des Radfernweges versehen.

***Länge:*** 74 km

***Charakteristik:*** Die Wege der Route sind überwiegend befestigt und gut befahrbar, hier und da kommen jedoch auch sandige Abschnitte vor. Die Verbindung einiger Ortschaften verläuft auf Straßen mit starkem Verkehrsaufkommen, so dass die Routenführung als wenig familienfreundlich bezeichnet werden muss. In der Mecklenburgischen Schweiz ist mit einigen Steigungen zu rechnen, die aber mit ein bisschen Schwung genommen werden können.

***Informationen:***

- Tourismusverband Mecklenburg-Vorpommern e.V., Platz der Freundschaft 1, 18059 Rostock, Tel.: 0381/4030500, Fax: 0381/4030555, e-mail: info@tmv.de.

***Karten und Literatur:***

- Urlaub mit dem Fahrrad, Fernradwege in Mecklenburg-Vorpommern, Broschüre mit Routenskizzen aller Radfernwege in Mecklenburg-Vorpommern sowie Kurzbeschreibungen, Sehenswürdigkeiten und Infoadressen, Bezug: Touristik-Marketing-Service GmbH, Koppelweg 2, 18107 Rostock, Tel.: 0381/7689880, Fax: 0381/7689881, e-mail: T.M.S.Rostock@t-online.de.
- ADFC-Radtourenkarte 1:150.000, Blatt 3, Bielefelder Verlagsanstalt.
- Radfernwege in Mecklenburg-Vorpommern 2, Radwanderkarten 1:100.000 mit touristischen Hinweisen, Informationsadressen, Bielefelder Verlagsanstalt.

***Verlauf:*** Wickendorf - Rampe (Naturschutzgebiet "Ramper Moor") - Flessenow - Dämelow - Hasenwinkel (Schloss mit Park) - Warin (Kreuzkirche) - Weißer Krug - Friedrichswalde (Jagdschloss, Mausoleum "Bronzener Hirsch") - Klein Görnow - Groß Görnow (Naturschutzgebiet im Warnowdurchbruchstal) - Sternberger Burg - Groß Raden (Freilichtmuseum mit Nachbau einer slawischen Burganlage) - Rosenow - Zernin - Bützow (Schloss, Rathaus, Alte Mühle) - Wolken - Kassow - Werle (ehemalige slawische Burg) - Schwaan (Hubbrücke) - Benitz - Pölchow - Groß Stove - Biestow - Rostock (Stadtbild, Hafen, Botanischer Garten).

**Kommentar:** Dieser Radfernweg verbindet den Schweriner See mit der Ostsee. Die Anreise erfolgt am besten über die Herzogstadt Schwerin am Schweriner See südlich von Wickendorf oder über die Hansestadt Rostock. Die beiden größten Städte des Landes haben reichlich Sehenswürdigkeiten zu bieten, aber auch die Naturschönheiten entlang des Weges begeistern Radler immer wieder. Unbedingt sollte ein Besuch der ehemaligen slawischen Ringwallanlage Groß-Raden eingeplant werden, die schon zu DDR-Zeiten zu einem musealen Standort ausgebaut wurde. Nicht nur fürstliche Barockbauten, sondern auch bürgerliche Städtchen begleiten den Radtouristen auf ihre mecklenburgisch ruhige Art. Große Wasserflächen wie der Schweriner See und kleinere Seen im Gebiet von Warin/Neukloster sorgen für kühle Abwechslung. Vom Warnowtal und Rostock aus ist es schließlich nicht mehr weit bis zur Ostsee.

Bahntechnisch sind Schwerin und Rostock sehr gut angebunden, zudem besteht eine Regionalverkehrsstrecke über Bad Kleinen, Blankenburg, Bützow und Schwaan zwischen den beiden Städten.

***Karte auf Seite 153***

## Sieg-Radwanderweg
**(Netphen - Siegen - Bonn)**

***Wegweisung:*** Einheitlich, weitestgehend durchgängig und in beiden Fahrtrichtungen mit grünem Logo auf weißem Grund.

***Länge:*** 154 km

***Charakteristik:*** Meist ohne nennenswerte Steigungen und bequem zu fahren, schlängelt sich die Route auf Rad- und Wirtschaftswegen, sowie bisweilen auf Straßen entlang des Flusses vom Siegerland bis an den Rhein.

***Informationen:***

- Rheinland Reiseservice, Adenauerallee 131, 53113 Bonn, Tel.: 0228/910410, Fax: 0228/91041-11, e-mail: marketing@tcbonn.de, Internet: www.bonn-regio.de.

***Karten und Literatur:***

- Radwandern und Wandern im Siegtal, spiralgebundener Radwanderführer mit Karten 1:75.000 und Beschreibung der Sehenswürdigkeiten.
- ADFC Radtourenkarte Nr. 15 und 16, Bielefelder Verlagsanstalt.

***Verlauf:*** Nethpen-Großenbach (Quelle) - Siegen - Mudersbach - Brachbach - Kirchen (1000 jährige Ritterburg "Freunsburg", Druidenstein) - Betzdorf - Wallmenroth - Wissen (Schloss Schönstein) - Pracht - Windeck - Eitorf - Hennef - Siegburg - Troisdorf - Bonn (Bundesstadt).

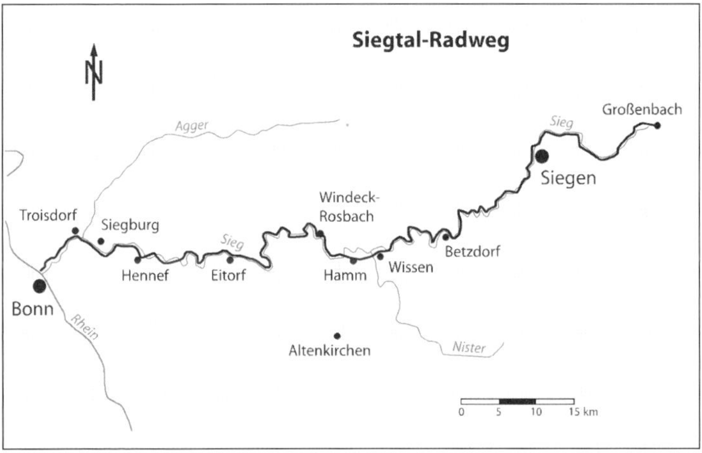


***Kommentar:*** Die Sieg als ständige Begleiterin, von der Quelle bis zu ihrer Mündung in den Rhein bei Bonn. Das sind 154 Kilometer durch eine ursprüngliche Flusslandschaft zwischen dem Naturpark Rothaargebirge, dem Bergischen Land und dem Westerwald.

Einsame Wiesentäler wechseln mit waldreichen Höhenzügen. Auf dem Weg liegen beschauliche Fachwerkdörfer, Kirchen, Klöster und Burgen, aber auch zahlreiche Museen und Galerien - da kommen nicht nur ausgesprochene Kulturliebhaber auf Ihre Kosten.

Von Nethpen bis nach Bonn beträgt der Höhenunterschied mehr als 450 m, so dass sich die Fahrtrichtung von der Quelle zur Mündung anbietet. Der Grad der Siedlungsdichte nimmt mit zunehmender Entfernung von der Quelle ebenfalls zu. Insbesondere in einigen Teilen erscheint die Streckenführung und Oberfläche noch verbesserungswürdig. Die Route ist insbesondere am Wochenende fest in der Hand der Köln-Bonner Ausflügler.

Bonn und Siegen sind als Start/Endpunkt gut per Bahn & Bike zu erreichen. Die Route wird darüber hinaus im Stundentakt durch den Nahverkehr begleitet, die ein Abkürzen der Strecke leicht macht.

## *Spree-Radweg*
### *(Kottmar bei Ebersbach - Fürstenwalde)*

***Wegweisung:*** Durchgängig und einheitlich mit einem relativ kleinen Aufkleber (stilisierte Spreequelle und breiter werdender Fluss, grüne Mittelgebirgslandschaft und das Brandenburger Tor auf weißem Grund) ausgewiesen.

***Länge:*** 370 km

***Charakteristik:*** Die Befahrbarkeit des Spree-Radweges ist größtenteils gut, wobei die Wegequalität stark variiert. Überwiegend sind die Wege befestigt, streckenweise führt die Route aber über Betonplatten oder Kopfsteinpflaster. Gut ausgebaute Radwege gibt es ebenso wie unbefestigte Wirtschaftswege. Im Oberlausitzer Bergland sind anfangs einige Steigungen zu bewältigen, die Oberlausitzer Heide- und Teichlandschaft und der Spreewald lassen sich leichter durchradeln. Gerade im letzten Abschnitt bestehen allerdings einige beschwerlichere Sandwege. Grundsätzlich ist die Wegeführung dafür abseits von Straßen gewählt, so dass die Route landschaftlich ausgesprochen reizvoll ist.

***Informationen:***

- Tourismusverband Oberlausitz-Niederschlesien e.V., Bahnhofstr. 14, 02625 Bautzen, Tel.: 03591/48770, Fax: 03591/487748, e-mail: info@oberlausitz.de, Internet: www.radwandern-oberlausitz.de.
- TMB Tourismus-Marketing Brandenburg GmbH, Informations- und Buchungsservice, Am Neuen Markt 1, 14467 Potsdam, Tel.: 0331/2987320, Fax: 0331/2987328, e-mail: hotline@tmb-brandenburg.de, Internet: www.tmb-brandenburg.de.

***Karten und Literatur:***

- Broschüre "Radwandern in der Oberlausitz", Informationen zu den Radwanderwegen der Region Oberlausitz-Niederschlesien (nur sächsischer Abschnitt), kostenlos erhältlich beim Tourismusverband Oberlausitz-Niederschlesien e.V.
- ADFC-Radtourenkarte 1: 150.000, Blatt 9 und 14, Bielefelder Verlagsanstalt.
- Spree-Radweg (Von der Quelle nach Berlin), bikeline-Radtourenbuch und Karten 1:75.000 mit Routenbeschreibung, Sehenswürdigkeiten, Ortsplänen, wichtigen Adressen, Übernachtungsverzeichnis, Verlag Esterbauer.

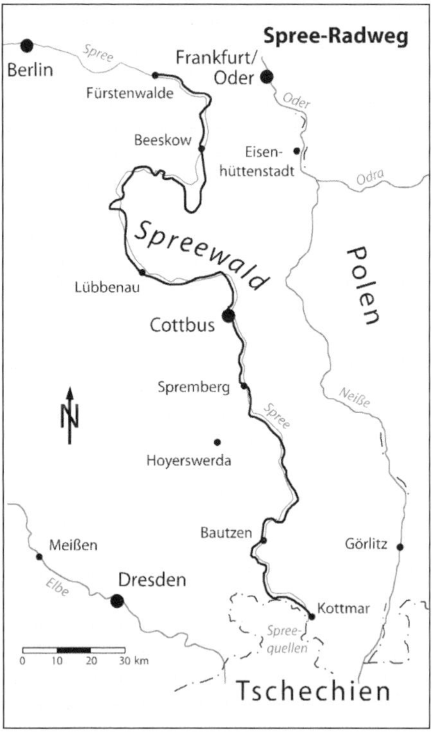


***Verlauf:*** Kottmar (583 m ü. NN mit 3 Spreequellen) - Neugersdorf (Wasserturm) - Schirgiswalde (Katholische Pfarrkirche) - Bautzen (historische Altstadt, Dom, Alte Wasserkunst, Reichenturm, Sorbisches Museum) - Uhyst (Schloss) - Boxberg (größtes Kohlekraftwerk Europas) - Neustadt - Spremberg (Niederlausitzer Heidemuseum, Schloss) - Cottbus (Altstadtkern, Staatstheater, Wendisches Museum, Fürst-Pückler-Museum, Parkanlagen) - Lübbenau/Spreewald (Spreewaldmuseum, Bauernhaus- und Gurkenmuseum Lehde) - Lübben/Spreewald (Schloss) - Beeskow (Stadtmauer und Türme) - Briesen - Fürstenwalde (St.-Marien-Dom).

***Kommentar:*** Seit 1998 ist der Spree-Radweg durchgehend und in voller Länge beschildert und befahrbar. Dazu bietet die Route eine große Vielfalt landschaftlicher und kulturhistorischer Sehenswürdigkeiten. Der Radweg orientiert sich am Lauf des Flusses, weicht aber auch schon mal ein paar Kilometer von seiner Seite ab. Wird die Tour an einer der drei Spreequellen begonnen, so steht zunächst das waldreiche Bergland der Oberlausitz auf dem Programm. Von vielen Höhen bieten sich herrliche Ausblicke auf die Landschaft mit ihren ursprünglichen Waldhufendörfern und den regionaltypischen Umgebindehäusern. Als "Perle der Oberlausitz" wird Schirgiswalde nicht umsonst bezeichnet - schauen Sie selbst. Eindrucksvoll erhebt sich die Silhouette der fast 1000-jährigen Stadt Bautzen am Rande des Mittelgebirges. Die Stadt mit ihren mittelalterlichen Befestigungsanlagen aus Stadtmauer, Bastionen, Türmen und der Ortenburg ist zum Großteil erhalten. Sorgfältig wurden die Altstadt mit ihren Bürgerhäusern, dem Dom und dem Reichenturm restauriert. Das traditionsreiche Brauchtum der Sorben wird hier noch gelebt. Und das nicht nur am Ostersonntag, wenn die Osterreiter übers Land ziehen, sondern während des ganzen Jahres. Sorbische Handwerkskunst und die sorbische Sprache sind überall lebendig. Auch die Radwege sind im Sorbenland zweisprachig beschildert. Von Bautzen aus fließt die Spree durch die Oberlausitzer Heide- und Teichlandschaft, eine Naturoase ersten Ranges. Das gleichnamige Biosphärenreservat schützt die reichhaltige Kultur- und Naturlandschaft. Wer Zeit und Ruhe mitbringt, wird hier neben unzähligen Libellen und Weißstörchen auch Seeadler, Eisvogel und Fischotter zu Gesicht bekommen. Als starker Kontrast stellt sich die Mondlandschaft des Braunkohlentagebaus bei Weißwasser mit seinem riesenhaften und weithin sichtbaren Kraftwerk Boxberg dar. Die Gartenstadt Cottbus leitet in das "grüne Labyrinth" des Spreewaldes über, wo sich die Spree in zahllose kleine Wasserläufe aufgliedert. Die Eigenart dieser Landschaft lässt sich bei einer Kahnfahrt hautnah genießen. Nach der Wiedervereinigung der Spree ist es bis Fürstenwalde nicht mehr weit, wo der Spree-Radweg endet.

Für die Anreise bieten sich Ebersbach, Neugersdorf oder Eibau an, die als Startorte im Regionalverkehr mit der Bahn, die zwischen Dresden und Zittau verkehrt, erreichbar sind. Auch der Zielort Fürstenwalde hat Bahnanschluss, im benachbarten Erkner fährt zudem die S-Bahn nach Berlin.

## Stettiner Grenzweg
**(Gehren - Linken)**

***Wegweisung:*** Die Hinweisschilder sollen für Mecklenburg-Vorpommern einheitlich mit dem Landeswappen und dem Namen des Radfernweges versehen werden. Eine Ausschilderung des Stettiner Grenzweges ist jedoch noch nicht erfolgt.

***Länge:*** 64 km

***Charakteristik:*** Der Stettiner Grenzweg hält sich weitestgehend fernab vom Straßenverkehr. Es werden ruhige Landwirtschaftswege oder wenig befahrene Straßen benutzt. Zwischen Pasewalk und Friedberg sowie Löcknitz und Plöwen verläuft die Route auf insgesamt 3 km an einer Bundes- bzw. Landesstraße. Wer eine Karte dabei hat, wird aber auch für diese Abschnitte Alternativstrecken finden. Die Wegequalität ist passabel, streckenweise holpert der Weg noch über Kopfsteinpflaster. Im Endmoränengebiet ist die Topographie zunächst leicht hügelig, östlich von Pasewalk flach.

***Informationen:***

- Tourismusverband Mecklenburg-Vorpommern e.V., Platz der Freundschaft 1, 18059 Rostock, Tel.: 0381/4030500, Fax: 0381/4030555, e-mail: info@tmv.de.

***Karten und Literatur:***

- Urlaub mit dem Fahrrad, Fernradwege in Mecklenburg-Vorpommern, Broschüre mit Routenskizzen aller Radfernwege in Mecklenburg-Vorpommern sowie Kurzbeschreibungen, Sehenswürdigkeiten und Infoadressen, Bezug: Touristik-Marketing-Service GmbH, Koppelweg 2, 18107 Rostock, Tel.: 0381/7689880, Fax: 0381/7689881, e-mail: T.M.S.Rostock@t-online.de.
- ADFC-Radtourenkarte 1:150.000, Blatt 4, Bielefelder Verlagsanstalt.

***Verlauf:*** Gehren - Klein Luckow - Pasewalk (Stadtbefestigung, Jagdschloss, Museum im Prenzlauer Tor) - Krugsdorf - Koblentz - Rothenklempenow - Löcknitz - Plöwen - Bismark - Grenzübergang Linken (- Stettin).

***Kommentar:*** Der Stettiner Grenzweg zweigt in der Ortschaft Gehren vom Haff-Tollensesee-Radfernweg und vom Mecklenburgischen Seen-Radweg ab. Geplant ist eine Verbindungslinie bis zur Stadt Stettin über die deutsch-polnische Grenze hinweg. Die Abstimmung über den Verlauf des Radfernweges auf polnischer Seite ist aber noch nicht erfolgt. So führt die Route bislang nur bis nach Linken an den Grenzübergang. Dabei durchquert sie zunächst das hügelige Endmoränengebiet der "Brohmer Berge" (bis 148 m ü. NN). Kulturell bietet die Stadt Pasewalk Abwechslung: in ihrem Jagdschloss hielten sich einst die pommerschen Herzöge auf, die Parkanlagen des Kürassierhauses laden zum Verweilen ein. In der folgenden Grundmoränenlandschaft wird der Streckenverlauf flacher. Hier und da sind kleine Seen und feuchte Niederungen in das Landschaftsbild eingestreut. Bei Locknitz quert der Weg den Randowbruch. Wer von Linken aus weiter gen Osten radeln möchte, kann eigene Wege nach Stettin erkunden oder 5 km bis Grambow zum Bahnhof radeln und mit dem Zug weiterreisen.
Der komplette Ausbau der Route ist geplant, auch die Wegequalität soll den Radlerbedürfnissen zukünftig gerecht werden.

An den Fernverkehr der Bahn ist nur Pasewalk in der Region angeschlossen. Auf der Strecke Neubrandenburg - Pasewalk ist der Bahnhof in Strasburg nicht weit von Gehren entfernt, wo sich drei Radfernwege kreuzen (s.o.).

***Karte auf Seite 153***

# Stromberg-Enztal-Weg

## (Karlsruhe - Marbach am Neckar)

***Wegweisung:*** Die Schilder weisen ein weißes Fahrradsignet auf grünem Grund auf. Gegenwärtig wird die Beschilderung des Radfernwegenetzes in Baden-Württemberg geprüft und verbessert.

***Länge:*** 90 km

***Charakteristik:*** Nahezu autofreie Streckenführung, die allerdings durch viele Umwege erkauft wird. Teilweise sind steilere Anstiege und Abfahrten zu bewältigen. Die Wegeoberfläche ist größtenteils geteert, stellenweise geschottert. Die Route ist nur bedingt familiengeeignet.

***Informationen:***

- Tourismus-Service GmbH, Yorckstr. 23, 79110 Freiburg, Tel.: 0761/89797979, Fax: 0761/89797989, e-mail: info@tourismus-baden-wuerttemberg.de, Internet: www.tourismus-baden-wuerttemberg.de.

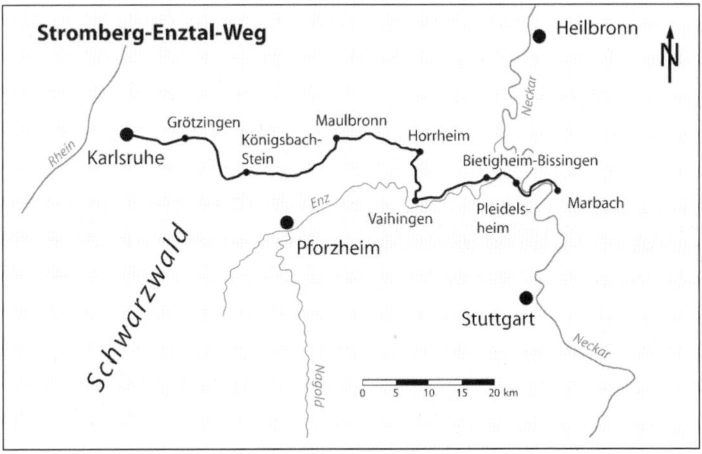


***Karten und Literatur:***

- Stromberg-Enztal-Weg, Routenbroschüre der Tourismus Marketing GmbH Baden-Württemberg, Bezug gegen geringe Gebühr beim: Info- und Prospektservice Baden-Württemberg, Yorckstr. 23, 79110 Freiburg, Tel.: 0761/89797979, Fax: 0761/89797989.
- Radwanderkarte 1:100.000 mit Radwegegrundnetz, Blatt 55 (Stuttgart und Umgebung) und Blatt 58 (Rhein-Neckar), Landesvermessungsamt Baden-Württemberg.

- ADFC-Radtourenkarte 1: 150.000, Blatt 20, Bielefelder Verlagsanstalt.

***Verlauf:*** Karlsruhe (Residenzschloss) - Durlach - Grötzingen - Pfinztal - Königsbach-Stein (Fachwerk-Rathaus) - Neulingen-Bauschlott (Weinbrenner-Schloss, Römersiedlung) - Ölbronn-Dürrn (Fachwerkdorf mit Wehrkirche) - Maulbronn (Zisterzienser-Kloster) - Horrheim - Vaihingen a. d. Enz (mittelalterliches Stadtbild, Weinbaumuseum) - Bietigheim - Freiberg a. Neckar (5 Schlösser)- Benningen (Römermuseum) - Marbach (Schiller-Nationalmuseum).

***Kommentar:*** Vor allem die ruhige Streckenführung und viel Natur zeichnen diesen Radfernweg aus, der seit 1987 zum großen Teil durch den Naturpark Stromberg führt. Nur wenige größere Orte werden an der Strecke berührt: Karlsruhe als Anfangspunkt und Marbach am Neckar als Ziel der Route sind wohl die bekanntesten. Wer die Tour trotzdem mit einem Besuch des Schlosses und seines sehenswerten Parks in Karlsruhe beginnt, muss beim Verlassen der Stadt leider über die Durlacher Allee die Autobahn überqueren (Vorsicht!).
Familien mit Kindern sei empfohlen, vom Radeln durch das verkehrsreiche Karlsruhe abzusehen und mit der Bahn bis ins Pfinztal zu fahren, um die Tour dort zu beginnen.
Durch viele beschauliche kleine Fachwerk-Orte führt der Weg nach Maulbronn, wo sich mit dem Zisterzienser-Kloster die größte erhaltene Klosteranlage nördlich der Alpen befindet. Des weiteren sind die malerischen Altstädte von Bietigheim-Bissingen und Marbach sowie das dort gelegene Geburtshaus Schillers auf jeden Fall einen Besuch wert.
Der Streckenverlauf ist nicht ganz steigungsarm, insgesamt müssen etwa einhundert Höhenmeter bewältigt werden. Wer über gutes Training und eine ausreichende Gangschaltung verfügt, dem wird die landschaftlich abwechslungsreiche Route gefallen.

Karlsruhe als Ausgangspunkt der Tour ist per Bahn bestens angebunden. Für die Rückfahrt geht's im Nahverkehr nach Ludwigsburg. Dort bestehen Direktverbindungen nach Karlsruhe oder mit dem Nahverkehr weiter nach Stuttgart, von wo aus ebenfalls Fernzüge in alle Richtungen fahren.

# BahnRadRoute Teuto-Senne
## (Osnabrück - Bielefeld - Paderborn)

***Wegweisung:*** Raute mit grüner Schrift auf weißem Grund und Aufschrift "Teuto-Senne". Beschildert in beide Richtungen: ein schwarzer Pfeil führt in Richtung Paderborn, ein roter Pfeil weist die Richtung nach Osnabrück.

***Länge:*** 140 km

***Charakteristik:*** Flach auf dem Abschnitt Paderborn - Bielefeld, da die Senne sehr eben ist. Im nördlichen Bereich gibt es einige Steigungen, von denen die beiden anstrengendsten durch alternative Routenabschnitte umgangen werden können. Es gibt zwei Schleifen, die man fahren kann, durch Borgholzhausen (mit leichten Steigungen) und durch Georgsmarienhütte (flache Streckenführung). Damit wird die Route 160 km lang. Familienfreundlich.

***Informationen:***

- Tourist Information Paderborn, Marienplatz 2a, 33098 Paderborn, Tel.: 0 52 51 / 88 29 80, e-mail: tourist-info@paderborn.de, Internet: www.paderborn.de. Dort werden auch Original-Routenschilder angeboten (auch über den Internet-Shop).

***Karten und Literatur:***

- Spiralo "BahnRadRoute Teuto-Senne" 1:50.000, Bielefelder Verlagsanstalt, mit Hinweisen zu Sehenswürdigkeiten, Informationen und einem ausführlichen Tourenbegleitheft (Adressen, Öffnungszeiten, Fahrplänen).

***Verlauf:*** Osnabrück - (Hasbergen - Hagen) - Bad Iburg (historische Altstadt, Schloss)/ Georgsmarienhütte - Hilter - Bad Rothenfelde - (Dissen) - Versmold - Bockhorst - Borgholzhausen (Schloss Holtfeld, Ravensburg) - Holtfeld / Borgholzhausen - Halle/Westf. (Schloss Tatenhausen, "Haller Herz")- Bokel - Steinhagen - Bielefeld-Brackwede - Bielefeld (Sparrenburg, Museen) - Bielefeld-Senne - Verl - Sende - Schloss Holte - Hövelhof - Hövelriege - Hövelhof - Paderborn - Sande - Paderborn - Schloss Neuhaus - Paderborn.

***Kommentar:*** "Hin mit dem Rad, zurück mit dem Zug!" BahnRadRouten wurden von Planern des Verkehrsverbundes Ostwestfalen-Lippe (VVOWL) ersonnen und sollen Kombinationen zwischen Fahrradtour und Bahnbenutzung ermöglichen. Eine Idee, die den ADFC-Wünschen sehr gut entspricht, denn der Verband setzt sich für die Förderung sämtlicher nichtmotorisierter Verkehrsformen ein. Die Kombination von Fahrrad und Bahn ist eine sehr sinnvolle und vor allem praktische Alternative - leider noch viel zuwenig verbreitet. Ist man müde oder bricht schlechtes Wetter herein, radelt man zum nächsten Bahnhof (der normalerweise nicht mehr als 5 km von der Strecke entfernt ist) und lässt sich fahren.

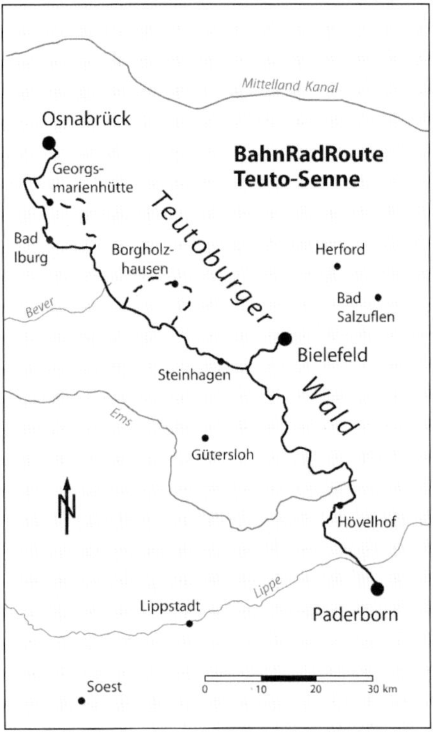


Die "BahnRadRoute Teuto-Senne", führt an der Westseite ("Sonnenseite") des Teutoburger Waldes entlang: von Osnabrück durch das Osnabrücker und Ravensberger Land sowie durch die Senne bis nach Paderborn.
Vom Osnabrücker Dom führt diese Radroute durch idyllische Täler und ausgedehnte Wälder des Teutoburger Waldes durch das Osnabrücker Land, das sehenswerte Ravensberger Land mit seinen herrlichen Alleen, heckengesäumten Wegen und Wasserschlössern und die naturnahe Landschaft der Senne mit blühender Heide und duftenden Kiefernwäldern.
Die Leineweberstadt Bielefeld bietet dem Radwanderer mit der Sparrenburg, der Kunsthalle und dem Schatzkästchen "Alter Markt" ein einladendes Ambiente. Urige Landgasthöfe, rustikale Bauerhofcafés, Biergärten und Restaurants mit regionalen Spezialitäten verwöhnen den Radler mit kulinarischen Höhepunkten.
Die gut ausgebaute Radroute führt über verkehrsarme Straßen oder ausgebaute Radwege im wesentlichen über eine flache, bequeme Strecke. Nur im Osnabrücker Land wird die Streckenführung der Hauptroute etwas sportlicher - wer's leichter mag, fährt auf der Nebenstrecke durchs Düte-Tal. Umgekehrt - wer im Teuto mit mehr Muskelkraft radeln möchte, weicht in Bockhorst von der Hauptroute

ab und wählt die idyllische Alternative über Borgholzhausen bis Hesseln.

Bahnverbindungen, die parallel zur Route verlaufen:
1. Die "Sennebahn" zwischen Paderborn und Bielefeld (über Sennelager, Hövelhof usw.)
2. Den "Haller Willem" zwischen Bielefeld und Dissen/Bad Rothenfelde (über Halle/Westf.) Diese beiden Zugverbindungen verlaufen immer in der Nähe der Route.
3. Wenn jemand von Paderborn nach Osnabrück mit dem Zug fahren will, um dort die Radtour zu beginnen, kann er die Zugverbindung über Detmold, Herford nach Osnabrück nehmen (Fahrzeit ca. 2 Stunden).

Achtung: Zwischen Dissen/Bad Rothenfelde und Osnabrück (das sind etwa 30 km) gibt es keine Zugverbindung. Es ist aber geplant, dass in ein paar Jahren der "Haller Willem" von Bielefeld bis Osnabrück fahren soll. Deshalb muss man diesen Abschnitt zur Zeit noch per Fahrrad zurücklegen.

Informationen zum Bahnfahren gibt es in Ostwestfalen-Lippe telefonisch unter 01801/33993 3 und www.dersechser.de bzw. www.nph.de sowie außerhalb Ostwestfalen-Lippes an den Fahrkartenschaltern der Deutschen Bahn AG und telefonisch bei der Bahnauskunft (Tel.: 01805/996633) oder im Internet unter www.bahn.de. Ausgewählte Fahrpläne finden sich auch im Tourenbegleitheft des BVA-Spiralos.

Traun-Alz

# Traun/Alz-Radwanderweg

## (Marktl a. Inn - Ruhpolding bzw. Inzell)

***Wegweisung:*** Grüner Schriftzug und Fahrradsymbol mit Richtungshinweis auf weißem Schild.

***Länge:*** 97,5 km

***Charakteristik:*** Der Radfernweg führt vom Inntalradweg bei Marktl entlang der Alz über Trostberg und Traunstein in leichtem Anstieg nach Ruhpolding oder Inzell.
Die Route nutzt überwiegend verkehrsarme Straßen und Feldwege und zeigt nur geringfügige Steigungen.

***Informationen:***

- Tourismusverband Chiemgau e.V., Ludwig-Thoma-Str. 2, 83276 Traunstein, Tel.: 0861/58223, Fax: 0861/64295, e-mail: TourismusverbandChiemgau@t-online.de oder tourismus@chiemgau.btl.de, Internet: www.chiemgau.com und www.radwandern.com.
- Tourismusgemeinschaft Inn-Salzach e.V., Kapellplatz 2a, 84503 Altötting, Tel.: 08671/506228, Fax: 08671/85858, e-mail: touristinfo-altoetting@t-online.de.
- Die Route im Internet: www.bayerninfo.de.

***Karten und Literatur:***

- Chiemgau/Chiemsee-Radwanderkarte 1:65.000, mit Angabe von Radwegen, Mountainbike-Strecken sowie Verkehrsbelastungen, Bezug gegen Gebühr beim Tourismusverband Chiemgau e.V.
- Raderlebnis Euregio - 2000 Km zwischen Bergen und Seen, Tourenübersichtskarte mit 35 überörtlich markierten Tourenvorschlägen im internationalen Feriendreieck Berchtesgadener Land, Chiemgau und Salzburger Land, kostenlos beim Tourismusverband Chiemgau e.V.
- ADFC-Radtourenkarte 1:150.000, Blatt 27, Bielefelder Verlagsanstalt.

***Verlauf:*** Marktl a. Inn - Burgkirchen a. d. Alz (Kirche St. Johann) - Garching a. d. Alz (Pfarrkirche St. Nikolaus) - Trostberg (Stadtplatz im Inn-Salzach-Stil) - Altenmarkt (Alzwasserfall) - Traunreut (Schloss Pertenstein) - Traunstein (historischer Stadtplatz, ehemaliges Salinenviertel Au) - Siegsdorf (Naturkundemuseum mit Mammut- und Höhlenlöwenskelett) - von dort aus entweder über Eisenärzt nach Ruhpolding (Holzknechtsmuseum) oder über Hammer nach Inzell (Ferien- und Sportzentrum).

**Kommentar:** Dieser seit 1993 bestehende Radfernweg verläuft größtenteils flussbegleitend an Traun und Alz und führt von der großbäuerlichen Innlandschaft durch die Wiesen und Wälder des Chiemgau in die Ferienzentren Inzell und Ruhpolding - das Alpenpanorama dabei immer im Visier. Viele kleinere und größere Orte säumen den Weg, der zunächst dem Lauf der Alz folgt. In Altenmarkt mündet die Traun in die Alz. Hier sollten Sie es nicht versäumen, der Rokoko-Stiftskirche des Augustinerklosters Baumberg einen Besuch abzustatten. Die Radroute verlässt nun die Alz, um der Traun flussaufwärts zu folgen. In Traunstein/Siegsdorf wartet die größte Höhlenburg Deutschlands auf Sie. Des weiteren gibt es in Traunstein das historische Salinenviertel zu sehen. Im südlichen Wegabschnitt von Traunstein bis Ruhpolding verläuft die Trasse auf historischen Salinenwegen, an welchem Reste der "ersten Pipeline der Welt" zu sehen sind.
Die Landschaft ist unbestritten der eigentliche Höhepunkt der Route.

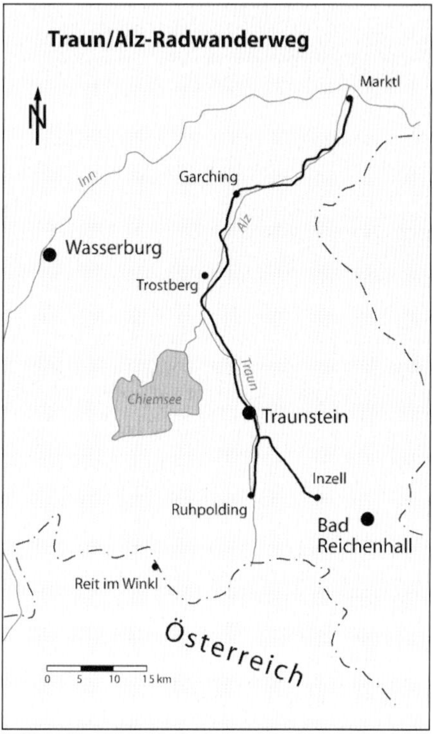


Traunstein ist hervorragend mit der Bahn erreichbar, und auch Marktl wird im Nahverkehr von München und Mühldorf aus bedient.

# United Counties Tour
## (Westerwolde-Emsland)

***Wegweisung:*** Einheitlich durchgängige und vorbildliche Beschilderung (Grüne Schrift mit Orts- und Kilometerangaben, Fahrradsymbol und Routensignet auf großem, weißem Schild.

***Länge:*** 150 km

***Charakteristik:*** Der gut ausgeschilderte Radfernweg verläuft fast ausschließlich auf geteerten Wirtschaftswegen ohne Steigungen und ist weitestgehend autofrei. Die Route ist daher für Familien mit Kindern hervorragend geeignet (Unter anderem weist die Karte Kinderspielplätze aus). Sie wendet sich eindeutig an den Naturliebhaber, der Ruhe und Erholung suchen - Orte mit kulturellen Highlights oder Shoppingcenter sucht man vergebens. Einzig die Transrapidversuchsstrecke zwischen Dörpen und Lahten hat hier überregionale Bedeutung.

***Informationen:***

- Emsland-Touristik GmbH, Ordeniederung 1, 49716 Meppen, Tel.: 05931/44335, Fax: 05931/44344, e-mail: Emsland-Touristik@t-online.de, Internet: www.emsland.de.

***Karten und Literatur:***

- Dreisprachiges (d, nl, gb) Kartenset United Countries Tour 1:60.000 mit sechs Detailkarten 1:40.000 und Stadtplänen, sowie Beschreibungen von Sehenswürdigkeiten. Ems-Dollart-Region. In Deutschland zu beziehen über die Emsland-Touristik.
- ADFC Radtourenkarte 1:150.000, Blatt 5 Ostfriesland/Emsland.

***Verlauf:*** Haren/Ems - Dankern (Freizeitzentrum) - Rütenbrock - Terapel /NL - Jipsingboer-Mussel /NL - Sellingen /NL - Vlagtwedde /NL - Wedde /NL - Bellingwolde /NL - Brual - Rhede - Heede - Dörpen - Fresenburg - Lathen - Hilter - Emen - Haren.

***Kommentar:*** Die United Countries Tour ist im weitesten Sinne ein "Kind" der Regionalisierung der Europäischen Union, denn ohne die Finanzmittel aus dem Brüsseler Topf der Regionalförderung zu Verbesserung der grenzüberschreitenden Zusammenarbeit (INTERREG) wäre die beispielhafte Wegweisung und die Infrastruktur 1998/99 wohl nie entstanden.

Der rund 150 Kilometer lange Rundkurs erschließt so dem Radwanderer die herrliche Naturlandschaft der Region Emsland-Wester-

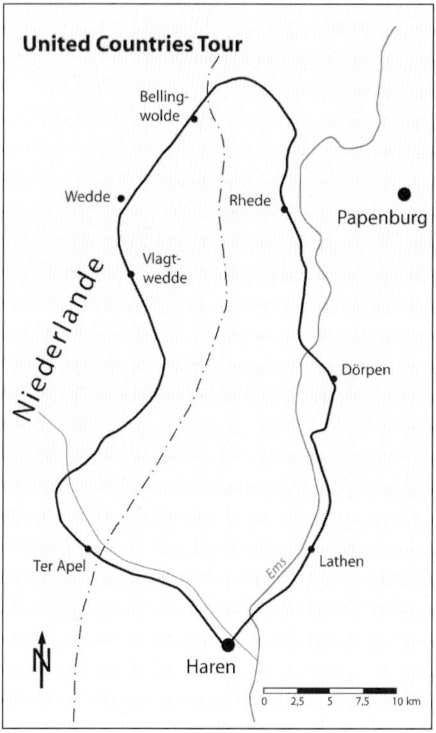


wolde, in der die Grenze schon seit längerer Zeit keine Rolle mehr spielt. Ohne Schlagbaum und Nationalfahnen erfährt der Radler eine steigungsfreie Landschaft, die geprägt ist durch Seen, kleine Flüsse, Moore und Heideflächen. Und dennoch gibt es zwischen dem deutschen Emsland und der niederländischen Westerwolde kleine Unterschiede: Während im Emsland die Landschaft insbesondere durch das Tal der Ems geprägt ist, begegnet uns auf der niederländischen Seite das feine Mosaik aus unzähligen Kanälen und Gräben, die auf die jahrtausende alte Besiedlung dieses Landstriches hinweist. Unterschiede liegen aber auch im Wesen der Bewohner, in ihren kulturellen Wurzeln und Traditionen sowie in ihrer heutigen Lebensart. Das spiegelt sich nicht zuletzt in der Architektur wieder. Die Antwort auf die Frage, warum z.B. einerseits kleine Häuser mit großen Fenstern, andererseits große Häuser mit kleinen Fenstern dominieren, mögen Sie selbst ergründen. Auch die landestypischen kulinarischen Köstlichkeiten haben ihren ganz speziellen Reiz auf beiden Seiten der Grenze.

Ein wirklicher Hit allerdings ist die lückenlose Beschilderung, welche die Route hervorhebt: Nicht nur in Ihrer Qualität und Durchgängigkeit, sondern auch die begleitenden Infotafeln und die Erläuterungen zu kunst- und kulturhistorischen Sehenswürdigkeiten sind beispielhaft.

Als Einsatzpunkte für die Route empfehlen sich bei Bahnanreise Haren, Lathen oder Dörpen. Die nächste Stadt mit Fernverkehrsanschluss (zur Zeit noch IR) ist Papenburg.

# Wasserburgenroute

***Wegweisung:*** Stilisierte Wasserburg als weißer Strich auf blauem Grund. Zwischenwegweiser sind relativ klein. Ausführlich und durchgängig beschildert.

***Länge:*** 365 km

***Charakteristik:*** Teilweise etwas verwirrende Zwischen- und Alternativrouten. Für jeden der beteiligten Landkreise (Erftkreis, Rhein-Sieg-Kreis, Kreis Düren und Kreis Aachen) wurde eine gesonderte Routenschleife (Burgenrunde) angelegt, ausgestattet mit Querverbindungen. Überwiegend eben. Drei größere Steigungen bei Bonn, Stolberg und Hausen. Meist familienfreundlich.

***Informationen:***

- Im Internet: www.wasserburgenroute.de. Mit Streckenbeschreibungen, Burgen-Historie, Gaststätten- und Hotelverzeichnis, Pauschalangeboten, News, Burg des Monats etc.
- Tourismus & Congress (zuständig für Bonn, den Rhein-Sieg-Kreis und den Kreis Bad Neuenahr-Ahrweiler), Adenauer Allee 131, 53113 Bonn, Tel.: 0228/91041-0 Fax: 0228/91041-11.
- Eifel-Touristik-Agentur NRW e.V. (zuständig für den Eifelrand und die Kreise Euskirchen, Düren und Aachen), Postfach 1346, 53897 Bad Münstereifel, Tel.: 02253/9222-0 Fax: 02253/9222-23.
- Landesverkehrsverband Rheinland e.V., Rheinallee 69, 53173 Bonn-Bad Godesberg, Tel.: 0228/362921, Fax: 0228/363929.
- Kreis Euskirchen, Jülicher Ring 32, 53879 Euskirchen, Tel.: 02251/15-0, Fax: 02251/15-666, e-mail: kreis-euskirchen@t-online.de.

***Karten und Literatur:***

- Wasserburgenroute, spiralgebundene Radwanderkarte 1:50.000, Wienand-Verlag, Köln, enthält die gesamte Route.
- Radwanderführer für die jeweiligen Kreise mit einzelnen Burgenrouten als Teilstücke der Wasserburgenroute: "Rheinbacher Burgenrunde", "Dürener Burgenrunde", "Aachener Burgenrunde", "Euskirchener Burgenrunde", 1:50.000, Wienand-Verlag, Köln.

***Verlauf:*** (Nicht in Reihenfolge, durch die verschiedenen Schleifen) Bonn - Miel - Brühl (Schloss Augustusburg) - Bergheim - Bedburg - Jülich - Baesweiler - Kerkrade (Industrion) - Alsdorf - Herzogenrath - Aachen - Stolberg - Düren - Zülpich - Euskirchen - Nideggen - Heimbach - Gemünd - Bad Münstereifel (Altstadt) - Rheinbach.

**Kommentar:** Die Region zwischen Köln, Bonn und Aachen verfügt über die größte Dichte an Wasserburgen in Deutschland. Kein Wunder - es musste eine Wasserburgenroute her. Ideengeber und Realisator war der Journalist Dirk Holtermann. Über 130 Burgen wurden verbunden, ein Radwanderführer wurde erstellt, gastronomische Angebote und Unterkünfte zusammengetragen. Tipps zum Inline-Skaten ergänzen die Radwanderführer.

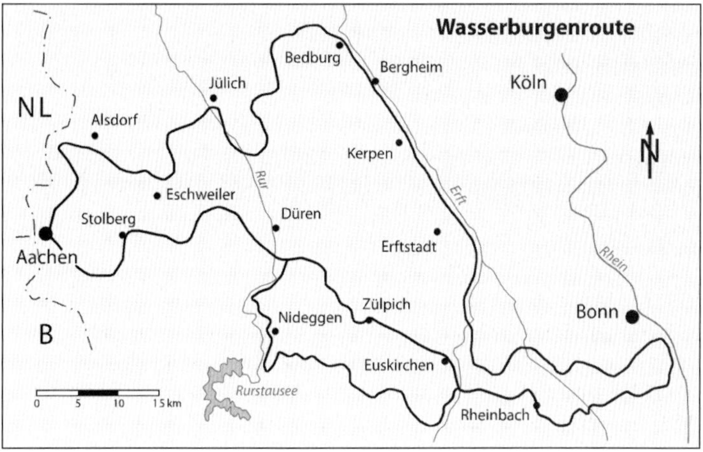


Welche Burgen und Schlösser nun die schönsten und prächtigsten sind, ist schwer zu sagen. Immer wieder sind Besucher und Einheimische überrascht, wieviele stolze Anwesen kleinerer und größerer Art sich in der Region befinden und nur auf ihre Entdeckung warten. Nicht alle Burgen sind zugänglich, deswegen sollte man sich vor dem Start informieren. Oder einfach losradeln, denn statistisch gibt es alle drei Kilometer eine Burg an der Route. Tipp: viele Schlossparks und Gärten sind zwar nicht oder nur begrenzt für Fahrräder geöffnet, eignen sich aber hervorragend für ein Picknick oder eine Ruhepause vom Radeln.

Auch außerhalb der Burgen präsentieren sich sehenswerte Ziele wie das Glasmalereimuseum in Linnich, das Papier-Museum Düren und das Rheinische Freilichtmuseum in Kommern. Wer Mittelalter live erleben möchte, sollte sich die Ritterspiele auf Burg Satzvey bei Euskirchen nicht entgehen lassen (mehrere Termine im Jahr, www.burgsatzvey.de). Wer es moderner mag, dem bietet das niederländische Museum "Industrion" mannigfaltige Eindrücke bis hin zum Cyber Center (Kerkrade, nördlich von Aachen).

Bahnanbindungen für den Fernverkehr in Köln, Bonn und Aachen, dazwischen etliche Regionalbahnanschlüsse. Neben der DB verkehrt hier auch die Dürener Kreisbahn.
Die Bonner Stadtwerke haben einen Fahrradbus eingerichtet, der Bad Godesberg am Rheinufer mit dem Kottenforst verbindet. Eine Höhendistanz von etwa 100 m wird so überwunden - idealer Einstieg in die Route. Informationen unter www.bikebus.de.

## Wellness-Radroute
### (Minden - Paderborn - Bielefeld - Minden)

***Wegweisung:*** Sechseckige Schilder mit grüner Schrift "Wellness-Radroute" und dem Logo des Fremdenverkehrsverbandes Teutoburger Wald auf weißem Grund. Ein grüner Peil weist die Route in Uhrzeigerrichtung, ein roter Pfeil entgegengesetzt.

***Länge:*** ca. 500 km

***Charakteristik:*** Rundkurs, der durch einige Querverbindungen auch variabel zu befahren ist. In der Senne meist flach, im Teutoburger Wald einige Steigungen, im Minden-Herforder Land hügelig. Meist asphaltierte Wege.

***Informationen:***
- Fremdenverkehrsverein Teutoburger Wald, Bad Meinberger Str. 1, 32760 Detmold, Tel.: 05231/95850, Fax: 05231/958575. Internet: www.teutoburger-wald.de.

***Karten und Literatur:***
- Spiralo "Wellness-Radroute" 1:75.000, Radwanderkarte mit Informationen zu Sehenswürdigkeiten, Ortsbeschreibungen, Wellness-Tipps, Bielefelder Verlagsanstalt.

***Verlauf:*** Minden (Schachtschleuse) - Porta Westfalica (Weserdurchbruch, Kaiser-Wilhelm-Denkmal) - Bad Oeynhausen (Historischer Kurpark) - Vlotho (hist. Altstadt) - Bad Salzuflen (Kuranlagen) - Lemgo (Altstadt) - Detmold (Innenstadt, Schloss) - Horn-Bad Meinberg - Schieder-Schwalenberg (Kurpark mit Schloss) - Steinheim - Nieheim (Wasserschlösser) - Marienmünster-Vörden (ehem. Benediktinerabtei) - Höxter (Rathaus, Schloss Corvey) - Brakel - Bad Driburg (Museen) - Neuenheerse - Lichtenau (Klosteranlage) - Wünnenberg (Aabachtalsperre) - Büren (Wewelsburg) - Borchen - Paderborn (Dom, Kaiserpfalz) - Bad Lippspringe (Lippequelle) - Delbrück (hist. Kirchplatz) - Rietberg - Rheda-Wiedenbrück (Fachwerkhäuser)- Marienfeld - Harsewinkel - Halle (Wasserschloss Tatenhausen) - Werther - Bielefeld (Sparrenburg,

Ravensberger Spinnerei) - Bünde (Zigarrenstadt) - Rödinghausen - Lübbecke - Hille - Minden.

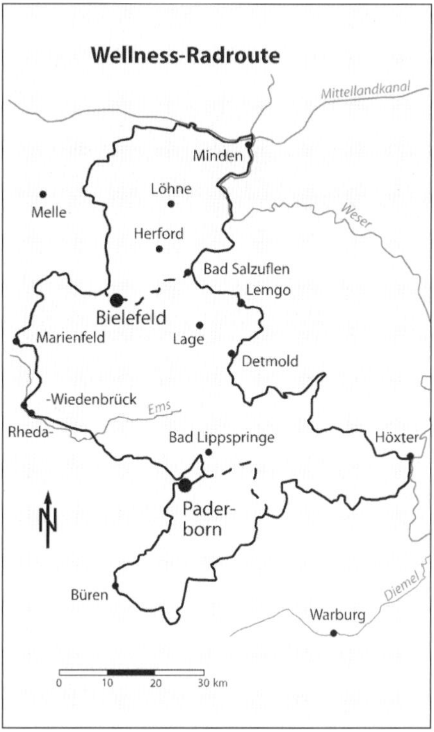


**Kommentar:** Wie macht man aus der Bäderkrise eine Tugend? Indem man die traditionellen Kur- und Badeorte mit einer Radroute verbindet. Ein flottes Motto dazu ("Fitness, Fun und Fahrradfahren rund um den Teutoburger Wald"), und eine durchaus attraktive Idee ist geboren. Radler sind jedenfalls begeistert, wenn sie nach der Radtour Sauna, Dampfbäder oder einfach nur ein Schwimmbad genießen können. Leider ist die Kombination von Rad und Bad noch nicht überall dann möglich, wenn es die Radler am dringensten brauchen, nämlich abends. Es empfiehlt sich also ein frühzeitiges Nachfragen bei den Quartieren, wie es mit der Nutzung der Wellness-Einrichtungen steht.

Doch an sich ist die Wellness-Radroute ein abwechslungsreicher Genuss, und für viele ein Geheimtipp. Die einzigartige, trockenheitsgeprägte Senne, die grün-flache westfälische Bucht, das hügelige Minden-Herforder Land, und schließlich die steigungsfreudigen, feld- und waldreichen Regionen des Teutoburger Waldes sorgen für stetige Abwechslung in Radlers Gemüt. Dazwischen kann sich auch der Geist entfalten, etwa beim Besuch der uralten Corveyer Abteikirche, der Bischofsstadt Paderborn, dem Freilichtmuseum in Detmold oder den vielen kleinen historischen Ortskernen entlang der Route.
Der echte Genussradler drückt auch schon einmal das Gesundheits-Auge zu bei einer Zigarre aus der Zigarrenstadt Bünde oder bei einem Bonbon von "Werthers Echten" ... Lassen Sie es sich einfach einmal richtig gut gehen ...

# Werratal-Radweg

## (Werraquellen bei Fehrenbach oder Siegmundsburg - Hannoversch Münden)

***Wegweisung:*** In Thüringen ist der Radweg mit einem grünen Fahrradsignet über dem Werratal-Logo (stilisierte Landschaft mit Fluss, Bergen und Burgen und dem blauen Schriftzug "Werratal") auf weißen Schildern ausgewiesen. Im hessischen Abschnitt weist ein grünes "W", das mit einer Welle unterlegt ist, auf weißen Tafeln den Weg. Der Werratal-Radweg ist durchgängig und in beiden Richtungen gut ausgewiesen.

***Länge:*** 278 km

***Charakteristik:*** Die Wegeführung ist sehr vielschichtig, sie reicht von land- und forstwirtschaftlichen Wegen über die Nutzung von Wanderwegen bis hin zu wenig befahrenen Kreis- und Landesstraßen. Ein Teilstück führt (noch?) entlang einer stark befahrenen Bundesstraße. Separate asphaltierte Radwege bestehen neben Wegen mit wassergebundenen Decken. Solange sich die Route parallel zur Werra bewegt, gibt es keine nennenswerten Steigungen. Soll der Radweg an einer der beiden Quellen begonnen werden, so müssen allerdings gleich zu Beginn der Sommerberg mit 801 m ü. NN oder die Dürre Fichte mit 861 m ü. NN erklommen werden. Nach der Abfahrt folgt hügelige Topographie, in der zweiten Hälfte ist die Route schließlich mehr oder weniger eben zu befahren. Durch die Vielzahl an Sehenswürdigkeiten ist die Route auch für Familien zu empfehlen.

***Informationen:***

- Werratal Touristik e.V., Erzberger Allee 14, 36433 Bad Salzungen, Tel.: 03695/616418, Fax: 03695/616426, e-mail: tourismus@wartburgkreis.de.
- Hessen Touristik Service e.V., Abraham-Lincoln-Str. 38 - 42, 65189 Wiesbaden, Tel.: 0611/77880-0, Fax: 0611/77880-40, e-mail: info@hessen-tourismus.de, Internet: www.hessen-tourismus.de.

***Karten und Literatur:***

- Topographische Freizeitkarte 1:50.000, Blatt 16 (Naturpark Meißner-Kaufunger Wald), mit Wander- und Radwandervorschlägen, Hessisches Landesvermessungsamt.
- ADFC-Radtourenkarte 1:150.000, Blatt 12 und 17, Bielefelder Verlagsanstalt.
- ADFC-Regionalkarte 1:75.000, Blatt "Kassel und Umgebung" und Blatt "Rhön", jeweils mit Abschnitten, Bielefelder Verlagsanstalt.

■ Werratal-Radweg, Radwanderkarte 1:50.000, Spiralbindung, mit Sehenswürdigkeiten und touristischen Informationen, Bielefelder Verlagsanstalt.

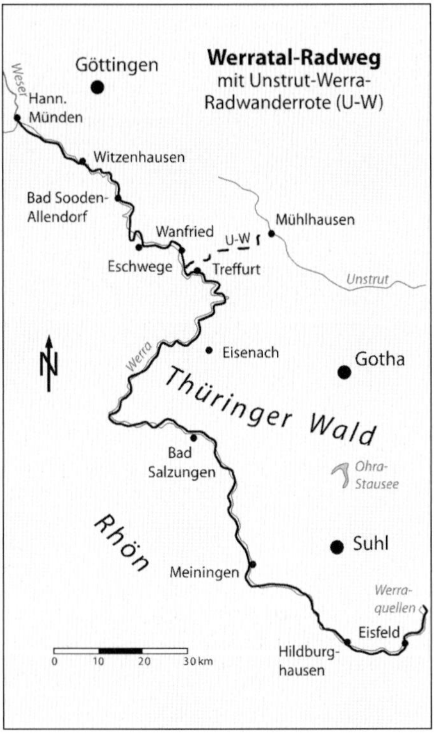


***Verlauf:*** Werraquellen bei Fehrenbach oder Siegmundsburg - Eisfeld - Veilsdorf (Freibad im Kloster Veilsdorf) - Hildburghausen (Marktplatz, Renaissance-Rathaus) - Themar - Meiningen (Theater, Englischer Garten, Literaturmuseum Baumbachhaus) - Wasungen (Burgruine Maienluft) - Breitungen (historischer Marktplatz, Basilika, Schloss) - Bad Salzungen (Solebad, Gradierwerk) - Heringen (Werra-Kalibergbaumuseum, "Monte Kali") - Gerstungen - Hörschel (Abstecher nach Eisenach) - Creuzburg (Werrabrücke, Fachwerk-Altstadt) - Mihla (Nationalpark-Hainich-Information in Lauterbach) - Treffurt (Rathaus, Fachwerkhäuser) - Wanfried - Eschwege (Fachwerk-Altstadt, Landgrafenschloss) - Bad Sooden-Allendorf (Stadtbild, Salz-Museum) - Witzenhausen (Altstadt, Zweiburgenblick, Kirschblüte) - Hedemünden - Hann. Münden (Fachwerk-Altstadt, Rathaus).

***Kommentar:*** Von den Quellen bis zur Mündung ist der Werratal-Radweg weitgehend autofrei zu befahren. Neben dem hessischen Abschnitt ist der Weg auch in Thüringen fertiggestellt und mit einem eigenen Logo beschildert. Vom Thüringer Wald und der Vorderrhön lässt sich die vielseitige Landschaft nun bis ins nordhessische Bergland erfahren.

Der Rennsteig im Thüringer Wald verbindet die zwei Werraquellen von Fehrenbach und Siegmundsburg, die am besten vom Bahnhof Eisfeld aus erreichbar sind. Am reizvollsten, aber auch am anstrengendsten,

ist der Oberlauf der Werra. Durch das Tal zieht sich hier allerdings auch die stark befahrene Bundesstraße B 89, die immer wieder gekreuzt werden muss. Es geht abwärts ins Heldburger Land nach Hildburghausen mit seinem sehenswerten Renaissancestadtkern und weiter ins Henneburger Land. Das Freilichtmuseum bei Kloster Veßra zeigt neben der Geschichte und Volkskunde der Region auch Baudenkmäler im "Dorfmuseum". Ab Meinigen, der Kultur- und Theaterstadt, entfernt sich die Route vom nahen Straßenverkehr und orientiert sich fortan fast ausschließlich an der Nähe zum Fluss. Bis Bad Salzungen wird die kuppenreiche Vorderrhön umfahren.
Salzvorkommen haben das wirtschaftliche Leben im Mittellauf der Werra nachhaltig geprägt. Das Salzunger Gradierwerk ist heute Therapiezentrum, die zahlreichen Soleheilquellen des Ortes sorgen für einen erholsamen Aufenthalt. Näheres zur Geschichte und zur Salzgewinnung erfährt man im Kalibergbaumuseum in Heringen. Die Steinsalzhalde "Monte Kali" ist schon von weither sichtbar. Von Hörschel aus ist es nur noch ein Katzensprung in die Bach- und Luther-Stadt Eisenach mit der Wartburg. Über Creuzburg, eine der ältesten Städte Thüringens, und Treffurt erreicht man die hessischen Fachwerkstädte Eschwege, Bad Sooden-Allendorf und Witzenhausen. Das romantische Werratal mit seinen waldreichen Hängen lädt immer wieder zum Verweilen ein. In Hann. Münden schließlich endet der Werratal-Radweg mit dem Zusammenfluss von Werra und Fulda.
Einzigartig in Deutschland ist die Freiluftgalerie "Kunst am Radweg", welche den hessischen Teil der Werra links- und rechtsseitig mit Skulpturen und Fahrradrastplätzen begleitet. Das Projekt entstand in der Handwerk- und Kreativwerkstatt der Volkshochschule Witzenhausen in Zusammenarbeit mit dem Fremdenverkehrsverband Werra-Meißner Land und den Kommunen entlang der Werra.

Kurz vor Wanfried stößt in Heldra der Unstrut-Werra-Weg auf den Werratal-Radweg. Die 32 km lange Strecke verbindet die beiden Flüsse über die Orte Wendehausen, Heyerode, Oberdorla und die Stadt Mühlhausen/Thüringen und führt über den Hainich. Mit einigen Steigungen muss hier gerechnet werden. Der Verbindungsweg ist mit einem schwarzem Radler-Piktogramm vor einer grünen Wellenlinie und den Namen "Unstrut" und "Werra" ausgeschildert und soll an den geplanten Unstrut-Radweg anbinden.

Eisfeld ist nur über Eisenach an den Fernverkehr angeschlossen, die Bahnstrecke mit Fahrradmitnahmemöglichkeit verläuft hier parallel zum Radweg durch das Werratal, so dass allerorts gestartet oder umgestiegen werden kann. Von Eschwege bis Hann. Münden besteht ebenfalls eine Bahnlinie im Werratal. Die Fernzugbahnhöfe Kassel-Wilhelmshöhe und Göttingen sind nicht weit.

# BahnRadRoute Weser-Lippe
## (Bremen - Bielefeld- Paderborn)

***Wegweisung:*** Rautenförmiges Schild mit blauer Schrift auf weißem Grund. Durchgängige Beschilderung in beiden Richtungen: weißer Pfeil auf den Schildern zeigt Richtung Paderborn, orangefarbener Pfeil weist Richtung Bremen.

***Länge:*** 350 km (305 km ohne Abzweig über Stemwede)

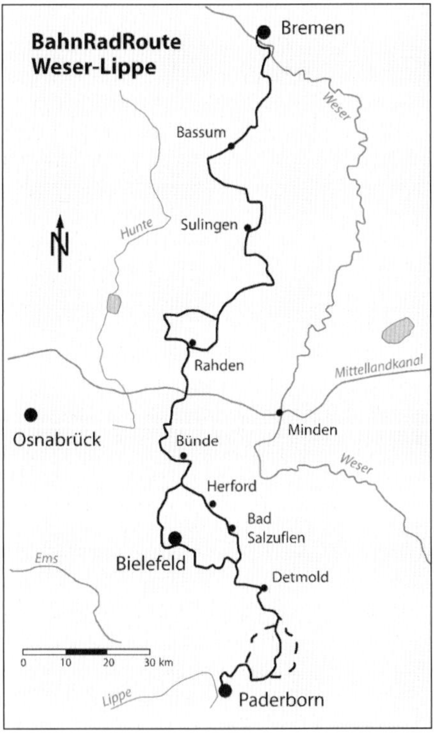


***Charakteristik:*** Von Bremen aus führt die Route am Weserufer entlang alter Hansewege durch die Diepholzer Park- und Heidelandschaft über Rahden, dem urwüchsigen Oppenweher Moor nach Bielefeld, von dort weiter durch das Lipperland mit den historischen Städten Lemgo und Detmold bis nach Paderborn.

Dabei kann man immer wieder verschiedene Varianten befahren, beispielsweise durch Stemwede und durch Lemgo. Beide Streckenführungen sind eher flach und gut befahrbar. Zwischen Hiddenhausen und Lage werden zwei Streckenalternativen angeboten (über Bielefeld bzw. über Herford). Zwischen Horn - Bad Meinberg und Altenbeken stehen drei Varianten zur Auswahl: Durchs Durbeketal (langsame Strecke), übers Sagebachtal (schnelle Strecke) und per BahnShuttle Sandebeck - Altenbeken (Querung des Eggegebirges mit dem Zug). Die Strecken sind weitgehend asphaltiert. Für Familien geeignet.

***Informationen:***

- Tourist Information Paderborn, Marienplatz 2a, 33098 Paderborn, Tel.: 0 52 51/88 29 80, www.paderborn.de.
- Dort werden auch Original-Routenschilder angeboten (auch über den Internet-Shop).

***Karten und Literatur:***

- Spiralo "Weser-Lippe" 1:50.000, Bielefelder Verlagsanstalt, mit Hinweisen zu Sehenswürdigkeiten, Informationen und einem ausführlichen Tourenbegleitheft (Adressen, Öffnungszeiten, Fahrplänen).

***Verlauf:*** Bremen (Innenstadt, Dom, Roland - Häfen) - Weyhe - Syke - Bassum - Twistringen - Schwaförden - Sulingen - Kirchdorf - Wagenfeld - Rahden - Stemwede - Espelkamp - Preußisch Oldendorf - Rödinghausen - Bünde - Kirchlengern - Hiddenhausen - Enger - Bielefeld (Sparrenburg, Museen) - Leopoldshöhe - Oerlinghausen - Lage - Lemgo (hist. Altstadt) - Detmold (Ortsbild)- Horn - Bad Meinberg - Steinheim-Sandebeck - Altenbeken - Bad Lippspringe - Paderborn (Kaiserpfalz, Dom). Eine Variante führt von Hiddenhausen über Herford und Bad Salzuflen nach Lage.

***Kommentar:*** Die zweite BahnRadRoute nach dem Klassiker "Teuto-Senne" (siehe eigenes Kapitel) verbindet die Wesermetropole Bremen mit dem lippischen Paderborn.

Bereits die alte Hansestadt Bremen mit ihrem modernen Flair ist einen mehrtägigen Aufenthalt wert. Auf jeden Fall sollte man sich Zeit für einen Spaziergang durch die Innenstadt nehmen und das pittoreske Schnoorviertel aufsuchen. Vor den Toren Bremens geht es durch die flache Marschlandschaft mit ihren fetten Wiesen, bevor dann die leicht hügelige, von lichten Waldstücken und weiten, geschwungenen Feldern durchzogene Geestlandschaft beginnt. Weiter südlich führt der Weg durch die prächtige Parklandschaft des Mühlenkreises Minden-Lübbecke mit langgestreckten Birkenalleen, dem urwüchsigen Oppenweher Moor und den Wiesen und Wäldern des Wiehengebirges. Das malerische Gebirgstor "Neue Mühle" führt in das reizvolle Wittekindsland Herford und - zum Teil auf alten Kleinbahntrassen - bis zur historischen Bielefelder Altstadt am Teutoburger Wald. Hoch über die Stadt erheben sich trutzig Turm und Rondelle der Sparrenburg, dem Wahrzeichen der alten Leineweberstadt. Weiter südlich führt die Route durch das sanft hügelige romantische Lipperland mit seinen Fachwerk-Dörfern, der sehenswerten Hansestadt Lemgo und der historischen Residenz "Lippe"-Detmold. Von der Grotenburg im Teutoburger Wald grüßt Hermanns eindrucksvolles Denkmal. Einen weiteren Höhepunkt der Tour bildet das Paderborner Land mit den idyllischen Bachtälern des Eggegebirges und den mächtigen Rundbögen des hohen Altenbekener Eisenbahnviadukts - ein Muss für Bahnfans. Hier im sonnigen Süden Ostwestfalens erwartet die alte Kaiser- und Bischofsstadt Paderborn die Radlerinnen und Radler mit der ehrwürdigen Kaiserpfalz und dem imposanten Dom - das Ziel einer erlebnisreichen BahnRadTour ist erreicht.

Verschiedene Bahnen können genutzt werden:
1. Die "Hase-Weser-Bahn" zwischen Bremen und Osnabrück
2. Die "Ravensberger Bahn" zwischen Rahden und Bielefeld
3. Der "Lipperländer" zwischen Bielefeld und Lemgo
4. Die Ostwestfalen-Bahn zwischen Bielefeld und Paderborn
5. Des weiteren können in den Abschnitten Bünde - Bielefeld die Wiehengebirgsbahn, Bünde - Herford - Paderborn der Zug "Der Cherusker" und Bielefeld - Oerlinghausen - Detmold - Altenbeken die Bahn "Der Leineweber" genutzt werden. Die Zusteigebahnhöfe können der Radwanderkarte entnommen werden.

Leider gibt es keine durchgängige Zugverbindung. Zwischen Twistringen und Rahden (das sind etwa 50 km) muss man diesen Abschnitt zur Zeit noch per Fahrrad zurücklegen.

Informationen zum Bahnfahren gibt es in Ostwestfalen-Lippe telefonisch unter 01801/339933 und www.dersechser.de bzw. www.nph.de sowie außerhalb Ostwestfalen-Lippes an den Fahrkartenschaltern der Deutschen Bahn AG und telefonisch bei der Bahnauskunft (Tel.: 01805/996633) oder im Internet unter "www.bahn.de".

# Weser-Radweg
## (Hann. Münden - Eckwarderhörne oder Cuxhaven)

***Wegweisung:*** Der Weser-Radweg ist fast durchgängig, aber leider noch nicht einheitlich beschildert. Unsere Abbildung zeigt die neue Wegweisung, die bald durchgängig vorhanden sein soll. Das offizielle Signet zeigt ein gelb-blau-grünes Quadrat mit einem Radler und dem Namen. Im nordrhein-westfälischen Teil ist der Weserradweg auch als "R 99" ausgeschildert.

***Länge:*** 474 km

***Charakteristik:*** Die Route ist fast durchgehend eben befahrbar, kurze Steigungen kommen nur östlich von Bad Karlshafen sowie beim Anstieg zum Buhn hinter Veltheim vor. Letzteren kann man entweder durch die Benutzung der Bundesstraße oder durch Abkürzung des Weserbogens vermeiden. Weiterhin ist die Wegeführung weitgehend autofrei. Die wechselnde Oberfläche zwischen Asphalt und wassergebundener Decke ist gut befahrbar, in Ausnahmen weisen kurze Teilstrecken Kopfsteinpflaster auf. Mit einer Ausnahme (Waldweg mit festem Untergrund östlich von Bad Karlshafen) ist der Weser-Radweg auch bei schmaler Bereifung zu empfehlen. Familienfreundlich.

***Informationen:***
- Weserbund e.V., Teerhof 34, 28199 Bremen, Tel.: 0421/598290, Fax: 0421/5982940, e-mail: weserbund@weser.de, Internet: www.weser.org.
- Weserbergland Touristik, Postfach 13 30, 37164 Uslar, Tel.: 05571/5044, Fax: 05571/7806, e-mail: welcome@weserbergland.com, Internet: www.weserbergland.com.

***Karten und Literatur:***
- Offizielle Radwanderkarte Weser 1:75.000, mit Spiralbindung, Sehenswürdigkeiten und touristischen Informationen, Weserbund und Bielefelder Verlagsanstalt.
- Weser-Radweg, bikeline-Radtourenbuch und Karten 1:75.000 mit Routenbeschreibung, Sehenswürdigkeiten, Ortsplänen, wichtigen Adressen, Übernachtungsverzeichnis, Verlag Esterbauer.
- ADFC-Radtourenkarte 1:150.000, Blatt 5, 6 und 11, Bielefelder Verlagsanstalt.
- Weser-Radweg: Münden - Bremerhaven, Radwanderkarte 140, 1:125.000, Kompaß-Verlag.
- Weser Radweg Münden - Bremerhaven, Radwegekarte 1:100.000 mit Begleitbuch, Stöppel-Verlag.

Der "RADgeber" / Informationen - Wissenswertes - Nützliches zum Radwandern an der Weser, jährlich aktuell zur Radsaison erscheinende Informationsbroschüre mit radfahrerrelevanten Informationen für über 100 Orte des gesamten Weserraumes: Anschriften und Öffnungszeiten der Tourist-Informationsstellen, Hinweise auf Freizeitaktivitäten, kulturelle Angebote und Veranstaltungen, Angaben über Fahrrad-Servicestationen und Rad-Abstellmöglichkeiten, Personenschifffahrt, Campingplätze, Jugendherbergen, Übernachtungsmöglichkeiten in radfahrerfreundlichen Hotels, Pensionen und bei Privatvermietern sowie Angebote der Gastronomie in den Orten vom Weserbergland bis zur Nordsee, Bezug gegen Rechnung beim Weserbund.

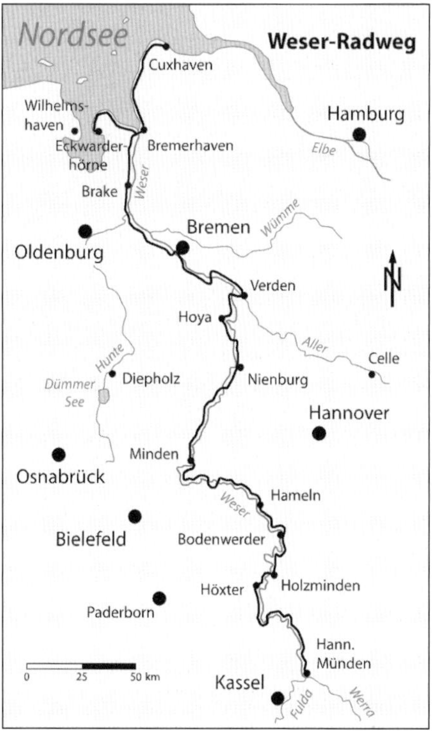


***Verlauf:*** Hann.-Münden (Fachwerkstadt, Rathaus, Weserliedanlage) - Reinhardshagen (Fachwerkbauten, Gierseil-Fähre) - Bodenfelde (Jagdschloss Nienover) - Bad Karlshafen (barocke Stadtanlage, Deutsches Hugenotten-Museum) - Höxter (historische Altstadt mit sehenswerten Kirchen) - Kloster Corvey - Holzminden (Altstadt) - Bodenwerder (Münchhausen-Museum) - Hameln (historische Altstadt, Rattenfängerhaus und Figurenspiel) - Hessisch-Oldendorf (Stift Fischbeck, Münchhausenschloss) - Rinteln (Altstadt) - Veltheim - Vlotho (Fachwerkhäuser) - Porta Westfalica (Weserdurchbruch, Kaiser-Wilhelm-Denkmal) - Minden (1000-jähriger Dom, Altstadt, Preußen-Museum) - Petershagen (Schloss, Wind- und Wassermühlen) - Stolzenau (St. Jacobi-Kirche mit gedrehtem Kirchturm) - Nienburg (Altstadt) - Hoya - Verden (Altstadt, Kirchen, Reitermuseum) - Achim - Bremen (Rathaus, Markt, Schnoorviertel, Böttcherstraße, Museen, Hafenanlagen) - Berne - Elsfleth (Hunte-Sperrwerk) - Brake (Schifffahrtsmuseum) -

Nordenham - Bremerhaven (Deutsches Schifffahrtsmuseum, Überseehäfen) - Wremen (stimmungsvoller Fischerort) - Cuxhaven (Wrackmuseum).
Oder alternativ ab Nordenham über Burhave - Tossens - nach Eckwarderhörne (Personen- und Fahrradfähre nach Wilhelmshaven).

***Kommentar:*** Der Weser-Radweg ist einer der attraktivsten Radfernwege Deutschlands. Auf 474 Kilometern bietet er so viele landschaftliche und kulturelle Sehenswürdigkeiten, dass er besonders den "Südlichtern" als Einstieg in den Norden empfohlen werden kann. Hinzu kommt seine topographische Gunst. Der Weser-Radweg ist fast durchgängig flach und mit guter Wegeoberfläche versehen, so dass er auch für Einsteiger und Familien geeignet ist. Die Unterkunftssituation ist in der Hauptsaison schon recht angespannt, reicht aber nur in Spitzenzeiten an die Verhältnisse am Donau- oder Altmühlradweg heran. Es gibt verhältnismäßig viele Jugendherbergen und Campingplätze. Immer wieder trifft man auf Rastplätze mit herrlichen Aussichten ins Wesertal. Auch in den Städten hat man sich auf die Radler eingestellt. Einige Orte bieten Radlerpauschalen an.
Die Weser ist übrigens der einzige Fluss, der von der "Quelle" bis zur Mündung auf deutschem Gebiet beradelt werden kann. Dabei durchquert er vier Bundesländer: Hessen, Nordrhein-Westfalen, Niedersachsen und Bremen.
"Wo Fulda und Werra sich küssen ...". In Hann. Münden sollte man an diesem Stein mit dem Spruch von Hoffmann von Fallersleben seine Weserradtour beginnen, denn landschaftlich ist der Oberweser-Abschnitt sehr eindrucksvoll. Hier bewegt sich die Weser in vielen Windungen durch das Weserbergland, eingerahmt von waldreichen Höhenzügen, die ab und zu den Blick auf Burgen oder Schlösser freigeben, im eigenen Stil der "Weserrenaissance". Imposant thront Schloss Fürstenberg über dem Wesertal (Abstecher zum Porzellanmuseum einplanen). In dieser sagenhaften Landschaft begegnet man den Erinnerungen an den "wilden Jäger Hackelberg", dem Denkmal des Lügenbarons von Münchhausen in Bodenwerder und dem Rattenfänger von Hameln. Bewegend ist das Durchradeln der Porta Westfalica. Wohl nirgendwo sonst in Deutschland wird der Übergang vom Mittelgebirgsraum in die Tiefebene so spürbar wie hier. Beeindruckend ist die Querung des Mittellandkanals bei Minden. Im Abschnitt der Mittelweser ist der Fluss häufig nicht zu sehen, dafür radelt man bequem auf einer alten Kleinbahntrasse. Bevor die Bremer Stadtmusikanten grüßen, steht eine Fahrt durch Marsch, Moor und Geest bevor. Die alte Handelsstadt Bremen lässt hanseatisches Flair spüren: die Schiffe werden größer, die Deiche immer höher. Der Weg führt weiter durch die weitläufige Wesermarsch nach Elsfleth, wo die Hunte überquert wird. Die kombinierte Eisenbahn-Rad-Brücke über die

Hunte bei Elsfleth-Ohrt kann allerdings nur im Wechsel mit der Bahn passiert werden, so dass man ggf. etwas warten muss. Es gibt auch eine separate Radfahrerbrücke in der Nähe des Seglerhafens, diese wird aber nur bei Bedarf zur Überfahrt geschlossen.
In Nordenham kann man sich entweder für die Überfahrt nach Bremerhaven entscheiden, wo ein Besuch des Deutschen Schifffahrtsmuseums unbedingt zu empfehlen ist. Folgt man der Strecke entlang der Küste nach Norden so ist Cuxhaven an der Elbmündung das Ziel, das mit frischer Nordseeluft grüßt.
Alternativ geht es von Nordenham aus Richtung Westen auf dem Nordseedeich entlang. Bis Eckwarderhörne am Jadebusen reihen sich die Ferienorte und Campingplätze aneinander und laden zu einem erfrischenden Bad ein. Der Weser-Radweg zählt einer ADFC-Umfrage zufolge zu den beliebtesten Radfernwegen Europas. Dafür sorgt seit 1992 auch die intensive Betreuung durch den Weserbund in Zusammenarbeit mit Ländern, Kommunen und Fremdenverkehrsorganisationen. Der Weserbund dient als zentrale touristische Informationsstelle für den Weser-Radweg für Radtouristen aus dem In- und Ausland. Er stellt u.a. die kontinuierliche Streckenkontrolle, eine Erweiterung der Wegeführung sowie die Attraktivität und Qualität der Route sicher. Angesichts der großen Nachfrage nach ausführlichen Informationen zum Weser-Radweg gibt der Weserbund den jährlich aktualisierten RADgeber heraus. Zudem finden Sie im Internet (www.weser.org) aktuelle Informationen zum Streckenzustand, zu Umleitungen oder Streckensperrungen, zu Sehenswürdigkeiten entlang der Strecke, touristische Informationsadressen und vieles mehr.

Alternativ zum Radfahren kann auf der Ober- und Unterweser auch das Schiff benutzt werden. Für die Oberweser bietet dies die Oberweser Dampfschifffahrt, Inselstr. 3, 31787 Hameln, Tel.: 05151/22016. Zwischen Bremen und Bremerhaven verkehrt die Schreiber-Reederei, Schlachte 2, 28195 Bremen, Tel.: 0421/321229.

Mit der Bahn ist der Abschnitt der Oberweser leider nur umständlich zu erreichen. Hann. Münden wird von der Regionalbahn, die zwischen Kassel und Göttingen verkehrt, bedient. Bodenfelde, Bad Karlshafen und Höxter sind mit regionalen Ost-West-Verbindungen zwischen Paderborn und Northeim bzw. Kreiensen angeschlossen. Zwischen Hameln und Vlotho gibt es einen kleinen bahnbegleiteten Weserabschnitt. Ab Minden existieren dann bessere Verbindungen. Mehr oder weniger parallel zur Weser bestehen Nah- und Fernverkehrsstrecken über Nienburg bis nach Bremen. Nordenham, Bremerhaven und Cuxhaven stehen für die Bahnan- oder abreise ebenfalls zur Verfügung.

# Wümme-Radweg
## (Bremen - Lüneburger Heide)

***Wegweisung:*** Blaues "W" mit Welle auf weißem, kreisförmigem Grund, teilweise Tabellenwegweiser mit Aufklebern, teilweise Pfeilwegweiser mit Einschublogos.

***Länge:*** ca. 300 km

***Charakteristik:*** Auf weiten Strecken autofrei, flach und familienfreundlich. Vorsicht bei der Durchfahrt einiger Ortschaften. Vorwiegend flache bis flachwellige Strecken charakterisieren das Profil des Wümme-Radweges. Die höchste Erhebung auf dem Radwanderweg ist der Wilseder Berg mit 169 m über NN. Die gesamte Strecke eignet sich daher für Genussradler ebenso wie für Familien und Ausflügler.

***Informationen:***

- Kurzfaltblatt bei der Arbeitsgemeinschaft Wümme-Radweg c/o Touristikverband Landkreis Rotenburg, Am Markt 4, 27404 Zeven, Tel. 04281/950 666, e-mail: info@tourow.de, Internet: www.wuemme-radweg.de.

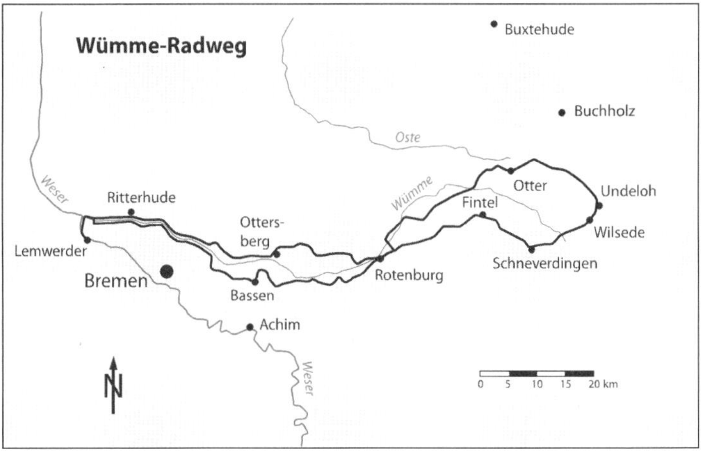


***Karten und Literatur:***

- Wümme-Radweg, Radwanderkarte 1:50.000, Spiralbindung, Bielefelder Verlagsanstalt.

***Verlauf:*** West - Ost -orientiert zwischen der Weser und der Lüneburger Heide. Auf der gesamten Strecke kann man zwischen einer Nord- und einer Südroute wählen, so dass man zur Rückfahrt nicht dieselbe Strecke wählen muss.
Nordroute: Wilseder Berg - Undeloh - Handeloh - Otter - Scheeßel - Rotenburg/Wümme - Sottrum - Ottersberg - Lilienthal - Ritterhude - Lemwerder.
Südroute: Wilseder Berg - Schneverdingen - Fintel - Rotenburg/Wümme - Ahausen - Bassen - Oyten - Lilienthal - Ritterhude - Lemwerder.

***Kommentar:*** Die Wümme ist ein Nebenfluss der Weser und entspringt in der Lüneburger Heide. Bundesweit noch weitgehend unbekannt, ist die Wümme bei Bremern sehr beliebt als Radausflug von der Hansestadt aus. Der neue Wümme-Radweg verlängert die Befahrungsmöglichkeit bis in die Lüneburger Heide, zum Wilseder Berg. Heide, Moor und Wasser prägen die unterschiedlichen Landschaften, die schon viele Künstler inspiriert haben. Man sollte sich daher Zeit für Museums- und Ausstellungsbesuche nehmen, so zum Beispiel in Worpswede, Fischerhude und Scheeßel. Zunächst steht aber die Heide im Vordergrund, mit dem Wilseder Berg, den Erinnerungen an Hermann Löns, aber auch idyllischen Orten wie Lauenbrück, wo die Fintau in die Wümme mündet. Im Spätsommer zur Heideblüte ist Schneverdingen ein beliebtes Ziel, um das Naturschauspiel der Heideblüte zu erleben. Kurz vor Erreichen Scheeßels, einem typischen Heideort, der auf eine 1200-jährige Geschichte zurückblickt, ist schon von weither der Kirchturm von St. Lukas zu erkennen. Das Scheeßeler Freilichtmuseum Meyerhöfen gehört mit zu den Attraktionen entlang des Wümme-Radweges. In Rotenburg an der Wümme lohnt unbedingt ein ausgiebiger Zwischenstopp, um beispielsweise das Heimathausgelände, die einladende Innenstadt sowie das Erlebnisbad Ronolulu zu besuchen. Durch die Wümme-Niederung wird nun der Radler auf der Nordroute nach Ottersberg geleitet. Bekanntester Ortsteil von Ottersberg ist heute das Künstlerdorf Fischerhude. Die einzigartige Landschaft am Rande des Teufelmoores animieren Künstler bis heute, sich hier niederzulassen.
Ab Bremen-Oberneuland und westlich von Fischerhude bis zur Mündung geben die Wümmedeiche den Weg vor. Dieses typisch "norddeutsche Erlebnis" gewährt wunderbare Blicke in das weite Land. Richtung Westen wird der Horizont durch die Silhouette der Freien Hansestadt Bremen mit ihren markanten Bauwerken gezeichnet. In Bremen-Vegesack schließlich mündet die Wümme in die Weser und der Wümme-Radweg erreicht das "maritime Tor zur Welt".

# Zschopautal-Radweg
### (Oberwiesenthal - Technitz)

***Wegweisung:*** Der Radweg ist mit einem stilisierten grünen Burgensymbol beschildert.

***Länge:*** 139 km

***Charakteristik:*** Aufgrund starker Anstiege (bis 20 %, vor allem im südlichen Abschnitt im Erzgebirge) und noch nicht ausgebauter Teilstücke stellt die Tour höhere Ansprüche an Kondition und Sportlichkeit. Tendenziell führt der Radweg vom Erzgebirgskamm hinab nach Mittelsachsen. Allerdings verläuft der Weg immer wieder bergauf und bergab, und die Routenführung erscheint deutlich verbesserungswürdig. Für Familien und mitradelnde Kinder ist die Route nur bedingt geeignet, da stellenweise noch Hauptverkehrsstraßen befahren werden müssen. Witterungsbedingt ist er im Winter nicht vollständig befahrbar.

***Informationen:***

- Tourismusverband "Erzgebirge" e.V., Postfach 100331, 09443 Annaberg-Buchholz, Tel.: 03733/18800-14, Fax: 03733/18800-20, e-mail: fvverzgebirge@t-online.de, Internet: www.tourismus-erzgebirge.de und www.mittleres-erzgebirge.de (Teilstück).
- Tourismusverband "Sächsisches Burgen- und Heideland" e.V., Niedermarkt 1, 04736 Waldheim, Tel.: 034327/966-0, Fax: 034327/966-19, e-mail: info@saechsisches-burgenland.de, Internet: www.saechsisches-burgenland.de.

***Karten und Literatur:***

- Zschopautal-Radwanderweg, Faltblatt mit Übersichtskarte 1:100.000, kurzer Wegbeschreibung und Pauschalangebot, Bezug bei den Tourismusverbänden.
- ADFC-Radtourenkarte 1:150.000, Blatt 13, Bielefelder Verlagsanstalt.

***Verlauf:*** Oberwiesenthal - Crottendorf ("Räucherkerzen-Ort") - Schlettau (Schloss) - Tannenberg (Abstecher zur St. Annenkirche in Annaberg-Buchholz) - Wolkenstein (Burg) - Burg Scharfenstein (Stülpner Haus) - Zschopau (Schloss Wildeck) - Augustusburg (Burg) - Flöha - Frankenberg (Schloss Lichtenwalde mit Barockgarten) - Mittweida - Kriebethal (Burg Kriebstein) - Waldheim - Technitz.

**Kommentar:** Der Zschopautal-Radweg zählt zu den Hauptrouten Sachsens, ist aber derzeit nur fürsportliche Radler geeignet. Die burgenreiche Route führt vom Erzgebirge durch das Zschopautal nach Mittelsachsen hinein.

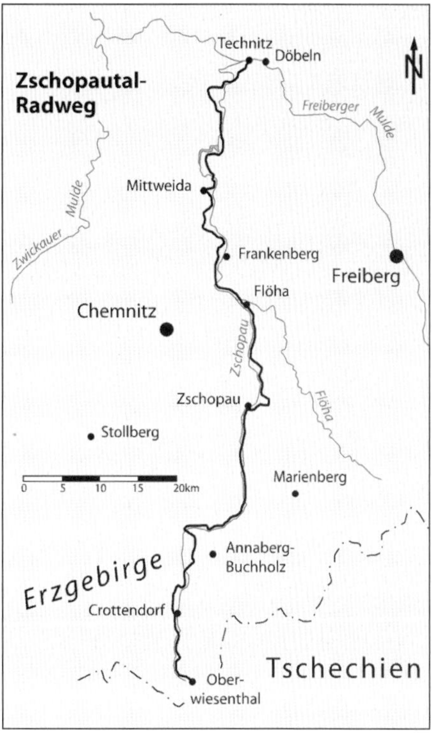


Auf dem 1214 m hohen Fichtelberg, dem höchsten Berg Sachsens, startet der Weg und begleitet die Zschopau bis zu ihrer Mündung in die Mulde. Schroffe Felsen und malerische Täler sind typisch für das Zschopautal. Geschichtsträchtige Burgen und Schlösser säumen den Weg, Museen belegen die bewegte Vergangenheit. Die Zeugen des Bergbaus sind allgegenwärtig. Vielerorts kann die traditionelle Handwerkskunst des Erzgebirges bewundert werden - von Räuchermännlein bis zum Nussknacker.

Bevor Sie allerdings versuchen, mit der Bahn nach Oberwiesenthal zu reisen, sollten Sie sich lieber gleich aufs Rad schwingen, auch wenn die Route "abfahrtstechnisch" am Fichtelberg begonnen werden sollte. Die Bahn bringt Sie im Nahverkehr in 4:30 h von Döbeln nach Oberwiesenthal mit 4-mal umsteigen und Schienenersatzverkehr, bei dem die Fahrradmitnahme nicht sichergestellt ist. Streckenweise kann die Bahn zum Überbrücken steilerer Abschnitte aber gut genutzt werden. Döbeln ist im Regionalverkehr von Leipzig und Dresden aus im Zweistundentakt erreichbar. Chemnitz ist auf der Strecke Zwickau - Dresden angebunden.

Die Tourismusverbände halten Pauschalangebote für's "Radeln ohne Gepäck" bereit, stellen hierfür aber keine Mieträder zur Verfügung. Die Möglichkeit, ein Fahrrad zu mieten, ist in einigen Orten gegeben. Auskünfte hierzu erteilen die Tourismusverbände.

## *Planungen*

Radfernwege sind ein relativ junges Phänomen. Zwar gab es schon in den zwanziger Jahren einen Elbradweg zwischen Dresden und Bad Schandau, doch die Wiederentdeckung unserer Radfernwege begann erst Ende der siebziger Jahre. Im Sommer 1979 beschloss die niedersächsische Regierung als erste, ein landesweites Radfernwegenetz einzurichten. Vorrangig aus beschäftigungspolitischen Aspekten begann die Förderung von Radwanderprojekten mit ABM-Kräften.

Obwohl seit der Energiekrise das Fahrrad als Alltagsverkehrsmittel wieder stark in das Interesse von Politik und Planung gerückt ist, setzte die bundesweite Diskussion um die Förderung des Fahrradtourismus erst in den neunziger Jahren ein. 1991 fand erstmals eine bundesweite Fachtagung zum Thema Fahrradtourismus statt. Verstärkt wurde die Nachfrage nach Radfernwegen insbesondere durch die neuen Bundesländer, denn die DDR-Regierung hatte die Förderung des Fahrradtourismus vollkommen vernachlässigt.

Trotz der großen Nachfrage ist es verwunderlich, dass es noch immer keine bundesweite Institution gibt, die sich um die Koordinierung von Radfernwegen kümmert - obwohl der ADFC dies schon seit Anfang der achtziger Jahre fordert. Zwar befürworten alle Parteien im Deutschen Bundestag die Schaffung eines bundesweiten Radfernwegenetzes, doch im Zeitalter der leeren Kassen wurde der finanzielle schwarze Peter an die Länder weitergegeben, da Tourismus Ländersache sei. Trotzdem ergeben sich hier im Rahmen aktueller Entwicklungen neue Chancen.

Im folgenden eine Übersicht über den Stand der Dinge in den einzelnen Bundesländern (alphabetisch geordnet) und ihre Vorhaben.

***Baden-Württemberg*** verfügte als eines der ersten Bundesländer über ein System vernetzter Radfernwege, deren Qualität (Wegweisung, Führung) allerdings recht unterschiedlich war.
Nach Umfragen im ADFC ist das Bundesland nach Mecklenburg-Vorpommern und Bayern inzwischen das drittbeliebteste Radwanderziel. Im "Ländle" nutzte rund jeder fünfte Gast in den letzten fünf Jahren in seinem Urlaub das Rad.

3.300 Gesamtkilometer gehören zum Konzept des Landes, das eine einheitliche Wegweisung vorsieht. Von insgesamt 17 beschilderten touristisch interessanten Radfernwegen wurden 16 vom Tourismus-Verband und ADFC im Auftrag des Wirtschaftsministeriums konzipiert. Als jüngster Spross ist der Kocher-Jagst-Radweg hinzugekommen. Inzwischen richtete der Tourismusverband ein Qualitätsmanagement ein und lässt alle Routen durch den ADFC abfahren.

Eine Gesamtdarstellung aller 17 Routen in der Übersicht befindet sich in der Broschüre "Baden-Württemberg per Rad entdecken", die kostenlos bei der Tourismus-Service GmbH bestellt werden kann. Ein gutgemachtes Infoheft kann einzeln oder komplett im Set bei der Tourismus-Service GmbH bestellt werden.

Auch im Internet werden die Routen präsentiert. Die Nahverkehrsgesellschaft Baden-Württemberg (NVBW) stellt dabei die optimale Verbindung von Bahn & Bike unter der Adresse www.railandrelax.de/rw/index.html dar. Alle landesweiten Routen werden beschrieben und charakterisiert.
Informationen:

- Tourismus-Service GmbH, Yorckstr. 23, 79110 Freiburg, Tel.: 0761/89797979, Fax: 0761/89797989, e-mail: info@tourismus-baden-wuerttemberg.de, Internet: www.tourismus-baden-wuerttemberg.de.
- ADFC Landesverband Baden-Württemberg, Augustenstr. 99, 70197 Stuttgart, Tel.: 0711/628989, Fax: 0711/6157737, e-mail: adfc-lv-bw@t-online.de.

Bayern ist nicht nur im allgemeinen das Urlaubsziel Nr. 1, sondern auch für die Radler. 2001 nannten bei einer ADFC-Umfrage 23,4 % der Befragten Radrouten in Bayern als geplantes Urlaubsziel in Deutschland. Insbesondere die Regionen Franken und Allgäu sowie die Routen an Altmühl, Donau und Romantischer Strasse gehören zu den Klassikern bei den Radzielen.

Trotzdem gab es lange Zeit keine landesweite Vermarktung und Koordinierung, sowie eine Gesamtplanung und Vernetzung der vielen regionalen Produkte in Bayern. Am 1. August 1997 stellten gleich zwei Minister das "Bayernnetz für Radler" vor. Ein Konzept, das die mehr als 100 regionalen Radrouten sinnvoll miteinander vernetzt. Die zugrundeliegende Auswahl trafen die sieben Regierungsbezirke, allerdings durchaus nach offensichtlich unterschiedlichen Kriterien (Verkehrsicherheit, Familienfreundlichkeit). Dazu gehörten Wegweisung und Ausbaustandards (noch) nicht. Eine notwendige Diskussion darüber stellte sich aber schnell ein.
Mit 7.300 Kilometern hat das 'Bayernnetz für Radler' sich in den vergangenen Jahren fortentwickelt und nach Aussagen der Obersten Baubehörde 90 % seines angestrebten Ausbauzustandes erreicht.

Nicht alle Routen des Bayernnetzes für Radler sind einzeln in diesem Buch aufgeführt, denn sie entsprechen nicht den Definitionen des ADFC als Radfernweg. Trotzdem haben viele Routen und das Gesamtnetz eine hohe Bedeutung. So bewegte die Nichtaufnahme des Fünf-Flüsse-Radweges in die erste Auflage des "Bayernnetz für Radler" die Verantwortlichen vor Ort zu zahlreichen Verbesserungen. Im April 2001 konstituierte sich auf Anregung der Bayern Tourismus Marketing GmbH ein Expertenteam, um die unterschiedlichen Kompetenzen an einen Tisch zu bringen. Dabei kam der laufend notwendigen Verbesserung der Infrastruktur eine hohe Bedeutung zu.

Der Tourenplaner "Radeln in Bayern - 95 Radfernwege" ist 2001 vom Galli-Verlag in Zusammenarbeit mit dem Umwelt- und Innenministerium aufgelegt worden und im Buchhandel erhältlich.

Das Bayernnetz für Radler ist zusammen mit dem hessischen Radfernwegenetz die wohl beste Darstellung und Präsentation von Radrouten im Internet. Dort kann auch die empfehlenswerte Printversion (Stand 2000) der Übersichtskarte 1:625.000 "Bayernetz für Radler" bestellt werden. Internet: www.bayerninfo.de/radler/h_radler.htm.

Allgemeine Informationen zum Urlaubsland Bayern gibt es bei der
- Bayern Tourismus Marketing GmbH, Leopoldstr. 146, 80804 München, Tel.: 089/212397-20, Fax: 089/293582, e-mail: tourismus@bayern.btl.de.

***Brandenburg*** kommt langsam, aber gewaltig.
1993 erstellte das Wirtschaftsministerium ein "Radfernwanderwegekonzept für den Fremdenverkehr im Land Brandenburg", das aus den flussbegleitenden Radfernwegen Oder-Neiße, Spree und Havel, dem Europaradwanderweg R 1 und einer "Tour Brandenburg" als Rundtour durch das Land bestand. Parallel und in den Folgejahren erarbeiteten die meisten kreisfreien Städte und Landkreise Radwanderkonzeptionen auf ihrer Ebene, in die die Radfernwege der Landeskonzeption in der Regel integriert wurden.

Inzwischen haben einige Landkreise die notwendigen Mittel bereits eingeplant und die Förderzusage bekommen. Aus den Erfahrungen der Nachbarländer hat man gelernt, und somit werden viele Abschnitte der brandenburgischen Radfernwege in asphaltierter Bauweise angelegt, teilweise bis zu 3,00 m breit. Hinzu kommt eine einheitliche Wegweisung nach ADFC-Empfehlungen. Auch mit dem Naturschutz wurden beispielhafte Lösungen gefunden. Allerdings wird es noch zwei, drei Jahre dauern, bis die meisten Arbeiten abgeschlossen sind. Bis dahin liefert die attraktiv aufgemachte Broschüre "Radwandern in Brandenburg" sehr gute Ideen, aber einige Trassen und Wegweisungen sind eben noch nicht so weit, wie man es sich eigentlich wünschte. Sorgenkind bleibt zum Beispiel der Abschnitt des R 1 südlich von Potsdam.

Inzwischen wurden der Oder-Neiße- und der Spreeradweg weitgehend fertiggestellt. Vom Havel-Radweg wird zunächst der Abschnitt zwischen Berlin und der Grenze zu Mecklenburg-Vorpommern realisiert, der seinerseits Teil des Radfernweges " Berlin-Kopenhagen " ist. Längerfristig soll jedoch der Havel-Radweg auch zwischen Berlin und der Einmündung in die Elbe und damit bis zum Ende realisiert werden. Die brandenburgischen Teile des Elberadweges sind inzwischen auch fertiggestellt. Der geplante Radfernweg Berlin-Usedom soll den Großstädtern wieder ihre geliebte Badewanne per Rad erschließen.

Die Realisierung der "Tour Brandenburg" steht derzeit in den Sternen.

Informationen:

- Ministerium für Wirtschaft, Referat für Tourismus, Heinrich-Mann-Allee 107,14473 Potsdam, Tel.: 0331/8661777, Fax: 0331/8661533, e-mail: mw@brandenburg.de, Internet: www.brandenburg.de.
- Tourismus Marketing Brandenburg (TMB), Am neuen Markt 1, 14467 Potsdam, Tel.: 0331/2004747, Fax: 0331/2987328, e-mail: hotline@tmb-brandenburg.de, Internet: www.reiseland-brandenburg.de.

***Bremen*** ist Ausgangs- und Knotenpunkt mehrerer Radfernwege und hat - im Gegensatz zur Hanseschwester Hamburg - in den letzten Jahren einiges für die Beschilderung der Radfernwege getan, die durch Bremer Gebiet verlaufen. Die Ausschilderung erfolgte zunächst mit aufwändigen Aluminiumschildern, mit schwarzer Schrift auf weißem Grund; inzwischen wird die ADFC-Wegweisung angewendet (grüne Schrift auf weißem Grund), mit Einschublogos.
Ausgeschildert sind die Radfernwege Hamburg-Bremen, Bremen-Osnabrück ("Brückenradweg"), Weser-Radweg, Wümme-Radweg, BahnRadRoute Weser-Lippe und die Nordseeküstenroute.
Geplante bzw. in Realisierung befindliche touristische Radrouten:
Radroute "Weites Land" (ca. 140 km) Dieser Rundkurs, der durch die vielfältigen und kulturell interessanten Landschaften im Osten und Norden Bremens führt, soll zur Saison 2002 eröffnet werden.
Informationen:

- Worpsweder Touristik GmbH, Bergstraße 13, 27726 Worpswede, Tel.: 04792/950121/22, e-mail: info@worpswede.de.

Regionales touristisches Radwegenetz "Grüner Ring".
An dem Projekt sind die Stadt Bremen und 22 niedersächsische Städte und Gemeinden beteiligt. Das ca. 800 km lange touristische Radwegenetz soll im Frühjahr 2002 ausgeschildert werden. Zu diesem Zeitpunkt soll auch eine Freizeitkarte veröffentlicht werden.

Ansprechpartnerin für die geplanten Projekte in Bremen:

- Senator für Bau und Umwelt, Ref. 60, Dipl.-Ing. Julia Flügel, Hanseatenhof 5, Tel.: 0421/361-6516, e-mail: mailjfluegel@bau.bremen.de.

Vermarktung in Bremen:

- Bremer Touristikzentrale, Tel.: 0421/30800-28, Findorffstraße 105, 28215 Bremen, e-mail: btz@bremen-tourism.de, Internet: www bremen-tourism.de.

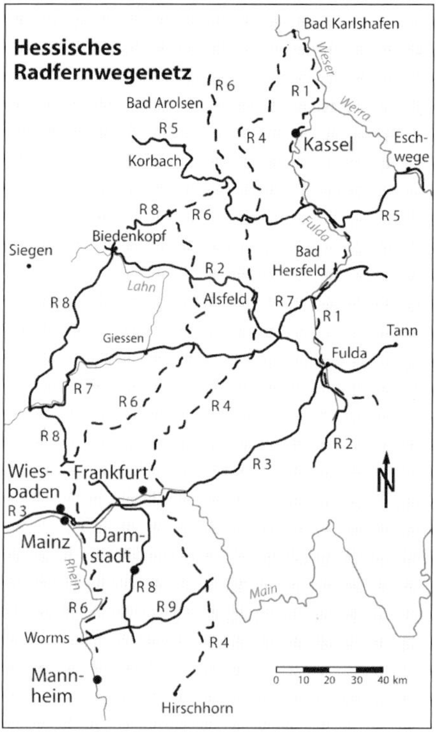


In ***Hessen*** besteht seit 1992 eine Konzeption von neun Radfernwegen, die das Land in allen Richtungen erschließen. Stück für Stück wurde dieses Netz in den vergangenen Jahren umgesetzt, eine beispielhafte Wegweisung installiert. Dazu kamen die bestehenden Routen an der Lahn und an der Werra. Auf insgesamt mehr als 2.700 km lässt sich so die abwechslungsreiche Landschaft Hessens "erfahren".
Beispielhaft auch die Anbindung der hessischen Radfernwege an die Routen in den Nachbarländern. Egal ob R4 im Süden an den Neckartal-Radweg oder R4 und R1 im Norden an den Weser-Radweg: In Hessen radeln eröffnet unzählige Verknüpfungen auch für Fernradler.

Der Hessen Touristik Service hat in Kooperation mit den regionalen Tourismusstellen zu dem Routennetz ein beispielhaftes Service- und Informationsangebot aufgebaut:

- Zu fast allen Routen gibt es spiralgebundene Radwanderkarten mit detailliertem Kartenmaterial 1:75.000, Beschreibung der Routen und Sehenswürdigkeiten, Übernachtungsverzeichnis und Tipps vom VUD-Verlag.
- Das hessische Landesvermessungsamt gibt ein flächendeckendes Kartenwerk mit 17 Blättern im Maßstab 1:50.00 mit allen Radfernwegen heraus.

- Eine Übersichtskarte "Radfernwege in Hessen" im Maßstab 1:500.000, herausgegeben durch das Ministerium für Wirtschaft, Verkehr und Landesentwicklung ist eine optimale Planungshilfe mit vielen wichtigen Adressen.
- Die 45seitige Broschüre "Radwandern in Hessen" informiert umfassend zum Radlerland Hessen, zu Radfernwegen und ergänzenden Routen, Pauschalangeboten und Moutainbikeangeboten.

Doch mit der Ausweisung ist das Projekt "Hessisches Radfernwegenetz" nicht beendet. Das Netz wird kontinuierlich weiter verbessert, eine sukzessive Kontrolle der Routen bis 2003 läuft. Die betroffenen Abteilungen im Ministerium tauschen sich regelmäßig in Arbeitskreisen zusammen mit den Interessensverbänden und Tourismusstellen zur Qualität der Radfernwege aus. Kongresse mit bundesweiter Resonanz diskutieren die Fortentwicklung des Routennetzes.
Informationen:

- Hessen Touristik Service e.V., Postfach 3165, 65021 Wiesbaden, Tel.: 0611/ 77880-0, Fax: 0611/77880-40, e-mail: info@hessen-tourismus.de, Internet: www.Hessen-Tourismus.de. und www.auf-reisen.de/radhessen

***Mecklenburg-Vorpommern***

Nachdem die ADFC-Koordinierungsstelle für Radfernwege in den neunziger Jahren dort modellhafte Arbeit geleistet hatte, die in der Schaffung eines Radfernwegenetzes von elf Radrouten mündete, ist die Realisierung noch immer nicht abgeschlossen. Die frühere Förderung nichtasphaltierter Wege hat sich nicht bewährt und auch von der Nutzung von Spurbahnen wird abgeraten; nunmehr werden asphaltierte Lösungen bevorzugt. Inzwischen hat der Landestourismusverband eine Mitarbeiterin eingestellt, die sich hauptsächlich mit Fahrradtourismus befasst und in nächster Zeit das Radfernwegenetz abradeln, dokumentieren und Verbesserungsvorschläge machen wird.

Durch den Tourismusverband sind weitere Routen hinzugekommen, z. B. der Seenradweg und der Radfernweg Berlin-Kopenhagen, die beide durch sehr gut gestaltete Begleithefte beworben werden.
Informationen:

- Wirtschaftsministerium Mecklenburg-Vorpommern, Referat 660, Johannes-Stelling-Str. 14, 19053 Schwerin.
- Tourismusverband Mecklenburg-Vorpommern, Platz der Freundschaft 1,18050 Rostock, Tel.: 0381/4030-500, Fax: 0381/4030-555, e-mail: info@tmv.de, Internet: www.tmv.de.

***Niedersachsen***


Wirtschaftsministerium und Tourismus GmbH Niedersachsen wollen in den nächsten Jahren ein niedersächsisches Radfernwegenetz umsetzen.

Insgesamt sind dafür 15 Routen vorgesehen, die sämtliche Regionen erschließen und die großen Städte miteinander verbinden sollen.

Das Land der ersten Radfernwege (bereits 1979 hieß es: "Die Regierung Albrecht bittet aufs Rad") hat sich vorgenommen, die teilweise stark vernachlässigten Radfernwege der ersten Generation zu überprüfen, zu vernetzen und teilweise auch durch attraktivere Routenführungen zu ersetzen. Kein einfaches Unterfangen, da die einzelnen Regionen Niedersachsens bereits sehr aktiv waren und teilweise sehr hochwertige Produkte realisiert haben. Endlich soll es auch eine zentrale Vermarktung über die Freizeit und Tourismus GmbH Niedersachsen geben.

Der ADFC ist in die Planungen einbezogen. In einem Pilotprojekt hat ein Planungsbüro bereits mit der Realisierung des Harz-Heide-Weges begonnen.

Im folgenden wird das neue Netz im Überblick vorgestellt.

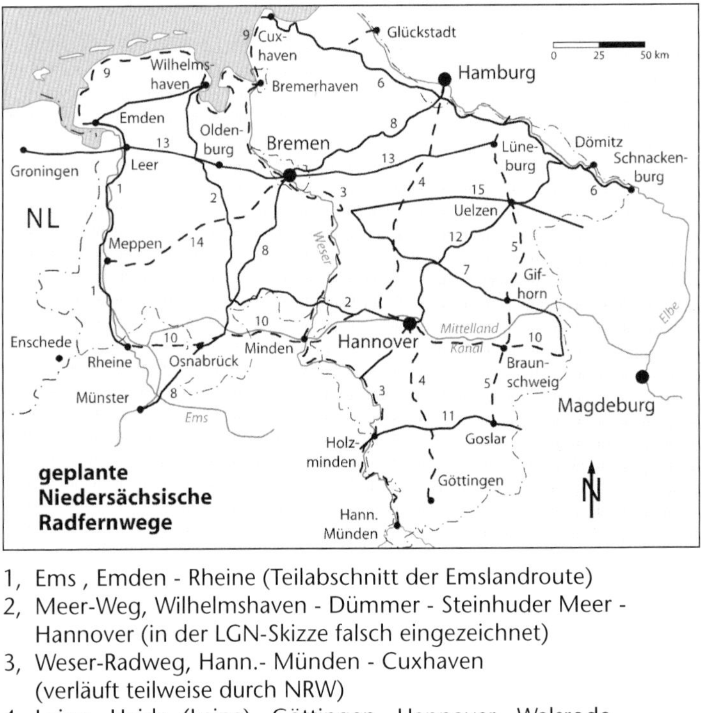


1, Ems , Emden - Rheine (Teilabschnitt der Emslandroute)
2, Meer-Weg, Wilhelmshaven - Dümmer - Steinhuder Meer - Hannover (in der LGN-Skizze falsch eingezeichnet)
3, Weser-Radweg, Hann.- Münden - Cuxhaven (verläuft teilweise durch NRW)
4, Leine - Heide, (Leine) - Göttingen - Hannover - Walsrode - Wilseder Berg - Hamburg (neue Trasse ab Schwarmstedt?)

5, Harz - Heide, Goslar - Braunschweig - Gifhorn - Uelzen— Lüneburg - Lauenburg
(teilweise Verlauf auf dem alten RFW Braunschweig - Lüneburg)
6, Unterelbe, (Dömitz) - Hitzacker - Hamburg - Cuxhaven
(ersetzt RFW HH-CUX und HH-Schnackenburg)
7, Aller, Helmstedt - Wolfsburg - Gifhorn - Celle - Verden,
(ersetzt RFW Celle - Gifhorn)
8, Hanseroute, Hamburg - Bremen - Osnabrück - (Münster) - ?
Verläuft auf RFW Hamburg - Bremen
(Brückenradweg HB-OS, nur auf einem Zweig?)
9, Nordseeküstenroute, (Glückstadt) - Cuxhaven - Wilhemshaven - Emden - (NL)
(verläuft auf HH-CUX, Weserradweg, Störtebeckerweg)
10, (Mittellandkanal), (Rheine) - Osnabrück - Hannover - Braunschweig - Helmstedt (siehe Bemerkungen unten)
11, R 1, Holzminden - Bad Gandersheim - Goslar - (Wernigerode),
(teilweise auch Harzrundweg)
12, Weser - Elbe, Hameln - Hannover - Celle - Uelzen- Hitzacker,
(teilweise parallel zum früheren RFW Hannover - Lüneburg)
13, ??, Groningen - Oldenburg - Bremen - Wilseder Berg - Lüneburg,
(aus geplantem RFW HB-OL-GRO, dann Wümme-Radweg mit Verlängerung nach Lüneburg)
14, Geestweg, Meppen - Bremen (teilweise auch Hase-Ems-Tour)
15, Heide - Wendland - Route, Verden - Soltau - Munster - Uelzen - Salzwedel

Informationen:

- Niedersächsisches Ministerium für Wirtschaft, Technologie und Verkehr, Friedrichswall 1, 30519 Hannover, Tel.: 0511/120-5722, e-mail: thilo.schmalgemeyer@mw.niedersachsen.de.
- Freizeit und Tourismus Niedersachsen GmbH, Anschrift stand bei Drucklegung noch nicht fest, erreichbar über das Niedersächsische Ministerium für Wirtschaft, Technologie und Verkehr (s.o.).

***Nordrhein-Westfalen*** nimmt Abschied vom seinem R-Wege-Netz und realisiert das "Landesradverkehrsnetz NRW". Im Gegensatz zum grundsätzlich touristisch orientierten R-Wegenetz, das Anfang der 80er Jahre geplant und umgesetzt wurde, hat das Landesradverkehrsnetz seinen Ursprung im Alltags- und Freizeitverkehr. Alle Städte und Gemeinden des Landes sollen in das Netz eingebunden werden, wobei die Zentren durch qualitativ hochwertige Achsen, die auch touristisch nutzbar sind, miteinander verknüpft werden. In den kommenden Jahren sollen 12.400 km Radrouten ausgeschildert werden. Die Wegweisung richtet sich nach bundesweiten Empfehlungen und wird - und das ist bundesweit modellhaft - in Nordrhein-Westfalen mit dem Rang der Straßenverkehrsordnung durchgesetzt und zu 100 % vom Land gefördert. Leider hat sich Nordrhein-Westfalen für die Wegweisungsfarbe rot auf weiß entschieden, während alle anderen Bundesländer grün auf weiß gewählt haben. Die Wegweisung ist sehr hochwertig (Alu-Hohlkastenprofile mit Einschub-Modulen) und wurde im Münsterland bereits realisiert. Dort entstand mit dem "Radelpark Münsterland" ein vorbildliches System mit vielen pfiffigen Ideen, wobei das Qualitätsmanagement durch den Tourismusverband Münsterland-Touristik-Zentrale übernommen wurde (s. a. das Kapitel zur 100 Schlösser Route).

Das komplette Radverkehrsnetz NRW wird digital und georeferenziert geplant. Ein digitaler Radroutenplaner im Internet oder auf CD-ROM ist bereits angedacht.

Gemeinsam mit dem Tourismusverband Nordrhein-Westfalen und dem ADFC Nordrhein-Westfalen ist ein neues NRW-Gütesiegel für Qualitätsrouten ins Leben gerufen worden. Die ersten Radfernwege, die sich "NRW- Qualitätsrouten" nennen dürfen, sind 100 Schlösser Route, Niederrhein-Route und BahnRadRoute Teuto-Senne.

Die vorhandenen Radfernwege sollen beibehalten und möglichst in das Radverkehrsnetz integriert werden. Allerdings haben sich auch in den letzten Jahren gerade in Nordrhein-Westfalen neue Routen gebildet (Wasserburgen-Route, Route der Industriekultur etc.), die mit Sicherheit nicht vollständig durch das neue Radverkehrsnetz abgedeckt und somit auch nicht komplett mit der neuen Beschilderung ausgewiesen werden. Die nordrhein-westfälischen Radfernwege finden sich auf einer vom ADFC Nordrhein-Westfalen herausgegebenen Karte: ADFC-Landesverband Nordrhein-Westfalen, Birkenstraße 58, 40233 Düsseldorf, e-mail: info@adfc-nrw.de, Internet: www.adfc.de.

Eine Herausforderung für NRW wird es sicherlich sein, einer regionalen Überfrachtung mit Radfernwegen und regionalen Routen entgegenzuwirken und evtl. für eine gewisse Bereinigung zu sorgen. Am Niederrhein z. B. trifft der Radfahrer auf eine Zahl von Radrouten, die kaum noch in Karten bzw. mit Wegweisern dargestellt sind.
Informationen:

- Ministerium für Wirtschaft und Mittelstand, Energie und Verkehr des Landes Nordrhein-Westfalen, Haroldstr. 4, 40213 Düsseldorf, Tel.: 0211/837-4576, e-mail: peter.london@mwmev.nrw.de, Internet: www.fahrradfreundlich.nrw.de und www.verkehrsinfo.nrw.de.

***Rheinland-Pfalz***

Ein "Großräumiges Radwegenetz" wurde für das Land Rheinland-Pfalz bereits erstmals 1979 durch die Staatskanzlei erstellt.

Das überwiegend raumordnerisch wirkende Konzept wurde 1982, 1987 und 1994 fortgeschrieben. Immer stärker trat dabei der fahrradtouristische Anspruch nach vorne und aufgrund der Nachfrage veröffentlichte das Wirtschaftsministerium 1994 eine Übersichtskarte 1:250.000, die alle überregionalen Routen darstellte. 1995 erschien unter Mitwirkung des ADFC Landesverbandes die Broschüre "Radwanderland Rheinland-Pfalz". Eine besondere Maßnahme war bereits Mitte der 90er Jahre ein Sonderprogramm zur Umnutzung von stillgelegten Bahntrassen als attraktive Radrouten, wie Maare-Mosel, die Route Münstermaifeld - Ochtendung oder Emmelshausen-Pfalzfeld.

1999 bekam die Diskussion eine neue Dimension, als im Rahmen der Überarbeitung des Landesverkehrsprogramms auch erstmals eine Priorisierung der Radrouten zur Debatte stand. Es kristallisierte sich ein Radfernwegenetz von sieben "Achsen" heraus, das insbesondere von den Flussradwegen gebildet wird. 2001 erschien die Broschüre "Sattelfest durch Rheinland-Pfalz" mit Informationen über den Verlauf der festgelegten sieben Radfernwege entlang von Rhein, Mosel, Lahn, Ahr, Saar, Nahe und Kyll, sowie radtouristische Angebote und Hinweise auf die Erreichbarkeit mit öffentlichen Verkehrsmitteln.

Zugleich wurde ein millionenschweres Maßnahmenpaket zur Beseitigung der noch verbliebenen Lücken im Netz der sieben Radfernwege beschlossen. Allein für die Mosel sind durchgehende Radwege beidseitig des Flusses mit einer Gesamtlänge von rund 450 Kilometern und einem Investitionsvolumen von 80 Mio. Mark vorgesehen.

Wirtschafts- und Verkehrsminister Arthur Bauckhage wurde mit dem Ausspruch "Das Markenzeichen Radwanderland Rheinland-Pfalz ist unser festes Ziel" zitiert. Aufgabe der Rheinland-Pfalz Tourismus GmbH ist es, überregionale und thematische Angebote zu entwickeln und zu vermarkten, zu denen laut dem Minister auch der Fahrradtourismus gehört.

Die Broschüren "Sattelfest in Rheinland-Pfalz" und das Faltblatt "Rad-Erlebnistage sind zu erhalten bei:

- Rheinland-Pfalz Tourismus GmbH, Löhrstraße 103-105, 56068 Koblenz, Tel.: 0261/915200, e-mail: info@rlp-info.de. Internet: www.rlp-info.de.
- Pressereferat des Ministeriums für Wirtschaft, Verkehr, Landwirtschaft und Weinbau, Stiftsstraße 9, 55116 Mainz, Tel.: 06131/16-4456, Fax: 06131/16-5235, e-mail: infomaterial@mwvlw.rlp.de, Internet: www.mwvlw.rlp.de/Inhalt/Service/Infomaterial.asp



Im ***Saarland*** gab es, auch aufgrund der Landesgröße lange Zeit kein Radfernwegenetz, wohl aber Radwanderwege auf Ebene der Kreise.

Darüber hinaus existierten vom Umweltministerium Mitte der 80er Jahre eingerichtete Rundtouren, die nicht zusammenhingen, aber im Prinzip einheitlich beschildert werden sollten (grünes Fahrrad auf weißem Grund), nach R-Nummern (R 1-12). Und natürlich gab es mit dem Radweg entlang der Saar immer eine landesübergreifende, ja internationale Route.
1997/98 vergab das Ministerium für Umwelt, Energie und Verkehr an den ADFC Landesverband den Auftrag zur Erstellung eines landesweiten Routenkonzeptes.
Danach soll ein 750 Kilometer umfassendes Netz entwickelt und gebaut werden, für das insgesamt 7 Mio. DM investiert werden. Das in der Umsetzung befindliche SaarTourNetz setzt sich zusammen aus einem Rundweg um das gesamte Bundesland, dem 350 km langen Saarland-Radweg, der 2001 fertigestellt werden wird und elf Transversalen, die diese Hauptroute sinnvoll verknüpfen. Hierzu gehören auch bestehende Routen wie z.B. die Saar-Route, die Saar-Hunsrück-Route oder der Prims- und der Niedtalradweg. Für alle Routen ist ein Kriterienkatalog mit hohen Qualitätsansprüchen beschlossen worden. Ebenfalls im Konzept verankert ist die "grenzüberschreitende" Anbindung der Routen des Landesnetzes und die Ergänzung durch regionale Routen und Lückenschlüsse.
Noch etwas Positives: 2001 werden nach langen Jahren die Arbeiten am Saarkanal abgeschlossen, womit der Saarradweg, auch Leinpfad genannt, endlich wieder durchgängig befahren werden kann.

- Tourismus Zentrale Saarland, Franz-Josef-Röder-Strasse 9, 66111 Saarbrücken, Tel.: 0681/92720-0, Fax: 0681/92720-40, e-mail: info@tz-s.de, Inertent: www.tourismus.saarland.de.
- ADFC Saarland, Auf der Werth 9, 66115 Saarbrücken, Tel.: 0681/45098, Fax: 0681/46769, e-mail: info@adfc.saar-online.de.

### *Sachsen*

Sachsens Radfernwegenetz befindet sich immer noch im Entstehungszustand. Während einige Routen gut bis sehr gut ausgebaut und beschildert sind, kommen andere nur langsam voran. Zwar existiert eine landesweite Planung eines sächsischen Radfernwegenetzes, in dem touristische Hauptrouten 1. und 2. Priorität unterschieden werden, doch ist die Umsetzung entscheidend von den beteiligten Tourismusverbänden abhängig. Besondere Initiative zeigten der Tourismusverband Sächsisches Burgen- und Heideland und der Tourismusverband der Oberlausitz (siehe auch www.radwandern-oberlausitz.de). Auch an der Elbe wurden große Anstrengungen unternommen.

Wir haben uns entschlossen, den Radfernweg "Bayreuth-Zittau" nicht in die Liste empfehlenswerter Routen aufzunehmen. Er entstand aus dem ersten deutsch-deutschen Radfernweg "Bayreuth-Hof-Chemnitz" mit einer Verlängerung bis nach Zittau. Leider gibt es weder ein zentrales Management noch eine Karte dieser Route. Die Ausschilderung ist uneinheitlich bis nicht vorhanden, die Trassenführung deutlich verbesserungswürdig. Das Erzgebirge ist wesentlich fahrradfreundlicher, als es diese Route vermuten lässt, so die Einschätzung des regionalen ADFC.

Die Sächsische Städteroute soll einmal von Görlitz über Bautzen - Radebeul/Dresden - Meißen - Freiberg - Chemnitz - Glauchau und weiter nach Thüringen führen, ist aber bislang nur im Gebiet des Tourismusverbandes Oberlausitz ausgeschildert.

Dafür gibt es andere interessante Initiativen (z. B. in Leipzig und Umgebung): Ausbau des Pleißental- und des Elstertal-Radweges (der insbesondere durch Einbeziehung Tschechiens interessant wird, im Oberlauf aber noch seiner Umsetzung harrt) durch den Kreis Leipziger Land mit Anschluss am Karl-Heine-Kanal und am Leipziger Hafen entlang, Fortsetzung am nie fertiggestellten Elster-Saale-Kanal entlang zur Saale bei Merseburg (Sachsen-Anhalt). Durch die Sanierung der Tagebau-Folgelandschaften und der Chemie-Altlasten entstehen mit Fördermitteln riesige neue Erholungslandschaften, in denen der touristische Radverkehr eine immer größere Rolle spielen wird.

Bei Redaktionsschluss befand sich der Fahrradproduktbereich der Tourismus Marketing Gesellschaft Sachsen noch im Aufbau. Als landesweite Information über Radfernwege steht derzeit nur ein Faltblatt "Sachsen erfahren" zur Verfügung, mit kurzer Beschreibung einiger Radfernwege, Regionen sowie einiger Routentipps.
Informationen:

- Tourismus Marketing Gesellschaft Sachsen mbH, Bautzener Str. 45/47, 01099 Dresden, Tel.: 0351/4917023, Fax: 0351/4969306, e-mail: info@sachsen-tour.de, Internet: www.sachsen-tour.de.

***Schleswig-Holstein*** liegt zwar in der Gunst der Radler nach wie vor vorn (über 30 % der Urlauber fahren Rad), das Angebot an Radfernwegen lässt aber viele Wünsche offen. Ostseeküstenradweg, Alte Salzstraße und Ochsenweg erfreuen sich großer Beliebtheit, und auch die neue Nordseeküstenroute wird mit viel Aufmerksamkeit verfolgt. Bei Redaktionsschluss fehlten allerdings noch etliche Schilder. Auch der Nord-Ostsee-Kanal-Radweg harrt noch seiner Optimierung. Dabei führen gleich drei europäische Radrouten durch das schmale Land (Nordsee-, Ostsee- und die Pilger-Route auf dem Ochsenweg), die sicherlich weiteren Zuwachs an Radtouristen bringen. Auf Landesebene

bestehen eine Reihe von Fördermöglichkeiten zum Ausbau von Radfernwegen, wenngleich eine zentrale Koordination fehlt. Die Wegweisung soll optimiert und die Deiche sollen besser in das Radroutensystem integriert werden.
Informationen:

- Ministerium für Tourismus des Landes Schleswig-Holstein, Düsternbrooker Weg 94, 24100 Kiel, Tel.: 0431/988-5159, Fax: 0431/988-4700.
- Tourismus-Agentur Schleswig-Holstein GmbH, Walkerdamm 17, 24103 Kiel, Tel.: 0180/560060-4, Fax: 0251/899101-0, Internet: www.sht.de.

***Thüringen***

Das Thüringer Radfernwegenetz, geplant und betreut vom Thüringer Fahrradbeauftragten Dr. Dreßler, soll einmal 11 Routen umfassen. In den vergangenen Jahren sind insgesamt 170 km straßenbegleitender Radwege gebaut worden. Für die touristischen Radwege existiert ein spezielles Förderprogramm, freilich mit beschränkten Mitteln. Auch gibt es eine eigene thüringische Empfehlung zur Fahrradwegweisung, die sich an die ADFC-Empfehlungen anlehnt. Der Ausbauzustand der Radfernwege ist beachtlich vorangeschritten. Da wir einigen Routen (Werra, Rennsteig, Leine, Harz, Euregio Egrensis, Saale) eigene Kapitel gewidmet haben, hier nur die Bemerkungen zu den weiteren Routen. Sorgenkind ist vor allem die Thüringische Städtekette, die von Eisenach über Gotha - Erfurt - Weimar - Jena - Gera bis nach Altenburg verlaufen soll, aber noch einige Lücken aufweist. Am Unstrut-Radweg wird derzeit viel gebaut, die Wegweisung ist in Vorbereitung. Der Gera-Radweg bereitet besonders in Erfurt Probleme durch zu überwindende Treppen. Der Ilmtalradweg, der südlich von Ilmenau beginnt und bis zur Saale führt, hat durch Missbrauch einigen Schaden erfahren. Der Elsterradweg soll noch in 2001 zur durchgehenden Verbindung werden. Der Unstrut-Werra-Weg als Verbindung zwischen beiden Flüssen ist bereits fertiggestellt. Zudem denkt man über eine Rhön-Route nach, die Bayern und Hessen noch enger mit Thüringen verbindet.

Beispielhaft ist die kostenlose Fahrradmitnahme mit dem DB-Regionalverkehr, die auch in den nächsten Jahren fortgesetzt werden soll.

Informationen:

- Thüringer Ministerium für Wirtschaft und Infrastruktur, Abteilung Verkehr, Dr. Joachim Dreßler, Postfach 242, 99005 Erfurt.
- Thüringer Tourismus GmbH, Weimarische Str. 45, 99099 Erfurt, Tel.: 0361/37420, Fax: 0361/3742-388, e-mail: service.ttg@t-online.de, Internet: www.thüringen-tourismus.de.

### *D-Netz - Ein Radfernwegesystem für Deutschland*

Fahrradtourismus ist seit Jahren auf Wachstumskurs und leistet einen steigenden Beitrag für einen nachhaltigen Deutschlandtourismus. Bundesweit hat sich das Radfahren nach Wandern und Schwimmen zur drittbeliebtesten Urlaubsaktivität entwickelt. Insgesamt haben rund 42 % aller Deutschen im Urlaub das Fahrrad genutzt. Hinzu kommen rund 100 Millionen Ausflüge per Rad. Insgesamt trägt der Radtourismus nach Schätzungen des ADFC etwa zehn Milliarden DM zum touristischen Umsatz in Deutschland bei.

Den ungefähr 190 Radfernwegen mit rund 40.000 km Gesamtlänge in Deutschland mangelt es aber immer noch an Serviceangeboten, guter Beschilderung und marktgerechter Werbung.

Daher hat der ADFC im Rahmen des Projektes "Deutschland per Rad entdecken" eine Qualitätsdiskussion angestoßen. Die Vielzahl der Routen ist - dies ist ein weiteres Argument - auch nicht mehr überschaubar und damit nicht mehr zu vermarkten.
Auf zwei bundesweiten Koordinationskonferenzen hat der ADFC zusammen mit dem Deutschen Tourismusverband und den beteiligten Bundes- und Landesministerien ein Netz von 12 bundesweiten Routen geknüpft. Diskutiert wurden mehrere Ansprüche an dieses Netz:

- Verbindung touristischer Regionen
- Verknüpfung vorhandener Radfernwege
- Mindestqualitätskriterien
- Nutzung und Einbindung der Europäischen Projektrouten
- Übersichtliche Priorisierung

Das abgestimmte Routennetz soll ein einheitliches Logo bekommen, vom Bund mit weiterentwickelt werden und vorrangig von den Ländern ausgebaut und gepflegt werden. Einen ersten Schritt in diese Richtung geht der ADFC seit 2001 mit Partnern in einem Projekt zur Entwicklung des Oder-Neiße-Radweges.
Informationen im Internet unter www.fa-tourismus.adfc.de und www.radfernwege.com.

### *Europa*

In der ersten Auflage dieses Buches 1992 wurde das Thema gar nicht berührt. Bereits 1996 allerdings spielte die europäische Ebene auch für den Fahrradtourismus und seine Radfernwege eine Rolle, da erste Routen (Euroroute R 1) grenzüberschreitend fortgeführt wurden, bestehende Routen verknüpft oder gemeinsame grenzüberschreitende Routen, nicht zuletzt durch Fördermittel der Europäischen Union aus dem INTERREG Förderprogramm neu geplant und beschildert wurden. Beispiele hierfür sind in diesem Buch gezeigt (United Countries Tour, Internationale Dollardroute oder der Radfernweg Euregio Egrensis).

Radfernwegenetz Deutschland
Projekt "D-Routen"
EuroVelo-Routen
Stand: 4/99
EuroVelo-Routen
3 El Camino de Santiago: Trondheim - S. de Compostela
4 Atlantic Ocean to Black Sea: Nantes - Constanta
6 The Channel to Black Sea: Roscoff - Odessa
7 Middle Europe Route: Nordkap - Malta
8 Capitals Route: Galway - Moskau
10 Baltic Sea Circuit (Hanse-Route)
12 North Sea Circuit
D-Routen (Arbeitstitel)
1 Nordseeküstenroute
2 Ostseeküstenroute
3 Europaradweg R1
4 Mittelland-Route
5 Saar - Mosel - Main
6 Donauroute
7 Pilgerroute
8 Rhein-Route
9 Weser - Romant. Straße
10 Elberadweg
11 Ostsee-Oberbayern
12 Oder-Neiße-Radweg
DÄNEMARK
NORDSEE
OSTSEE
NIEDER-LANDE
POLEN
FRANK-REICH
SCHWEIZ
LIECHTEN-STEIN
ÖSTERREICH
Nordfriesische Inseln
Ostfriesische Inseln
Flensburg
Kiel
Fehmarn
Lübeck
HAMBURG
Bremerhaven
BREMEN
Groningen
Leer
Rügen
Stralsund
Rostock
Usedom
Schwerin
Neubrandenburg
Neustrelitz
Stettin
Lüneburg
Stendal
BERLIN
Potsdam
Frankfurt/Oder
HANNOVER
Enschede
Osnabrück
Bielefeld
Münster
Magdeburg
Goslar
Höxter
Dessau
Cottbus
ESSEN
DUISBURG
DORTMUND
Göttingen
Kassel
Halle
LEIPZIG
Görlitz
Aachen
KÖLN
Bonn
Siegen
Marburg
Erfurt
Jena
DRESDEN
Chemnitz
Zittau
Fulda
Koblenz
Frankfurt
Coburg
Hof
Bayreuth
Luxemburg
Trier
Mainz
Würzburg
Mannheim
NÜRNBERG
Metz
Saarbrücken
Karlsruhe
Regensburg
STUTTGART
Straßburg
Landshut
Passau
Ulm
Augsburg
MÜNCHEN
Freiburg
Mulhouse
Rosenheim
Salzburg
Friedrichshafen
Konstanz
Füssen
Basel
ZÜRICH
Innsbruck
Bern
0 25 50 km

Eine völlig neue Dimension erhielt der fahrradtouristische Gedanke auf der 9. Arbeitstagung des ADFC Fachausschuss Fahrradtourismus 1994 in Arnheim. Hier trafen sich Experten aus den Niederlanden, Dänemark, Österreich, der Schweiz und Deutschland und diskutierten über europäische Radfernwege. Schon 1995 wurde auf einer Konferenz in Amersfoort dieser Gedankenaustausch, angeschoben durch Entwicklungen zu einem britischen Radfernwegenetz, fortgesetzt und mündete in einem Arbeitsentwurf für ein europäisches Radfernwegenetz mit dem Titel "Eurovelo". Dieses Netz umfasste zwölf europäische Routen mit insgesamt 61.709 km. Der Europäische Radfahrerverband (ECF) übernahm das Projekt und stellte einen Förderantrag an die EU, der 1998 genehmigt wurde. Subsidär gefördert wurden Forschungsaufgaben und ein Marketingplan, mit dem Ziel, 2000 die erste Route zu eröffnen und sukzessive bis 2016 alle Routen zu verwirklichen. Dies hat sich als äußerst beschwerlich in der Umsetzung bewiesen. Dennoch, und das zeigt die Bedeutung der Vision, wurde im Mai 2001 in die erste Route, die Nordseeküstenroute eröffnet. Informationen im Internet unter www.eurovelo.org und www.ecf.com.

## Bezugsadressen

***Vermessungsämter mit Kartenabteilungen*** gibt es in jedem Bundesland. Das Bundesamt für Kartographie und Geodäsie versendet eine Liste der Adressen, die auch auf der website vermerkst sind:

Bundesamt für Kartographie und Geodäsie,
Richard-Strauss-Allee 11, 60598 Frankfurt a. Main, Tel.: 069/63 33-1,
Fax: 069/63 33-235, e-mail: kart@ifag.de, Internet: www.ifag.de.

***Auf Radfahrer spezialisierte Verlage:***

Bielefelder Verlagsanstalt GmbH & Co. KG,
Ravensberger Str. 10f, 33602 Bielefeld, Tel.:0521/595-540,
e-mail: vertrieb@bva-bielefeld.de, Internet: www.bva-bielefeld.de.

Bikeline, Verlag Esterbauer GmbH,
Hauptstr. 31, A-3571 Rodingersdorf, Tel.: 0043/2983/28982-0,
e-mail: bikeline@esterbauer.com, Internet: www.esterbauer.com.

BLV Verlagsgesellschaft mbH,
Lothstr. 29 · 80797 München, Tel.: 089/12705-0, Fax: 089/12705-354,
e-mail: blv.verlag@blv.de, Internet: www.blv.de.

Deutscher Wanderverlag,
Gutenbergstr. 13, 73760 Ostfildern, Tel.: 0711/455005,
Fax: 0711/4569952, e-mail: kompass@deutscher-wanderverlag.de,
Internet: www.Deutscher-Wanderverlag.de.

Galli Verlag,
Pfaffenhofener Str. 16, 86558 Hohenwart, Tel.: 08443/8916,
Fax: 084443/8917, e-mail: info@galli-verlag.de,
Internet: www.galli-verlag.de.

Hayit / FERNWEH Verlag GmbH,
Schreberstr. 2, 51105 Köln, Tel.: 0221/921635-0,
Fax: 0221/921635-24, e-mail: kontakt@hayit.com,
Internet: www.fernweh-shop.de.

Haupka & Co.,
Auf der Krautweide 24, 65812 Bad Soden, Tel.: 06196/6096-0.

Pietruska Verlag und Geodatenbanken,
Gutenbergstr. 7a, 76761 Rülzheim, Tel.: 07272/74001,
Internet: www.pietruska.de.

Stöppel-Verlag / Buchvertrieb,
Pöltner Str. 1, 82362 Weilheim, Tel.: 0881/9224-0, Fax: 0881-2553,
e-mail: stoeppel@oberland.net, Internet: www.freizeitimfreien.de.

Verlag Dagmar Maacks,
Ispringer Str. 25, 75179 Pforzheim, Tel.: 07231/104944.

Verlag Wolfgang Kettler,
Bergstr. 28, 15366 Neuenhagen, Tel.: 03342/202173,
Fax: 03342/202168, e-mail: kontakt@Kettler-verlag.de,
Internet: www.Kettler-Verlag.de.

VUD Verlag und Druck GmbH,
Postfach 420, 72234 Freudenstadt, Tel.: 07441/9103-0,
e-mail: vud-verlag-fds@t-online.de, Internet: www.vud.com.

Zumstein-Verlag,
Schubaurstr. 12, 81245 München, Tel.: 089/881656.

## *Empfehlungen des ADFC für Radfernwege*

Im Bereich der touristischen Radverkehrsanlagen unterscheidet man zwischen Radwanderwegen (= lokale Routen zur Naherholung, vorwiegend auf Landkreisebene) und Radfernwegen (überregionale, kreisübergreifende Verbindungen mit höherem Ausbaustandard, für Mehrtagesausflüge geeignet).

Grundsätzlich gilt: Was Radfahrer möchten, sind möglichst autofreie Wege mit ebener, hindernisfreier Fahrbahn, auf denen man ungestört zu zweit nebeneinander fahren kann. Denn der Radfahrer will nicht seine ganze Aufmerksamkeit dem Weg oder dem Verkehr widmen, sondern seine Strecke genießen.

Im touristischen Bereich benötigt man nicht unbedingt reine "Radwege". In den meisten Fällen lassen sich wenig befahrene Straßen, Wirtschaftswege und gut ausgebaute Wanderwege mit relativ wenig Aufwand zu einem Netz von Radrouten verknüpfen. Grundsätzlich sollte sich der Weg der Landschaft anpassen und nicht umgekehrt. Dies kann bedeuten, dass der Radfahrer zuweilen auf Komfort oder Schnelligkeit verzichten muss.
Radfernwege sollten in der Regel ganzjährig und durchgängig befahrbar sein. Die Benutzbarkeit muss auch nach längeren Regenperioden möglich sein, jedoch nicht unbedingt bei extremen Witterungsperioden (z.B. Schnee und Eis). Die Oberfläche sollte möglichst eben und fest, aber griffig sein. Das Optimum an Komfort bieten asphaltierte Strecken oder Decken mit vergleichbarer Qualität (gute wassergebundene Decken, Verbundpflaster, gut verlegte Betonplatten oder Kleinsteinpflaster etc.). Radfahrer nehmen auch hin und wieder ein kurzes Stück mit schlechter Oberfläche in Kauf (wenn dadurch insgesamt eine schöne Gesamtstrecke möglich wird), jedoch Wege mit Sand-, Schlamm-, Schotter- oder Kopfsteinpflasterpassagen, die zum Absteigen zwingen, werden nicht gerne gewählt. Der Weg muss so breit gebaut sein, dass ein sicheres Überholen sowie eine gefahrlose Begegnung entgegenkommender Radler gewährleistet ist. Zudem wird ein Radweg nur dann als ausreichend komfortabel empfunden, wenn man zu zweit nebeneinander fahren kann. Die Mindestbreite beträgt daher 2,00 m. Schmaler dürfen Radfernwege nur in Ausnahmefällen auf kurzen Strecken (z.B. auf Brücken) sein. Der Ausbaustandard eines Radfernweges (Befestigung, Breite) muss deutlich erhöht werden:

- Bei stärkerem Fahrradverkehrsaufkommen (Hauptrouten).
- Bei Mitnutzung des Weges durch viele Wanderer
- Bei Mitnutzung durch breitere und schwerere Fahrzeuge
- An Steigungs- und Gefällstrecken, wo der Radler einerseits durch Pendelbewegungen beim Bergauf-, andererseits durch hohe Geschwindigkeiten beim Bergabfahren mehr Raum benötigt.

Wenn Radfernwege auf öffentlichen Straßen geführt werden, sollten dort möglichst wenig Kraftfahrzeuge fahren: nicht mehr als 3.000 KFZ in 24 Stunden, das entspricht ungefähr 1-3 KFZ pro Minute. Auch darf deren Geschwindigkeit nicht zu hoch liegen, um die Radfahrer nicht unnötig zu gefährden.

Radfernwege sollten gegen unbefugte Benutzung gesichert sein. Dies gilt nicht nur für Autos, auch Pferde können eine befestigte Wegeoberfläche schnell zerstören.

Besser als einzelne Rundrouten (z. B. R 1) ist eine Netzkonzeption mit Anschlüssen an umliegende Regionen. Einzelne Rundrouten (z.B. "Burgen-Route") können in ein Netz integriert werden.

Die Routen sollten orientierungsfreundlich geführt werden, d.h. mit möglichst direkter Wegeführung ohne große Umwege. Kein Radler freut sich, wenn er durch häufige Richtungsänderung gezwungen wird, ständig auf Karte oder Wegweisung zu achten.Ihr Verlauf sollte sich nicht nur an landschaftlichen und kulturellen Sehenswürdigkeiten orientieren, sondern auch Einkehr- und Bademöglichkeiten berücksichtigen, ebenso Rastplätze mit Unterstellmöglichkeiten, Familien mit Kindern freuen sich besonders über autofreie Routen mit vielfältigen Erlebnismöglichkeiten, insbesondere Spielplätzen (die Kinder auf dem Kindersitz wollen sich in den Pausen aktiv betätigen).

Der Ausbaustandard sollte sicherstellen, dass ein Radler diese Wege mit 20 kg Gepäck, 28 mm Reifenbreite und 20 km/h Reisegeschwindigkeit sicher und komfortabel benutzen kann.

## *ADFC Fahrradtourismusservice*

In den vergangenen Jahren hat der ADFC ein großes Angebot an fahrradtouristischen Angeboten geschaffen. Die Broschüren und Angebote können Sie über den ADFC abfragen: Allgemeiner Deutscher Fahrrad-Club, Grünenstr. 8-9, 28199 Bremen, e-mail: kontakt @adfc.de. Vieles ist auch "online" unter www.adfc.de verfügbar. Für Tourismus-Fachleute empfiehlt sich auch ein Besuch auf www.fa-tourismus.adfc.de, der Seite des ADFC Fachausschuss Tourismus.

### *Deutschland per Rad entdecken*

Diese Broschüre ist eine Idee der Autoren dieses Buches und stellt eine Auswahl an Radfernwegen detailliert vor - charakteristische Routen, die interessante Regionen erschließen mit Informationen zur Anreise, Sehenswürdigkeiten und aktuell buchbaren Pauschalangeboten. 2001/2002 werden 47 Routen detailliert vorgestellt.
"Deutschland per Rad" entdecken erscheint alle zwei Jahre und ist beim ADFC erhältlich. Im Internet unter www.deutschland -tourismus.de finden Sie neben dem Inhalt der Broschüre auch aktuelle Angebote.

### *Wenn es Nacht wird...*

Das Angebot von fahrradfreundlichen Gastbetrieben ist groß. Entlang aller Routen in diesem Buch finden Sie Unterkünfte, die sich auf die besonderen Belange von Radtouristen eingestellt haben. Egal, welche Kategorie Sie wählen: Die fast 3.000 mit dem Signet "Bett & Bike" ausgewiesenen Beherbergungsbetriebe bieten immer Radabstellräume, ein Radlerfrühstück und Informationen zur Radroute. Die Initiative zu "Bett & Bike" stammt vom ADFC, der auch den Kriterienkatalog dazu erstellt hat und die entsprechenden Verzeichnisse herausgibt. Im Verzeichnis "Bett & Bike Deutschland" ist das gesamte Angebot erfasst, in den speziellen Bundesland-Ausgaben sind die jeweiligen Bett & Bike-Betriebe ausführlicher präsentiert.

- Bett & Bike Deutschland (Verlag Esterbauer, ADFC-Shop).
- Bett & Bike-Länderverzeichnisse sind erhältlich von Baden-Württemberg, Bayern, Nordrhein-Westfalen, Niedersachsen und (in einer Ausgabe) von Hessen/ Rheinland-Pfalz/ Saarland. Einfachere Verzeichnisse von Mecklenburg-Vorpommern und Thüringen.
- Internet: www.bettundbike.de.

Die individuelle Variante fürs Übernachten stellt der ADFC-DACHGEBER dar - ein System, das auf Gegenseitigkeit beruht. Wer selbst in dem Heft ("Reiseradlers Übernachtungsverzeichnis") namentlich als Dachgeber aufgeführt ist und somit anderen Radlern kostenloses Übernachten ermöglicht, kann die über 13.500 Schlafplätze (2.650 Adressen) in ganz Deutschland ebenfalls umsonst nutzen. Es fallen lediglich eine Aufnahmegebühr und die jährliche Schutzgebühr fürs Verzeichnis an. Info-Blatt beim ADFC gegen Portoerstattung erhältlich.

***Pauschal auf Touren kommen***

Fast alles an Planung entfällt (und auch meistens der Gepäcktransport auf dem Rad), wenn Sie Ihre Radreise pauschal buchen. Grundsätzlich sind zwei Arten von Pauschalangeboten zu unterscheiden.

***Geführte*** Radtouren sind Gruppenreisen, bei denen nicht nur für die Unterkünfte und die Gepäckbeförderung gesorgt ist, sondern auch Picknicks, Besichtigungen und Unternehmungen mit zum Programm gehören. Geschulte Tourenleiter sind hier für die Planung zuständig, sorgen für Sicherheit und vollen Service. Sie können sich ganz aufs Radeln, auf die Landschaft und das gegenseitige Kennenlernen konzentrieren. Geführte Touren sind an feste Termine gebunden.

***Individuelle*** Pauschaltouren benötigen etwas mehr Eigeninitiative. Auch hier wird das Gepäck von der einen Unterkunft zur nächsten transportiert, ist die Übernachtung plus Frühstück (und wenn gewünscht plus Abendessen) gebucht und werden Routen-Infos zur Verfügung gestellt. Aber wie Sie die Etappen gestalten, dass bleibt Ihnen selbst überlassen. Beim Vergleich sollten Sie darauf achten, welche Leistungen im Preis enthalten sind. Pauschaltouren werden inzwischen von rund 170 Radreiseveranstaltern angeboten. Eine Übersicht bietet der ADFC jährlich mit einem Angebotskatalog, in dem in Kooperation mit mehr als 70 Reiseveranstaltern über 140 Ziele vorgeschlagen werden. Der Katalog kann kostenlos angefordert werden unter:

- "Gemeinschaftskatalog", Rückenwind Reisen GmbH, Postfach 4220, 26032 Oldenburg, Tel.: 0441/48597-30, e-mail: radreisen-2001@rueckenwind.de, Internet: www.radreisen-online.de.
- Via Urlaubs-Service, Postfach 2667, 72016 Tübingen, Tel.: 07472/43586, Internet: www.rad-reisen.com.

### *Gute Karten haben*

Radwanderkarten und Radtourenbücher bieten mehr als nur Orientierung.Für die Routen in diesem Buch haben wir jeweils Kartenvorschläge unterbreitet, allerdings sind für viele Regionen weitere Karten zusätzlich erhältlich. Bei der Auswahl sollten Sie bedenken: Brauchbare Radwanderkarten haben einen Maßstab von 1:25.000 bis zu 1:150.000 und je kleiner der Maßstab, desto größer der Bedarf an Karten bei längeren Touren. Vergleichen Sie das Preis-Leistungsverhältnis. Sind die Karten gut lesbar und enthalten sie die Informationen, die Sie benötigen. Eine umfassende Übersicht (Radtourenkarten und Radwanderführer) bietet der kostenlose Katalog des ADFC-Shops. Zwei Kartenwerke gibt der ADFC selbst heraus:

- ADFC-Radtourenkarten. Ganz Deutschland auf 27 Karten, im Maßstab 1:150.000.
- ADFC-Regionalkarten im Maßstab 1:75.000. Besonders geeignet für Wochenendtouren und Ausflüge in die schönsten Regionen der Republik. Jede Karte mit Routenvorschlägen, Angaben zur Beschaffenheit der Wege, zu Steigungen und Verkehrsbelastungen.

### *Zügig zur Radreise: Bahn & Bike*

Reisen mit der Bahn ist umweltfreundlich und hat den Vorteil, dass man viele Kombinationsmöglichkeiten hat. Insbesondere im Nahverkehr begleitet die Bahn oft Radfernwege. Über die Bemühungen des ADFC zu diesem Thema erfahren Sie im Internet (www.adfc.de, im Bereich Presse) und beim ADFC Fachausschuss öffentlicher Verkehr (www.fa-oeffentlicherverkehr.adfc.de) mehr. Die Deutsche Bahn AG gibt jährlich im März die Broschüre "Bahn & Bike" heraus und informiert über bundesweite und regionale Angebote zur Fahrradmitnahme, -vermietung und -versand.

- Bahn & Bike an allen Bahnhöfen der DB, Internet: www.bahn.de.
- Die Radfahrerhotline steht Ihnen Mo-Fr von 8-18 Uhr / Sa 8-12 Uhr unter Tel.: 01805/151415 zur Verfügung.

### *Handreichung zur Förderung des Fahrradtourismus*

Die ADFC Handreichung bietet eine umfassende Sammlung von Hinweisen zur Förderung des Fahrradtourismus (z. B. Wegweisung, Finanzierung, Karten, Versicherung, Infrastruktur, Marketing).

- Die Handreichung ist über den ADFC zu beziehen.

### *Mountainbiking - Ein Leitfaden für Planer, Touristiker und Biker*

Der 64seitige Leitfaden enthält sämtliche Themen, die für Touristiker, Planer und Biker entscheidend sind: Argumente zur Förderung des Mountainbikings, Planung von MTB-Routen, Wegweisung, Finanzierung und Marketing. Die ökologischen Aspekte werden ebenso angesprochen wie Kooperationen mit Wanderern und anderen Naturnutzern. Das Heft ist beim ADFC erhältlich.